近藤 敦
KONDO Atsushi

多文化共生と人権
諸外国の「移民」と日本の「外国人」

明石書店

はじめに

　多文化共生とは何か。2006年に総務省は「地域における多文化共生推進プランについて」という通知を自治体に発信し、多文化共生推進計画や指針の策定を呼びかけた。その背景には、今後のグローバル化の進展と人口減少により、外国人住民の更なる増加が予想され、外国人住民施策は、一部の自治体のみならず、全国的な課題となるとの認識があった。

　多文化共生、すなわち「国籍や民族などの異なる人々が、互いの文化的差異を認め合い、対等な関係を築こうとしながら、地域社会の構成員として共に生きていく」地域づくりを推し進める必要性が増大している。地域の活性化、住民の異文化理解力の向上などと並んで、外国人住民の人権保障が、多文化共生の意義の1つとして掲げられた。自治体が「多文化共生施策を推進することは、『国際人権規約』、『人種差別撤廃条約』等における外国人の人権尊重の趣旨に合致する」という。

　また、2018年に策定された「あいち多文化共生推進プラン2022」においても、多文化共生の地域づくりの推進は、「国際人権規約」、「人種差別撤廃条約」、「日本国憲法」などで保障された外国人の人権尊重の趣旨に合致するとの意義が掲げられている。外国人の人権については、1978（昭和53）年の最高裁判決において、「憲法第3章の諸規定による基本的人権の保障は、権利の性質上日本国民のみをその対象としていると解されるものを除き、わが国に在留する外国人に対しても等しく及ぶ」と示されている。人権の普遍性や憲法前文の国際協調主義、さらには憲法98条2項の条約遵守義務から、日本国憲法上、一般に外国人の人権保障の必要性が導かれると解説されている。

　より正確にいえば、多文化共生の推進は、外国人の人権に限らない。日本国籍の民族的少数者の人権の保障の問題を含んでいる。人権には、市民的権利、政治的権利に限らず、経済的権利、社会的権利、文化的権利があるとい

うのが国際人権規約の立場である。本書は、多文化共生の背景にある人権の理念を解明し、国際的な人権規範と国内の法制度との整合性を高めるための課題を整理しながら、今後の多文化共生社会の展望について考察する。「グローバル化の進展」の中には、国際人権法の急速な発展もある。国内の人権規範がそれに対応できていない部分があちこちでみられる。「人口減少」が外国人住民の増加をもたらすとともに、外国人への人権侵害の増大が問題となっている。国内の法制度の改正や政策の見直しだけでなく、人権条約適合的な憲法解釈への見直しも必要となっている。

　そこで、本書の第1の課題は、人権条約と憲法の整合性を検討することとする。また、第2の課題は、多文化共生類似の諸外国の理念や実務と比較しながら、日本の多文化共生政策の改善点を検討することとする。その際、人権法の理念と多文化共生政策の実務との関係も吟味する必要がある。多文化共生の問題は、比較法にとどまらない幅広い学際的なアプローチを必要とする。また、人権条約を踏まえた憲法の人権解釈の方法を論じる場面も多いので、本書のタイトルは「多文化共生と人権」とした。

　最後に、本書の出版を快く引き受けていただいた明石書店に感謝するとともに、いつもお世話になっている編集者の遠藤隆郎さんにお礼を申し上げたい。

多文化共生と人権
諸外国の「移民」と日本の「外国人」
❖目　次

はじめに　3

第1章　人権法における多文化共生 …………………………… 11
- 1　人権法と多文化共生　11
- 2　人権条約における多文化共生　16
- 3　憲法における多文化共生　22
- 4　比較対象国の3つのタイプ　24

第2章　多文化共生社会とは何か …………………………… 29
- 1　多文化主義・統合・多文化共生　29
- 2　多文化主義「政策」の3類型　35
- 3　多文化主義と多文化共生の異同
  ——インターカルチュラリズムとしての多文化共生　43
- 4　日本における法令の課題と展望　50

第3章　外国にルーツを持つ人に関する法制度 …………… 53
- 1　入管法制と統合法制　53
- 2　統合法制をめぐる時期区分——基本理念と新たな権利課題　56
- 3　憲法と人権諸条約　59
- 4　日本の入管法制の特徴　63
- 5　入管法と国籍法　65
- 6　多文化共生法制の指標
  ——政治・経済・社会・文化・法的共生　74

第4章　移民統合政策指数等における日本の課題 ………… 75
- 1　移民統合政策指数 (MIPEX)　75
- 2　労働市場　77
- 3　家族呼び寄せ　78
- 4　教　育　79
- 5　政治参加　81
- 6　永住許可　84

- 7 国籍取得　85
- 8 保健医療　88
- 9 差別禁止　90

第5章　ヘイトスピーチ規制と差別禁止　93
- 1 人権条約と日本の批准状況　93
- 2 日本国憲法の下でのヘイトスピーチ規制の可能性　95
- 3 諸外国のヘイトスピーチ規制　101
- 4 日本の法令の課題　106
- 5 包括的な差別禁止法の必要性　108

第6章　労働参加
――民間雇用と公務就任　115
- 1 労働の権利と職業選択の自由　115
- 2 勤労の権利と労働基本権　118
- 3 地方公務員管理職昇任差別事件　123
- 4 諸外国における公務就任権　130
- 5 法の支配の不徹底　137

第7章　社会保障の権利　139
- 1 社会保障の権利と十分な生活水準についての権利　139
- 2 社会保障に関する法　141
- 3 年金・恩給等　143
- 4 生活保護法　152

第8章　保健医療の権利　157
- 1 健康に対する権利　157
- 2 保健医療に関する法　158
- 3 公的医療保険　159
- 4 移民統合政策指数（MIPEX）にみる課題　160
- 5 その他の課題　166

第9章 多文化家族と家族呼び寄せ　171

- 1 多文化家族とは　171
- 2 家族呼び寄せと言語講習　173
- 3 子どもの教育　181
- 4 就労支援　184
- 5 小 括　185

第10章 教育の権利と義務　189

- 1 問題の所在　189
- 2 教育を受ける権利の主体　190
- 3 教育を受けさせる義務の主体　196
- 4 親の教育の自由　199
- 5 多文化共生社会における課題　203

第11章 政治参加
　　　　――参政権と住民投票　209

- 1 外国人の地方参政権の発展の歴史　209
- 2 日本での議論の経緯　214
- 3 今後の課題と展望　217
- 4 外国人の住民投票権　218
- 5 外国人の地方選挙権をめぐる憲法論　221

第12章 複数国籍　229

- 1 国籍取得の原理　229
- 2 国籍をめぐる国際法上の原理と日本の課題　229
- 3 帰化と届出　231
- 4 複数国籍の容認傾向　232
- 5 小 括　250

第13章　難民の権利
——とりわけ難民申請者の裁判を受ける権利 ……… 251

- 1　難民とは誰か　251
- 2　難民の権利　255
- 3　補完的保護の受益者の権利と在留特別許可者の権利　259
- 4　難民申請者の権利　260
- 5　難民申請者の裁判を受ける権利　262

第14章　無国籍者に対する
収容・退去強制・仮放免の恣意性 ……… 269

- 1　無国籍　269
- 2　無国籍者の収容と退去強制　271
- 3　ヨーロッパ人権条約違反とされた判例　272
- 4　自由権規約違反　275
- 5　憲法違反　278
- 6　各国の送還不能な無国籍者への対応と在留特別許可　280
- 7　小　括　287

第15章　多文化共生法学の課題と展望
——言語政策とその先 ……… 289

- 1　「多文化共生」概念の射程　289
- 2　移民統合政策研究としての多文化共生法学　289
- 3　国の「移民統合政策指数（MIPEX）」における言語政策の評価　291
- 4　自治体の「インターカルチュラル・シティ指数（ICC Index）における言語政策の評価　294
- 5　日本の言語政策の課題と展望　296
- 6　日本の多文化共生政策の課題と展望　298

初出情報　309
文献一覧　310
索　引　328

第1章

人権法における多文化共生

■ 1 人権法と多文化共生

　自由、平等、友愛は、1789年のフランス革命以後、人権のスローガンとして定着した。1975年以後のスウェーデンでは、これに触発された移民・マイノリティの人権保障の基本目標として、（文化の）選択の自由、平等、共生が提唱された。多文化共生社会を支える重要な理念は、人権である。文化の選択の自由、平等、共生に関する人権法は、多文化共生社会の基本構造を成す。今日の国家は、憲法をはじめとする、人権規範を持っている。国際社会もまた、多くの人権条約や人権宣言を創設している。しかし、これまでのところ、これらの人権規範に則した多文化共生社会の実現のための課題は多い[1]。

　人権とは、人の権利である。本来、人権は、日本に限らず、多くの国で普遍的に保障されるべき権利である。しかし、現状は、すべての国の政府が人権保障に熱心なわけではない。人権と民主主義とは相互に依存する関係にある[2]。少なくとも民主主義の発達した諸国の人権状況は、参照に値する。

---

[1] 日本政府もまた、21世紀を「人権の世紀」とすべく、1997年に「人権教育のための国連10年」に関する国内行動計画を定め、2002年の「人権教育・啓発に関する基本計画」では、「外国人に対する偏見や差別意識を解消し、外国人の持つ文化や多様性を受け入れ、国際的視野に立って一人一人の人権が尊重される」ために、「異文化を尊重する態度や異なる習慣・文化を持った人々と共に生きていく態度を育成する」ことを掲げている。

[2] 1993年に国連が開催した世界人権会議における「ウィーン宣言および行動計画」第8

人権法とは、人権に関する法の総称である。憲法の人権規定もあれば、国連の人権諸条約もある。また、これらの人権規範に加え、人権の理念を具体化した法律や命令や通達、自治体の条例なども人権法に含まれる場合がある。さらに、人権の具体化として裁判所の判決も重要である。

　国際人権法とは、日本国憲法のような1つの法典ではなく、関係するいくつもの法の総称である。国際人権法は、1つには、諸国が守るべき人権保障の基準を国際レベルで設定したものを内容とする。これを国際人権基準という。いま1つには、国際人権基準を実現するための制度や手続に関する国際法と国内法の体系を内容とする。これを実施措置という。こうした実体的な側面と手続的な側面の両方を、国際人権法は含んでいる[3]。

　国内法の筆頭が憲法である。憲法だけが保障し、国際人権基準が保障していない人権が多ければ、人権法が国際人権法よりも広い射程を持つことになる。しかし、実際には、日本国憲法だけが保障する人権はほとんどない。したがって、人権法は国際人権法とほぼ重なる。他方、憲法制定時の議論だけに着目し、その後の発展の要素を捨象して、日本国憲法の解釈を狭くとらえる場合には、人権条約と憲法との整合性が疑問視される。

　表1-1にみるように、日本は、主要な国連の人権条約の多くを批准している。（難民条約・難民議定書、無国籍者地位条約・無国籍削減条約以外の）中核的な9つの国際人権条約のうち、移住労働者権利条約[4]を除く、8つ（1979年に自由権規約と社会権規約、1985年に女性差別撤廃条約、1994年に子どもの権利条約[5]、1995年に人種差別撤廃条約、1999年に拷問等禁止条約[6]、2009年に強

項では、「民主主義、発展ならびに人権および基本的自由の尊重は、相互依存的であり、相互に強め合うものである」という。
3) 近藤、2016、1、20-21頁。参照、阿部ほか、2009、37頁；申、2016、34頁。
4) すべての移住労働者とその家族の権利の保護に関する国際条約 (International Convention on the Protection of the Rights of All Migrant Workers and Members of Their Families: ICRMW)。
5) United Nations Convention on the Rights of the Child: UNCRC. 法令や判例の引用以外では、保護対象の側面が強い「児童」よりも、権利主体としての「子ども」を本書は用いる。
6) 拷問及び他の残虐な、非人道的な又は品位を傷つける取扱い又は、刑罰に関する条約 (Convention against Torture and Other Cruel, Inhuman or Degrading Treatment or Punishment: CAT)。

第1章 人権法における多文化共生

表1-1 国連の主要な人権条約

	条約の略称	採択年月日	発効年月日	締約国数*	日本の批准（発効）年月日
1	自由権規約	1966.12.16	1976.3.23	172	○1979.6.21（1979.9.21）
2	自由権規約選択議定書	1966.12.16	1976.3.23	116	
3	自由権規約第2選択議定書（死刑廃止条約）	1989.12.15	1991.7.11	86	
4	社会権規約	1966.12.16	1976.1.3	169	○1979.6.21（1979.9.21）
5	社会権規約選択議定書	2008.12.10	2013.5.5	24	
6	人種差別撤廃条約	1965.12.21	1969.1.4	179	○1995.12.15（1996.1.14）
7	女性差別撤廃条約	1979.12.18	1981.9.3	189	○1985.6.25（1985.7.25）
8	女性差別撤廃条約選択議定書	1999.10.6	2000.12.21	109	
9	難民条約	1951.7.28	1954.4.22	146	○1981.10.3（1982.1.1）
10	難民議定書	1967.1.31	1967.10.4	147	○1982.1.1（1982.1.1）
11	無国籍者地位条約	1954.9.28	1960.6.6	91	
12	無国籍削減条約	1961.8.30	1975.12.13	73	
13	拷問等禁止条約	1984.12.10	1987.6.26	165	○1999.6.29（1999.7.29）
14	拷問等禁止条約選択議定書	2002.12.18	2006.6.22	89	
15	子どもの権利条約	1989.11.20	1990.9.2	196	○1994.4.22（1994.5.22）
16	武力紛争に関する子どもの権利条約選択議定書	2000.5.25	2002.2.12	168	○2004.8.2（2004.9.2）
17	子どもの売買等に関する子どもの権利条約選択議定書	2000.5.25	2002.2.12	175	○2005.1.24（2005.2.24）
18	通報手続に関する子どもの権利条約選択議定書	2011.12.19	2014.4.14	42	
19	移住労働者権利条約	1990.12.18	2003.7.1	54	
20	障碍者権利条約	2006.12.13	2008.5.3	177	○2014.1.20（2014.2.19）
21	障碍者権利条約選択議定書	2006.12.13	2008.5.3	94	
22	強制失踪条約	2006.12.20	2010.12.20	59	○2009.7.23（2010.12.20）

*2019年1月6日現在。
出典：UN Treaty Collection, Multilateral Treaties Deposited with the Secretary-General（https://treaties.un.org/pages/ParticipationStatus.aspx?clang=_en, 2019年2月20日閲覧）。

制失踪条約、2014年に障碍者権利条約[7]）を批准している。締約国として日本は、人権を実施するためにとった措置を国連に定期的に報告する義務がある。しかし、個人が条約上の人権侵害を国連の条約機関に通報できる「個人通報」[8]に関する諸条約は、いずれも批准していない。日本が批准していない条約については、文字の大きさを小さくして示した。そもそも、1948年に採択された世界人権宣言は、「すべての人民とすべての国とが達成すべき共通の基準」として人権内容を宣言するものの、東西の対立と南北の対立を反映して[9]、「宣言」という形式にとどめ、法的拘束力を持たない形で発効した。[10]

そこで、1966年に採択された国際人権規約は、自由権規約と社会権規約の2種類の条約に分けて、選択的に批准することを認めた。1979年に日本は、自由権規約と社会権規約を批准した。自由権規約は、別名、B規約と呼ばれ、正式名称は「市民的及び政治的権利に関する国際規約」という。[11] 自由権規約では、締約国は、権利を「尊重し及び確保する」即時的効力を有する（2条1項）。また、社会権規約は、別名、A規約といい、正式名称は「経済的、社会的及び文化的権利に関する国際規約」である。[12] 社会権規約では、締約国は、権利を「漸進的に達成する」義務を負う（2条1項）。この自由権規約と社会権規約は、包括的に人権分野をカバーしている。一方、国連では、人種差別撤廃条約をはじめ、個別の人権分野ごとに、より詳しい内容の人権条約も制定している。

1947年に日本国憲法は、施行され、憲法14条が「人種」や「性別」によ

---

7) Convention on the Rights of Persons with Disabilities: CRPD.「害」という字の否定的意味を避けるべく、法令や判例の引用以外は、「障碍」という用語を本書は使う。
8) 自由権規約委員会、社会権規約委員会、人種差別撤廃委員会、女性差別撤廃委員会、拷問禁止委員会、拷問防止小委員会、子どもの権利委員会、移住労働者委員会、障碍者権利委員会、強制失踪委員会がある。
9) 世界人権宣言の採択に反対した国はなかったが、棄権したソビエトと東欧諸国の理由は、宣言がより具体的にファシズムを否定し、民主主義を擁護する国の責任を明記すべきというものであった。南アフリカは、アパルトヘイトと相容れないといい、サウジアラビアは、宣言が西欧文化に基づいており、イスラーム文化とは異質だというのが、その理由であった。
10) 世界人権宣言は、国際人権規約の解釈の際の重要な基準であり、宣言の一部は慣習国際法となって効力を有するという説も有力である。
11) International Covenant on Civil and Political Rights: ICCPR.
12) International Covenant on Economic, Social and Cultural Rights: ICESCR.

る差別を禁じた。1985年に女性差別撤廃条約を批准[13]してから、性差別の解消がより重要な政策課題となった。当初、1985年に制定された男女雇用機会均等法は、直接差別の禁止を定めるにすぎなかった。その後、2006年に同法は、女性差別撤廃委員会の勧告もあって、間接差別の禁止も取り入れた。1999年の男女共同参画基本法は、間接差別の禁止も内容としている。

一方、国連が1965年に採択した人種差別撤廃条約に日本がようやく加入したのは、1995年である。1970年代の代表的な憲法の教科書は、「日本国民の間には、人種のちがいが少ないから、人種を理由とする差別は、日本では、あまり問題になったことがない」と書いている[14]。しかし、人種差別撤廃条約1条によれば、人種差別とは「人種、皮膚の色、世系又は民族的若しくは種族的出身に基づくあらゆる区別、排除、制限又は優先」[15]をいう。この広い「人種差別」概念を採用する同条約に加入してからは、旧植民地出身者とその子孫のコリアンなどに対する民族差別も、憲法上の人種差別の問題と解されるようになってきた[16]。

他方、外国人の人権、とりわけ社会権の保障がクローズアップされるのは、1981年の難民条約の加入である。また、1979年の自由権規約・社会権規約の批准も、差別禁止や文化的権利の保障にとって重要である。2006年に総務省が「地域における多文化共生推進プラン」の策定を全国の自治体に呼び掛けたことにより、多文化共生の理念が広まった。

---

13) 女性に対するあらゆる形態の差別の撤廃に関する条約（Convention on the Elimination of all forms of Discrimination Against Women: CEDAW）。本書は、法令や判例の引用以外では、「女子」という言葉が「おんな・こども」をイメージさせて好ましくないとする意見があることを考慮して、「女性」という言葉を使う。
14) 宮沢、1974、274頁。
15) 政府訳では、「民族的若しくは種族的出身」と訳しているが、英文の national or ethnic origin は、「国民的若しくは民族的出身」とも訳しうる。「国をつくって国民となることを意識した民族の出身（national origin）」、もしくは「国をつくって国民となることを意識していない民族の出身（ethnic origin）」の両方を問題としており、日本語の民族差別は、両方をカバーしうる。そして、人種差別は、さらに広義の内容を含んでいる。
16) 参照、近藤、2016、128頁。

■ 2　人権条約における多文化共生

(1) 多文化共生の3つの理念

　多文化共生とは、「国籍や民族などの異なる人々が、互いの文化的ちがいを認め合い、対等な関係を築こうとしながら、地域社会の構成員として共に生きていくこと」をいう[17]。総務省の「地域における多文化共生推進プラン」が採用する多文化共生という言葉の背景には、3つの人権理念が含まれている。

　第1に、「互いの文化的ちがいを認め合い」の部分は、「文化の選択の自由」ないし「自己の文化享有権」を保障する。第2に、「対等な関係を築こうとしながら」の部分は、「平等」ないし「無差別」の理念を保障する。第3に、「地域社会の構成員として共に生きていく」部分は、「共生」ないし「統合」の理念を保障する（詳しくは、第2章で論じる）。

　また、「国籍や民族などの異なる人々」が、多文化共生社会の構成員である。外国人だけでなく、帰化者や国際結婚の両親のもとに生まれた子ども、外国生まれの人や外国育ちの人など、日本国籍を有する人も含む、いわば「外国にルーツを持つ人」に関する法制度の考察が必要となる（この点は、第3章で詳述する）。

　しかし、実際に自治体で使われている多文化共生の概念は、「日本人」と「外国人」との共生という表現が使われることが多い。（社会文化的次元の区分としての）「日本人市民」と「外国人市民」と表現する自治体が多いが、（国籍の有無による法的次元の区分としての）「日本人市民」と「外国人市民」と表現する自治体もある[19]。ネイティブと移民という言葉で対比する諸外国とは違い、移民という言葉を回避する傾向が日本の政策用語では強い。

　「移民」という言葉は、国籍の有無にかかわらず外国出身者に使うことが

---

[17] 多文化共生の推進に関する研究会、2006、5頁。参照、総務省、2006、3頁。類似の定義は、2007年の宮城県の「多文化共生の形成の推進に関する条例」2条などにもみられる。

[18] たとえば、2017年の「第2次名古屋市多文化共生推進プラン」では、外国籍の人、日本国籍を取得した人、国際結婚などによって生まれた子どもなど、外国にルーツを持つ人を「外国人市民」という。

[19] たとえば、2016年の「富士市多文化共生推進プラン」。

一般的である。ただし、例外的に外国人を念頭に置く場合もあり、主として EU 市民以外の正規滞在外国人の権利保障を数量評価する国際比較研究として、「移民統合政策指数（Migrant Integration Policy Index: MIPEX）」の調査がある。日本は、2010 年の第 3 回調査から参加しており、国籍取得と政治参加の分野はかなり低く、教育と差別禁止の分野が極めて低い評価である（詳しくは、第 4 章で扱う）。

(2) 文化の選択の自由

　文化の選択の自由、平等、共生といった多文化共生の 3 つの理念は、各種の人権条約にその根拠を求めることができる。

　第 1 に、「文化の選択の自由」の理念は、まず自由権規約 27 条が「自己の文化享有権」として保障している。ここでは、「民族的・宗教的・言語的マイノリティ」が、「自己の文化を享有」し、「自己の宗教を信仰・実践」し、「自己の言語を使用」する権利を有すると規定する。また、社会権規約 15 条 1 項 (a) も、すべての者の「文化的生活に参加する権利」を定めている。この権利は、文化的アイデンティティに基づいて差別されたり、排除されたり、同化を強制されたりすることのない権利を含む。この権利を尊重する締約国の義務には、自己の文化的アイデンティティの自由な選択を尊重することが含まれる[20]。加えて、人種差別撤廃条約 5 条 (e) (vi) は「文化的な活動への平等な参加についての権利」を規定する。さらに、子どもの権利条約 29 条 1 項が子どもの「自己の文化的アイデンティティ」への尊重の育成を締約国に課している。

　とりわけ、移民について、移住労働者権利条約 31 条では[21]、「締約国は、移住労働者とその家族の文化的アイデンティティの尊重を確保する措置をとる」と規定する。同 45 条 2 項・3 項では、「移住労働者の子どもの地域の学校制度における統合 (integration) を促進するためにとくに地域の言語を学

---

20) 社会権規約委員会・一般的意見 21（2009 年 12 月 21 日）49 段落。
21) 日本をはじめ多くの先進諸国が未批准であるものの、締約国の定期報告書の審査もすでに行われている。締約国であるアルゼンチンの移民法と憲法は、移住の権利を基本的人権と定め、外国人にすべての市民的権利を保障するとともに、在留資格の有無にかかわらず、教育、医療、社会保障へのアクセスを保障している点については、Hines, 2010, 471-511. しかし、実務上は、非正規滞在者に家主が家を貸すことを禁止し、雇

ぶ政策を遂行する」法的義務と、「移住労働者の子どもに対する母語および出身国の文化の教育を促進する」努力義務を国に課している。

加えて、2001年のユネスコの文化の多様性に関する世界宣言2条では[22]、「多元的であり多様で活力に満ちた文化的アイデンティティを個々に持つ民族や集団が、互いに共生しようという意思を持つとともに、協調関係を確保することが必要」と定める。宣言であり、法的拘束力はないものの、同5条では、文化の多様性の確保には、「すべての人が各自で選択する言語、とくに母語によって自己を表現」する文化的権利の保障が不可欠である旨を規定する。また、同4条では「何人も、文化の多様性を理由に、国際法で保障された人権を侵害し、またその範囲を制限してはならない」とある。したがって、文化的伝統が[23]、国際的な人権規定に抵触する場面には、普遍的な人権保障の方が優越する。

2005年のユネスコの文化多様性条約[24]4条8号では、「インターカルチュラリティ」とは、「多様な文化の存在および公平な相互交流ならびに対話と相互尊重を通じて共有された文化的表現の生ずる可能性」と定義されている。いわば、文化の選択の自由は、文化の多様性を尊重するインターカルチュラリズムの基本理念である。

(3) 平 等

第2に、「平等」の理念については、自由権規約26条が「法律による平等の保護を受ける権利」を定め、「人種、皮膚の色、性、言語、宗教、政治

用した雇用主に社会保障費の支払いとともに、最低賃金の50倍の罰金を科している点については、Fuente, 2012, 26.
22) UNESCO Universal Declaration on Cultural Diversity. 前文において、「文化とは、特定の社会または社会集団に特有の、精神的、物質的、知的、感情的特徴をあわせたものであり、芸術・文学だけではなく、生活様式、共生の方法、価値体系、伝統および信仰も含む」と定義している。
23) アフリカ諸国における女性器切除、インドの持参金殺人や寡婦殉死について、北村・西海編、2017、37頁(北村)。
24) 正式名は、「文化的表現の多様性の保護及び促進に関する条約 (Convention on the Protection and Promotion of the Diversity of Cultural Expressions)」という。2007年に発効し、2015年9月までに139カ国が批准したが、日本やアメリカは批准していない。同条約は、文化一般ではなく、文化的表現に焦点を当てたものである。

的意見その他の意見、国民的・社会的出身、財産、出生または他の地位等のいかなる理由による差別に対しても平等のかつ効果的な保護をすべての者に保障する」。自由権規約2条および社会権規約2条でも、「すべての個人に対し、人種、皮膚の色、性、言語、宗教、政治的意見その他の意見、国民的・社会的出身、財産、出生または他の地位等によるいかなる差別もなしにこの規約において認められる権利を尊重し、確保する」。この「無差別」の原則は、国が移民の雇用・住宅・教育へのアクセスを否定し、統合を妨げることを禁止するため、統合過程に不可欠な要素である。[25]

さらに、人種差別撤廃条約1条が「人種、皮膚の色、世系または国民的・民族的出身」に基づく差別を禁止する。また、移住労働者権利条約7条が「すべての移住労働者とその家族に対して、性、人種、皮膚の色、言語、宗教または信念、政治的意見その他の意見、国民的・民族的・社会的出身、国籍、年齢、経済的地位、財産、婚姻上の地位、出生または他の地位などのいかなる差別もすることなく、この条約が保障する権利を尊重し、確保する義務を負う」と定めている。人種差別、民族差別、国籍差別その他の差別を禁止している。

なお、日本でも2016年にヘイトスピーチ解消法（正式名は、本邦外出身者に対する不当な差別的言動の解消に向けた取組の推進に関する法律）が制定された。この点、すでに自由権規約20条2項が、「差別・敵意・暴力の扇動となる民族的・人種的・宗教的憎悪の唱道は、法律で禁止する」と定めている。また、人種差別撤廃条約4条は、「(a) 人種的優越・憎悪に基づく思想の流布・人種差別の扇動を……法律で処罰すべき犯罪であることを宣言すること」を規定する（詳しくは、第5章で論じる）。

(4) 共 生

第3に、「共生」の理念については、社会権規約6条ないし15条が、すべての者の経済的・社会的・文化的・政治的生活に参加する諸権利を保障している。①経済的権利として、同6条が「労働の権利」、すなわち「すべての者が自由に選択し、または承諾する労働によって生計を立てる機会を得る権利」などを保障する。同7条は「すべての者が公正かつ良好な労働条件

---

25) Wiesbrock, 2010, 708.

を享受する権利」を有することを認める。同 8 条は「労働組合」の「結成・加入」、「自由に活動する権利」および「ストライキ権」を定めている（第 6 章で詳述する）。

②社会的権利として、社会権規約 9 条が「社会保険その他の社会保障についてのすべての者の権利」を定める。また、同 11 条が「相当な生活水準・生活条件の不断の改善についてのすべての者の権利」を保障する。加えて、権利の完全な実現を漸進的に達成するため（2 条 1 項）、権利の実現を意図的に後退させる措置をとることは禁止される（詳細については、第 7 章で扱う）。

そして社会権規約 12 条は「到達可能な最高水準の身体および精神の健康を享受する権利」を保障する。また、人種差別撤廃条約 5 条は「公衆の健康、医療……の権利」についての差別禁止を規定する。さらに、子どもの権利条約 24 条も、子どもの「到達可能な最高水準の健康を享受すること」および「母親のための産前産後の適当な保健の確保」を定めている（第 8 章で詳述する）。

加えて、社会権規約 10 条が「家族」と「子ども」の保護を定める。また、自由権規約 17 条 1 項が「家族」に対する恣意的な干渉の禁止を、同 23 条が「家族」の保護、「家族を形成する権利」および「婚姻に係る配偶者の権利」を保障する（詳しくは、第 9 章で論じる）。

一方、③文化的権利については[26]、社会権規約 13 条が「教育についてのすべての者の権利」を保障し、「初等教育は、義務的なものとし、すべての者に対して無償のものとする」。「中等教育は、……無償教育の漸進的な導入により、一般的に利用可能であり、かつ、すべての者に対して機会が与えられる」。「高等教育は、……無償教育の漸進的な導入により、能力に応じ、すべての者に対して均等に機会が与えられる」。「父母および場合により法定保護者が、……自己の信念に従って子どもの宗教的・道徳的教育を確保する自由を有すること」も定めている（第 10 章で詳述する）。

他方、④政治参加に関する条約は限定的である。欧州評議会が、5 年以下の定住を条件とする外国人の地方参政権を含む「地方レベルにおける外国人の公共生活への参加に関する条約」を 1992 年に制定し、1997 年に発効さ

---

[26] これらの文化の権利は、集団の権利というよりも、個人の選択の問題である（Holt, 2007, 223）。

せた。また、EUは、相互主義に基づいてEU市民に対し、地方レベルおよび欧州議会への参政権への道を開くマーストリヒト条約を1992年に制定し、1993年に発効させている（詳しくは、第11章で論じる）。

さらに、共生する上では、基本的な市民的権利も重要である。自由権規約12条1項は「合法的にいずれかの国の領域内にいるすべての者は、当該領域内において、移動の自由及び居住の自由についての権利を有する」と定める。また、自由権規約24条3項が「すべての子どもは、国籍を取得する権利を有する」と定め、子どもの権利条約7条1項も類似の規定を持つ。しかし、国籍に関する一般的な国連の人権条約はない。例外的に、1954年の無国籍者地位条約、1961年の無国籍削減条約があるが、日本は両条約ともに締結していない。無国籍防止原則、差別禁止原則、恣意的な国籍剥奪禁止原則などを定める1998年のヨーロッパ国籍条約が、今日の国際人権基準を示している。世界人権宣言15条2項が恣意的な国籍剥奪を禁止し、その理念を具体化した1997年のヨーロッパ国籍条約4条、国籍剥奪事由を制限列挙した7条、出生とともに複数国籍を取得した子どもの複数国籍の保持を定めた14条からは、選択義務制度は、恣意的な国籍剥奪にあたる（詳しくは、第12章でみる）。

なお、「統合」について、人権条約の明示規定は少ない。人種差別撤廃条約2条は、日本政府によって「人種間の融和を目的とし」と訳される「統合主義的な（integrationist）」複数人種構成の団体・運動を支援する。同条約の注釈書によれば、「寛容の文化と民族的な多様性を促進する」団体は統合主義的な団体に含まれ、人種隔離の慣行の禁止のために、「統合」という政策用語が使われているという。[27]

また、難民条約34条において、「締約国は、難民の当該締約国の社会への適応（assimilation）及び帰化をできる限り容易なものとする。締約国は、特に、帰化の手続が迅速に行われるようにするため……あらゆる努力を払う」と定められている。ここで日本政府が、「適応」と訳しているassimilationは、「同化」と翻訳される場合が多い。この言葉は、強制的な要素を含みうるが、国連難民高等弁務官事務所（UNHCR）の立場は、その国

---

27) Thornberry, 2016, 196-197, 263.

の経済的・社会的・文化的生活への「統合」の意味であり、強制的な同化とは違う意味と説明されている[28](難民の統合政策については、第13章で詳述する)。

3 憲法における多文化共生

　日本国憲法は、カナダのように多文化主義を明文で掲げるわけでも、文化的権利を明示しているわけでもない[29]。しかし、第1に、解釈上、自己の「文化を享有する権利」ないし「文化の選択の自由」は、日本国憲法13条から導かれる。二風谷ダム事件判決[30]では、「自己の文化を享有する権利」について、アイヌ民族は、「憲法13条により、その属する少数民族たるアイヌ民族固有の文化を享有する権利を保障されている」と判示している(この文化の選択の自由は、後述する教育を受ける権利の中の教育の自由の側面を含み、憲法「26条と結びついた13条」が多文化教育を受ける権利を含み、憲法「26条と結びついた13条」が多文化教育を受ける権利を保障する[31])。

　第2に、日本国憲法14条は、「平等」の理念を定め、「人種」差別を禁じている。1995年に日本が批准した人種差別撤廃条約1条を解釈指針とすれば、憲法14条による人種差別の禁止は、在日コリアンその他の「国民的・民族的出身」による差別も禁じる[32](この平等の理念は、後述する労働・福祉・教育などに関する諸権利の平等を含む)。

　第3に、「共生」の理念について、日本国憲法前文は「諸国民との協和」や国際協調主義をうたう[33]。また、「条約及び確立された国際法規」を「誠実に遵守する」98条が人権条約適合的な憲法解釈を導き[34]、22条の職業選択の自由等・29条の財産権、25条の生存権・27条の勤労の権利・28条の労働基本権、26条の教育を受ける権利が、外国人の経済的、社会的、文化的参

---

28) Murphy, 2013, No. 2339 (Kindle 版の電子書籍では、頁が明示されていない場合があり、代わりに No. が該当部分を明示している)；参照、Grahl-Madsen, 1963, 147.
29) ただし、社会権規約15条に対応すべく、憲法25条の cultured living を cultural life の意味に読み替える少数説として、江橋、1991、485頁。
30) 二風谷ダム事件判決・札幌地判1997 (平成9) 年3月27日判時1598号33頁。
31) 近藤、2016、317-318頁。
32) 近藤、2016、128頁。
33) 「いづれの国家も、自国のことのみに専念して他国を無視してはならない」とある。
34) 近藤、2016、2-4頁。

加を保障する。さらに、外国人、とりわけ永住者は将来において国民となる可能性を持っており、「現在及び将来の国民」に「基本的人権」を保障する11条・97条が、共生の理念に根差した憲法解釈を導く。そして、15条・93条の参政権が永住市民の政治的参加を保障する[35]。他方、憲法12条は、文化の多様性を理由に暴力を用いるような権利の「濫用」を禁止する。

　市民的権利の保障も、多文化共生社会の進展においては重要である。憲法13条の幸福追求権は、プライバシーの権利など、憲法に明文の規定のない新たな人権を導く根拠規定となる。この点、人権条約には明文の規定があるものの、憲法に明文規定のない人権も、憲法13条が根拠となる。ただし、類似の関連規定を憲法が持っている場合は、その規定を憲法13条と結びつけた融合的保障が望ましい。たとえば、自由権規約9条1項は、「何人も、法律で定める理由および手続によらない限り、その自由を奪われない」とある。刑事手続と行政手続とを区別することなく、適正手続を定めている。そこで、従来の通説・判例のように刑事手続の適正手続を定める憲法31条を準用して行政手続における適正手続を導くよりも、憲法「31条と結びついた13条」が行政の適正手続を導く融合的保障が今後の憲法解釈には望まれる[36]。

　たとえば、無国籍者に対する収容・退去強制・仮放免は恣意的であり、適正手続に反するものと思われる。また、自由権規約9条1項は「何人も、恣意的に逮捕され、または抑留されない」と「恣意的な拘禁」を禁じている。さらに、同13条が恣意的な「追放」を禁じ、同7条が「品位を傷つける取扱い」を禁止する。したがって、同様に、憲法「34条と結びついた13条」が恣意的な収容を禁じ、憲法「22条1項と結びついた13条」が恣意的な退去強制を禁じ、憲法「36条と結びついた13条」が「品位を傷つける取扱い」を禁止するものと解しうる（詳しくは、第14章で論じる）。

---

35)「将来の国民」としての永住市民の参政権の憲法解釈については、近藤、1996、148-155頁。
36) 憲法13条の融合的保障については、近藤、2016、6-7頁。

■ 4　比較対象国の3つのタイプ

　今日、産業の発達した国々では、外国人の定住傾向が一般に認められる。定住外国人が社会の構成員として、市民権と呼ばれてきた一連の権利を享受しうるかという問題が生じている。その他の外国人の権利保障も、多文化共生社会の実現をめぐる議論を活発にさせている。

　移民統合政策指数（MIPEX）の比較対象国は、38カ国に及ぶ。しかし、本書の扱う比較対象国は、主な10カ国を対象とする場合が多い。これらの10カ国は、3つのタイプに分かれている。

① 一般に、アメリカ、カナダ、オーストラリアは、伝統的な移民国家と呼ばれる。
② 一方、イギリス、フランス、ドイツ、スウェーデン、フィンランドは、ヨーロッパの移民国家として扱われる。[37]
③ 他方、日本と韓国は、移民国家とは目されてはいない。

　たしかに、表1-2にみるように、日本と韓国の人口移動率（net migration rate）[38]は、移民国家と呼ばれる国々と比べて相対的に低い。しかし、表1-3にみるように、2015年から2050年までの人口減少予測、とりわけ（15歳から64歳までの）生産年齢人口の減少予測、（65歳以上の人口割合を示す）高齢化率の増大予測、被扶養者率（total dependency ration）[39]の増大予測は、深刻なものがある。そこで、日本と韓国は、潜在的な移民国家と呼びうる。[40]

　これらの国々における外国人の人口および外国生まれの人の人口とその比率は、一般に増加傾向にある。アメリカの外国人比率が例外的に増えていな

---

37) ドイツは移民国家ではないとする旧政権の公式見解から、宣言されざる移民国家とか、事実上の移民国家という表現が使われることが多かった。しかし、2005年に施行された現行の移住者法の下では、移民国家であることを宣言するようになった。後掲の表1-4にみるように、すでに外国生まれの人の比率は、アメリカよりも多くなっている。
38) 人口流入から人口流出を引いた数の人口1000人あたりの割合を示す純移動率と訳される場合も多い。
39) 14歳未満の人口と65歳以上の人口の合計の生産年齢人口に対する割合を示す。従属人口指数と訳される場合も多い。
40) Kondo (ed.), 2008, 17 (A. Kondo).

表 1-2　人口移動率（1990-2015 年）

国	1990-1995 年	1995-2000 年	2000-2005 年	2005-2010 年	2010-2015 年
日本	0.1	-0.2	0.3	0.4	0.6
韓国	0.3	0.7	0.3	-0.6	0.7
ドイツ	6.6	1.7	2.0	0.1	4.4
フィンランド	1.9	0.9	1.2	2.2	3.0
スウェーデン	3.6	1.3	3.2	5.7	5.3
フランス	1.1	1.3	1.6	1.7	1.1
イギリス	0.7	1.7	3.2	6.6	3.1
カナダ	4.9	5.1	6.5	7.4	6.5
オーストラリア	4.0	4.1	5.9	10.6	8.0
アメリカ	3.5	6.3	3.6	3.3	2.9

出典：UN Population Division, 2017.

表 1-3　人口、生産年齢人口、高齢化率、被扶養者率の推移予測（2015-2050 年）中位推計

国	総人口	生産年齢人口	高齢化率	被扶養者率
日本	-1918 万人	-2249 万人	26.0% - 36.4%	64.0 - 95.8
韓国	-14 万人	-1017 万人	13.0% - 35.3%	36.7 - 88.0
ドイツ	-247 万人	-903 万人	21.1% - 30.7%	52.1 - 77.2
フィンランド	38 万人	5 万人	20.3% - 25.9%	57.9 - 71.4
スウェーデン	186 万人	69 万人	19.6% - 24.4%	58.5 - 69.7
フランス	615 万人	-46 万人	18.9% - 26.7%	59.2 - 76.5
イギリス	998 万人	192 万人	18.1% - 25.4%	55.5 - 71.4
カナダ	900 万人	218 万人	16.1% - 25.9%	47.3 - 69.1
オーストラリア	939 万人	430 万人	15.0% - 22.5%	51.1 - 65.5
アメリカ	6966 万人	2479 万人	14.6% - 22.1%	51.2 - 64.8

出典：UN Population Division, 2017.

いのは、帰化の奨励や生地主義の国籍法による国籍取得率の高さと関係がある。表 1-4 は、各国における外国人住民の全人口に占める割合および外国生まれの人の人口比率である。なお、国籍制度が生地主義を採用している国では、出生国に基づく外国生まれの者の統計が用いられる。血統主義の国でも、しだいに「外国生まれ」の統計もとるようになってきた。ドイツも、2005 年からは「外国生まれ」のデータで比較可能となっている。日本

表1-4　各国の外国人人口および外国生まれの人口（万人）とその比率

	国	外国人人口：比率		外国生まれの人口：比率	
		2007年	2017年	2007年	2017年
潜在的移民国家	日本	208：1.6%	232：1.9%		
	韓国	80：1.7%	***116：2.3%		
ヨーロッパの移民国家	フィンランド	12：2.3%	24：4.4%	19：3.6%	36：6.5%
	スウェーデン	49：5.4%	85：8.6%	118：12.8%	178：18.0%
	ドイツ	675：8.3%	1004：12.2%	1043：12.9%	1274：15.5%
	フランス	373：6.0%	***463：7.1%	713：11.4%	821：12.6%
	イギリス	382：6.3%	614：9.3%	576：9.4%	937：14.2%
伝統的な移民国家	アメリカ	2170：7.2%	2242：6.9%	3747：12.4%	4374：13.5%
	カナダ	*176：5.4%	**196：5.6%	633：19.0%	***743：20.3%
	オーストラリア			488：24.0%	687：28.1%

*2006; **2011; ***2016.
出典：OECD, 2017, 296-297, 317-318; OECD, 2018, 350-351, 371-372.

と韓国だけが「外国生まれ」のデータを欠いている。国連によれば、世界の人口の約3%が移民（主として外国生まれの者、一部の国では外国人）であり、先進地域（北米・オセアニアの伝統的な移民国家、ヨーロッパおよび日本）では、およそ人口の10%が移民であるという。日本の外国人登録者の人口比が2%未満であり、そのうち、日本生まれのコリアンが多いことも勘案すると、外国生まれの人口比も同様に少ないであろう。人口の多い日本では、外国人人口の総数は決して少ないとはいえないが、人口比率の点では相対的に少ない。

　もちろん、1995年の生産年齢人口を維持するためには、2050年まで日本は毎年、60万9000人の移民を受け入れる必要があるとする国連の補充移民の予測[41]は、非現実的である。他方、生産性を高める産業構造の転換により生産年齢人口の減少の克服を可能とする議論も、一面的である。かりに生産人口の問題は克服できたとしても、社会保障費の財源を消費税に求める傾向を強める日本にあって、消費人口の減少は、深刻な問題をもたらす。

---

41) UN Population Division, 2001.

表 1-5　各国の年間の外国人移住者数の推移

	国	移住者数					
		1995年	2000年	2005年	2010年	2015年	2016年
潜在的移民国家	日本	21万	35万	37万	29万	39万	43万
	韓国	…	19万	27万	29万	37万	40万
ヨーロッパの移民国家	ドイツ	79万	65万	58万	68万	202万	172万
	イギリス	23万	26万	41万	46万	48万	45万
	フランス	5万	9万	14万	22万	25万	24万
	スウェーデン	4万	4万	5万	8万	11万	14万
	フィンランド	1万	1万	1万	2万	2万	3万
伝統的な移民国家	アメリカ（永住）	72万	84万	112万	104万	105万	118万
	（非永住）	…	125万	132万	96万	127万	114万
	オーストラリア（永住）	9万	11万	16万	20万	22万	22万
	（非永住）	12万	22万	29万	37万	53万	…
	カナダ（永住）	21万	23万	26万	28万	27万	30万
	（非永住）	18万	25万	23万	22万	24万	…

出典：OECD, 2006, 233; OECD, 2010, 259; OECD, 2018, 295.

　日本の人口が多いこともあって、すでに、3カ月以上の滞在を予定し、新たに住民登録した外国人の移住者の数は、2016年には約43万人にものぼっている。日本政府は、「移民を受け入れない」と宣言しているが、これはOECD諸国（＋ロシア）の中で、アメリカ、ドイツ、オーストラリア、カナダ、イギリスに次いで6番目である。かつてのドイツが「宣言なき移民国」と評されたように[42]、諸外国からみれば、日本もそのような状況になりつつある。移民国家としての必要な統合政策（多文化共生政策）に消極的な国家であるものの、将来の移民国家としての潜在的な条件を持ちつつある。表1-5は、各国の年間の外国人移住者数の推移を示している。

　日本でも、外国人や外国生まれの人、国際結婚の両親のもとに生まれた人などの多様な文化的背景を有する「外国にルーツを持つ人」ないし、広い意味での「移民の背景を持った人」は、今後も増え続けることが予想される。

---

42) トレンハルト、1994、260 頁。

本書は、多文化共生社会の実現のために、「人権」がどのような役割を果たしうるのかを考察するものである（その要点は、第15章でまとめる）。

第2章

多文化共生社会とは何か

■ 1　多文化主義・統合・多文化共生

　多文化共生と類似の概念として、多文化主義や統合がある。しかし、多文化共生と多文化主義は、いくつもの点で異なる。多文化主義の定義は、多様になされており、コンセンサスが形成されている状況にはない。[1]

(1) 多文化主義

　多文化主義を国の政策として最初に掲げたカナダや、それに次ぐオーストラリアの法令にあっても、多文化主義の明確な定義はない。定義に近いものとして、1973年のカナダの多文化主義法の前文には、「カナダ政府は、人種、国民的・民族的出身、皮膚の色および宗教に関するカナダ人の多様性をカナダ社会の基本的な特徴と認め、カナダの経済的・社会的・文化的・政治的生活におけるすべてのカナダ人の平等達成に努力するとともに、カナダ人の多文化的な伝統を維持し向上させるための多文化主義政策を推進する」とある。公式な定義に近いものとして、カナダの議会調査局は、カナダの多文化社会をつぎの4通りに定義している。1) 事実としてのカナダの多文化主義は、自己を異なるものとみなし、異なるものであり続けようとする多様な人

---

1) 最広義の多文化主義は、民族的な多様性にとどまらず、ジェンダー、性的指向、障碍などを含む多様な範囲に及ぶ。もともと、思想としての多文化主義が1960年代のアメリカで登場した折にも、このような多様な差異の承認を多文化主義ととらえている（Modood, 2007, 1-2）。近年のカナダやオーストラリアの多文化主義も広い意味合いで論じられる場合もある。

種的・民族的少数者の存在と存続の表明である。2) イデオロギーとしての多文化主義は、カナダの文化的多様性の賛美に関する比較的首尾一貫した一連の理念や理想からなる。3) 政策レベルでの多文化主義は、連邦、州、市町村の領域での公式な取り組みにより、多様性のマネジメントを体系化するものである。4) プロセスとしての多文化主義は、一定の目的や目標を達成するために中央政府からの支援を獲得すべく、複数の人種的・民族的少数者が競争する過程であるという[2]。

また、オーストラリアでは、1999年に全国多文化諮問評議会が、同化（1960年代半ばまで）から、統合（1973年まで）を経て、多文化主義（1973年以後）にいたる政策の展開過程を整理したことがある[3]。

第1期の同化（assimilation）は、「既存の支配的な文化に基づくオーストラリア国民の文化的統一性を強要しようとする」政策であり、「同化された個人が自己の文化的アイデンティティを喪失する」。いわば同化とは、「マイノリティの文化が支配的文化に完全に取って代わられること」を意味する。

第2期の統合（integration）は、マイノリティの文化が「支配的文化に影響を与え、ある程度の変容をもたらすが、文化の多様性を奨励するのではなく、誰もが統合された文化に適応することが期待されている」という。

他方、多文化主義（multiculturalism）は、「文化的に多様な人々の権利・義務・ニーズに即した行政・社会・経済基盤を構築し、我々の社会における異なる文化集団の社会的調和を促進し、すべてのオーストラリア人の文化の多様性の利益を最大化することを目的とする戦略・政策・計画である」。別の言い方をすれば、多文化主義とは「文化的な多様性の成果を個人と社会全体の利益においてマネジメントする政策」である[4]。

(2) 統 合

上記のオーストラリアの場合は、統合と多文化主義を区別する傾向がみられた[5]。これに対し、ヨーロッパ諸国の統合政策は、フランスのように同化主

---

2) Dewing, 2009.
3) National Multicultural Advisory Council, 1999.
4) Department of Immigration and Multicultural Affairs, 1989.
5) また、大まかに同化と統合を同じ意味にとらえ、多文化主義と区別する場合もある

義的なものから、ドイツのように中間的なもの、さらにはフィンランドやスウェーデンのように多文化主義的なものまでを含む幅広い概念といえる[6]。

　フランスでは、政府の諮問機関である統合高等評議会の定義によれば、「統合」は、国民共同体の単一性を強調する「同化」と外国人の元の特質の保持を歓迎する「編入」の中間に位置する。統合とは、「多様かつ異なる要素が、積極的に国民社会への参加を奨励する特別な過程である。そこでは、文化的・社会的・道徳的特性が受け入れられ、その多様性、複合性により社会全体が豊かになることが望まれている。差異を否定することなく、それを強調せずに考慮することができる政治統合とは、類似のものとして、一つにまとまることである。それは、権利と義務に関して、我々の社会のさまざまな民族的・文化的要素を連帯させ、出自が何であろうと、規律を受け入れ、自らがその構成員となるこの社会で生活する機会を各人に与えるものである[7]」。かつての植民地時代の同化とは違う、「統合」という理念を掲げながらも、フランスの統合政策が同化主義的と評されるのは、第1に、移民とその子孫の側だけが社会に適応する一方向の過程が想定されているからである。第2に、共和制ないし普遍性の理念から、民族や人種に着目することを拒み、公私の区別、国と宗教との厳格な分離を求めるため、移民の文化・宗教・民族性に配慮した公的な政策がなく、もっぱら私的な領域の問題として扱われるからである[8]。

　一方、ドイツでは、連邦内務大臣の任命した「移住」独立委員会の報告書では、つぎのようにいう。「ドイツでは長いこと、移民に対し、一面的な民族的・文化的な同化が期待されていた。しかし、今日の『統合』という言葉は、受入れ社会と移民社会の相互に寄与することが成功する過程をさす。統

　　（Collins, 2012, No. 393）。ただし、多文化主義も統合政策の1つとする見方は、今日のカナダやオーストラリアにもある。
6) 同化主義的なフランスと多文化主義的なオランダの対比については、Bertossi et al., 2015. しかし、2000年代前半から、国籍取得の厳格化、オランダ語・オランダ社会に関する統合講習の有料での義務化、母語教育の廃止など、オランダの政策は同化主義的に転換している（Entzinger, 2006; United Nations, 2014）。
7) Haut Conseil a l'Integration, 1991, 18.
8) Murov, 2014, 17-18. なお、帰化による国籍取得の要件として「同化」を明示し（民法21-24条）、フランス語能力、フランス国籍によって与えられる権利義務に関する知識、フランスの歴史と文化の知識が同化の内容とされる（Bertossi and Hajjat, 2013）。

合の反対概念は、一方が他方と無関係であるとする『分離』である。政治課題としての統合の目標は、文化的な多様性を尊重しながら、移民が社会・経済・文化・政治的生活に同権的に参加することにある」。いわば、移民と受入れ社会との関係は、3通りに大きく分かれる。1) 移民が受入れ社会に一方的に適応する「同化」や、2) 移民と受入れ社会がともに没交渉である「分離」とも違い、3) 移民も受入れ社会も双方向的に変化するのが「統合」である。

他方、フィンランドでは、1999年の「移民の統合および庇護希望者の受け入れに関する法律」が、2010年には「移民統合推進法」に置き替えられた。移民統合推進法3条において、「統合」とは、つぎのように定義される。「1. 統合は、移民と社会全体の相互発展を意味する。その目的は、社会と労働生活において必要な知識と技術を移民に提供し、移民に支援を提供することで、移民が自己の文化と言語を保持することができる点にある。2. また統合は、公的機関その他の関係者によって提供された施策やサービスを使った1号で掲げる統合の多分野にわたる促進と支援を意味する」。フィンランドの統合政策の2大要素は、個人の労働市場への統合と、福祉国家の諸機関の統合の過程への積極的な関与である。また、「自己の言語や文化の保持」は、多文化主義的である。このため、初等・中等教育は、十分なニーズのある場合には、生徒の自己の言語や宗教の教育を提供しなければならない。後述するスウェーデンも、また多文化主義的な統合政策である。スウェーデンにおける統合を一言でいうと、「適切な統合とは、自己の文化を保持しながら、同時にとりわけ労働市場において社会・経済的な同化を達成すること」である。ただし、1975年の政策は、主に移民に対する政策であったが、1997年の統合政策は、社会のすべての人を対象とする政策である。

EU諸国では、一般に、統合とは、人が社会の経済的・社会的・文化的・

---

9) Bericht der Unabhängigen Kommission „Zuwanderung", 2001, 199-200.
10) 旧法2条では、「1. 統合は、労働生活や社会への参加をめざしつつ、自己の言語や文化を保持しようとする、移民の人格的発展を意味する」とあり、新法の定義と基本理念において違いはない。
11) Martikainen et. al., 2012, No. 2956-2986.
12) Åkesson, 2012, 38.
13) *Ibid.*, 39.

政治的生活に完全に参加することができる一方で、自己のアイデンティティを保持することもできる状態にすることと理解されている[14]。移民の言語や文化の保持は、もっぱら私的な領域で追求されるべきであり、公的な政策としては、多数派の言語や文化を移民が習得することにのみ力点を置くとフランスのように同化主義的といわれる。他方、移民の言語や文化の保持のための公的な政策にも取り組むと、フィンランドのように多文化主義的と評される。

(3) 多文化共生

日本の多文化共生は、カナダなどの多文化主義よりもヨーロッパの統合の概念に近い。総務省の「地域における多文化共生推進プラン」では、「国籍や民族などの異なる人々が、互いの文化的差異を認め合い、対等な関係を築こうとしながら、地域社会の構成員として共に生きていく」ような地域づくりの推進を掲げている。また、宮城県の「多文化共生の形成の推進に関する条例」2条も、「人権を尊重」という表現が付加されている以外は、ほぼ同じ定義である。さらに、滋賀県湖南市の「多文化共生の推進に関する条例」1条では「対等」の表現に代え、「人権を尊重」という表現を付加する。いずれも、国際的な人権条約の保障にも留意する旨を掲げている。総務省の推進プランでは、地方公共団体が多文化共生施策を推進することは、「国際人権規約」、「人種差別撤廃条約」等における外国人の人権尊重の趣旨に合致するとある。

これに対して、「静岡県多文化共生推進基本条例」2条は、「多文化共生」とは、「県内に居住する外国人及び日本人が、相互の理解及び協調の下に、安心して、かつ、快適に暮らすこと」と定めている。ここでは、「外国人」と「日本人」の共生であり、民族ないし文化的背景の違いや、対等な地域社会の構成員や、国際的な人権保障への言及がみられない。実際、外国人住民施策の意味で多文化を枕詞として使い、多文化主義的な意味合いが抜け落ちる用語法も日本では珍しくない。障碍者と健常者の共生というように、共生と統合は互換的に使われる場合もある。外国人と日本人の共生の場合を多文化共生と呼んでいる。実務上の多文化共生は、日本語の習得に力点を置く同

---

14) Valtonen, 2009, 218.

化主義的な要素が多く、情報の多言語化という要素は持つものの、母語や母文化の教育には一般に消極的である。

一方、総務省・宮城県・湖南市の掲げる「多文化共生」の理念の背景には、スウェーデンの多文化主義的な統合政策の3つの目標（文化の「選択の自由」、「平等」、「共生」）と共通する要素がある[15]（また、後述するインターカルチュラリズムの場合、たとえばバルセロナ市の掲げる3つの原則は、「平等」、「多様性の承認」、「積極的交流」であり[16]、その内容は「平等」、文化の「選択の自由」、「共生」に対応する。この点は、以下に（ ）書きする）。

第1に、総務省の推進プランにある「互いの文化的差異を認め合い」の部分は、「文化の選択の自由」に対応する。マイノリティのメンバーが、社会制度を通じて、どの程度までその出身の文化的・言語的アイデンティティを保持・発展させるかを自ら選択する機会を提供する。出身文化との接触を維持するこの政策は、スウェーデンに滞在するか、出身国に戻り再適応するかの選択をも容易にする。[17]選択の自由とは、個々の移民がスウェーデン文化に同化することなく、自己の文化を維持しうることを意味する。[18]選択の自由の理念は、民族集団や組織といった集団ではなく、個人が自己の文化的所属とアイデンティティを決定することができるという点にある。この目標は個人の同化の強要を拒否する[19]（また、「多様性の承認」は、単なる静観や消極的な寛容にとどまらず、文化的な豊かさを経済的・社会的分野の豊かさにも及ぼす機会を利用する必要を重視する）。

第2に、「対等な関係を築こうとしながら」の部分は、「平等」に対応する。平等の目標は、移民に他の住民と同じ生活水準を与える継続的な努力をさす。[20]移民が他の住民と同じ機会・権利・義務を持ち、移民に他の住民と同じ条件で労働・住宅・福祉・教育を提供する目標を表す。一般的な福祉政策は、住民であるかぎり、国籍にかかわらず適用される。この目標は、ドイツが採

---

15) Prop., 1975: 26, 15.
16) Barcelona Interculturality Plan (http://www.bcn.cat/novaciutadania/pdf/en/PlaBCNInterculturalitatAng170510_en.pdf, 2019年2月11日閲覧).
17) SOU 1984: 11, 60.
18) Westin and Dingu-Kyrklund, 1997, 8.
19) Westin, 1996, 214.
20) Hammar (ed.), 1985, 33.

用したゲストワーカー制度をスウェーデンは拒否することを意味する[21]（また、平等政策は、市民の出自や文化的な違いによる排除や差別に対抗する）。

第3に、「地域社会の構成員として共に生きていく」の部分は、「共生」に対応する[22]。マイノリティ集団と多数派住民との間の協同の実現を意味する。この目標は、移民とその他の住民相互の寛容と連帯を含む。また、社会の発展のパートナーとして、移民が政治生活に積極的に参加する十分な機会が与えられ、独自の文化活動の機会が拡大され、外国人排斥や民族差別に抗して、協調的な民族関係を促進することも含みうる[23]（また、「積極的交流」は、違いの承認からはじまり、市民として我々を1つに結びつける共通の共有面を重視する。共存は、日々の努力によってのみ達成されうるのであって、このため、社会政策と権利と義務の平等の促進と並行して、結合の要であるこうした共通範囲と所属意識を強化する方法として、我々は接触、相互知識、対話を促進する）。

■ 2　多文化主義「政策」の3類型

カナダの代表的な多文化主義の理論家であるキムリッカらの「多文化主義政策指数（Multiculturalism Policy Index: MCP Index）」によれば、多文化主義政策の内容は、移民、ナショナル・マイノリティ、先住民という対象に応じて3通りに区別される[24]。

(1) 移民に対する8つの政策

第1に、移民に対する多文化主義は、以下の8つの政策を含んでいる[25]。これらの政策は、オーストラリア、カナダ、スウェーデン、フィンランド、ニュージーランドでは、よく認められている。イギリス、アメリカなどが、これらに続く。ドイツ、フランスなどでは、ほとんど認められていない。日

---

21) Westin, 1996, 214.
22) この訳語は「協同」「協力」「協調」「共生」などさまざまなものが充てられている。参照、岡沢、1988、29頁；竹崎、1994、65頁；鈴木、1992、15頁；津田、2007、167頁。
23) Lithman, 1987, 20.
24) Multiculturalism Policy Index.
25) Kymlicka, 2007, 71-73.

本の移民に関するスコアは、ゼロであり、カナダなどの「多文化主義」政策と、日本の「多文化共生」政策とは、似て非なるものであることがよくわかる。

① 「多文化主義」の憲法、法律または議会による、国、州・県、市町村での承認

　カナダでは、1982年の人権憲章27条がカナダ人の「多文化的伝統」の保持を憲法上掲げ、1988年に「多文化主義法」を制定した。オーストラリア政府の諮問機関は、1977年に「多文化社会としてのオーストラリア」という報告書を提出し[26]、1989年に政府は「多文化オーストラリアのための国家目標」を議会に提案している[27]。また、スウェーデンの1974年の憲法（統治法）1章2条は「民族的・言語的・宗教的少数派が、自らの文化的・共同体的生活を維持し、発展させる機会を促進しなければならない」と定め、1975年に文化の選択の自由・平等・共生の3つの理念のもと移民・マイノリティ政策を策定した。

　今日の日本でも3つの自治体は多文化共生推進条例を定め、多くの自治体が多文化共生推進プランを策定している。しかし、その内容は、日本語教育と情報の多言語化を主とするものが多く、キムリッカらには「多文化主義」を意味するものとは評価されていない。

② 学校のカリキュラムにおける多文化主義の採用

　カナダでは、州ごとに学校のカリキュラムを定めているが、文化の多様性を教えることは不可欠な要素となっている[28]。スウェーデンの教育庁の義務教育や就学前教育へのカリキュラムでは「スウェーデン社会の国際化と人の国際移動の増大は、人々の共生の能力と文化の多様性に内在する価値を承認する能力の必要性を高めている。自己の文化的出自を知り、共通の文化的伝統を共有することは、他者の価値と状況を理解し共感する能力とともに、発展させるべき重要な安定的アイデンティティを提供する」とある[29]。

---

26) Australian Ethnic Affairs Council, 1977.
27) Department f Immigration and Multicultural Affairs, 1989.
28) The Council of Ministers of Education of Canada, 2008; Jedwab, 2016.

③ 公的メディアの委託・メディアの許可におけるエスニック代表・感性の導入

　フィンランドの放送会社法7条2項5号は、寛容と多文化主義を支援し、マイノリティと特別な集団に対する番組の提供を規定し、テレビ・ラジオ運営法10条では、放送免許に際し、番組供給の多様性の保障、公衆の中の特別な集団のニーズを促進することを考慮しなければならないと定めている。

④ 服装指定の免除、日曜休日規制など（制定法または判例法上による）

　当初、ドイツ連邦憲法裁判所は、イスラーム教徒の生徒のスカーフ着用は認める一方、公立学校における教師のスカーフ着用禁止を州法で定めることを可能とした。しかし、その後、判例を変更し、その種の州法を信教の自由違反としている。カナダの最高裁は、安息日法4条が日曜日の商品販売に刑事罰を科していたことは、信教の自由を侵害すると判示した。

⑤ 複数国籍の承認

　カナダは1977年から、スウェーデンは2001年から、オーストラリアは2002年から、フィンランドは2003年から、複数国籍を全面的に認めている。アメリカでは、国籍を放棄する自発的な意思が証明されないかぎり、複数国籍を容認する判例が確立している。

⑥ 文化活動支援のためのエスニック集団組織への助成

　ニュージーランドのコミュニティ団体助成スキームでは、国と37の地方機関がさまざまなコミュニティ団体活動に助成をしている。助成団体の優先順位として、マオリ、太平洋共同体、その他のエスニック・コミュニティは、

---

29) Skolverket, 2011, 9.
30) Lag om Rundradion Ab.
31) Lag om televisions- och radioverksamhet.
32) BVerfGE 108, 282 [2003].
33) BVerfGE 138, 296 [2015].
34) R. v. Big M Drug Mart Ltd. [1985] 1 S.C.R. 295.
35) Vance v. Terrazas, 444 U.S.252 [1980].
36) Community Organisation Grants Scheme (COGS).
37) サモア、トンガ、フィジーなどの南太平洋島嶼系の住民は、2013年の国勢調査では、

高く設定されている。

　この点、日本の多くの外国人団体の事業も、自治体の助成を受けたり、委託事業を運営していたりするが、恒常的な助成制度とはいえない点で消極的に評価される。

⑦ バイリンガル教育または母語教育への助成
　スウェーデンの学校令5章10条により、校長は、5人以上の希望する生徒がいて、適切な教師がいる場合には、母語教育を提供する義務がある。また、フィンランド基礎教育法12条も類似の規定を持つ。

⑧ 不利な状況にある移民集団への積極的差別是正措置
　カナダの雇用衡平法2条は、「女性、先住民、障碍者、およびヴィジブル・マイノリティ（visible minorities）のメンバー」の雇用経験上の不利な条件を改善するための積極的差別是正措置や差異の合理的配慮を同一取扱いの例外として認めることを目的に掲げている。ヴィジブル・マイノリティのメンバーとは、先住民を除く、人種上の非コーカソイドないしは皮膚の色の上での非白人をさす（同3条）。

(2) ナショナル・マイノリティに対する6つの政策
　第2に、ナショナル・マイノリティに対する多文化主義は、以下の6つの政策を含む[38]。これらの政策は、カナダ、イギリスなどではよく認められている。フィンランドなどがこれらに続く。フランスではほとんど認められておらず、日本の評価はゼロである。

　① 連邦・準連邦における領域自治[39]
　② 地域・全国における公用語の地位[40]

　人口の7.4%である。先住民のマオリは、14.9%、アジア系は11.8%である。
38) Kymlicka, 2007, 71.
39) カナダでは、フランス語圏のケベック州、イギリスでは、スコットランド、ウェールズ、北アイルランドにおいて、文化的な自治権を認められている。
40) カナダでは、英語とフランス語が公用語である。イギリスでは英語が事実上の公用語であるが、スコットランド語、ウェールズ語、アイルランド語が各地域の公用語でも

③ 中央政府・憲法裁判所における代表の保障[41]
④ 少数言語の大学・学校・メディアへの公的助成[42]
⑤ 「多文化主義」の憲法または議会による承認
⑥ 国際的な人格の容認（国際機関・条約署名・オリンピックの独自チームにおける下位国家機関の承認[43]）

　キムリッカらは、日本におけるナショナル・マイノリティを琉球人とみている。沖縄県に集住しているが、連邦制でない日本では、①の領域自治権を沖縄県は持っていない。琉球語は、高齢者の間では話されているものの、②の公用語は、日本語だけである。③の内閣府特命担当大臣（沖縄及び北方対策担当）は、琉球人から選ぶ制度ではない。④の琉球語入門の授業は、多くの大学で行われているものの、初等・中等教育における琉球語への政府の財政支援はない。マイノリティ・メディアへの政府の支援も明らかではない。⑤については、憲法も法律も、多文化主義を承認してはいない。⑥に例示されるような国際的な承認は、沖縄にはみられない。

(3) 先住民族に対する9つの政策
　第3に、先住民族に対する多文化主義は、以下の9つの政策を含むという[44]。これらの政策は、カナダ、アメリカ、ニュージーランドなどではよく認められる。フィンランドなどがこれらに続く。スウェーデンおよび日本では一定のものしか認められていない。

ある。
41) カナダでは、国会両院の一定の議席は、ケベック州に割り当てられており、9人の最高裁判事のうち、少なくとも3人はケベックの裁判所の判事から任命される。
42) カナダ人権憲章23条は、英語またはフランス語の少数言語教育権を保障し、放送法3条1項(m)(iv)は、英語とフランス語の言語的少数者の特別なニーズや事情を含む各公用語コミュニティの異なるニーズや事情を反映し、英語とフランス語で提供する旨を定める。
43) イギリスでは、EUの地域委員会やコモンウェルス議会協会などの国際機関、サッカーやラグビーの国際大会にスコットランド、ウェールズ、北アイルランドの代表を派遣する。
44) Kymlicka, 2007, 67.

① 土地の権利の承認[45]
② 自治権の承認[46]
③ 過去の条約または新たな条約の是認[47]
④ 文化的権利（言語・狩猟・漁労・宗教）の承認[48]
⑤ 慣習法の承認[49]
⑥ 中央政府での代表・協議の保障[50]
⑦ 先住民族の明確な地位の憲法上または法律上の確認
⑧ 先住権に関する国際法規の承認・批准
⑨ 先住民族の成員への積極的差別是正措置

④について、日本は1997年にアイヌ文化振興法を制定したが、そこには、文化的権利を保障する規定が定められていないので、0.5 と評価されている。

⑥について、「二風谷ダム事件判決[51]」が、引用文献を評価の証拠として、[52]

---

45) カナダの最高裁は、イギリスに征服される以前の先住民の土地の権利の存在を承認し（Calder v. British Columbia [1973] S.C.R. 313）、イギリスの主権宣言以前に土地を支配し、今日まで占有が続いていることを証明できるならば、先住民が排他的に使用する権利を有し（Delgamuukw v. British Columbia [1997] 3 S.C.R. 1010）、先住民の権利は、日常、狩猟や漁業といった資源の活用を行い、実質的な支配権を有していた土地全体に及ぶと判示した（Tsilhqot'in Nation v. British Columbia [2014] SCC 44）。
46) デンマークでは、グリーンランド自治法1条により、自治政府が、立法権と行政権を行使し、グリーンランドの裁判所が司法権を行使することを定めている。自治権に含まれる内容は、教育、経済、税、医療などで、含まれないのは、外交、軍事、安全保障、金融政策、国籍、憲法などである。
47) マオリ族とイギリスとの間で結ばれた1840年のワイタンギ条約は、マオリの言語権や土地所有権の根拠として今日でも一定の効力を有する。
48) カナダの最高裁は、1760年のイギリスとの条約で保障された先住民であるヒューロン族の宗教活動の自由をインディアン法88条の定める権利として認めた（R. v. Sioui, [1990] 1 S.C.R. 1025）。
49) アメリカの1993年のインディアン部族裁判法2条7項では、「伝統的な部族裁判の実務は、インディアン部族の文化とアイデンティティの保持と本法の目的に不可欠」と定める。
50) カナダの最高裁は、先住民の権利に関しては、連邦政府も州政府も先住民と「協議する義務」があるという（Haida Nation v. British Columbia (Minister of Forests), [2004] 3 S.C.R. 511）。
51) 札幌地判1997（平成9）年3月27日判時1598号33頁。同判決は、洪水調整などのダム建設の公共の利益が、先住民族としての「アイヌ民族固有の文化を享有する権利」（自由権規約27条・憲法13条）などの価値に優越するかどうかの必要な調査を怠った

少数民族の文化活動に影響を及ぼす決定過程に少数民族を参加させる政府の必要を認めたので、0.5 と評価される。しかし、同判決は、先住民の文化に影響を及ぼすおそれのある政策決定にあたって大臣が十分な配慮をすべき責務を負っており、「影響調査」が必要であったことを指摘するにすぎず、アイヌ住民の決定への参加の必要については何も語っていない。

他方、⑦について、二風谷ダム事件判決は、憲法 13 条から少数民族の文化享有権を導き、それをアイヌ民族に認めている。また、判決後、アイヌ文化振興法を制定した。さらに、2008 年に、国会がアイヌを先住民族と承認する決議を行っているので、評価は、この項目に限って最高の 1 となっている。

⑧については、先住権に関する国際法規として、1989 年の ILO169 号条約（先住民および種族民条約）がある。国際労働機関は、先住民と種族民の独自の文化、伝統、経済を維持し、各国がその基本的人権を尊重することを目的として制定した。中南米諸国はほとんど批准している。しかし、MCP Index の比較対象国としては、デンマーク、オランダ、ノルウェー、スペインが批准しているにすぎない。2007 年に国連総会は、先住民族の権利に関する宣言を採択した。[53] 日本もこの宣言の採択に賛成したので、0.5 と評価されている。

⑨の先住民に対する積極的差別是正措置を定める法規定はない。しかし、内閣官房アイヌ総合政策室は、北海道が実施する「アイヌの人たちの生活向上に関する推進方策」を支援する文科省や厚労省などの施策をまとめ、就学支援、就職支援、住宅新築資金等の貸付支援などの一定のアイヌ政策に取り組んでいる。したがって、0.5 と評価されている。

以上みてきたように、各国の多文化主義の政策状況を点数化すると、表 2-1 のようになる。移民についての点数は、次章でみる移民統合政策指数の

　点で違法なものの、ダムが完成した以上、事情判決の法理により、土地収用裁決を取り消すことはしないとした。
52) Stevens, 2001.
53) 採択に反対したのは、多くの先住民を抱え、土地・資源の権利など国内法の調整が困難と考えたアメリカ、カナダ、オーストラリアおよびニュージーランドであった。しかし、この宣言は、法的拘束力を持つものではなく、オーストラリアは 2009 年に、カナダ、ニュージーランド、アメリカは 2010 年に、この宣言を承認した。

表2-1 多文化主義政策指数（2010年）

	移民 （8点満点）	ナショナル・ マイノリティ （6点満点）	先住民 （9点満点）
オーストラリア	8.0	-	6.0
カナダ	7.5	6.0	8.5
スウェーデン	7.0	-	3.0
フィンランド	6.0	4.5	4.0
ニュージーランド	6.0	-	7.5
イギリス	5.5	5.0	-
ベルギー	5.5	5.5	-
アイルランド	4.0	-	-
ノルウェー	3.5	-	5.0
スペイン	3.5	6.0	-
ポルトガル	3.5	-	-
アメリカ	3.0	3.5	8.0
ギリシア	2.5	0.0	-
ドイツ	2.5	-	-
フランス	2.0	2.0	-
オランダ	2.0	-	-
オーストリア	1.5	-	-
イタリア	1.5	4.5	-
スイス	1.0	4.0	-
デンマーク	0.0	-	7.0
日本	0.0	0.0	3.0

出典：Multiculturalism Policy Index.

結果とは、かなり異なった内容になっている。このことは、カナダやオーストラリアやニュージーランドの多文化主義政策の対象や内容と、ヨーロッパ諸国の統合政策および日本の多文化共生政策の対象や内容の違いに起因する。政策課題としての調査項目の違いが、結果の違いをもたらしている。

■ 3　多文化主義と多文化共生の異同
　　　──インターカルチュラリズムとしての多文化共生

　多文化主義と多文化共生は、2つの点で異なっている。第1に、理念上の違いがある。現実はともかく、理念上の多文化主義は、多数派の文化の存在を否定し、すべての文化を対等なものと考える。これに対して、ヨーロッパの統合政策は、多数派の文化の存在を前提としつつ、少数派の文化の保持にも配慮し、少数派は多数派の言語や法制度を習得する一方で、多数派社会の側も少数派の文化に寛容な法制度へと一定の変容をみせる双方向の過程ととらえている。日本の多文化共生政策も、多数派の文化の存在を前提としつつ、双方向の取り組みを理念上は問題とする。

　第2に、実務上の違いがある。多文化主義は、母語教育や母文化の教育にも比較的熱心である。しかし、日本の多くの自治体の多文化共生政策は、実務上、多文化の要素はもっぱら情報の多言語化であって、教育の点では日本語教育に重点が置かれ、一部の自治体を除き、一般には母語教育や母文化の教育に消極的である。

　したがって、日本の多文化共生政策は、ヨーロッパ諸国の統合政策と比較することが有用である。今日、ヨーロッパの自治体では、同化主義的でない統合政策を、インターカルチュラリズム（interculturalism）[54]として、同化主義とも、多文化主義とも区別する傾向にある。過去の無政策やゲストワーカー政策の時代を除けば、同化政策、多文化政策、インターカルチュラル政策の3通りに区別される[55]。

① 同化政策
　移住者や少数者は、永住者として受け入れられるが、できるだけ早く同化

---

54) インターカルチュラリズムは、1981年に欧州評議会の文書とベルギー政府の文書に登場した。カナダでは、連邦の多文化主義に対抗する用語として、ケベック州では1985年に登場する（また「インターカルチュラル教育（異文化間教育）」という用語は、1970年代後半からドイツやベネズエラにおいても使われている）。欧州評議会は、2008年にインターカルチュラル・シティのプログラムをはじめた（Meer et al. [eds.], 2016, 3-4 [N. Meer et al.]）。
55) Wood (ed.), 2010, 22-23.

することが想定される。受入れコミュニティの文化規範との違いは、奨励されず、国の一体性に対する脅威とみなされる場合には抑圧されることすらありうる。

②　多文化政策
移住者や少数者は、永住者として受け入れられる。受入れコミュニティの文化規範との違いは、反人種主義活動によって裏付けられる法や制度によって奨励され、保障される。ただし、場合によっては分離や隔離さえ助長されるリスクを負う。

③　インターカルチュラル政策
移住者や少数者は、永住者として受け入れられる。受入れコミュニティの文化規範との違いは、法や制度において認識される一方、共通の立場・相互理解・共感を生み出す政策・制度・活動が高く評価される。

多文化主義も、インターカルチュラリズムも、同化主義に反対し、文化の多様性を尊重し、移民の文化やアイデンティティの保持に配慮しつつ、移民の社会参加、差別の撤廃をめざす点は、共通している。

しかし、インターカルチュラリズムは、主につぎの4点で、多文化主義とは異なる要素を持っている（もっとも、以下の4点は、インターカルチュラリズムの主唱者からの批判的な分析に基づいている。多文化主義も、多様である。進歩的な多文化主義は、インターカルチュラリズムとあまり違わない。インターカルチュラリズムへの批判もある。異文化間の対話だけでは、マイノリティが直面している構造的差別は解消しない点などの批判が指摘されている[56]）。

第1に、インターカルチュラリズムは、文化が伝わり、交流し、変容し、発展しうる点に着目する。これに対し、多文化主義は、文化の伝統を保持する傾向にある[57]。インターカルチュラリズムは、民族集団等が流動的であり、（複数国籍者などアイデンティティは多層的であり）集団のアイデンティティも人によって違うと考える。他方、多文化主義は、生得的な違いは固定的であ

---

56) Barrett (ed.), 2013, 30-32 (M. Barrett).
57) Meer et al. (eds.), 2016, 39 (N. Meer and T. Modood).

り、集団のアイデンティティも同質的とみる傾向がある[58]。したがって、インターカルチュラリズムは、多文化主義よりも、文化の相互作用や対話を重視し[59]、社会の結束や共通の価値を重視し[60]、平行社会や隔離状況の回避を政策課題とする[61]。

第2に、インターカルチュラリズムは、多数派の文化の存在を前提とし、多数派と少数派の二元性を意識する。しかし、多文化主義は、多数派の文化の存在を前提としない[62]。社会構造をたとえていえば、インターカルチュラリズムは「共生」（我々と彼らの二元論にあって我々意識の醸成）であり、多文化主義は「モザイク」（さまざまな少数派の寄せ集め）となる[63]。

第3に、インターカルチュラリズムは、個人の権利を基本に考える。しかし、多文化主義は、集団の規範的な重要性を強く意識する。教育について、両者ともに母語・母文化の教育を支援するが、インターカルチュラリズムは、すべての生徒に異文化対応力を身に付けることを重視し、宗派・世界観を問わない学校や学級での多様な宗教を組み込んだ宗教教育を求める[64]。これに対し、多文化主義では、公立の学校での宗派ごとの宗教教育の授業か、多様性を持った学校を特に支援し、宗教団体の設立する宗教教育を助成する傾向がある[65]。

---

58) Meer et al. (eds.), 2016, 144 (T. Cantle).
59) Meer et al. (eds.), 2016, 28 (N. Meer and T. Modood).
60) *Ibid*., 2016, 39; Meer et al. (eds.), 2016, 90 (G. Bouchard).
61) 移民が特定の地域に「集住」することにより、多数派の国民との交流が少なく、社会の分断が問題とされることがある。ドイツでは、主としてトルコ系の移民とドイツ人との間の婚姻比率が低く、移民の子どもの教育水準が低い調査結果などから、分断された社会が形成される問題を平行社会と呼び、国として多文化主義政策を採用していないにもかかわらず、保守的な政治家から、平行社会が多文化主義の失敗として批判された。イギリスでも、マイノリティの集住地域で暴動が起きると、複数の文化集団が相互に交流がなく、各コミュニティが分断されている状態を平行社会と呼び、伝統的には隔離と呼んできた。もちろん、メディアなどの言説とは違い、隔離が進行しているわけではないという実証的な調査もある。イギリスについては、Rattansi, 2011, 75-79 参照。
62) 多文化主義を採用するカナダ連邦におけるイギリスの子孫の人口は30％ほどであるのに対し、インターカルチュラリズムを採用するケベック州のフランス語系の人口は70％ほどであるという（ブシャール、2011、181頁）。
63) Meer et al. (eds.), 2016, 123 (A.-G. Gagnon and R. Iacovino).
64) Wood (ed.), 2010, 24.

第 4 に、インターカルチュラリズムは、市民社会のレベルで主に適用されるが、多文化主義は、国のレベルで適用される。インターカルチュラリズムでは、政府は市民社会における社会的・文化的な交流を支援する。しかし、多文化主義では、民族的・文化的団体を助成する[66]。インターカルチュラリズムでは、国は少数派集団組織を統合の機関として支援し、労働市場において異文化対応力と言語能力を重視し、住宅市場や都市政策において民族混淆住宅や民族混淆地域を奨励する。多文化主義では、国は少数派集団組織をエンパワメントの機関として支援し、労働市場や住宅市場において積極的差別是正措置をとり、都市政策においてミナレットなどのシンボルの利用も承認する[67]。

　日本の多文化共生政策は、理念上は、多文化主義よりもインターカルチュラリズムの方が近い。もっとも、具体的なインターカルチュラル政策は、自治体によっても、時期によっても異なる。日本の多文化共生政策も、同様である。近年の多文化共生政策は、文化の多様性を都市の活力に生かす点など、インターカルチュラル・シティの政策内容を取り入れる動きがみられ、インターカルチュラリズムとの親和性を高めている。

　ただし、外国にルーツを持つ人の人口比率が低いことや、多文化共生政策の歴史が浅いこと、国としての法制度の整備に手がついていないことなどもあって、移民の受け入れの伝統が長い欧米諸国とは、多くの点で異なっている。

　インターカルチュラル・シティ（Intercultural Cities: ICC）とは、2008 年に欧州評議会が欧州委員会とともに始めたプログラムである。移民や（ロマや先住民を含む）少数者によってもたらされる文化的多様性を、都市の活力や革新、創造、成長の源泉とする都市のネットワークを形成している。インターカルチュラル・シティ指数（ICC Index）[68]は、73 の質問項目により、15 分野において、各都市の政策を評価している。2017 年に加盟した浜松市の同年の（差別禁止の分野を除く）全体評価は 54% であり、88 都市中の 20 位

---

65) Meer et al. (eds.), 2016, 239 (P. Loobuyck).
66) *Ibid.*, 2016, 237-238.
67) Wood (ed.), 2010, 23-24.
68) Council of Europe, 2019.

であるが、教育、公共サービス、就労、公共空間、調停、政治参加が弱い分野である。

　第1の「市の関与」は、1）インターカルチュラル・シティの公式な宣言、2）インターカルチュラル統合施策または多様性・包摂施策の採用、3）インターカルチュラル行動計画の採用、4）同統合施策と行動計画の実施のための予算計上、5）すべての民族・文化背景を持つ人々を含む政策協議と共同計画の手続の採用、6）同施策・行動計画の評価と更新手続、7）インターカルチュラルな関与を明確にした公式声明と報道、8）同声明・施策・行動計画を伝える公式のウェブページ、9）同施策・統合をになう専用の部門横断的・調整組織、10）地区でインターカルチュラリズムを促進する住民や組織を承認または顕彰する手段の提供の有無を評価する。浜松市は85%（平均は71%）である。2018年に「第2次浜松市多文化共生都市ビジョン」を策定し、インターカルチュラル政策を明示しているが、10）が課題である。

　第2の「教育」は、1）小学校のほぼすべての児童の同じ民族背景、2）学校の教師の民族背景における市の住民構成の反映、3）学校生活において民族的マイノリティ・移民の背景を有する親の関与を強める努力、4）学校のインターカルチュラルなプロジェクトの実施、5）学校において民族・文化的混淆を高める政策の有無を評価する。浜松市は56%（平均は66%）であり、3）や4）には取り組んでいるが、2）が課題である。

　第3の「地区」は、1）住民の大多数（80%以上）が同じ民族背景である地区の割合、2）住民の多数を構成する少数民族集団からなる地区の割合、3）1つの地区の住民が他の地区の異なる民族・文化背景を持つ住民と出会い・交流する活動の促進、4）地区の住民の多様性を高める政策、5）異なる民族背景を持つ人々の地区での出会いと交流を促進する政策の有無を評価する。浜松市は100%（平均は63%）であり、民族的な隔離が生じていないので3）などは不要だが、4）が課題である。

　第4の「公共サービス」は、1）公務員の民族背景の市の住民構成の反映、2）労働力の多様性を確保する募集計画、3）民間企業における多様な労働力、インターカルチュラルな混淆・能力を促進する活動、4）すべての市民の民族・文化背景に適合するサービスの提供の有無を評価する。浜松市は30%（平均は42%）であり、1）や3）や4）の課題を抱えている。

　第5の「ビジネス・労働市場」、すなわち「就労」は、1）多様性や無差別

雇用を促進するためのビジネス傘下グループ、2) 独自の行政やサービスにおいて民族差別を禁ずる憲章その他の拘束力のある文書、3) 民族的マイノリティの民族的経済を超えて一般的な経済および高付加価値部門に参入するビジネスを促進する活動、4) 移民・マイノリティの企業家の十分な割合を含む企業創出支援を促進し、多数派の企業家が新たな製品・サービスを一緒に開発するよう促進する活動、5) 物とサービスの調達において多様性戦略を持つ会社の優先の有無を評価する。浜松市は0％（平均は42％）である。

第6の「文化・市民生活」は、1) 団体や取り組みへの助成金の配分における市議会のインターカルチュラリズムの基準としての使用、2) その割合、3) 異なる民族集団の混淆を促進するための芸術・文化・スポーツイベントや活動組織、4) 文化組織がその作品において多様性と異文化関係を扱うことの促進、5) 文化の多様性と共生をテーマとする討論やキャンペーンの組織の有無を評価する。浜松市は88％（平均は74％）であり、3) のイベントが時々行われる。

第7の「公共空間」は、1) 公共部門における意味のあるインターカルチュラルな混淆と統合を促進する活動、2) デザイン、公共のビルや空間の管理における人口の多様性の考慮、3) 市の機関が地域を再建する場合に異なる民族・文化背景を持った人々が意味のある関与を確保する協議のための異なる方法や場所の提案、4) 1つの民族集団が支配的と思われ、他の人々が歓迎されていないと感じる空間や地域、5)「怖い」と評判の地域の有無を評価する。浜松市は58％（平均は65％）であり、2) や3) の課題がある。

第8の「調停」は、1) 市と公共サービス機関におけるインターカルチュラル・コミュニケーションと紛争の調停のための専門的サービスの提供、2) 市の組織の宗教間の関係についての特別な担当、3) インターカルチュラルな調停の提供の有無を評価する。浜松市は民族間の紛争がないので、調停の仕組みが発達しておらず、24％（平均は63％）であり、1) や2) や3) の課題がある。

第9の「言語」については、第15章で詳述する。

第10の「メディア」は、1) 移民・マイノリティの可視性を高めるメディア施策、2) 市の広報部の通常および多様なコミュニケーションにおける多様性を長所として強調する指示、3) マイノリティの背景を持ったジャーナリストのための宣伝・メディア訓練・指導・オンラインメディアの開設など

第 2 章　多文化共生社会とは何か

の支援の提供、4) メディアがマイノリティを描く方法のモニターの有無を評価している。浜松市は 50%（平均は 46%）であり、3) と 4) が課題である。

第 11 の「国際協力」は、1) 単に科学的・経済的・文化的・その他のプロジェクトを結びつけるだけでなく、維持する国際協力を促進する市の明示の政策、2) この政策のための特別な財政条項、3) 国際協力への公開性を評価・開発する担当の市の特別な機関、4) 大学の外国人留学生受け入れ支援・促進、5) 外国人留学生の市民生活参加と卒業後の残留促進策、6) 台頭する経済の潜在的成長から利益を得るため、ディアスポラグループの出身国・市とのビジネス関係の促進の有無を評価する。浜松市は 87%（平均は 71%）である。大学の管理は国や県のため、4) は当てはまらない。

第 12 の「異文化対応力」は、1) 市政・市議会の政策形成過程を伝える中での多様性とインターカルチュラルな関係についての量的・質的情報の組み込み、2) 移民・マイノリティの一般の認識についての質問を含む調査、3) 職員やスタッフの異文化対応力の促進を評価する。浜松市は 78%（平均は 61%）である。3) は全国市町村国際文化研修所や自治体国際化協会などの外部専門機関が実施する研修に参加したり、新規採用者への多文化共生研修を行っている。

第 13 の「ニューカマーの歓迎」は、1) ニューカマーの歓迎の担当部署、2) 外国から新たに来た住民への情報のパッケージと支援の提供、3) 異なる市の部署におけるニューカマーの支援の提供、4) 市の職員の前でニューカマーに挨拶する特別な儀式の有無を評価する。浜松市は 70%（平均は 54%）である。2) は英語とポルトガル語版で情報提供しており、4) は課題である。

第 14 の「政治参加」は、1)（EU 市民・北欧市民・英連邦市民などを除く）外国人の地方選挙権、2) 選ばれた政治家の民族背景の市の人口構成の反映、3) 市が多様性と統合の問題を扱う民族・マイノリティを代表し、自治体とは独立で助言機能を有する政治体であること、4) 学校を監督する必置の委員会や公共サービスで移民・マイノリティを代表する基準、5) 政治に携わる移民・マイノリティを促進する取り組みの有無を評価する。浜松市は 0%（平均は 33%）である。

第 15 の「差別禁止」は、1) 市における差別の範囲と性格の恒常的な評価・調査、2) 差別の被害者への助言、支援する特別なサービス、こうした役割を果たす市民社会の組織への助成、3) 差別禁止キャンペーンや他の方

法での意識啓発の有無を評価する。浜松市は、2）は多文化共生センターで多言語の生活相談をしており、3）はポスターでの啓発活動を時々していると報告をしているものの[69]、指数での評価の対象とされていない。

■ 4　日本における法令の課題と展望

　2009年の政権交代後の鳩山首相の所信表明演説において、「先住民族であるアイヌの方々の歴史や文化を尊重するなど、多文化が共生し、誰もが尊厳をもって、生き生きと暮らせる社会を実現する」ことが目標に掲げられたこともある。オーストラリアやラテンアメリカでは、先住民も多文化主義の対象とされるが、カナダやニュージーランドでは移民が主たる対象であり、先住民はファースト・ネーションとして区別され、多文化主義の対象とはされない[70]。移民に対する政策内容と同じではないので、重なる部分は同じ法で規律するとしても、より高められた権利保障の部分はアイヌに対する個別の法律で対応することになるものと思われる。また、前述のように、キムリッカは、日本のナショナル・マイノリティとして琉球人を考えている。しかし、沖縄では、（先住民としての権利保障の声は大きくなりつつあるものの）ナショナル・マイノリティとしての権利保障を求める声はこれまでのところあまり聞かれない。

　北海道における多文化共生、沖縄における多文化共生、愛知県田原市における多文化共生、岐阜県可児市における多文化共生——、理念は共通するものの、地域の実情に応じて、優先度の高い政策メニューは多様でありうる。技能実習や特定技能1号で新たに受け入れた住民への日本語教育や多言語対応の整備がまずは必要な地域もあれば、定住する子どもの教育やグローバル人材の育成に力を入れる地域もあろう。第1期の外国人支援中心の多文化共生もあれば、第2期の多様性による活性化を強調する多文化共生もある[71]。

　一方、旧植民地出身者とその子孫の場合は、特別永住者の法的地位に限ら

69）浜松市企画調整部国際課でのインタビューによる。
70）Kymlicka, 2007, 17.
71）山脇、2017、5頁。

ず、戦後補償の観点からの特別な権利保障が問題となりうる。総務省の「地域における多文化共生推進プラン」は、当初、日本語でのコミュニケーションが十分でないニューカマーの外国人を念頭に議論しながら、しだいにオールドカマーも含む外国人や日本国籍を有する民族的少数者にもその範囲を拡大した経緯がある。

　他方、自治体単独の政策として多文化共生政策が考えられており、国の法改正が必要な問題への取り組みは今後の課題とされている。多文化共生社会基本法[72]を制定し、基本理念を示すとともに、担当部局を設置することが望まれる。

　また、多文化共生社会にふさわしい用語が作り出される必要がある。文科省の「日本語指導が必要な児童生徒の受入状況等に関する調査」の統計の中には、「日本国籍」の場合の統計も含まれており、教育現場では「外国にルーツを持つ子ども」や「外国につながる子ども」という表現が使われることもある。一部の自治体の多文化共生指針や計画で用いられている「外国人市民」という語は、「外国籍市民」だけでなく、日本国籍であっても外国文化を背景に持つ人を含めているという問題がある。日本国籍を有するのに「外国人」と呼ばれることに抵抗を感じる人もいるであろうし、「外国籍」に無国籍の外国人を含めることも無理がある。今後は、「外国生まれの人」や「外国にルーツを持つ人」などの統計上の用語の工夫と、その就業率・就学率などの基礎的なデータが多文化共生政策の推進には必要であろう。その際、英語圏の国々で多く用いられる「人種」別の統計は、あたかも「人種」が存在するかのような考えを広めるおそれがあり、同様に、カナダのヴィジブル・マイノリティなどの用語も、日本では適当ではないだろう。他方、多文化共生社会においては、外国人と国民の2分法ではなく、一定の政治的権利を備えた「永住市民」という学術用語を法令用語にすることの意義も最後に確認するものである。

---

72) 参照、近藤編、2011、255-257頁（外国人との共生に関する基本法制研究会）。

第3章

外国にルーツを持つ人に関する法制度

■ 1 入管法制と統合法制

　日本在住外国人に関する法制度を外国人法制と呼ぶことができる。移民法制と呼ぶ場合は、少し対象が広くなる。移民法制とは、入管政策に関する（法制度としての）入管法制と、統合政策に関する（法制度としての）統合法制の両方をさす。

　一般に、移民政策には、入国・滞在・退去強制に関する入管政策と、移民の社会参加や経済的・社会的・文化的・市民的・政治的権利に関する統合政策の両面がある。

　入管政策は、もっぱら外国人を対象にする政策である。しかし、統合政策は、外国にルーツを持つ人に対する政策といえる。すなわち、外国人に加え、日本国籍の民族的少数者を対象とした政策といえる[1]。たとえば、教育政策において、文科省は、日本語指導が必要な外国人児童生徒に加え、国際結婚や帰国子女などの多い今日、「日本語指導が必要な日本国籍の児童生徒」の統計を必要とする。

　また、差別禁止法制において、2016年に制定された「本邦外出身者に対する不当な差別的言動の解消に向けた取組の推進に関する法律」が問題となる。ここでの「本邦外出身者」とは、「本邦の域外にある国若しくは地域の

---

1) 付加的には民族的多数者への啓発活動も政策内容に含む。

出身である者又はその子孫」をさすように、外国人に限らない。

　さらに、たとえば、2016 年の可児市の多文化共生推進計画では、「外国にルーツを持つ市民」、すなわち「外国籍市民[2]に加えて、日本国籍を取得した人や日本人との国際結婚による子ども、帰国子女など、日本国籍を有しながらも外国の文化を背景に持つ人々」を施策の対象としている。

　多くの自治体は、「外国人市民[3]」の名の下に、外国にルーツを持つ人を多文化共生政策の対象としている。諸外国では、外国にルーツを持つ人を移民ないし移民の背景を有する人と呼び、統合政策の対象としている。たとえば、移民の場合は、外国生まれの人としての移民の 1 世だけをさし、移民の背景を有する人の場合は、移民の 1 世に限らず、2 世や 3 世も含めたりする。各国の各政策の対象に応じた用語がそのつど考案されている。

　日本では、従来、入管政策は、広く語られてきたものの、統合政策を表す政策用語が確立していない。このことは、統合政策に対する政府の関心の低さを物語っている。また、この背景には、「移民政策と誤解されない」、「外国人材の受入れの在り方」を検討する政府の姿勢も関係している[4]。伝統的な移民国家とは違い、入国時に永住許可を認める入管政策も、定住する外国人に帰化を奨励する統合政策も採用することなしに、不足する労働力をどのように外国人で補うのかという観点を中心に制度設計を考える傾向がある。

　また、自民党の労働力確保に関する特命委員会は、「『移民』とは、入国の時点でいわゆる永住権を有する者であり、就労目的の在留資格による受入れは『移民』には当たらない」という用語法を採用する。そのうえで、「移民政策と誤解されないように配慮しつつ（留学や資格取得等の配慮も含め）、必要性がある分野については個別に精査した上で就労目的の在留資格を付与して受入れを進めていく」との立場を示し、「外国人労働者やそのコミュニティが地域に受け入れられ、自治体ともスムーズな関係を持つために必要な計画や施策（教育や社会保障など）についても検討を進める」という[5]。また、安

---

2) ここでの外国籍市民とは、無国籍者も含む日本国籍を持たない人、すなわち法的な意味での外国人の市民をさす。外国人＝外国の人という排他的なニュアンスを避けるために、外国籍市民という用語を用いる自治体も少なくない。
3) ここでの外国人市民とは、社会学的な意味での外国人であり、日本国籍の有無にかかわらず、外国にルーツを持つ人をさす。
4) 日本経済再生本部「日本再興戦略 2016」（2016 年 6 月 2 日）、209 頁。

倍首相は、2018年の国会における党首討論の場で、「移民政策」とは「例えば、国民の人口に比して一定程度のスケールの外国人及びその家族を期限を設けることなく受け入れることによって国家を維持していこうとする政策、そういう政策は取らない」と説明している。移民ないし移民政策という用語を可能な限り狭く定義して、多くの外国人労働者の流入をはかる政策との折り合いをつけようとしている。

　他方、教育、福祉などのさまざまな生活課題と向き合う自治体では、外国人住民の統合政策の必要性が認識されるようになってきた。そこで、総務省が2006年に自治体の指針・計画の策定に資するガイドラインとして「地域における多文化共生推進プラン」を通知してからは、自治体レベルの統合政策を多文化共生政策と呼ぶ傾向にある。国にあっても、法務省は、2010年の「第4次出入国管理基本計画」以来、2015年の「第5次出入国管理基本計画」においても、「出入国管理行政」と「外国人との共生社会の実現に向けた施策」を同時に進めていくと明示し、「外国人本人及びその帯同者の日本語教育、外国人の子どもの教育や社会保障、外国人の就業支援、住宅など、……外国人の権利等への配慮も必要である」という。そして2018年の「外国人材の受入れ・共生のための総合的対応策」では、「在留資格を有する全ての外国人を孤立させることなく、社会を構成する一員として受け入れていくという視点に立ち、外国人が日本人と同様に公共サービスを享受し安心して生活することができる環境を全力で整備していく」として、「地域における多文化共生施策の更なる推進を図る」などの126の施策を掲げている。いわば、共生社会政策としての統合政策の必要性を語り始めている。こうした政策対応の変化をもたらす要因は、経済のグローバル化と日本社会の少子高齢化にある。日本政府は、すでに経済のグローバル化に対応した、いくつかの入管法制の規制緩和を行っている。ただし、少子高齢化に対応した、本

---

5) 自由民主党政務調査会・労働力確保に関する特命委員会、2016、2頁。
6) 第196回国会・国家基本政策委員会合同審査会・第2号（2018年6月27日）。
7) 総務省、2006。参照、近藤編、2011。
8) 法務省、2010、28頁；法務省、2015、24頁。
9) 2012年からの高度人材の受け入れのためのポイント制度の導入、2014年からの「技術」と「人文知識・国際業務」の在留資格の一体化、2015年からの船舶観光上陸許可の新設、2017年からの「信頼できる渡航者」の自動化ゲートの導入など。

格的な入管法制の規制緩和や統合法制の構築の必要性については、いまだ消極的な議論が目立つ。

2 統合法制をめぐる時期区分
―― 基本理念と新たな権利課題

　日本の戦後の統合法制は、基本方針と新たな権利課題に即して、以下の4つの時期に区分される。かつて T. H. マーシャルが、市民的権利、政治的権利、社会的権利の順で、シティズンシップの展開を説明した[10]。トーマス・ハンマーは、外国人の場合は、社会的権利のあとに政治的権利がくるという[11]。さらに、スティーブン・カースルズらは、文化的権利などの視点も加える[12]。日本でも、第1期・第2期に、市民的権利・社会的権利の保障が進み、第3期・第4期に、政治的権利・文化的権利の課題が意識されるようになってきた。

(1) 排除と差別と同化 (1945-1979)：市民的権利

　戦前の日本は、植民地を有する多民族帝国をめざしたが、戦後の日本では、「単一民族」神話が折に触れ語られた。

　旧植民地の領土を放棄した1952年のサンフランシスコ平和条約に伴う通達により、民族的出自を示す朝鮮戸籍や台湾戸籍を理由として日本国籍を喪失した在日韓国・朝鮮・台湾人は、「外国人」として処遇され、多くの社会保障制度から排除された。

　「公権力の行使または公の意思の形成への参画」に携わる公務員の職を失わないためには、帰化が必要とされ、当時の帰化は、日本的氏名を強要する同化主義的な要素が強かった。

　国籍を理由とした雇用差別は、公務員に限らず、民間企業でも多かった。そこで1970年代には、就職差別裁判や司法修習生採用問題などを通じて、市民的権利（日本の憲法学でいうところの自由権、受益権、平等や幸福追求権）

---

10) マーシャル、1993、19頁。
11) ハンマー、1999、78頁。
12) Castles and Davidson, 2000, 121-126.

の幅を広げる試みがはじまった。

(2) 平等と「国際化」(1980-1989)：社会的権利

　日本政府は、1979年の国際人権規約（自由権規約と社会権規約）の批准および1981年の難民条約への加入に伴い、住宅金融公庫、国民年金、国民健康保険、児童手当などの社会保障法上の国籍要件を撤廃した。しかし、戦傷病者戦没者遺族等援護法などの国籍要件は残された。困窮状態の外国人にも生活保護を準用する行政実務の定着を根拠に、生活保護法の国籍要件の撤廃も見送られた。もともと、インドシナ難民の受け入れを迫られた国際情勢のもとに必要な制度改革を行ったという側面が強い。外国人の権利を向上するための政府のイニシアティブは弱かった。

　一方、1985年の女性差別撤廃条約の批准は、父系血統主義から父母両系血統主義に国籍法を変更させた。この国籍法改正は、日本語の「常用平易な文字」を使用すれば外国姓を戸籍に記載することを認める新たな戸籍法により、日本的氏名を強要する帰化手続を廃止する副産物を伴った。しかし、「男女平等原則」に基づいた国籍法の改正に伴う複数国籍の増大を防止すべく、22歳までの国籍選択制度を導入し、「国籍唯一の原則」を強化した。

　1980年代の日本における外国人の「統合政策」が、「国際化」の名の下に推進されたのは、人権条約の影響も大きい。統合政策とは、移民の平等な社会参加を進める政策である。福祉国家の平等なメンバーとして、難民を受け入れ、すでに定住している外国人の社会的権利も同様に保障した。人権の国際的水準に追いつくことに日本政府は一定の関心を払った。

(3) 定住と「共生」(1990-2005)：政治的権利

　1990年に施行された改正入管法は、日系人とその家族に原則として更新される「定住者」の在留資格を与えた。1991年の入管特例法は、旧植民地出身者とその子孫に「特別永住者」の地位を認めた。1998年に公表された永住許可の基準では、従来の20年ではなく、10年の居住が原則とされた。日系2世は1年などの例外も認められるようになった。

　2000年の法務省の第2次出入国管理基本計画では、「定着化の支援を行っていくことにより、日本人と外国人が円滑に共存・共生していく社会づくりに努めていく必要」を明記する。ここには、人権の国際水準への対応の視点

だけではなく、人口減少時代の到来を前にして、定住外国人の増大が見込まれる日本独自の統合政策、すなわち共生社会政策の必要性の視点がうかがえる。

　定住を前提とする場合、人権条約の義務とは別に、共生社会の実現に向けて政治参加の問題への主体的な取り組みが必要となる。1995 年に最高裁は、「永住者等」の地方選挙権を法律により認めることは憲法が禁止しておらず、立法政策の問題であるとの解釈を示した。[13] 1996 年の川崎市をはじめ、外国人市民代表者会議を創設し、地方公務員の門戸を原則として外国人にも開放した。2002 年の滋賀県米原町をはじめ、条例に基づく住民投票を外国人にも認めるようになった。

(4)「多文化共生」(2006 -)：文化的権利

　日本では、2005 年に人口減少がはじまった。今後のグローバル化の進展および人口減少傾向を勘案すると、外国人住民の更なる増加が予想される。このため、総務省は 2006 年に「地域における多文化共生推進プラン」を策定し、全国の都道府県や指定都市が、多文化共生を推進する指針や計画を整備するよう求めた。2018 年 4 月現在、都道府県の 96％、指定都市の 100％、（指定都市を除く）市の 67％、区の 78％、町の 26％、村の 13％ が、計画や指針を策定している。[14] また、宮城県は 2007 年に、静岡県は 2008 年に、滋賀県湖南市は 2012 年に、多文化共生推進条例を制定した。

　2006 年の総務省の多文化共生推進プランにある「コミュニケーション支援」は、文化的権利を保障する。「生活支援」は、教育、医療、労働などの社会的権利の保障に仕えるが、教育は、文化的権利でもあり、医療通訳やハローワークの多言語化は文化的権利の問題でもある。しかし、「地域づくり」としての「社会参画」に参政権の保障が加えられていない。国の法改正が必要な問題は手付かずの状況にある。包括的な多文化共生政策を推進する上では、国の法令の改正が不可欠な分野も多い。少なくとも、多文化共生社会基本法を定め、多文化共生政策を推進する政府部局を設けるべきである。

---

13) 定住外国人地方選挙権訴訟・最判 1995（平成 7）年 2 月 28 日民集 49 巻 2 号 639 頁。
14) 多文化共生の推進に係る指針・計画の策定状況（平成 30 年 4 月総務省自治行政局国際室調査）。

2015年の法務省の第5次出入国管理基本計画でも「外国人本人及びその帯同者の日本語教育、外国人の子どもの教育や社会保障、外国人の就業支援、住宅」といった「生活環境を整備していくことや、外国人の権利等への配慮」など、「外国人との共生社会の実現には、地方公共団体を含め政府全体として総合的な施策の推進が必要」という[15]。

　新たな在留資格である「特定技能1号」および「特定技能2号」の創設を踏まえた2018年の「外国人材の受入れ・共生のための総合的対応策」では、「今後、在留外国人の増加が見込まれる中で、政府として、法務省の総合調整機能の下、外国人との共生社会の実現に必要な施策をスピード感を持って着実に進めていく」として、たとえば、多言語対応が可能な「多文化共生総合相談ワンストップセンター（仮）」を全国に100カ所設置、医療通訳の配置、生活情報の多言語化、日本語教育の充実などの文化的権利に関連する施策も多く盛り込まれた。

■ 3　憲法と人権諸条約

(1) 外国人に保障される「権利の性質」を判断する基準を何に求めるのか

　日本国憲法の人権規定をみても、外国人に保障されているのかどうかが判断できない。憲法制定過程をさかのぼると、マッカーサー草案16条に「外国人は、法の平等な保護を受ける」とあった。しかし、このことに困惑を感じた日本の官僚の判断で、「国民は法の下に平等……」とし、「何人も」と書いてある規定をすべて「国民は」と書き換えた。そうしたところ、アメリカ側から外国人も含む意味で「何人も」とした元の規定に戻すようにいわれた。そこで、全部ではないものの、かなりの規定を戻したという経緯がある[16]。

　当初、外国人の人権は憲法上保障されないとする「無保障説」や、憲法の人権規定のうち、「何人も」で始まれば外国人も含まれ、「国民は」で始まる場合は、外国人は含まないとする「文言説」も唱えられた。しかし、無保障説では、憲法が「基本的人権」を定めていることの意義を没却することになる。また、憲法制定時に文言を書き分けるための議論を十分にしていないの

---

15) 法務省、2015、24頁。
16) 佐藤、1994、118、176、334頁。

で、文言説では不都合な結果に至る。そこで、通説は、人権の普遍性と日本国憲法の国際協調主義から、「性質説」を採用した。判例も、マクリーン事件判決以後、「基本的人権の保障は、権利の性質上日本国民のみを対象としていると解されるものを除き、わが国に在留する外国人に対しても等しく及ぶものと解すべき」との性質説を採用している[17]。

しかし、成文憲法を掲げ、国家権力から個人の権利を守る立憲主義の基本に忠実な多くの国では、「何人も」という規定は、在住外国人も含むのが憲法や人権諸条約におけるスタンダードな解釈方法である[18]。日本の現状は、自己の憲法上の権利の有無について、外国人住民を当惑させるだけではない。性質説への理解が十分ではない。外国人の地方参政権に反対する政治家は、憲法が公務員の選定権を「国民固有の権利」と書いてあることを根拠とする。また、首相や文科相が「教育を受ける権利」は憲法および教育基本法上、「国民」と書いてあるので、日本国民としての国民の教育に限られると国会で答弁している[19]。

最高裁にあっても、性質の根拠を下位の法令に求める思考方法は、マクリーン事件判決に顕著であり、「外国人に対する憲法の基本的人権の保障は、……外国人在留制度のわく内で与えられているにすぎない」という。憲法の下位の入管法が、人権保障の有無に関する性質の判定基準であるかのようである。憲法の人権保障が「在留制度のわく内で与えられているにすぎない」のであれば、日本国憲法の人権は在留制度に関する「法律の留保」を伴うことになり、明治憲法下の臣民の権利が「外見的人権」と評されたように、立憲主義を外見だけのものに貶めてしまう[20]。

(2) 憲法と国際人権諸条約との整合性をどのように担保するのか

そこで、性質を判断する基準を日本の締結した国際人権諸条約に求める見解もある[21]。たしかに、憲法98条2項（条約の誠実遵守規定）を媒介に、外国

---

17) マクリーン事件・最大判1978（昭和53）年10月4日民集32巻7号1223頁。
18) 参照、近藤、2004、94頁以下；近藤、2005、326頁以下。
19) 衆議院教育基本法に関する特別委員会2006年12月13日（安倍内閣総理大臣答弁）、参議院文教科学委員会2007年3月20日（伊吹文部科学大臣答弁）。
20) 近藤、2005、325頁。
21) 岩沢、2000、15頁。

人の国際人権条約上の権利を憲法上の権利と解することもできる。この点、自由権委員会の一般的意見によれば、自由権規約12条4項の「自国に戻る権利」の「自国」とは、「国籍国」よりも広く[22]、カナダの永住者の事例における広義の見解も紹介されている[23]。しかし、日本の判例は、日本政府が「国籍国」の意味で条約を締結したのであり、憲法上は、いかなる永住者であっても、再入国の自由は保障されていないとの立場である[24]。

　日本政府は、条約の遵守義務を負う。教育を受ける権利に関し、憲法上は、「国民」の権利と解しながらも、「すべての者」の権利と定める社会権規約13条や子どもの権利条約28条を踏まえて、外国人生徒に「就学義務はないが、公立の義務教育諸学校への就学を希望する場合には無償で受入れを行い、日本人生徒と同様に教育の機会を保障する」方針である[25]。この点、憲法と人権条約の整合的な解釈がなされていない問題がある。性質上、人間の人格形成に不可欠な教育を受ける権利は、憲法上も外国人に保障されるものと解すべきであろう。

　一方、この権利に対応する人権条約上の義務の主体と内容は、国のすべての者に初等教育を提供する義務である。その義務には、教育のアクセス可能性を保護する義務も含まれると社会権規約13条の一般的意見は指摘する[26]。外国人生徒への不就学対策もこのアクセス可能性の保護の一内容である。

　他方、憲法上の義務の主体と内容は、親などの保護者の子どもを就学させる義務である。そこで、外国人学校その他の多様な選択肢を認めた上で、この義務を憲法上、外国人住民に課すことも可能であろう。いずれにせよ、憲法上、教育を受ける権利を外国人に保障することの裏返しとして、学齢期の外国人に初等教育を提供する憲法上の不文の義務は国に課されている。

---

22) 自由権規約委員会・一般的意見27（1999年11月2日）20段落。
23) Stewart v. Canada [1996], para. 12.4
24) 崔善愛事件・福岡高判1994（平成6）年5月13日判夕855号150頁。
25) 文部科学省「外国人の子どもの公立義務教育諸学校への受入について」（http://www.mext.go.jp/b_menu/shingi/chousa/shotou/042/houkoku/08070301/009/005.htm, 2019年1月6日閲覧）。
26) 社会権規約委員会・一般的意見13（1999年12月8日）50・51段落。

(3) 憲法上、文化的権利の保障は乏しいが、多文化共生の規範化の取り組みがはじまる

　戦後間もなく制定された日本国憲法には、文化的権利を保障する発想が乏しかった。しかし、1966年に国連が採択した社会権規約は、15条の「文化的生活に参加する権利」などの文化的権利を、同年の自由権規約27条も、民族的少数者に「自己の文化を享有する権利」を保障する。また、同条と同様の「自己の文化を享有する権利」について、1997年の二風谷ダム事件判決[27]では、憲法13条によりアイヌ民族への保障を認めている。

　しかし、1982年のカナダの憲法27条のような多文化主義の明文規定は日本国憲法にはない。日本では、ヨーロッパ諸国に一般的な「統合」という言葉の意味合いは、同化に近いものとして受けとられる場合がある。外国人やNPOにおいては、統合という言葉への反発もある。とりわけ、日本国憲法1条が天皇を日本国民の「統合」の象徴と定めていることもあり、いっそう複雑な意味合いが問題となることも予想される[28]。

　一方、多文化共生政策という場合は、同化政策としての意味合いを持たせにくく、多文化主義的な統合政策を意味する。多文化と共生は2つの内容を持っている。共生は統合とかなりの程度重なるものであり、市民的・社会的・経済的・政治的権利の保障を内容とする。多文化の方は文化的権利の保障を内容とする。

　自治体の多文化共生推進プランにとどまらず、本来、男女共同参画基本法にみられるように、多文化共生社会基本法という法形式により、基本理念を掲げ、総合的な計画や実施主体の根拠を明らかにしつつ、自治体の条例で個別の計画と実施主体を定めることが望ましい。そのうえで、外国人や民族的少数者の集住の状況が自治体により大きく異なるので、自治体特有の問題に対処する計画が必要である。

---

27) 二風谷ダム事件判決・札幌地判 1997（平成 9）年 3 月 27 日判時 1598 号 33 頁。
28) 憲法の公定英訳は、unityとあり、integrationとは違う意味で日本語の統合は理解される可能性がある。

■ 4　日本の入管法制の特徴

　日本の入管法制の第1の特徴は、入管法の中には統合政策の内容が乏しい点である。国によっては、統合政策に関する内容（国籍取得、統合講習、社会保障その他の権利など[29][30]）を移民法の中に規定している。また、言語能力などの統合要件を入国や滞在の条件とする国もみられる[31]。他方、統合法などの特別な法律で包括的に定めるフィンランドなどの国もある[32]（なお、ドイツの2016年の統合法は、大量の難民の流入に対応したドイツ語などの統合講習と職業訓練などの労働市場への統合を促進することを目的とする限定的な内容である）。

　第2の特徴は、旧植民地出身者とその子孫について、入管特例法という特別法で定めている点にある。EU諸国においても、EU市民に対する特別な移民法を有する国がある[33]。日本では、日系人とその家族に特別な在留資格を認めているが、EU諸国の3分の1以上が国民の子孫に特別な在留資格を認めている[34]。

　第3の特徴は、難民認定手続を入管法と同じ法典の中で規定している点である[35]。ドイツや韓国など、難民認定手続を入管法とは別に定める国もある[36]。難民の1次審査を入国管理局が担当しても、最終決定は独立した難民認定

---

29) ドイツの滞在法（連邦領域における外国人の滞在、職業活動および統合に関する法）など。
30) イタリアの移民統一法典（第5章：保健衛生・教育・住居・公共生活参加・社会統合）アルゼンチンの移民法（第1篇：外国人の権利および義務）など。
31) ドイツでは査証免除国以外の出身の配偶者は、入国時に婚姻していた場合を除いて、簡単なドイツ語が話せる必要がある。オランダでは滞在期間の更新だけでなく、入国前にも言語と社会に関する試験を受ける必要がある。フランスでは、呼び寄せ人がジェンダーの平等、政教分離、出自による差別禁止といった共和国の諸原理への尊重を確認する必要がある。
32) 2010年のフィンランドの移民統合促進法が包括的な内容を定めている（http://www.finlex.fi/fi/laki/kaannokset/2010/en20101386.pdf, 2019年1月6日閲覧）。デンマークの統合法（1999年世界初の包括的な統合法）。
33) ドイツのEU自由移動法など。ルーマニアなど一部の国では、外国人とは、国民でもEU市民でもない者と法令上定義する場合もある。
34) IOM, 2009, 32.
35) 日本の出入国管理及び難民認定法、カナダの移民難民保護法など。
36) ドイツの庇護手続法、アイルランドの難民法、オーストリアの庇護法、イタリアの庇護法、韓国の難民保護法など。

組織が担うことが望ましい。

　第4の特徴は、技能実習の枠組みで非熟練労働を認めていることである。EU諸国では、留学と研修（実習）は類似のカテゴリーとして整理される[37]。むしろ、EU諸国における季節労働という短期の労働許可が、日本では、研修や技能実習という教育目的の名の下に行われている。この制度が、日本版ローテーション制度を形成しており、低賃金非熟練労働者に対する不正行為が問題となっている。

　第5の特徴は、在留資格により在留活動と在留期間を規制しており、アメリカと同様、滞在許可と労働許可が一体になっている点である。伝統的に、ヨーロッパ諸国では、滞在許可とは別に雇用担当部門が発給する労働許可を必要としてきた[38]。

　なお、日本の入管は、戦前の内務省の下にあった時代とは違い、戦後、アメリカの影響を受け、法務省の下に置かれた[39]。しかし、アメリカと違い、入管行政と帰化行政の担当部門が異なることもあって、移民政策の体系的な発展を妨げている。

---

37) たとえば、デンマークでは、18歳以上35歳未満の者に、最長18カ月（平均で40日）の実習生の滞在許可を認める。賃金と雇用条件は、デンマーク人の水準を満たす必要があり、申請者は必要な教育経験を示す必要がある。農業、林業、園芸業の実習生は、実習活動の内容を示す。医療の実習生は、能力証明が必要である（IOM, 2009, 222）。

38) 近時、滞在許可と労働許可の手続の一本化もみられ、2011年12月13日には、非EU市民のための共通の権利と単一労働・滞在許可制度のための各国の国内法整備を2年以内に命ずるEU指令が出された（Directive 2011/98/EU）。

39) 滞在許可の実施機関は、EU諸国では、主につぎの4通りに整理される。1) 内務省の移民部門（イギリス、ポルトガル、ベルギー、フィンランド、エストニア、ラトビア、リトアニア、キプロス、ブルガリア、ルーマニア）、2) 内務省の警察部門（イタリア、チェコ、スロバキア）、3) 法務省の移民部門（スウェーデン、ハンガリー、アイルランド、マルタ、オランダ）、4) 州や県の担当部門（フランス、スペイン、ギリシア、ドイツ、オーストリア、ポーランド）である。例外的に、カナダの市民権移民省やオーストラリア移民市民権省のように、移民担当の独自の省を有するEU諸国も一時期はみられた（デンマークは難民移民統合省〔2001〜2011〕が、法務省に移管され、フランスも移民・統合・国家アイデンティティ省〔2007〜2011〕が、内務省に移管された）。なお、9.11同時多発テロの影響を受け、アメリカの滞在許可の実施機関は、2003年に司法省から国土安全保障省に移されている。

第3章　外国にルーツを持つ人に関する法制度

非正規滞在者 ＜	その他の正規滞在者 ＜	永住市民 ＜	国民
上陸許可 （正規化）		永住許可	帰化
大半の市民的権利	一部の居住権 一部の職業の自由 一部の社会権	ほぼ完全な居住権 ほぼ完全な職業の自由 ほぼ完全な社会権 （一部の参政権）	完全な居住権 完全な職業の自由 完全な社会権 完全な参政権

図 3-1　スリーゲートモデルにおける権利の段階的保障

■ 5　入管法と国籍法

(1) 在留資格が細分化されていて、職業の自由の制約が大きい

　日本の入管法は、永住型の移民受け入れがなく、在留資格が細分化されている。在留資格の細分化は、転職の自由を制約する。図 3-1 のスリーゲートモデルにしたがい、外国人の権利状況は、3 種類のグループに整理することもできる。通常、外国人は、第 1 に、上陸許可に関する入国管理のゲートを通り、正規滞在者としての一定の権利を取得する。第 2 に、一定期間の滞在の後に、永住許可のゲートをパスして、安定した権利を取得する。第 3 に、人によっては、帰化により、国民としての完全な権利を取得する。

　表 3-1 は、「外交」と「公用」を除く入管法上の在留資格と特別永住者の類型に応じた区分と、資格ごとの人数と割合を示している。そして、表 3-2 は、15 種類の専門・技能職（ないし専門・技術職）の内訳を示している。2018 年 6 月末の在留外国人の総数は、263 万 7251 人である。なお、法務省入国管理局によれば、2018 年 7 月 1 日現在の超過滞在者（不法残留者）数は、6 万 9346 人と推計されている。非正規入国者（不法入国者）数が不明なため、非正規滞在者の総数は不明である。

　在留資格ごとの在留活動と在留期間を整理すると表 3-3 のようになる。日本では、専門・技能職の受け入れは積極的に、「単純労働者」の受け入れは慎重に対応する方針がとられてきた。にもかかわらず、非正規滞在者、日系人、研修・技能実習生など、後者の多様な「抜け道」が問題となっている。単純労働とは、「特段の技術、技能や知識を必要としない労働」をさす。しかし、結局、入管法上その就労のための在留資格が認められていない

表3-1　外国人登録者の類型と在留資格に応じた人数と割合（2018年6月末）

類型	(1) 永住市民					
	(1a) 永住・就労自由		(1b) 永住類似・就労自由			
在留資格	特別永住者	永住者	日本人の配偶者等	永住者の配偶者等		定住者
人	326,190	759,139	142,439	36,562		185,907
%	12.4	28.8	5.4	1.4		7.0
類型	(2) その他の正規滞在者					
	(2a) 専門・技能・就労制限	(2b) 残りの在留資格・就労制限				
在留資格	専門・技能職（表3-2）	留学	技能実習	家族滞在	特定活動	文化活動	研修
人	333,860	324,245	285,776	174,130	64,545	2,936	1,522
%	12.7	12.3	10.8	6.6	2.4	0.1	0.1

出典：法務省「在留外国人統計」

表3-2　専門・技能職の内訳（2018年6月末）

在留資格	技術・人文知識・国際業務	技能	経営・管理	企業内転勤	教育	高度専門職	教授	宗教
人	212,403	39,221	25,099	17,176	11,769	9,567	7,484	4,361
%	8.1	1.5	1.0	0.7	0.4	0.4	0.3	0.2

	興行	医療	研究	芸術	報道	介護	法律・会計業務
	2,275	1,966	1,534	447	231	177	150
	0.1	0.1	0.1	0	0	0	0

出典：法務省「在留外国人統計」

労働をさし、必ずしも非熟練労働と同じではない。2017年9月から、在留資格「介護」が新設されたので、介護福祉士の資格を有する場合の介護の職は、新たに専門・技術職となった。2019年4月から新たに「特定技能1号」が加わり、おそらく2021年から「特定技能2号」が加わることが予想されている。2018年に閣議決定した「特定技能の在留資格に係る制度の運用に関する基本方針について」によれば、「特定技能1号」は、「人材を確保することが困難な状況にあるため外国人により不足する人材の確保を図るべき産業上の分野」[40]において、「相当程度の知識又は経験を必要とする技能」、す

表3-3 在留資格・在留活動・在留期間

		在留資格	在留活動または外国人の態様	在留期間
永住	(1a) 就労自由	特別永住者	平和条約国籍離脱者とその子孫	無期限
		永住者	一定滞在期間後に永住を認められる者	無期限
永住類似	(1b) 就労自由	日本人の配偶者等	日本人の配偶者・子・特別養子	5年、3年、1年または6月
		永住者の配偶者等	永住者・特別永住者とその子	5年、3年、1年または6月
		定住者	インドシナ難民・日系3世・中国帰国者等	5年、3年、1年または6月または法務大臣が指定する5年以内
就労目的の専門・技能職	(2a) 就労制限	高度専門職	ポイント基準により1号と2号	1号は5年、2号は無期限
		研究	研究者	5年、3年、1年または3月
		教授	大学・高専の教員	5年、3年、1年または3月
		教育	中学・高校の語学教師	5年、3年、1年または3月
		技術・人文知識・国際業務	大学出身の従業員	5年、3年、1年または3月
		技能	料理その他特殊技能の熟練労働者	5年、3年、1年または3月
		経営・管理	経営者・管理者	5年、3年、1年、4月または3月
		法律・会計業務	外国法事務弁護士・外国公認会計士	5年、3年、1年または3月
		医療	医師・歯科医師・看護師	5年、3年、1年または3月
		企業内転勤	外国の事業所からの転勤者	5年、3年、1年または3月
		芸術	芸術家	5年、3年、1年または3月
		宗教	宣教師等の宗教家	5年、3年、1年または3月
		報道	外国の報道機関の記者・カメラマン	5年、3年、1年または3月
		介護	介護福祉士	5年、3年、1年または3月
		興行	芸能・スポーツ等の興行活動	3年、1年、6月、3月、15日
		特定技能2号	(今後決まる限定分野での)熟練した技能	3年、1年、6カ月
		外交	大使・公使等とその家族	外交活動を行う期間
		公用	大使館職員・国際機関等とその家族	5年、3年、1年、3月、30日または15日
残りの在留資格	(2b) 就労制限	特定活動	特定研究者・IT技術者・技能実習生・外交官等の家事使用人・ワーキングホリデー	5年、3年、1年、6月、3月または法務大臣が指定する期間
		家族滞在	一般の在留資格者の扶養家族	5年、4年3月、4年、3年3月、3年、2年3月、2年、1年3月、1年、6月または3月
		留学	大学・短大・高専・高校・専修学校・特殊学校の学生	4年3月、4年、3年3月、3年、2年3月、2年、1年3月、1年、6月または3月
		文化活動	日本文化の研究者等	1年、6月または3月
		研修	研修生	1年、6月または3月
		技能実習	技能実習生	1号は1年以内、2号は2年以内、3号は2年以内
		特定技能1号	建設、農業などの14分野の相当程度の技能	1年、6カ月、4カ月
		短期滞在	観光・親族訪問・講習・会議参加等	90日、30日または15日

出典：法務省入国管理局「在留資格一覧表」、2018年12月25日閣議決定「特定技能の在留資格に係る制度の運用に関する方針について」および同28日の入管法施行規則の一部を改正する省令案をもとに作成。

なわち「相当期間の実務経験等を要する技能であって、特段の育成・訓練を受けることなく直ちに一定程度の業務を遂行できる水準」が想定されている。他方、「特定技能2号」は、「熟練した技能」、すなわち「長年の実務経験等により身につけた熟達した技能をいい、現行の専門的・技術的分野の在留資格を有する外国人と同等又はそれ以上の高い専門性・技能を要する技能であって、例えば自らの判断により高度に専門的・技術的な業務を遂行できる、又は監督者として業務を統括しつつ、熟練した技能で業務を遂行できる水準」が想定されている。したがって、特定技能2号は、いわば「熟練労働」であり、特定技能1号は、「半熟練労働」とでも呼ぶべき、熟練労働と非熟練労働の中間といえる。

　（就労が認められない）非正規滞在者はバック・ドア、（就労というよりも教育や国際貢献が建前上の目的とされる）研修・技能実習生はサイド・ドアと呼ぶならば、（親族訪問を建前上の目的とする）日系人は、サイド・ドアとフロント・ドアの中間のような位置づけであった。しかし、（国内労働市場での人材確保が困難な分野の）特定技能は、明確なフロント・ドアからの受け入れである。

　また、表3-3にみるように、2009年以後の入管法改正等により、より高い基準のポイント制度による「高度専門職」[41]の2号は無期限の在留を認め、

40）介護業、ビルクリーニング業、素形材産業、産業機械製造業、電気・電子情報関連産業、建設業、造船・舶用工業、自動車整備業、航空業、宿泊業、農業、漁業、飲食料品製造業、外食業といった14の特定産業分野。

41）以下の3通りに分かれる。
　　1）高度学術研究・教育活動「1号（イ）」では、学歴で博士号（専門職学位を除く）30点、修士号（専門職博士を含む）20点、大卒10点。職歴で実務経験7年以上が15点、5年以上が10点、3年以上が5点。年齢で29歳（34歳または39歳）以下15点（10点または5点）。年収で29歳以下（34歳以下、39歳以下または40歳以上）なら400万円（500万円、600万円または800万円）以上が10点（15点、20点または30点）、100万円増えるごとに5点増え、最高は1000万円以上の40点。研究実績で、特許1件以上が20点、研究助成金3件以上が20点、論文3本以上が20点、著名な受賞歴等が20点、対象項目が2項目以上ある場合には一律25点。日本政府から支援措置を受けている機関における就労実績が10点、就労先が中小企業で10点、試験研究費等比率が3％を超える中小企業への就労で5点、職務に関する外国の資格保有で5点、日本の大学の学位取得で10点、日本語能力試験N1取得または外国の大学で日本語専攻の卒業者で15点、N2取得で10点、先端プロジェクトに従事すれば10点である。

その他の多くの在留資格の在留期間の上限を原則 5 年とした。[42] 高度専門職の就労活動は、専門・技能職として認められた活動に限られる点で、永住とは異なる。また、「留学」と「就学」は「留学」の在留資格に一本化した。加えて、大学の理系出身の「技術」と文系を中心とした「人文知識・国際業務」を一本化し、「技術・人文知識・国際業務」の資格を創設した。従来の「研修」の活動のうち実務研修を伴うものは「技能実習」の在留資格を認め、労働関係法令の適用を可能とした。

(2) 永住許可の居住要件が帰化の居住要件よりも長く設定されているのはなぜか

必要な居住期間が帰化は原則 5 年であるのに対し、永住許可が原則 10 年なのは、スリーゲートモデルに反する日本の特殊性を示している。この理由の一端は、法務省の入国管理局と国籍事務を担当する民事局との調整がなされず、総合的な移民政策(入管政策と統合政策)の担当部局を欠く組織的な

---

2) 高度専門・技術活動「1 号(ロ)」では、学歴で、上記に加え、MBA(経営学修士)あるいは MOT(技術経営修士)で 5 点の加算。職歴で 10 年(7 年、5 年または 3 年)以上が 25 点(20 点、15 点または 10 点)。年齢で、上記と同じ。年収で、上記に加え、最低年収は 300 万円以上。研究実績で、上記の特許 1 件以上・研究助成金 3 件以上・論文 3 本以上・著名な受賞歴等などが各 15 点。職務に関する外国の資格保有で 5 点(2 つなら 10 点)、以下は上記と同様である。

3) 経営・管理活動「1 号(ハ)」では、学歴で博士号または修士号取得が 20 点、経営管理に対する専門学位(MBA あるいは MOT)が 5 点の加算、大卒で 10 点、複数分野の博士号・修士号・専門職位で 5 点。職歴は上記と同じ。年齢のポイントはない。(最低年収 300 万円以上の)年収は 3000 万円(2500 万円、2000 万円、1500 万円または 1000 万円)以上で 50 点(40 点、30 点、20 点または 10 点)。1 億円以上の投資で 5 点、代表取締役・代表執行役ポストで 10 点、取締役・執行役ポストで 5 点、以下は上記と同様である。

さらに、上記の 3 種類の場合に共通して、世界大学ランキング等の 3 つの指標のうち 2 つで上位 300 までの大学の卒業生・スーパーグローバル大学創成支援事業の補助金交付を受けている大学の卒業生・イノベーティブ・アジア事業のパートナー校の卒業生・先端プロジェクトに従事する人材は 10 点、ODA を活用した人材育成事業の修了者は 5 点加算される。

高度専門職 1 号は、3 年後に同 2 号となる。

42) 高度専門職の優遇措置は、1) 在留期間 5 年が与えられる。2) 複数の在留活動が許される。3) 配偶者も就労できる。4) 一定の年収条件等をクリアすると親の呼び寄せが認められる。5) 永住許可の申請が (80 点以上であれば 1 年) 3 年でできる。

要因にあるものと思われる。また、1980年のいわゆる『入管白書』では、それまで原則として「永住的なものを排除」してきた理由は、①「人口過密」と②「単一民族」志向という日本の社会的要因に求められた[43]。このほか、高度経済成長の時代に、外国人労働者の導入を回避できたとされる日本の社会的要因として、③農村部から都市部への「大規模な国内の人の移動」、④「オートメーション化」、⑤主婦のパートや学生アルバイトなどの「外部労働市場への依存」、⑥「長時間労働」が指摘されている[44]。しかし、現在、これらの社会基盤は、大きく変わっている。②について、たとえば、国際結婚の比率が1965年に0.4％であったものの、2006年には6.1％と増加し、その後減少したとはいえ2017年には、3.5％である[45]。③について、農業就業人口が1965年には1151万人であった日本は、2018年には175万人に減少している[46]。⑥について、1965年に2312時間であった日本の就業者の年間総実労働時間は、2017年には1710時間であり、独仏よりは多くても、英米には近い状況にある[47]。とりわけ、法務官僚が最大の要因とみてきた①の人口過密が、人口減少の時代となって、永住許可、さらには国籍制度の見直しも、日本の将来的な重要課題といえる。

表3-4は、帰化と永住許可の要件の違いを簡単に整理したものである。永住許可は、入管法22条2項によれば、①素行の善良、②独立生計を営むに足りる資産・技能、③「その者の永住が日本国の利益に合する」という3つの内容をすべて満たす場合に、法務大臣は「許可することができる」。2017年に改正された法務省の「永住許可に関するガイドライン」では、[48]③の具体的要件を以下のように定めている。

原則的な永住許可は、10年（そのうち就労資格または居住資格を持って5年）以上の継続居住、罰金刑や懲役刑などを受けることなく納税義務等の公的義

---

43) 法務省入国管理局編、1981、9-12頁。
44) 梶田、1994、19-22頁。
45) 厚生労働省「人口動態統計」。
46) 農林水産省「農業構造動態調査」。
47) OECD. Stat. Average annual hours actually worked per worker.
48) ①についても、法律を遵守し住民として社会的に非難されることのない生活を営んでいること、②についても、日常生活において公共の負担にならず、資産・技能等からみて将来において安定した生活が見込まれることと定めている。

表 3-4 帰化と永住許可の要件の違い

要 件	帰 化	永住許可
居住期間	原則 5 年 ・日本人の配偶者・実子、日本生まれ、日本人だった者の子は 3 年	原則 10 年 ・留学生は就職後、定住者・難民・日本への貢献者は 5 年 ・日本人の配偶者・永住者の配偶者・80 点未満のポイントの高度専門職は 3 年、 ・日本人・永住者の実子、婚姻 3 年以上の配偶者・80 点以上のポイントの高度専門職は 1 年
日本語	日本語（小学 3 年生程度）	日本語要件なし
その他	複数国籍防止（従来の国籍放棄）	

表 3-5 永住許可率と帰化許可率の推移

年	2010年	2011年	2012年	2013年	2014年	2015年	2016年	2017年
永 住	73.7%	72.7%	68.9%	71.8%	70.5%	70.9%	67.5%	56.9%
帰 化	98.2%	97.4%	95.9%	96.3%	94.8%	94.0%	94.0%	94.3%

出典：法務省入国管理局「在留審査について」（2017 年 6 月 29 日第 4 回　第 7 次出入国管理政策懇談会配布資料）、同「永住者の在留資格について」（2018 年 9 月 25 日第 12 回　第 7 次出入国管理政策懇談会配布資料）、同「帰化許可申請者数，帰化許可者数及び帰化不許可者数の推移」（http://www.moj.go.jp/content/001180510.pdf, 2019 年 1 月 6 日閲覧）をもとに作成。

務の履行、在留資格の定める最長の在留期間での居住、公衆衛生上有害となるおそれがない点を要件とする。

　なお、近年、納税義務にとどまらず、健康保険や年金などの保険料納付義務の履行状況の審査が厳格になされてきていることもあって、永住許可率は、減少傾向にある（表 3-5）。近年の永住許可者数は、毎年およそ 3 万人ないし 5 万人である。

　簡易的な永住許可の継続居住の要件は、(1) 日本人の実子、または 80 ポイント以上の高度人材外国人の場合は 1 年である。(2) 日本人・永住者・特別永住者の配偶者（婚姻生活が 3 年以上継続していれば 1 年）、または 70 ポイント以上の高度人材外国人の場合は 3 年である。(3) 定住者・難民認定者の場合は 5 年である。(4) 日本国への貢献があると認められる者は 5 年（地域再生法に基づく外国人研究者等の場合は 3 年）である。また、日本人・永住者・特別永住者の配偶者と子には、①と②の要件が、難民認定者には、②の要件が

免除される。

　他方、帰化とは、法務大臣の許可により後天的に国籍を取得することである。広義においては、出生による国籍取得と区別される。狭義においては、届出による国籍取得とも区別される。帰化の場合は、面接時に小学3年生程度の日本語能力の有無を判断される。素行が善良であり、憲法を遵守し、生計維持能力を有する必要がある点は、帰化も永住許可も同じである。帰化に際して、従来の国籍放棄を原則としているのは、複数国籍防止のためである。原則的な帰化の継続居住は、5年以上であり、簡易帰化は、3年以上でよい。

　なお、帰化申請は、法務局の事前相談の段階で十分な必要書類がそろった場合に申請が受理され、不許可の可能性が高いと判断された時点で法務局より取り下げを打診されることもあって、極めて高い帰化許可率を維持している。しかし、2012年7月9日からの新たな在留管理制度の導入後、年金保険料の納付義務の履行状況が審査要件に加わったこともあり、こちらもやや減少傾向がみられる（表3-5）。戦後、2017年までの帰化者総数は、約55万人であり、近年は毎年約1万人が帰化している。

(3) 永住者と特別永住者の違いは何か

　日本政府は、折に触れ、「移民」を受け入れないというメッセージを発する。その場合の移民とは、入国時に永住許可を認められる外国人をさす。1952年の入管法では、入国時に永住を許可する「本邦で永住しようとする者」という在留資格が、伝統的な移民国家のアメリカの影響を受ける形で明記された。しかし、1人も認められることなく、1989年の入管法改正時に削除された[49]。代わって創設された「永住者」の在留資格は、1998年に永住許可の運用基準の見直しが公表され[50]、原則20年の継続居住の要件は10年に短縮された。

　日本では、2種類の永住資格がある。①一般の入管法上の永住許可に基づく「永住者」と、②1991年の入管特例法に基づき、旧植民地出身者とその子孫に認める「特別永住者」がある[51]。両者は、在留期間と在留活動に制限が

---

49) 坂中、2001、47、140頁。
50) 小山、1998、25-27頁。

ない点では、同様である。特別永住者は、永住者に比べ、退去強制事由が限定され[52]、再入国許可の有効期限が長く[53]、特別永住者証明書の携帯義務や入国時の指紋押捺義務が免除されている。

　特別永住者の数は、1991年の69万3050人をピークに漸減傾向にある。死亡したり、帰化して日本国籍を取得したり、また、特別永住者が日本国民と結婚する場合も多く、その子どもは日本国籍を取得するので、年々、特別永住者の数は減っている。2017年末では、32万9822人である。その内訳は、韓国が90％、朝鮮が9％である。

　一方、永住者の数は、急増傾向にある。1991年には5469人にすぎなかったが、2007年末に特別永住者の数と逆転し、2017年末では、74万9191人である。その内訳は、中国が33％、フィリピンが17％、ブラジルが15％、韓国が9％である。

---

51) 旧植民地出身の朝鮮人と台湾人は、1952年のサンフランシスコ平和条約の発効に伴う法務府の通達に基づき、日本国籍を喪失した。1952年からの「法126-2-6該当者」（ポツダム宣言の受諾に伴い発する命令に関する件に基づく外務省関係諸命令の措置に関する法律〈1952年4月28日法律第126号〉2条6号）の地位は、在留期間と在留活動に制限はなかったが、将来的地位は不確かであった。1966年からは日韓地位協定（日本国に居住する大韓民国国民の法的地位及び待遇に関する日本国と大韓民国との間の協定）により申請すれば韓国籍者として「協定永住者」の地位が認められた。1982年からは朝鮮籍者も申請により「特例永住者」の地位が認められるなど、3種類の永住類似の制度が混在した。1991年の入管特例法（日本国との平和条約に基づき日本の国籍を離脱した者等の出入国管理に関する特例法）以後、旧植民地出身者とその子孫は、統一的に「特別永住者」の地位が認められ、今日に至る。
52) 永住者の場合は、1年を超える実刑判決確定者の場合も退去強制事由となるが、特別永住者の場合は、7年を超える実刑判決確定者であり、かつ法務大臣がその犯罪行為により日本国の重大な利益が害されたと認定した場合に限定している。
53) 永住者の再入国許可の有効期間の上限が5年であるのに対し、特別永住者は6年である。有効な旅券と在留カードを所持する外国人が、出国する際、出国後永住者は1年以内、特別永住者は2年以内に再入国する場合は、みなし再入国として再入国許可が不要とされる。ただし、朝鮮籍者と無国籍者の場合は、有効な旅券がないとして、従来通りの再入国許可が必要とされる。

6　多文化共生法制の指標
―― 政治・経済・社会・文化・法的共生

　多文化共生政策、ヨーロッパ諸国でいう統合政策に関する法制度については、統合政策の指標を比較し、数量評価する研究がある。たとえば、1990年代にオーストリアの研究所が、欧州8カ国の外国人の統合に対する法的障害の指数を計算したことがある[54]。居住、労働市場、家族呼び寄せ、帰化といった経済的、法的分野の共生の指数が数量化されている。

　また、外国人のシティズンシップをめぐり、日本と主要な欧米諸国の法制度を比較したものもある[55]。そこでは、永住許可、家族呼び寄せ、生活保護、公務就任権、参政権、帰化といった経済、社会、政治、法的分野の共生の状況を示している。

　さらに、最近の移民統合政策指数の調査があり、これについては次章でみることにしよう。

---

54) Waldrauch and Hofinger, 1997, 278; Çinar et al., 1995, Anhang 2.
55) Kondo (ed.), 2001, 225-248 (A. Kondo); 近藤、2001b、233-258 頁。

第4章

移民統合政策指数等における日本の課題

■ 1　移民統合政策指数（MIPEX）

　移民統合政策指数（Migrant Integration Policy Index: MIPEX）は、EU市民以外の正規滞在外国人[1]（EU以外の日本などでは正規滞在外国人）の権利保障に関する比較調査である[2]。2004年に、EU15カ国のパイロット調査がはじまった[3]。3回目の2010年調査から、日本と韓国とアメリカが加わる[4]。2014年の状況を比較する4回目のMIPEX 2015では、新たに保健医療の分野を加えた、労働市場、家族結合、教育、政治参加、永住許可、国籍取得、差別禁止の8分野について、EU28カ国、ニュージーランド、ノルウェー、カナダ、オーストラリア、アメリカ、スイス、アイスランド、トルコ、韓国および日本の38カ国を比較している（表4-1）。日本は、国籍取得と政治参加がかなり低く、さらに、教育と差別禁止が極めて低い。

　本章の目的は、MIPEXの調査結果をもとに日本における移民の統合政策の問題を検討するとともに、さまざまな移民政策研究の成果をもとに、それらの問題点の解決策を考察することにある。

---

1) 教育や保健医療の分野では、非正規滞在者の権利の比較調査もみられるのは、特にこうした調査の必要性が認識されていることを反映している。
2) 3回目の2010年度の調査については、近藤、2012。
3) Geddes et al., 2005.
4) 2010年度の調査においてアメリカ、カナダ、イギリス、フランス、ドイツ、スウェーデンと日本の調査結果を比較したものとして、近藤、2012。

表4-1 移民統合政策指数 2014年(総合評価および分野別評価)

総合順位		総合評価	労働市場	家族結合	教育	政治参加	永住許可	国籍取得	差別禁止	保健医療
1	スウェーデン	78	98	78	77	71	79	73	85	62
2	ポルトガル	75	91	88	62	74	68	86	88	43
3	ニュージーランド	70	67	68	66	74	64	71	79	75
4	フィンランド	69	80	68	60	79	70	63	77	53
4	ノルウェー	69	90	63	65	82	70	52	59	67
6	カナダ	68	81	79	65	48	62	67	92	49
7	ベルギー	67	64	72	61	57	86	69	78	53
8	オーストラリア	66	64	50	47	38	57	26	57	63
9	アメリカ	63	67	66	60	36	54	61	90	69
10	ドイツ	62	86	57	47	63	60	72	58	43
11	オランダ	60	73	56	50	52	55	66	73	55
11	スペイン	60	72	90	37	54	74	48	49	53
13	イタリア	59	66	72	34	58	65	50	61	67
13	デンマーク	59	79	42	49	64	74	58	50	53
15	ルクセンブルク	57	42	65	48	81	64	68	49	43
15	イギリス	57	56	33	57	51	51	60	85	64
17	フランス	54	54	51	36	53	48	61	77	50
18	韓国	53	71	63	57	54	54	36	52	36
19	アイルランド	52	38	40	30	73	49	59	66	58
20	オーストリア	50	64	40	47	38	57	22	57	63
21	スイス	49	59	48	42	58	51	31	31	70
22	エストニア	46	73	67	58	21	71	18	32	27
23	ハンガリー	45	40	61	15	23	68	31	83	40
23	アイスランド	45	51	59	23	67	62	53	5	40
23	チェコ	45	52	57	38	21	51	49	48	44
23	ルーマニア	45	57	67	20	0	57	34	78	45
27	スロベニア	44	38	80	26	23	61	41	67	18
27	ギリシア	44	55	55	36	30	54	34	60	27
27	日本	44	65	61	21	31	59	37	22	51
30	クロアチア	43	54	69	15	25	61	31	61	20
31	ブルガリア	42	50	64	3	13	67	21	89	28
32	ポーランド	41	38	65	20	6	66	56	52	26
33	マルタ	40	45	48	19	25	50	34	51	45
34	スロバキア	37	21	56	24	16	54	25	72	31
34	リトアニア	37	40	59	17	16	59	35	43	26
36	キプロス	35	34	39	27	25	37	37	50	31
37	ラトビア	31	46	55	17	13	53	17	34	17
38	トルコ	25	15	49	5	11	27	34	26	32

出典：MIPEX, 2015.

■ 2　労働市場

　日本の労働市場への参加については、平均的な評価を上回っている。しかし、他国の季節労働者などと同様に評価対象外とした技能実習生の場合を含めると、日本の評価は相当に低くなる。国際貢献の美名のもと、技能実習生が事実上、安価な労働力の担い手となっており、職場の移動の自由が大幅に制限されている問題がある。

　また、日本では、外国人労働者への特別な支援も、国外の資格や技術の承認の促進[5][6]に乏しい。たとえば、ドイツでは2012年の認証法により、EU市民・EEA市民・スイス市民でない者[7]の医師の資格が実質的にドイツの資格と遜色がないかどうかの認証が行われる。日本も日本人と同じ国家資格を要求するのではなく、将来的には、資格の認証制度を整備し、日本語の能力試験に比重を置き、必要と思われる場合は知識と技量を日本語で確認する方式が検討されるべきであろう。

　日系人集住地域の失業対策は、2015年から「外国人就労・定着支援研修」事業として定住外国人（「日本人の配偶者等」「永住者」「永住者の配偶者等」「定住者」）に拡充されたが[8]、労働分野の統合政策やハローワークへのアクセス支援が十分でない問題がある。

　労働者の権利として労働組合への加入などは認められる。社会権の受給資格は、国民年金や国民健康保険が3カ月以上の居住者を要件とする。しかし、

---

5) MIPEXの第10の指標は、国外で取得した法規で定められた（弁護士や医師などの）職業資格の承認である。1は国民と同じ手続と費用である、カナダ、ドイツ、スウェーデン、イギリス、アメリカ、オーストラリア、ベルギー、クロアチア、キプロス、エストニア、アイスランド、ラトビア、オランダ、ニュージーランド。
6) MIPEXの第11の指標は、国外の技術と資格の承認の促進である。1は国民と同じ手続と費用である、カナダ、ドイツ、スウェーデン、イギリス、フランス、韓国、アメリカ、フィンランド、オーストラリア、ベルギー、キプロス、デンマーク、エストニア、ギリシア、アイスランド、ラトビア、ルクセンブルク、マルタ、オランダ、ノルウェー、スロベニア、スペイン、スイス。
7) EU市民・EEA市民・スイス市民の資格は、Professional Qualifications Directive (2005/36/EC) により、無条件で認証される。
8) 2015年度は15都府県（茨城、栃木、群馬、埼玉、千葉、東京、神奈川、石川、長野、岐阜、静岡、愛知、三重、滋賀、大阪）、2016年度からは広島を加えた16都府県、2018年度からは島根を加えた17都府県での実施。

表 4-2　配偶者以外のパートナーの呼び寄せ

内縁関係と登録・同性パートナーの両方が認められる	カナダ、フィンランド、スウェーデン、イギリス、ベルギー、デンマーク、アイスランド、アイルランド、ルクセンブルク、オランダ、ニュージーランド、ノルウェー、ポルトガル、スロベニア、スペイン
どちらか一方が認められる	日本、オーストラリア、フランス、ドイツ、アメリカ、オーストリア、ブルガリア、クロアチア、チェコ、ハンガリー、リトアニア、マルタ、スイス
どちらの呼び寄せも認められない	韓国、キプロス、エストニア、ギリシア、イタリア、ラトビア、ポーランド、ルーマニア、スロバキア、トルコ

出典：MIPEX, 2015.

　生活保護の受給資格は、1991年10月25日の厚生省社会局保護課企画法令係長の口頭指示以後、永住者等（定住外国人ないし永住的外国人とも呼ばれる）に限定されている。また、生活保護法は、適用対象を「国民」としていることもあり、最高裁は、「永住的外国人」は「行政庁の通達等に基づく行政措置により事実上の保護の対象となり得るにとどまり、生活保護法に基づく保護の対象となるものではなく、同法に基づく受給権を有しない」と判示している[9]。したがって、生活保護法1条・2条の改正が望まれる。

■ 3　家族呼び寄せ

　日本の入管法には、家族呼び寄せの体系的なコンセプトがない。また、従来の家族呼び寄せの対象の「家族」は、異性愛の核家族の観念に基づくものであった[10]。しかし、日本のような配偶者だけでなく、表4-2にみるように、内縁関係のパートナーでも、登録パートナーないし同性パートナーでも、呼び寄せを認めている国も多い。出身国に扶養できる親族がいない場合の親の呼び寄せの制度化も、今後は必要であろう。

　日本では、離婚や死別やDVの被害の場合の自律的な居住が認められる場合があるものの、3年の同居実績などの条件が公表されているわけではない

---

9) 永住外国人生活保護訴訟・最判2014（平成26）年7月18日判例地方自治386号78頁。
10) Menjívar et al., 2016, 31.

表4-3 離婚や死別やDVの被害の場合などの自律的な居住

自動的に認められる	カナダ、オーストラリア、オーストリア、ギリシア、ノルウェー、ニュージーランド、ポルトガル、スペイン
居住・婚姻期間などの条件のもとに認められる	フィンランド、ドイツ、スウェーデン、イギリス、アメリカ、フランス、韓国、ベルギー、ブルガリア、クロアチア、チェコ、デンマーク、ハンガリー、アイスランド、イタリア、マルタ、リトアニア、ルクセンブルク、オランダ、ポーランド、スロバキア、キプロス、スロベニア、スイス、トルコ
認められない	日本、エストニア、アイルランド、ラトビア、ルーマニア

出典：MIPEX, 2015.

（表4-3）。

　韓国では、多文化家族支援法により、急速に、外国人の法的な権利保障が進んでいる。とりわけ、結婚移民と呼ばれる国民の配偶者に対する権利保障の進展がめざましい。日本は、韓国、台湾とともに、福祉レジームの類型としては、家族主義レジームと呼ばれ、相対的には家族福祉依存が高い国としての共通性を有する[11]。韓国と台湾が結婚移民の支援策を打ち出す背景には、少子高齢化の問題がある。同じ問題を抱えるものの、日本では、結婚移民に特化した政策よりも、より普遍的な定住外国人政策を基本とすることが望ましいように思われる。ただし、人口減少に伴う人口政策としては、韓国や台湾が行っている結婚移民とその家族に対する多文化家族支援を中心に、その政策対象を広げていくということも1つの選択肢としてはありうる。

4　教　育

　就学前教育へのアクセスは、在留資格にかかわらず認められる。しかし、外国人の児童生徒が就学義務の対象とされていないことから、義務教育へのアクセスが必ずしも十分ではない。日本国憲法26条の「教育を受ける権利」の主体は、社会権規約や子どもの権利条約にみられるように、性質上、「すべての人」と解される。国はすべての学齢期にある住民に義務教育を提供す

---

11) 安ほか、2015、7頁。

る義務を負っている[12]。したがって、教育基本法4条の権利に関する「国民」は「すべての子ども」などに、また、同1条の教育の目的の「国民の育成」は「社会人の育成」などに表現を置き換えるべきである。たとえば、フィンランド憲法16条1項は、「何人も、無償の基礎教育に対する権利を有する」と定める。基礎教育法25条1項が「フィンランドに常住する子どもは、教育の義務がある」とし、同2条1項は教育の目的を「社会の一員としての倫理的な責任能力の醸成の支援」に置く。スウェーデン憲法18条も、「一般的な学習義務を有するすべての子どもは、普通学校において無償の基礎的教育を受ける権利を有する」と定める。学校法6章2条は「スウェーデンに住むすべての子どもが、就学義務を有する」とし、同1章4条の教育の目的は「スウェーデン社会が基づく人権と基本的な民主的価値の尊重」に置いている。

　また、日本では、出身国の教育や国外での言語資格の評価は、学校のスタッフが独自に評価するだけである。共通の評価基準はなく、訓練されたスタッフを任用することもない。職業訓練へのアクセスは、生徒に対する政策も雇用主に対する政策も不十分である。高等教育への進学の促進策は一般にない。ニューカマーの生徒への導入プログラムが制度化されていない。親が参加して国や学校制度について学ぶこともない。外国人の生徒を対象とした調査は、日本語指導が必要かどうかに限られている。

　表4-4にみるような外国人児童生徒の教育ニーズに即した教員の訓練も不十分である。

　日本では、教育現場でのセグリゲーションの調査がない。教育分野での社会統合政策に欠ける。移民の親に対する支援策がない。今後は、異文化間教育の目標としての文化の多様性を学校カリキュラムに組み込むとともに、単独の科目として教える必要があろう。イギリスでは、アイデンティティと多様性は、カリキュラム縦断的な側面を持つとともに、市民権教育の科目では中心的立場にある。日本では、「異文化に対する理解や、異なる文化を持つ人々と共に協調して生きていく態度などを育成する」国際理解教育への取り

---

12)「教育を受けさせる義務」も、親の教育の自由を踏まえた多様な教育の機会の確保を前提とした上で、すべての学齢期の子どもの保護者にあると解しうる。参照、近藤、2016、315-317頁。

表 4-4　移民の教育ニーズを反映した教員の訓練

採用前後の両方で行う	イギリス、カナダ、オーストラリア、アイルランド、マルタ、リトアニア、ルクセンブルク、オランダ、ノルウェー
どちらかで集中的に行う	韓国、アメリカ、ドイツ、スウェーデン、ベルギー、スイス、フィンランド、ハンガリー、イタリア、ラトビア、ギリシア、ニュージーランド、ポルトガル、ルーマニア、スロベニア
どちらかで臨時またはプロジェクトベースに行う	日本、オーストリア、ブルガリア、フランス、アイスランド、ポーランド、スロバキア、スペイン、トルコ

出典：MIPEX, 2015.

組みが[13]、総合学習の時間などに行われている。ただし、諸外国の文化を知ることに力点があり、日本に住んでいる文化的な少数者との共生のあり方を考える多文化共生教育への取り組みは少ない。

また、国や自治体は、文化の多様性を奨励すべきである。文化の多様性に応じたカリキュラムや時間割などを制度的に保障すべきである。移民の教員を積極的に登用し、文化の多様性を奨励する教育のための教員の訓練をするような教育政策に努めるべきである。たとえば、ニュージーランドでは、教員になるにも、なってからも、マオリ語とマオリ文化の知識は必要である。カナダ、ベルギー、リトアニア、ルクセンブルク、オランダ、ノルウェー、スロバキアでは、すべての教員に対する文化の多様性の奨励を教える訓練について、教員免許取得に必要な事前の訓練、採用後の訓練の両方がある。採用前か、採用後のどちらかに行う国も多い[14]。

■ 5　政治参加

外国人の政治参加は、日本では国、県、市町村、どのレベルでも選挙権と被選挙権が認められていない[15]。イギリスでは、国政レベルでも英連邦市民と

---

13) 中央教育審議会、1996 年。
14) カナダ、韓国、アメリカ、イギリス、ドイツ、スウェーデン、フィンランド、オーストラリア、クロアチア、キプロス、デンマーク、エストニア、ギリシア、アイルランド、イタリア、ラトビア、マルタ、ポルトガル、スロベニア。
15) 各国の状況については、参照、近藤、2001a、24-58 頁；佐藤、2008、186-188 頁；Andrès, 2013, 103-115；近藤、2016、371 頁。

表 4-5　市町村における外国人の選挙権

定住外国人に認める	韓国、スウェーデン、フィンランド、ノルウェー、デンマーク、アイスランド、アイルランド、オランダ、リトアニア、スロバキア、ベルギー、ルクセンブルク、エストニア、スロベニア、ハンガリー、ニュージーランド
相互主義や伝統的なつながりで認める	イギリス、ポルトガル
相互主義により認める	スペイン、ドイツ、フランス、イタリア、オーストリア、チェコ、キプロス、ラトビア、ポーランド、ブルガリア、ルーマニア、クロアチア、ギリシア、マルタ
例外的に認めている	アメリカ、オーストラリア、スイス
認めていない	日本、トルコ

出典：MIPEX, 2015; GLOBALCIT.

アイルランド市民に選挙権・被選挙権を認めている。アイルランドも、イギリス国民に国会選挙権を認めている。ポルトガルも、ブラジル国民に国会選挙権を認めている。

　市町村レベルの選挙権では、表 4-5 のように、EU 市民に相互主義で認める国に限らず、その他の外国人にも旧植民地とのつながりなどの伝統から認める国もあれば、一定の居住期間や永住資格に基づいて定住外国人に認めている国もある。スペインの相互主義は、EU 市民に限らず、多くの国民にも相互主義での選挙権を認めている。一般に、アメリカでは認めていないが、例外的にメリーランド州のタコマ・パークなど 6 つの市町村では選挙権を外国人に認めている。

　都道府県や州レベルの選挙権では、表 4-6 のように、EU 市民に相互主義で認める国に限らない。その他の外国人にも旧植民地とのつながりなどの伝統から認める国もあれば、一定の居住期間や永住資格に基づいて定住外国人に認めている国もある。ルクセンブルク、マルタ、スロベニアに県や州はない。フィンランド、アイスランド、アイルランド、エストニア、ラトビア、リトアニアの県や州などは、国の出先機関や行政区分であり、直接に公選される議会がない（例外的にフィンランドのオーランド自治県議会は公選であり、外国人の選挙権も認められる）。県議会議員が上院の選挙権を有するオランダでも、県議会の選挙権は外国人には認められない。EU 指令は、市町村

第 4 章　移民統合政策指数等における日本の課題

表 4-6　都道府県または州における外国人の選挙権

定住外国人に認める	韓国、スウェーデン、ノルウェー、デンマーク、スロバキア、ルクセンブルク、ハンガリー、ニュージーランド
相互主義や伝統的なつながりで認める	イギリス、ポルトガル
相互主義により認める	クロアチア
例外的に認めている	オーストラリア、スイス、フィンランド
認めていない	日本、オランダ、ポーランド、スペイン、ドイツ、フランス、イタリア、ギリシア、オーストリア、ベルギー、チェコ、アメリカ、トルコ

出典：MIPEX, 2015; GLOBALCIT.

表 4-7　市町村における外国人の被選挙権

定住外国人に認める	スウェーデン、フィンランド、ノルウェー、デンマーク、アイスランド、アイルランド、オランダ、リトアニア、スロバキア、ルクセンブルク
相互主義や伝統的なつながりで認める	イギリス、ポルトガル
相互主義により認める	スペイン、ドイツ、フランス、イタリア、オーストリア、エストニア、スロベニア、チェコ、キプロス、ラトビア、ポーランド、ブルガリア、ルーマニア、クロアチア、ベルギー、ハンガリー、ギリシア、マルタ
例外的に認めている	オーストラリア、スイス
認めていない	日本、韓国、ニュージーランド、トルコ

出典：MIPEX, 2015; GLOBALCIT.

レベルの選挙権と被選挙権を EU 市民に相互主義に基づいて認めるものであり、ポーランド、スペインなどかなりの国は県や州レベルでは認めていない。スイスでは、6 つの州だけが、州議会の選挙権を外国人に認めている。

表 4-7 にあるように、市町村の被選挙権については、選挙権を定住外国人に認めている国の中で、韓国、ニュージーランドが認めておらず、ハンガリー、スロベニアは、EU 市民に限る。南オーストラリア州でも、被選挙権は認められない。

政治的自由について、日本では、結社の自由は認められる。しかし、メ

ディアの創設には、理事や株主の国民の割合に関する一定の制約がある。外国人の常設の諮問機関は、韓国、ドイツ、フィンランド、オーストラリア、デンマーク、リトアニア、ルクセンブルク、ポルトガル、スペイン、スイスにみられるような国レベルではない[16]。日本では、県や市町村などのレベルにすぎず[17]、移民組織への公的な助成が、国、県、市町村いずれのレベルでも、十分ではない[18]。

■ 6 永住許可

永住許可について、表4-8にあるように、日本は、居住要件が原則10年と長く、帰化の居住要件の原則5年よりも長いのは、日本の特殊性である。また、日本では、研修・技能実習・留学・文化活動・短期滞在といった一定の短期滞在の在留資格では永住許可の申請ができない。

表4-9にみるように、日本には、言語要件はないが、生計要件がある。不許可や取消や更新拒否の場合の法的保障は、行政手続法の適用が除外されており、詳しい理由の開示はなされない。行政不服審査法の適用も除外されており、不服申立の制度がない問題もある。適正手続の保障ないし法の支配に照らし、速やかな是正が望まれる。

言語要件は、2016年の法改正により、ノルウェーはA1に、フランスはA2に変更など、要件の引き上げ傾向にあり、ドイツは3年の居住の場合はC1に引き上げたが、5年の居住の場合はA2に引き下げられている。欧州

---

16) スウェーデンでは、常設の諮問機関はないが、レミス手続により、多様な問題への諮問をスウェーデン民族団体協会などに対して行っている。新たな移民統合政策の策定などに際して非常設の国レベルの諮問機関に諮る国として、ベルギー、エストニア、アイスランド、アイルランド、イタリア、オランダ、ニュージーランド、ノルウェーもある。
17) 李・瀬田、2014、1015頁では、外国人人口比率が1%以上の基礎自治体457に郵送でアンケート調査した結果、回収数は230であり、外国人住民が主として参加する協議機関（会議）等が存在するという回答が22（9.6%）であった。そのうち、協議機関の委員の選出方法については、「広報等を通じた公募」を採用している自治体が17と大半であり、「エスニック団体の代表等に声をかけた」が7である。
18) 同アンケートでは、エスニック団体の存在を把握していると回答した31のうち、団体の活動の一部について支援（助成）を行っているという回答が8、団体への助成を行っているという回答が2にすぎなかった。

表4-8　永住許可の居住要件

0年	カナダ、アメリカ、オーストラリア、ニュージーランド
3年	ハンガリー、ノルウェー
4年	フィンランド、スウェーデン、アイスランド
5年	イギリス、ドイツ、オーストリア、ベルギー、ブルガリア、クロアチア、キプロス、チェコ、エストニア、フランス、デンマーク、ギリシア、アイルランド、イタリア、韓国、ラトビア、リトアニア、ルクセンブルク、マルタ、オランダ、スペイン、ポーランド、ポルトガル、ルーマニア、スロバキア、スロベニア
8年	トルコ、デンマーク
10年	日本、スイス

出典：MIPEX, 2015; Arendt, 2018 をもとに作成。

表4-9　永住許可の言語要件

言語要件がない国		フィンランド、アメリカ、ハンガリー、アイスランド、アイルランド、日本、韓国、ポーランド、スロベニア、スペイン、スウェーデン、トルコ、ルクセンブルク
言語講習の履修を要件とする国		イギリス、スロバキア
言語試験を含む国	A1	チェコ、ノルウェー＊
	A2	キプロス、イタリア、ラトビア、リトアニア、マルタ、オランダ、ポルトガル、フランス、ドイツ
	B1以上	カナダ、（ドイツ）、イギリス、オーストラリア、クロアチア、エストニア、ニュージーランド、ギリシア、ルーマニア、スロバキア、スイス、デンマーク、オーストリア

＊会話試験はA1だが、文書試験はA2。
出典：MIPEX, 2015; ALTE, 2016, 48-59 をもとに作成。

言語共通参照枠はA1からC2へと上級になっていく。

7　国籍取得

　表4-10にみるように、原則5年で帰化できる点は一般的である。国民の配偶者の場合は、3年または（3年以上の婚姻歴があれば）1年の継続居住でよい。しかし、内縁関係や同性のパートナーの場合は、一般の外国人と同じ居住要件である。また、帰化の不許可の場合の理由開示や不服申立の制度がない。

表 4-10　帰化の居住要件

4年	カナダ、オーストラリア
5年	フィンランド、スウェーデン、イギリス、アメリカ、ベルギー、フランス、日本、韓国、オランダ、ニュージーランド、トルコ、キプロス、アイルランド、マルタ
6年	ポルトガル
7年	ドイツ*、ギリシア、アイスランド、ルクセンブルク、ノルウェー
8年	クロアチア、エストニア、ポーランド、ルーマニア、スロバキア
9年	デンマーク
10年	オーストリア、ブルガリア、チェコ、イタリア、ラトビア、リトアニア、スロベニア、スペイン、スイス
11年	ハンガリー

*ドイツ国籍法10条により、帰化は8年の居住期間と定めつつ、必要な統合講習を修了した人は7年に短縮され、統合講習の際にB1レベル以上の言語能力を証明できた人は6年に短縮されるので、ここでは一般的な場合と思われる7年とした。
出典：MIPEX, 2015; GLOBALCITをもとに作成。

　各国の国籍法は、一般に（親の国籍を承継する）血統主義と（生まれた国の国籍を取得する）生地主義の2通りに大別される。

　2世の場合は、1）無条件の生地主義で国籍を認められる国（アメリカ、カナダ）、2）少なくとも親の一方が永住者の場合に生地主義により国籍を認められる永住者生地主義の国（イギリス、ドイツ、オーストラリア、ニュージーランド、アイルランド）、3）一定の居住や教育などを要件に「届出」等により国籍が認められる居住主義の国（スウェーデン、フィンランド、フランス、ベルギー、チェコ、デンマーク、アイスランド、イタリア、ラトビア、ルクセンブルク、オランダ、スペイン）では、国籍取得が容易である。

　3世の場合は、上記の2世の場合と同様の事情に加えて、親も子もその国で生まれていることを条件とする2世代生地主義の国（フランス、オランダ、ルクセンブルク、スペイン、ポルトガル、ギリシア）では、国籍取得がいっそう容易である。日本では、2世や3世の場合でも、帰化が必要であり、日本国籍を持たない4世や5世や6世もいる。

　表4-11にみるように、小学3年生レベルの漢字が読める語学能力の基準は、N3とN4の間といえ、欧州言語共通参照枠と比較するとA2とB1の間でA2に近い方とみなすことができるように思われる。高齢者などへの言語要件の免除規定が望まれる。たとえば、カナダでは55歳以上、オースト

第4章 移民統合政策指数等における日本の課題

表4-11 帰化の言語要件

言語要件がない国		スウェーデン
言語講習の履修を要件とする国		ノルウェー
言語試験を含む国	A1以下	アメリカ、アイルランド、ニュージーランド、スロベニア*
	A2相当	カナダ、オーストラリア、ベルギー、ブルガリア、ギリシア、アイスランド、イタリア、日本、韓国、リトアニア、オランダ、ポルトガル
	B1以上	カナダ、ドイツ、イギリス、オーストリア、クロアチア、キプロス、チェコ、デンマーク、エストニア、フィンランド、フランス、ラトビア、ルクセンブルク**、マルタ、スイス、スロバキア、ポーランド、ルーマニア、スペイン、トルコ、ハンガリー、イタリア***

*話すのはB1レベル。
**話すのはA2レベル、聞くのはB1レベル。
***試験はないが、インタビューで言語知識も試される。
出典：MIPEX, 2015; ALTE, 2016, 48-59をもとに作成。

表4-12 帰化の際の従来の国籍放棄（2016年の広義の帰化率）

従来の国籍放棄が不要 （複数国籍に寛容）	スウェーデン (8.2)、ポーランド (6.2)*、ポルトガル (6.4)、カナダ (5.7)**、トルコ (4.8)***、ギリシア (4.6)、フィンランド (4.3)、イタリア (4.0)、デンマーク (3.6)、アメリカ (3.4)、ハンガリー (3.0)、アイスランド (2.9)、ルクセンブルク (2.8)、フランス (2.7)、イギリス (2.7)、ベルギー (2.4)、スイス (2.1)、スペイン (2.0)、アイルランド (1.8)、チェコ (1.2)、オーストラリア、ニュージーランド、キプロス、マルタ、ルーマニア
必要だが、例外あり （複数国籍にやや寛容）	オランダ (3.4)、ノルウェー (2.9)、ドイツ (1.4)、韓国 (1.2)、スロベニア (1.2)、オーストリア (0.7)、スロバキア (0.7)、ラトビア (0.7)、日本 (0.5)、ブルガリア、リトアニア
従来の国籍放棄が必要 （複数国籍に不寛容）	エストニア (0.8)、クロアチア

*2013年；**2012年；***2011年
出典：MIPEX, 2015; OECD, 2018, 391-392をもとに作成。

ラリアでは60歳以上の高齢者は、言語や社会知識に関する試験を免除される。アメリカでは、20年以上の永住者は、50歳（15年以上なら55歳）以上で言語試験が免除される。

　複数国籍に不寛容なこともあって、日本では、帰化する外国人の割合も相対的に低い。表4-12は、帰化の際に従来の国籍放棄が不要か、原則必要だ

が例外があるか、必要であるかといった3通りに分けている。そのうえで、（　）内の数字は、外国人住民の割合に対して届出の場合も含む後天的な国籍取得をする人の割合を示す広義の帰化率を示している。複数国籍の寛容度と広義の帰化率との一定の相関関係がみてとれる。

　帰化に際して従来の国籍放棄が原則必要な国の中でも、オランダは、1990年代に国籍放棄要件を廃止した時期には、帰化者が数倍に急増した。2000年代に国籍放棄要件が復活してからも、国籍放棄ができない場合（32%）、オランダで生まれ育った場合（2%）、5年以上継続居住している未成年者の場合、オランダ人の配偶者・パートナーの場合（12%）、難民の地位を有する場合（16%）、国籍放棄に多額を要する場合、財産権放棄などの重大な不利益を被る場合、兵役を終えないといけない場合、国籍国の当局と接触できない場合、申請者の国をオランダが承認していない場合、特別な客観的な理由がある場合には、国籍放棄が不要であり、帰化者の63%が複数国籍を維持している[19]。ドイツも例外が広い。EU市民の場合、国籍放棄が重大な不利益をもたらす場合、国籍放棄が特に困難な場合には複数国籍を認め、帰化者の50%以上は複数国籍を認められている[20]。日本の国籍法5条2項の定める「法務大臣は、外国人がその意思にかかわらずその国籍を失うことができない場合において、日本国民との親族関係または境遇につき特別の事情があると認めるとき」という例外は狭い。一方、韓国の国籍法6条2項の例外は広い。「① 韓国人と婚姻した状態で韓国に2年以上居住している者か、韓国人と婚姻した状態で韓国に1年以上居住していて婚姻後3年以上経過している者」である。また、同7条1項により「② 外国人で韓国に特別の功労がある者、③ 科学、経済、文化、スポーツなどの特別な分野で非常に優れた能力を有し、韓国の国益に寄与すると認められた者」も、例外として、従来の国籍放棄は不要である。

■ 8　保健医療

　医療サービスは、3カ月以上の正規滞在者なら国民と同様の受給資格が

---

19) Böcker and Oers, 2013, 6; Oers e al., 2013, 18-19.
20) Hailbronner and Farahat, 2015, 17.

表 4-13　医療通訳制度

無料の医療通訳が使える	スウェーデン、フィンランド、ドイツ、イギリス、アメリカ、オーストラリア、オーストリア、ベルギー、デンマーク、アイスランド、アイルランド、イタリア、ルクセンブルク、ニュージーランド、ノルウェー、ポルトガル、スペイン、スイス
有料だが医療通訳が使える	日本、カナダ、フランス、韓国、チェコ、ハンガリー、マルタ、オランダ
医療通訳が使えない	ブルガリア、クロアチア、キプロス、エストニア、ギリシア、ラトビア、リトアニア、ポーランド、ルーマニア、スロバキア、スロベニア、トルコ

出典：MIPEX, 2015.

認められる。一方、難民申請者の場合は、無条件の国もある（スウェーデン、イギリス、フランス、ベルギー、デンマーク、アイスランド、アイルランド、イタリア、ルクセンブルク、オランダ、ノルウェー、ルーマニア、スペイン）。しかし、日本では「特定活動」または「仮滞在」の在留資格の場合にしか保険はカバーしない。大半の場合は、窓口で診療費の全額を払うか、貧困者向けの無料低額診療事業をしている医療施設などにかかる必要がある。

他方、非正規滞在者の場合は、より制限的な国が多い。例外的にスウェーデンが、2013年7月から、「許可なくスウェーデンに居住している人の医療に関する法」[21]の下に、成人の非正規滞在者には難民申請者と同じ医療保障を認め、子どもにはすべての医療を無料で提供している。

医療通訳制度については、表4-13にみるように、無料の国もあれば、有料の国もある。しかし、日本では医療通訳制度を整備する自治体は一部にとどまっており[22]、医療通訳が利用できない場合も多い。たとえば、アメリカでは保健福祉省公民権局の指針が、英語能力が十分でない患者は保健福祉省の補助金をもらっている医療機関において通訳や文書翻訳を要求できる[23]。また、スウェーデンでは行政法8条が官庁は必要な場合に通訳人を使わなければならないと定めており[24]、無料の通訳制度が整備されている。日本の医療通訳

---

21) SFS (Svensk författningssamling), 2013: 407.
22) 第8章注15参照。
23) 石崎ほか、2004、124頁。

表 4-14　差別禁止法のカバーする範囲

直接差別・間接差別・ハラスメント・差別指示の禁止法が、 a) 人種・民族、 b) 宗教・信条、 c) 国籍 の 3 つの理由を含む国	カナダ、アメリカ、スウェーデン、フィンランド、イギリス、ベルギー、ブルガリア、ハンガリー、アイルランド、イタリア、オランダ、ノルウェー、ニュージーランド、ポルトガル、ルーマニア、スロベニア、ポーランド
上記の 2 つの理由を含む国	ドイツ、フランス、オーストラリア、オーストリア、クロアチア、キプロス、チェコ、デンマーク、エストニア、ギリシア、リトアニア、マルタ、ルクセンブルク、スロバキア、スペイン、スイス
人種だけの理由か、なしか、国際人権基準か、憲法の基準に基づく司法解釈による	日本、韓国、アイスランド、ラトビア、トルコ

出典：MIPEX, 2015; European network of legal experts in gender equality and non-discrimination, 2017, 70-75 をもとに作成。

制度の構築は、焦眉の課題といえる。

　医療従事者の多様性の促進にも取り組む必要がある。たとえば、スウェーデンでは、すでに 1991 年から、多文化医療のニーズのため、外国での医師資格を持つ移民に対し、医療スウェーデン語やスウェーデンの医療実務に関する講習などの特別なプログラムを実施し、医療従事者としての登録のための試験に合格することを促進している[25]。

9　差別禁止

　表 4-14 にみられるように、日本では、包括的な差別禁止法が存在しない。私人間の差別事例について損害賠償を認める判決はみられるが、行政の取り組みの根拠法令としても、差別禁止法が望まれる。

　表 4-15 にあるように、将来の差別禁止法の内容として、民族差別等のほかに、国籍差別や民族的なプロファイリングの禁止を含むか、表現の自由の制約事由などの問題をどのように定めるかといった課題がある。日本では、2016 年にいわゆるヘイトスピーチ解消法が制定されたが、理念法とし

24）津田、2007、187 頁。
25）Süssmuth and Weidenfeld (eds.), 2005, 195-196.

表4-15 差別禁止法が禁止する内容

a) 人種・民族や宗教・信念や国籍に基づく、暴力教唆や憎悪や差別、 b) 人種や宗教に動機づけられた公での侮辱や脅迫や中傷、 c) その種の攻撃の開始や助言や扇動や教唆、 d) 人種的プロファイリング の4つをすべて含む国	アメリカ、カナダ、オーストラリア、イギリス、フランス、スウェーデン、ハンガリー、オランダ、スロベニア
a)、b)、c) の内容を含む国	ドイツ、フィンランド、オーストリア、ベルギー、ブルガリア、クロアチア、チェコ、デンマーク、ギリシア、イタリア、リトアニア、ルクセンブルク、マルタ、ニュージーランド、ノルウェー、スイス、ポーランド、ポルトガル、ルーマニア、スロバキア、スペイン、トルコ
上記の2つ以下しか含まない国	日本、韓国、アイスランド、ラトビア、トルコ、キプロス、エストニア、アイルランド

出典：MIPEX, 2015.

て、禁止規定も制裁規定もない。アメリカでも、ヘイトスピーチを禁止する連邦法はなく、ヘイトクライムを禁止するにすぎない[26]。しかし、自由権規約20条が定めるように、「民族的・人種的・宗教的憎悪の唱道」を「法律で禁止」する国は多い。詳しくは、次章でみることにしよう。

---

[26] 州法では、マサチューセッツ州やミネソタ州などにヘイトスピーチに刑事罰を科す法律がある。第5章参照。

第5章

ヘイトスピーチ規制と差別禁止

■ 1 人権条約と日本の批准状況

　第1次世界大戦後の国際連盟の設立に際し、日本は、「人種や国籍」に基づく差別なしに、外国人に対する平等・公正な取扱いを締約国に求める連盟規約の提案を行ったことがある。しかし、イギリスやアメリカなどの反対により実現しなかった[1]。今から思うと、人種差別・国籍差別の撤廃に日本が熱心であったことは、意外に思われるが、当時の北米における日系移民の排斥問題が背景にあった。

　第2次世界大戦後、人権を国際的に保障する取り組みが発展した背景には、ナチスによるユダヤ人大量虐殺への反省がある。その後のヨーロッパ諸国におけるネオ・ナチの活動や南アフリカにおけるアパルトヘイト政策による人種差別への対応の必要も意識され、人種差別撤廃条約は、1965年12月21日に国連総会で採択された。また、1966年12月16日に自由権規約が、国連総会で採択されている。日本政府は、1979年に自由権規約を批准したものの、人種差別撤廃条約には1995年になってようやく加入した。146番目の締約国となるほど、加入が遅れた理由は、ヘイトスピーチを法律で処罰することが憲法の表現の自由に反すると考えられたからである。

　ヘイトスピーチ、たとえば「差別・敵意・暴力の扇動[2]となる民族的・人種

---

1) Lauren, 1978, 259-278.
2) すでに世界人権宣言7条により、差別に対する平等な保護だけでなく、差別の「扇動」

的・宗教的憎悪の唱道」を「法律で禁止」することは、自由権規約20条が
すでに定めている。しかし、法律で禁止することは、刑事罰を科すことまで
は要請していない。20条に刑事罰を要件としなかった背景には、刑事罰へ
の積極論と消極論の対立があった。積極論は、近代の宣伝を巧みに操る権力
の経験からは、刑事罰をもってはじめて目的が達成しうるという。消極論は、
自由権規約19条3項の表現の自由の制約条項があれば、人種的憎悪の扇動
防止に十分であり、それ以上の規定は表現の自由にとって危険であるという。
そこで、「法律で禁止」するとの文言は、刑事罰や事前の検閲を必要とする
ものではない[3]。しかし、自由権規約委員会によれば、そのような憎悪「唱導
が公序に反することを明確にし、かつ、侵害の場合に適切な制裁を定める法
律が存在しなくてはならない」とある[4]。制裁の仕方には、民事制裁と行政制
裁もある。民事制裁としては、損害賠償のほか、訂正権や反論権などがある[5]。
行政制裁としては、憎悪表現の削除命令、公費助成の取消、資格の取消、懲
戒処分、団体の解散などもある[6]。

　一方、人種差別撤廃条約4条(a)は人種的優越・憎悪に基づく思想の流
布・人種差別の扇動を、同条(b)は人種差別団体への加入とその宣伝活動な
どの差別的行為を、「法律で処罰」すべき義務を締約国に課す。法律で処罰
することは、刑事罰を科すことを要請している。日本政府は、人種差別撤廃
条約の締結の際、条約の4条(a)および(b)の適用を除外する意思表示を行
い、「日本国憲法の下における集会、結社及び表現の自由その他の権利の保
障と抵触しない限度において、これらの規定に基づく義務を履行する」と
いう「留保」をつけた[7]。その理由は、憲法21条の表現の自由の重要性から、

に対する平等な保護を定めている。
3) Nowak, 2005, 470-471. また、20条の戦争宣伝と憎悪唱導の禁止が採択されたことは、
条約のうちで、生命への権利(6条)と差別禁止(2条1項および26条)の方が、表現
の自由のような政治的権利よりも優越し、保障すべき特別な積極的義務があることを
意味しているとも解しうる。
4) 自由権規約委員会・一般的意見11（1983年7月29日）2段落。
5) UN Human Rights Council, 2013, para. 34.
6) たとえば、Ross v. Canada [2000] では、カナダの人権章典に基づき、調査委員会は、
ユダヤ人に対する憎悪唱導により教師の解職を命じている。
7) アメリカは、上院の承認の際に4条の義務を受け入れないという留保と、人種差別
撤廃条約の規定がアメリカ国内では自動執行力を持たないなどの解釈宣言をしている。

過度に広範な制約は認められず、憲法31条から、刑罰法規の規定は具体的であり、意味が明瞭でなければならないからである。人種差別撤廃条約4条の定める概念は、さまざまな行為を含む非常に広いものが含まれる可能性がある。それらすべてにつき（名誉毀損罪、侮辱罪、脅迫罪等の）現行法制を越える刑罰法規で規制することは、表現の自由その他憲法の規定する保障と抵触するおそれがあると日本政府は人種差別撤廃委員会に報告した[8]。しかし、同委員会は、人種的優越・憎悪に基づく思想の流布の禁止は、表現の自由と整合するとして、人種差別の処罰化、人種差別的行為からの効果的な保護と救済、人種差別を非合法化する特別な法律の制定を日本政府に勧告する[9]。

他方、人種差別撤廃条約4条(c)の「国・地方の公の当局・機関が人種差別を助長・扇動することを認めない」、自由権規約20条の「差別・敵意・暴力の扇動となる民族的・人種的・宗教的憎悪の唱道は、法律で禁止する」部分には、日本政府は留保をつけていない[10]。そこで、両条約の趣旨を踏まえた差別禁止法の制定が望まれる[11]。

2 日本国憲法の下でのヘイトスピーチ規制の可能性

従来、アメリカの憲法学説の影響を受けて、ヘイトスピーチ規制への消極論が日本でも有力であった。第1に、思想の自由競争により間違った思想は淘汰されると説く「思想の自由市場」論からすれば、ヘイトスピーチは「対抗言論」を原則とし、啓発や教育で対処すべき問題である。第2に、政

イギリスやフランスは、表現の自由などとの整合性を持たない差別禁止立法の義務を課されるものではないとの解釈宣言をしている。
8) 人種差別撤廃条約に関する第1回および第2回報告（1999年6月）。
9) 人種差別撤廃委員会・総括所見（2001年3月20日）11-12段落。
10) アメリカは、20条が言論・結社の自由を制約する法律や措置を許可・要請するものでないとの留保をつけ、自由権規約1条から27条までの規定が自動執行力を持たない旨を解釈宣言している。
11) 自由権規約2条2項では「この規約の各締約国は、立法措置その他の措置がまだとられていない場合には、この規約において認められる権利を実現するために必要な立法措置その他の措置をとるため、自国の憲法上の手続及びこの規約の規定に従って必要な行動をとることを約束する」とある。締約国が類似の積極的な措置をとることを約束する」規定は、人種差別撤廃条約4条にもある。

府の表現内容規制は、政府批判の表現規制にもつながりかねない。したがって、「明白かつ現在の危険」の基準に照らし、暴力行為を引き起こす「差し迫った危険」がある場合に規制を限定すべきである。第3に、表現の自由は規制に弱いデリケートな性格を持っている。ヘイトスピーチの範囲の確定が不明確なので、「明確性の理論」からは、表現の自由を自主規制する「萎縮的効果」がある[12]。第4に、ごく例外的な範囲の規制を行っても効果が期待できない。差別を容認しないという政府の姿勢の「シンボル的効果」のための表現規制は不合理である。第5に、ヘイトスピーチが政治的な論点に関する場合もある。政治的意見とヘイトスピーチの区別は容易ではないので、表現の自由として保障すべきという[13]。第6に、政府が言論の価値を判定してはならない。ヘイトスピーチを価値の低い表現として規制することは、社会的な有用性にかかわらず保障されるべき表現の自由の「正当化根拠」を見落としている[14]。

一方、政治的な意思表明ではなく、侮辱を自己目的とするような特定の民族に対する特にひどい侮辱的表現の処罰は可能である[15]。特定の民族集団等への差し迫った危険を伴う暴力行為の扇動や、侮辱行為を自己目的とする限定的な場合の処罰規定が明確であれば、許されるといった「条件付き合憲論」も、従来から有力であった[16]。

他方、近年は、日本でも、特定の民族集団等に対する侮辱的発言による嫌がらせを自己目的とするヘイトスピーチが深刻になると、国連の人権機関の勧告に耳を傾け、規制積極論も有力になりつつある。第1に、ナチスが表現の自由を行使してヘイトスピーチを行い、権力を奪取し、反対勢力を駆逐した歴史的事実からは、「思想の自由市場」論の説得力は疑わしい。マイノリティに沈黙を迫る構造からは「対抗言論」が成り立たない[17]。第2に、社会における人々の平和的共存が脅かされる危険が客観的に存在する場合には表現の規制も可能である[18]。違法行為の扇動禁止を合憲とした渋谷暴動事件を

---

12) 市川、2003、56-58頁。
13) 小谷、2014、96-100頁。
14) 齊藤、2015、62頁。
15) 市川、2015、130頁。
16) 奈須、2001、245頁;同、2013、27頁。
17) 師岡、2013、157-161頁。

はじめとする日本の最高裁判例の立場からは、ヘイトスピーチ規制も認められる[19]。第3に、ヘイトスピーチの範囲の確定が不明確な点は、できるだけ明確な規定を定めたり、合憲限定解釈を施したりするといった立法技術や司法運用の問題といえる。(「信条」には限定留保を付しながら)憲法14条1項後段の列挙事由に基づく誹謗に限定すれば明確化の要請を満たすという見解もある[20]。第4に、ヘイトスピーチ規制の効果は、単なるシンボル的効果とは違う。行政の規制根拠としての意義も大きく、規制法がないために適切な行政対応ができない状態とは比べ物にならない。第5に、政治的表現にあたる場合であっても、ナチスのユダヤ人迫害やルワンダでのツチ族への迫害などの扇動を政治的に利用したことが、大量虐殺をもたらした。特定の宗教や民族的憎悪を煽る政治的な表現がジェノサイドの危険をもたらすことにも留意する必要がある[21]。第6に、公的言論が重要といっても絶対の保護を受けることはあり得ない。人間の尊厳や平等といった「他の民主的価値」との衡量ないし「個人の権利基底的な枠組」に立ち返った考察が必要である[22]。政府は言論の価値の問題を避けて通ることはできない。特定の民族等の「人間の尊厳」や市民としての地位を否定するような害悪を生むヘイトスピーチの規制は、「民主的正統性」を持ちうる[23]。人種的憎悪の扇動を禁止することが不可欠だということは、ジェノサイド条約の発効を経て、人種差別撤廃条約や自由権規約の発効によって国際コンセンサスになっている[24]。

　人権条約適合的解釈からは、憲法「21条と結びついた13条」が、民族

---

18) 毛利、2014、235頁。
19) 曽我部、2015、153頁。
20) 棟居、1999、104-105頁。
21) 師岡、2013、61-62頁。ヘイトスピーチが、成熟した民主主義社会においてジェノサイドを引き起こすという因果関係は実証されていないものの、それが人々の意識に「影響」を及ぼすことは否定できない。そうした「害悪」をもたらす行為が実行に値すると唱道する「表現行為」を禁止する手段を用いて、「害悪」の発生を抑止することは許されないという消極論もある(小泉、2016、99-100頁)。しかし、アメリカにあっても、ジェノサイド(国民的・人種的・民族的・宗教的集団の抹殺等)の「扇動」という「表現行為」には刑事罰(50万ドル以下の罰金もしくは5年以下の禁固、またはその両方)を課して禁止していること(18 U.S. Code § 1091)にも目を向けるべきである。
22) 桧垣、2013、3045頁。
23) 奈須、2016、18-21頁。
24) 遠藤、2014、56頁;藤井、2016、81頁。

的・人種的・宗教的憎悪の唱導（ヘイトスピーチ）によって人間の尊厳を侵されない自由を保障し、表現の自由の必要やむをえない制約として、一定の場合の刑事罰も許される。集団に対する民族的憎悪唱導が、侮辱・名誉毀損により人間の尊厳を害する表現、差し迫った危険を伴う扇動、違法な暴力行為を加える真の脅迫にあたる場合は、表現の自由の制約が、正当化されるものと思われる[25]。憲法13条は「すべて国民は、個人として尊重される。生命、自由及び幸福追求に対する国民の権利については、公共の福祉に反しない限り、立法その他の国政の上で、最大の尊重を必要とする」と定めている。公共の福祉とは、公平の原理としての比例原則の認める利益を意味し、権利の「最大の尊重を必要とする」13条は、規制手段が規制目的に照らし比例的であることを要請する。また通説は、憲法13条の個人の尊重は、人間の尊厳を保障していると解している[26]。ならば、人間の尊厳という保護法益を侵害する表現は、公共の福祉に反し、表現の自由の濫用として制約されうる点にも目を向ける必要がある。憲法21条では、「表現の自由は、これを保障する」とあり、その制約の場合を明示していない。しかし、人間の尊厳に関する憲法規定を持たず、自由権規約20条を留保し、上院が承認する際にジェノサイド条約を除きほとんどの人権条約の自動執行力の否認を宣言するアメリカとは違う。日本は人間の尊厳類似の憲法規定を持ち[27]、自由権規約20条を留保なく批准し、日本国憲法98条2項が条約の誠実な遵守を要請している。自由権規約19条2項は「表現の自由」を定め、同3項は「(a) 他の者の権利又は信用の尊重　(b) 国の安全、公の秩序又は公衆の健康若しくは道徳の保護」の目的のために必要な制限に限定している。こうした目的に必要な制限であるかどうかについて、自由権規約委員会は、比例原則を用いたより

---

25) 近藤、2016、222頁。
26) 芦部、2015、82頁；宮沢、1974、13-14頁；金、2016、58-70頁は、憲法13条の個人の尊重が「人間の尊厳」を意味するものではないとの立場から、ヘイトスピーチの規制の保護法益を憲法14条に基づく「人間の人間としての平等」原理に求める。しかし、類似の憲法の平等保護条項を持ちながら、ヘイトスピーチ規制に消極的なアメリカの現状との関係では、説得力が十分でないように思われる。
27) 日米の憲法のテクスト構造の違いについては、参照、川岸、2006、290頁。なお、日本国憲法21条の表現の自由は合衆国憲法修正1条と同様、制限を付すことなく無条件に保障しているとの見解もあるが（横田、1993、734頁）、日米の憲法判例にあるように、猥褻、扇動、名誉毀損などの場合の表現は制約可能である。

厳格な審査の手法を提供している[28]。同3項の「他の者」には、民族等の構成員の人々が含まれ、「権利又は信用」の内実には、人間の尊厳が含まれる。ヘイトスピーチの被害は、単なる名誉感情の問題とみるべきではなく、人間の尊厳にかかわる問題である[29]。民族的・人種的・宗教的属性によって、社会の成員として取り扱われるのに値しないと主張する、集団に向けられた攻撃からの保護、すなわち「人間の尊厳」の保護が問題となる[30]。ヘイトスピーチは、最も基本的な権利としての「人間として承認される権利」を侵害する[31]。したがって、「ヘイトスピーチ」が、人間の尊厳を損なうか否かを比例原則に照らし審査する法制度は、憲法13条および自由権規約19条の要請といえる。憲法13条の背後にある、人間の尊厳や、公共の福祉の比例原則的理解が、普遍的な人権をめざす人権諸条約の理念とともに浸透するにつれ、また、対抗言論が成り立ちにくい深刻な人権侵害の立法事実が確認されるにつれ、今後、日本でも規制積極論は増えていくことが予想される。

　なお、刑事罰を除いた形で、必要な行政措置の根拠法令を制定することも重要である。さらに、多くの職場や大学でハラスメント防止の規則が整備されているが、セクシャルハラスメントと並んでエスニックハラスメントを禁止する取り組みも必要である[32]。多くの自治体は男女共同参画推進条例を定めているが、多文化共生推進条例を定めている自治体は3つにとどまり、いずれもヘイトスピーチに関する明示の規定を持たないのが現状である。2018年に世田谷区が、はじめて男女共同参画と多文化共生をともに推進する条例を定め、国籍や民族による差別を禁止した。ヘイトスピーチをなくすことを含む多文化共生推進プランを定める自治体も少なくはないが、ヘイトスピーチ規制条例の広がりが望まれる。

　ヘイトスピーチに関連する日本の判例をみると、京都朝鮮学校襲撃事件で

28）東澤、2012：Joseph and Castan, 2013, paras. 18, 30-31.
29）曽我部、2015、155頁。
30）ウォルドロン、2015、125頁。
31）Heyman, 2008, 183.
32）たとえば、ハーバード大学では、Racial Harassment と Sexual and Gender-Based Harassment が禁止されている。1964年の市民的権利法7編では、人種・皮膚の色・宗教・性別・ナショナルオリジンに基づく雇用差別を禁じており、アメリカの雇用機会均等委員会は、(40歳以上の)年齢、障碍、遺伝情報をも含む職場でのハラスメントを今日禁じている。参照、Brown, 2015, 33-34.

は、刑事事件において、「正当な政治的表現の限度を逸脱した違法なもの」と認定した。侮辱罪・威力業務妨害罪・器物損壊罪により1人を懲役2年、2人を同1年6カ月、1人を同1年（いずれも執行猶予4年）の有罪判決を言い渡している。民族等の集団に対するヘイトスピーチを処罰する法律がない中で、既存の侮辱罪等が京都朝鮮学校という法人に対して適用された。かつて日本政府は、「人種主義的動機は、我が国の刑事裁判手続において、動機の悪質性として適切に立証しており、裁判所において量刑上考慮されているものと認識している」と人種差別撤廃委員会に報告したことがある。しかし、特定の民族等に対する憎悪・偏見に基づく犯罪の罰則を加重するヘイトクライム法のない中で、レイシズムに基づく犯罪動機を重く処罰する判断は、必ずしも明らかにはなっていない。

また、ヘイトスピーチ街頭宣伝差止等請求事件では、民事事件において、民法709条の不法行為としての損害賠償や差止が認められている。特筆すべきは、「名誉毀損等の不法行為が同時に人種差別にも該当する場合、あるいは不法行為が人種差別を動機としている場合も、人種差別撤廃条約が民事法の解釈適用に直接的に影響し、無形損害の認定を加重させる要因となることを否定することはできない」と判示している点である。しかし、人種差別撤廃条約自体を適用したわけではない。損害の認定を加重させる要因として援用しているにすぎない。なお、同事件の高裁判決では、「学校における教育業務を妨害し、被控訴人の学校法人としての名誉を著しく損なうものであって、憲法13条にいう『公共の福祉』に反しており、表現の自由の濫用であって、法的保護に値しないといわざるを得ない」と判示している。ヘイトスピーチを表現の自由の濫用と認定している点も注目に値する。

さらに、ヘイトスピーチ解消法、すなわち「本邦外出身者に対する不当な

---

33) 京都朝鮮学校襲撃事件・京都地判2011（平成23）年4月21日 LEX/DB 25471643、同・大阪高判2011（平成23）年10月28日 LEX/DB 25480227、同最判2012（平成24）年2月23日 LEX/DB 25480570。
34) 人種差別撤廃委員会に対する第7・8・9回政府報告書（2013年1月93段落）
35) ヘイトスピーチ街頭宣伝差止等請求事件・京都地判2013（平成25）年10月7日判時2208号74頁、同・大阪高判2014（平成26）年7月8日判時2232号34頁、同・最決2014（平成26）年12月9日 LEX/DB 25505638。1226万3140円の損害賠償や差止を認めた。

差別的言動の解消に向けた取組の推進に関する法律」（以下の判決では、「差別的言動解消法」）が成立し、施行される前に在日コリアンの集住する川崎市の桜本地区でのヘイトデモ禁止仮処分命令事件がある。横浜地裁は、「住居において平穏に生活する権利、自由に活動する権利、名誉、信用を保有する権利は、憲法13条に由来する人格権」として強く保護される。また、「本邦外出身者を地域社会から排除することを煽動する、差別的言動解消法2条に該当する差別的言動は、上記の住居において平穏に生活する人格権に対する違法な侵害行為に当たるものとして不法行為を構成する」。そして「住居において平穏に生活する人格権を侵害する程度が顕著な場合には、……差別的言動の差止めを求める権利を有する」という。そして、ここでも、「もはや憲法の定める集会や表現の自由の保障の範囲外であることは明らか」であると判示している[36]。

なお、かつて、最高裁は、政見放送削除事件において、「身体障害者に対する卑俗かつ侮蔑的表現」が「他人の名誉を傷つけ善良な風俗を害する等政見放送としての品位を損なう言動を禁止した公職選挙法150条の2の規定に違反する」と判示した[37]。同様の品位を損なう言動の禁止は、人種差別的な言動にも及ぶものと解され、ヘイトスピーチを唱道する政党の候補者の政見放送の部分的な削除も判例上は認められるものと思われる。

■ 3　諸外国のヘイトスピーチ規制

ドイツでは、民衆扇動罪として、1960年に改正された刑法130条1項が以下のように定めている。「公共の平穏を害しうる態様で、①国民的集団・人種的集団・宗教的集団・民族的出身によって特定される集団や、その構成員である個人に対して、憎悪をあおり、暴力的・恣意的な措置をとるよう扇動した者、または、②そのような集団や個人を、そのような集団に属することを理由として、侮辱・誹謗・中傷することにより、他の者の人間の尊厳を害した者は、3カ月以上5年以下の自由刑に処する」。同2項が1項に該当する内容の文書の頒布などの禁止を定めている。その後1994年に新設され

---

36) 横浜地判2016（平成28）年6月2日判時2296号14頁。
37) 政見放送削除事件・最判1990（平成2）年4月17日民集44巻3号547頁。

た同3項がホロコーストの存在を否定することなどの禁止を、2005年に新設された第4項がナチスの賛美の禁止を定める。

　イギリスでは、1986年の公共秩序法18条1項が人種的憎悪扇動罪を定める。「脅迫的・罵倒的・侮辱的言葉もしくは行為、またはそのような文書を示すことにより、人種的憎悪を扇動することを意図した者、またすべての状況を考慮して人種的憎悪の扇動の蓋然性がある場合を有罪」としている。同17条によれば、「『人種的憎悪』とは、皮膚の色、人種、（市民権を含む）国籍、民族的・国民的出自によって定義される集団に対する憎悪を意味する」。また、人種的憎悪扇動罪よりも厳格な要件を課し、脅迫的な場合に限定するものの、2006年から宗教的憎悪の扇動罪を、2008年からは性的指向に基づく憎悪の扇動罪を加え、同29B条1項において「脅迫的な言葉もしくは行為、または脅迫的な文書を示すことにより、宗教的憎悪または性的指向に基づく憎悪を扇動することを意図した者は、有罪」としている[38]。

　スウェーデンでは、刑法16章8条において、民族集団脅迫・侮辱罪を定めている。「頒布される言論・声明の中で、人種、皮膚の色、国民的・民族的出身、宗教的信条または性的指向と結びつけて民族集団・その他の集団に対し威嚇・侮辱する者は、民族集団への迫害として2年以下の自由刑または罰金に処す。罪が重大な場合は、6カ月以上4年以下の自由刑に処す。罪が重大か否かの判断は、言論が特に威嚇的・侵害的内容を持ち、かつ重要な注意をひくような方法で多数の人に頒布されたか否かについて特に考慮しなければならない」と定めている。民族集団だけではなく、2002年からは、性的指向と結びつくその他の集団に対する罪にも拡大している[39]。ヨーロッパ人権裁判所は、同性愛嫌悪の内容のリーフレットを高校のロッカーに配布した者にスウェーデンの最高裁が罰金や奉仕活動を命じたことは、他の者の信用や権利の保護の目的と比例的であり、民主的社会に必要な表現の自由の制限であることが正当化されるという[40]。

---

38) 「『宗教的憎悪』とは、宗教的信仰またはその欠如によって定義される集団に対する憎悪を意味する」（同29A条）。また「『性的指向に基づく憎悪』とは、性的指向によって定義される集団（同性の者、異性の者またはその両者のいずれに対するものかを問わず）に対する憎悪を意味する」（同29AB条）。
39) すでに1948年に国民的・民族的集団に対する扇動の規制があり、その後、人種差別撤廃条約の影響から人種や皮膚の色に拡充した。

フランスでは、1972年に改正された出版自由法において「出生または特定の民族・国民・人種・宗教への帰属の有無」を理由とする、あるいは2004年の同法改正からは「性別・性的指向・性自認・障碍」を理由とする、個人・集団に対する差別・憎悪・暴力の扇動罪、同様の個人・集団に対する名誉棄損罪およびホロコーストの否定には、1年の拘禁および4万5000ユーロの罰金あるいはそのいずれかが科される（24条・32条）。また、同様の個人・集団に対する侮辱罪には、6カ月の拘禁および2万2500ユーロの罰金あるいはそのいずれかが科される（33条）。ホロコーストを否定する雑誌のインタビュー記事に関し、発言者と編集者が有罪とされた事件について、自由権規約委員会は、ユダヤ人コミュニティが反ユダヤ主義の雰囲気を恐れることなく自由に生きていくという正当な目的のため、他者の利益または共同体全体の利益にかなうので、自由権規約19条3項の下の表現の自由の制約として許されるとした。[41]

　カナダでは、[42] 1970年に改正された刑法319条1項が「憎悪の公的扇動罪」を定めた。「公共の場所において伝達可能な発言を行うことにより、識別可能な集団に対する憎悪を扇動する者は、何人も、扇動が治安紊乱につながる可能性が高いときは、(a) 陪審裁判により有罪とし、2年以下の拘禁刑に処すか、(b) 略式裁判により有罪とする」。また、同2項が「故意による憎悪助長罪」を定める。「伝達可能な発言（私的会話におけるものを除く）を行うことにより、識別可能な集団に対する憎悪を助長する者は、何人も、(a) 陪審裁判により有罪とし、2年以下の拘禁刑に処すか、(b) 略式裁判により有

---

40) Vejdeland and Others v. Sweden [2012] ECHR 242. 参照、谷口、2012、131-133頁。
41) Robert Faurisson v. France [1996], para. 9.6.
42) 1977年に制定された人権法の13条1項は、電話や通信システムを介し、人種や宗教などの禁止された差別事由に基づいて識別可能な個人や集団に対し、憎悪や侮辱にさらす蓋然性のある事柄を繰り返し伝達することを差別行為として禁止し、1998年からは罰金を科すようになった。Canada (Human Rights Commission) v. Taylor, [1990] 3 S.C.R. 892では、白人優越主義政党はユダヤ人に対し侮辱的な録音メッセージを伝える電話サービスを提供していたため、同項違反として人権審判所より電話サービスの提供を中止するよう命じられ、これを不服とする同党党首の訴えに対し、連邦最高裁は、立法目的の重要性、規制手段との間の合理的関連性を認め、正当化しうるとして、合憲と判断している。しかし、議会は同項の差別禁止が広範すぎるとして、2013年に同項の削除を決定し、2014年に同項は失効した。

罪とする」[43]。「識別可能な集団」とは、同318条4項により、「皮膚の色、人種、宗教、民族的出身または性的指向によって区別される」集団をさす。カナダでは、ホロコーストはユダヤ人が同情をひくためのつくり話とし、ユダヤ人の不誠実さ、残虐さなどを説く授業を行い、その点を試験で出題し、自己の考えに反する生徒の答案には低い評価を与えた高校教師が、刑法281条2項2号（現319条2項）違反の罪に問われたので、同規定が表現の自由を定める人権憲章2条(b)等に反するかが争われた。連邦最高裁は、ヘイトスピーチを処罰する刑法のこの規定は、表現の自由を制限しているが、憎悪宣伝の害悪を防止する目的のために刑事罰を科す手段は合理的関連性を有し、私的会話を処罰対象から除き、故意に限定しているなど必要最小限性を有するとして、比例的であり、正当なものと判示した[44]。

　一方、アメリカの連邦最高裁は、十字架焼却を罰する市条例が人種等の一定の観点からの表現内容を差別的に規制する（観点差別ないし内容差別の）場合は厳格な審査基準に照らし、違憲となるとして、ヘイトスピーチ規制には消極的である[45]。ただし、（人種等の理由に限定するのでも、イデオロギーの表明としての儀式でもなく、暴力の象徴としての十字架焼却などの）違法な暴力行為を加える意図を特定の集団に伝える「真の脅迫」ならば、処罰可能としている[46]。また（猥褻、名誉棄損に加え）、侮辱的ないし「けんか言葉」、すなわち「発せられた言葉によって精神的傷害を生じさせ、あるいは即時的な治安妨害を引き起こす傾向のある言葉」は、社会的価値が低いとして処罰可能としている[47]。さらに、暴力的な違法行為の唱導を「明白かつ現在の危険」の基準を用いて「差し迫った」違法行為の「蓋然性」がある場合にだけ、処罰可能

---

43) ただし、3項が免責規定を定めており、(a) 真実性の証明があるとき、(b) 宗教に関する見解を誠実に論証しようとしているとき、(c) 公共の利益のために発言がなされているとき、(d) 憎悪感情をなくす目的で誠実に指摘しているときは、発言を処罰しない。

44) R v. Keegstra, 3 S.C.R.697 [1990].

45) R.A.V. v. St. Paul, 505 U.S. 377 [1992].

46) Virginia v. Black, 538 U.S. 343 [2003]. 人種等の理由に言及することなく、十字架焼却による脅迫を罰する規定部分を合憲とし、K.K.Kの被告の場合は、十字架焼却が儀式として行われることが多いので無罪とした原審の判断をこの点でのみ支持し、隣人の苦情に対する報復的な十字架焼却の場合は、真の脅迫にあたるとして原審に差し戻した。

47) Chaplinsky v. New Hampshire, 315 U.S. 568 [1942].

としている[48]。そして、ジェノサイドの扇動への罰則規定は上述したが、アメリカの州法では、ヘイトスピーチに対する罰則を規定する集団的名誉棄損に関する法律が、一部に残っているのも現状である[49]。

その他の国々にも、ヘイトスピーチ規制を定めている国は多い[50]。扇動の場合の最長刑期は、3カ月から15年までと多様であるが、2年や3年の国が多い[51]。EU加盟国は、2008年の「特定の形態・表現による人種主義・排外主義を、刑法で対処することに関するEU理事会の枠組決定」1条・3条により「人種・皮膚の色・宗教・血統・国民的民族の出自に言及して定義された集団やその集団の個人に対する暴力や憎悪の公の扇動」などに実効性・比例性・抑止力を備えた「刑事罰」を確保する必要な措置を2010年11月28日までにとることが定められている[52]。

先進民主主義国の中では、例外的に、アメリカで有力なヘイトスピーチ規制の消極論の根拠は、「思想の自由市場」の理念である[53]。言論に対しては、国の規制は萎縮的効果を伴うので、個人の対抗言論で対応すべきといい、特定の民族などに対するヘイトスピーチの規制は観点差別にあたるという。一

---

48) Brandenburg v. Ohio, 395 U.S. 444 [1969].
49) マサチューセッツ州一般法272章98c条では、「人種・肌の色・宗教のためにマサチューセッツ州において人の集団に対する憎悪を促進する目的で悪意をもって虚偽の文書・印刷物を出版した者は、名誉毀損の罪により、1000ドル以下の罰金、1年未満の禁固、またはその両方の刑に処す。被告は、出版物が免責特権を有するとか、悪意のあるものではなかったことを抗弁することができる」と定めている。ミネソタ州法609.765条では、「1 定義：名誉棄損は、個人・集団・階級・団体を憎悪・侮蔑・嘲笑・不名誉・社会的評価の低下・営業や職業への侮辱にさらすことである。2 構成行為。名誉棄損的な知識をもって、口頭・書面・その他の手段により、誹謗された人の同意なしに、第3者に名誉棄損の内容を伝える者は、名誉棄損の罪により、1年未満の禁固、3000ドル以下の罰金、またはその両方の刑に処す」とある。また、類似の規定は、モンタナ州法45-8-212条にもある。
50) 前田、2015；Brown, 2015.
51) Temperman, 2015, 343-344.
52) EU Council Framework Decision, 2008. この指令の履行状況については、European Commission, 2014。
53) ヨーロッパにあっては、ハンガリーも例外的に、憎悪の扇動が（アメリカ流の）「明白かつ現在の危険」を生むことを要件とする暴力の扇動の基準を憲法裁判所が採用している。Rosenfeld, 2012, 271-272参照。しかし、刑法269条1項が民族その他の集団への憎悪の扇動の処罰の部分は、人々の激情をかき立て、社会秩序や平和を乱すおそれがあるとして、合憲としている。参照、Molnar, 2009, 249; Koltay, 2014, 7-11.

方、ヨーロッパ諸国やカナダなどでは、民族等への憎悪扇動や集団的な侮辱表現を防止する目的にとって、刑事罰を科す手段も合理的な関連性があり、必要最小限の規制は許されるとの立場に立つ。アメリカでは、平等よりも自由に重きを置くため、ヘイトスピーチ規制に消極的である。相対的に、自由よりも平等に重きを置くヨーロッパ諸国では、ヘイトスピーチ規制に積極的な傾向がある。アメリカが自由に強い愛着を持ち、ヨーロッパ大陸が個人の名誉と尊厳をより重視するという説明よりも、アメリカが公民権運動に強く影響された歴史的転換点に特異な軌道の理由を求める見解もある。両者の政治文化、（憲法などの）基本的な法規定、裁判規範の違いによる。日本の憲法は、13条の人間の尊厳に留意すれば、むしろヨーロッパに近い。

■ 4　日本の法令の課題

　法務省人権擁護局によれば、2012年4月から2015年9月までにヘイトスピーチを伴うデモ等が全国で1152件あったという。このことは、ヘイトスピーチ規制のための十分な立法事実が日本にあることを物語っている。

　2016年に与党の議員からなる議員発議として、「本邦外出身者に対する不当な差別的言動の解消に向けた取組の推進に関する法律」案が提案され、同年5月に「不当な差別的言動」の定義に「著しく侮蔑する」行為も含める旨の修正案が可決・制定された。ここでの「本邦外出身者」とは、「本邦の域外にある国若しくは地域の出身である者又はその子孫であって適法に居住するもの」をさす。この対象範囲は、自由権規約20条・人種差別撤廃条約1条・4条よりも狭い。アイヌ民族をはじめ、より広い民族的・人種的・宗教的憎悪の唱道に対応する規制が必要であろう。人種差別撤廃委員会の一般的勧告にもあるように、「人種差別に対する立法上の保障が、出入国管理法令上の地位にかかわりなく市民でない者に適用されることを確保すること、

---

54) Heinze, 2016, No. 3413.
55) ブライシュ、2014、238-240頁。
56) Bleich, 2015, 124.
57) 法務省人権擁護局「ヘイトスピーチの実態調査結果（概要）等について」(http://www.moj.go.jp/content/001206812.pdf, 2018年9月5日閲覧)。

および立法の実施が市民でない者に差別的な効果を持つことがないよう確保すること」が条約の趣旨である[58]。したがって、「適法に居住するもの」に対象を限定する法案は、人種差別撤廃条約の趣旨に反する。法自らが差別を強化し、条約に反しかねない事態さえまねいている[59]。この点、衆議院法務委員会と参議院法務委員会では、本法の趣旨・憲法・人種差別撤廃条約の精神に鑑み適切に対処する旨の付帯決議が採択された[60]。したがって、入管法上の適法な居住資格にかかわらず、より広い民族的・人種的憎悪に対処することが望まれる。また、国の責務は、相談体制の整備・教育の充実・啓発活動が主な内容であり、自治体の措置は、努力義務とされているにすぎず、差別規制法としての実体を欠く問題がある。

　他方、自治体においては全国ではじめて、2016年に大阪市が「大阪市ヘイトスピーチへの対処に関する条例」を定めた。ここでの「ヘイトスピーチ」とは、「表現活動」の目的・内容・方法の3点から定義している。①「目的」が「人種又は民族に係る特定の属性を有する個人又は当該個人の属する集団」について、「社会から排除する」、「権利又は自由を制限する」、または「憎悪若しくは差別の意識又は暴力をあおる」ものである。②「内容」が「相当程度侮蔑し又は誹謗中傷する」、または「脅威を感じさせる」ものである。③「方法」として「不特定多数の者が表現の内容を知り得る状態に置く」ものをさす。市長は、ヘイトスピーチ審査会の意見を聴取し、ヘイトスピーチの拡散防止に必要な措置をとり、氏名・名称を公表する。事後規制としてプロバイダー等への削除要請・掲示物の撤去要請などの拡散防止措置を行う。市議会が審査会委員の同意の要件を追加修正し、（税の執行のあり方、貸付・返還免除の制度設計のあり方への議論もあり）訴訟支援のための訴訟費用の貸付けの規定を削除した[61]。

58）人種差別撤廃委員会・一般的勧告30（2004年8月5日）7段落。
59）齊藤、2015、94頁。
60）自治体も国と同様に取り組む、インターネット上の対策にも取り組む旨の付帯決議もしている。
61）大阪市の条例制定担当者からのヒアリングによる。また、参照、文、2016、75頁。

表 5-1　38 カ国の差別禁止法制の総合評価

順位	国名	指数	順位	国名	指数	順位	国名	指数
1	カナダ	92	14	オランダ	73	27	デンマーク	50
2	アメリカ	90	15	スロバキア	72	27	キプロス	50
3	ブルガリア	89	16	スロベニア	67	29	ルクセンブルク	49
4	ポルトガル	88	17	アイルランド	66	29	スペイン	49
5	イギリス	85	18	イタリア	61	31	チェコ	48
5	スウェーデン	85	18	クロアチア	61	32	リトアニア	47
7	ハンガリー	83	20	ギリシア	60	33	ラトビア	34
8	ニュージーランド	79	21	ノルウェー	59	34	エストニア	32
9	ベルギー	78	22	ドイツ	58	35	スイス	31
9	ルーマニア	78	23	オーストリア	57	36	トルコ	26
11	フィンランド	77	24	ポーランド	52	37	日本	22
11	フランス	77	24	韓国	52	38	アイスランド	5
13	オーストラリア	74	26	マルタ	51			

出典：MIPEX, 2015.

■ 5　包括的な差別禁止法の必要性

　一般に、民主国家では差別禁止法制が整備されている。「移民統合政策指数」の国際比較によれば[62]、日本とスイスとトルコとアイスランドを除き、多くの国では、特別な差別禁止法や独立した平等機関がある。表 5-1 のように、差別禁止の総合評価としては、日本は、38 カ国中、37 番目である（なお、今回初めて参加した最下位のアイスランドが低い評価となっているのは、特別な差別禁止法がないことを消極的に評価しているからであり、個別の法律にある差別禁止の内容を積極的に評価し直せば、結果は変わってくるように思われる。たとえば、ヘイトスピーチ規制の関連では、アイスランドの刑法 233a. 条では、国籍・皮膚の色・人種・宗教・性的指向・性自認を理由として人や人の集団を嘲り、中傷し、侮辱し、脅迫し、または暴行を加えた者は、罰金または 2 年以下の禁固に処すと定めている）。

　まず、直接差別、間接差別、ハラスメント、差別指示における差別事由に

---

62) MIPEX, 2015. 本書第 4 章参照。また、3 回目の 2010 年度の調査結果を比較したものとして、参照、近藤、2012。

ついて、人種・民族、宗教・信念、国籍の3つを含むのは、アメリカ、カナダ、イギリス、フランス、スウェーデン、フィンランド、韓国などである。ただし、アメリカの市民的権利法第7章42 U.S.C. §§ 2000e2では、「人種、皮膚の色、宗教、ナショナル・オリジン」による雇用差別を禁じている。ナショナル・オリジンは、出身国による差別などの意味であり、厳密には国籍差別とは違う場合もある。韓国の国家人権委員会法2条4項の「出身国」も、国籍をカバーすると解されている。これに対し、イギリスの平等法2部1章9条では、人種は皮膚の色、国籍、民族的・国民的出身を含むとしている。フィンランドの差別禁止法6条では「国籍」差別も明示している。また、人種・民族、宗教・信念、国籍の2つを含むのは、ドイツなどである。ドイツの一般平等取扱法1条は「人種・民族的背景、性別、宗教・世界観、障碍、年齢または性自認を理由とする不利益取扱」の防止・撤廃を目的としている。ここでは、国籍差別が明示されていない。日本は、人種・民族のみか、いずれもなしか、国際基準や憲法上の法解釈によるにすぎないともいえるものの、労働基準法3条などの国籍・信条差別の禁止、労働組合法5条2項4号の人種・宗教差別の禁止を指摘できなくはない。私人間の差別事例について民法の公序良俗違反にあたり、損害賠償を認める判決はみられる。しかし、行政の取り組みの根拠法令としても、包括的な差別禁止法が望まれる。

　大半の国はヘイトスピーチ規制を備えている。差別禁止法の内容が、a) 人種・民族、宗教・信条または国籍に基づく暴力・憎悪・差別の扇動の禁止、b) 人種・宗教に動機づけられた公での侮辱・脅迫・名誉棄損の禁止、c) その種の攻撃の開始・助言・扇動・教唆の禁止、d) 人種的なプロファイリングの禁止を含むかという質問項目がある。4つをすべて含むのは、アメリカ、カナダ、イギリス、フランス、スウェーデンなどである。ただし、アメリカの連邦は、ヘイトクライムの禁止のみである。ついで、人種的プロファイリング禁止以外の3つを含むのは、ドイツ、フィンランドなどである。ただし、

---

63) カナダの人権憲章15条1項も同様であり、スウェーデンの差別禁止法4条1項は民族の所属性とある。なお、市民的権利法は、公民権法と訳されることも多い。
64) 国籍差別の禁止は、ベルギーの人種差別平等法4条、ブルガリアの差別からの保護法4条1項、イタリアの移民法43条、オランダの平等取扱法1章1条1号b、ポルトガルの人種・民族的出身・国籍・先祖・出身地による差別禁止法1章1条などにもみられる。

ドイツでは、2012年の州の高等行政裁判所の判決により、警察官が皮膚の色をもとに身分証の提示を求める人種的プロファイリングを憲法3条3項違反と判示している[65]。さらに、上記の2つまたはそれよりも少ない内容なのは、日本、韓国などである。日本では、人種的なプロファイリング捜査は違法とされておらず、ムスリム違法捜査事件では、収集した情報の漏洩は違法とするものの、情報の収集自体は信教の自由に反しないとして適法としている[66]。2018年に人種差別撤廃委員会は、日本政府に対し、「警察による外国出身のムスリムに対する民族的または民族・宗教的プロファイリングおよび監視をやめ、プロファイリングと集団監視に関するすべての申立てに対して徹底的で公正な調査を行い、責任者に責任を負わせ、再発防止の保障を含む効果的な救済措置を提供するよう勧告」している[67]。

　複合差別に関して、被害者が主要な差別事由を選択して裁判所に訴えることができるのは、アメリカ、カナダ、イギリスなどである。イギリスの平等法14条は複合差別を定めており、一緒に訴えてもよいし、別々に訴えることもできる。ついで、複合差別の規定はあるが、被害者が主要な差別事由を選択して裁判所に訴えることができないのは、ドイツなどである。ドイツの一般平等取扱法4条では、複合差別がある場合に、被害者は、1つの差別事由を選択することはできない。日本には、複合差別の規定はない。

　教育への適用について、人種と民族、宗教と信念、国籍の3つを含むのは、アメリカ、イギリス、カナダ、ドイツ、フランス、スウェーデン、フィンランド、韓国などである。日本は、国籍以外の人種と信条の2つを含む（教育基本法4条）。

　社会保障への適用について、人種と民族、宗教と信念、国籍の3つを含むのは、アメリカ、カナダ、イギリス、ドイツ、フランス、スウェーデン、フィンランド、韓国などである。日本は、国際基準や憲法に基づく裁判所の解釈によるにすぎない。

　挙証責任の転換について、民事裁判でも、行政手続でもみられるのは、ア

65）OVG Rheinland-Pfalz – Az.: 7 A 10532/12.OVG (29.10.2012).
66）最判2016年5月31日（判例集未登載）。
67）人種差別撤廃委員会・日本政府の定期報告書に対する総括所見（2018年8月30日）24段落。

メリカ、イギリス、フランス、スウェーデン、フィンランドなどである。また、民事裁判にだけみられるのは、カナダ、ドイツなどである。日本は、挙証責任の転換の規定がない。

　平等保護機関の役割として、まず、被害者に代わる提訴、訴訟参加の支援の両方ができるのは、フランスなどである。ついで、どちらか一方だけができるのは、アメリカ、カナダ、ドイツ、スウェーデン、韓国などである。日本は、両方ともできない。

　訴訟形式として、まず。個人訴訟、団体訴訟、民衆訴訟のどれでも可能であるのは、アメリカ、カナダなどである。ただし、カナダは、州ごとに違う。ついで、どれか2つだけ可能であるのは、スウェーデンなどである。スウェーデンでは、民衆訴訟はできない。日本は、個人訴訟に限る。

　制裁の範囲として、まず、物的損害賠償、精神的損害賠償、差別で失った権利回復、積極的差別是正措置、妨害排除の消極的措置、反復的妨害防止の消極的措置、違反者の公表、法人への特別な制裁のうち5つ以上があるのは、アメリカ、カナダ、フランス、ドイツ、スウェーデン、フィンランド、韓国などである。ついで、少なくとも、差別で失った権利回復、妨害排除の消極的措置、法人への特別な制裁があるのは、イギリスなどである。日本では、物的損害賠償、精神的損害賠償、妨害排除の消極的措置が中心である。

　平等政策のための特別な政府機関が所管する差別理由として、まず、人種・民族、宗教・信念、国籍の3つすべてを含むのは、アメリカ、カナダ、イギリス、フランス、スウェーデン、韓国などである。ついで、2種類の理由を含むのは、ドイツなどである。日本の人権擁護局や人権擁護委員は、こうした政府機関とは考えられない。

　特別な政府機関の被害者を支援する権限として、まず、被害者への独自の法的助言、独自の事実調査の両方があるのは、イギリス、カナダ、フランス、スウェーデン、フィンランド、韓国などである。ついで、独自の事実調査のみであるのは、アメリカ、ドイツなどである。日本は、両方ともない。

　特別な機関の権限として、自ら手続を開始し、調査し、証拠を補強することができるのは、アメリカ、カナダ、イギリス、フランス、スウェーデンなどである。自ら調査し、証拠を補強することができるのは、フィンランドのマイノリティ・オンブズマンなどである。日本は、これらの権限がない。

　差別禁止法が公的機関に命じている内容として、平等促進、無差別契約等

の確保を義務づけるのは、アメリカ、イギリス、カナダ、スウェーデンなどである。スウェーデンでは、25人以上の従業員がいる雇用主は、ジェンダー、民族、宗教上の平等を促進する義務がある。ついで、平等促進義務だけであるのは、フィンランドである。日本は、どちらも義務づけていない。

　まず、積極的差別是正措置を定め、その措置の（調査や統計などの）評価を定めているのは、アメリカ[68]、イギリス、カナダ、スウェーデン、フィンランド[69]などである。ついで、積極的差別是正措置だけを定めているのは、ドイツ[70]などである。日本は、どちらも定めていない。

　以上、諸外国の規制状況をみると、日本の法整備の課題は多い。法務省が2017年に行った『外国人住民調査報告書』では、「外国人であることを理由に入居を断られた」経験のある人は39.3％、「日本人の保証人がいないことを理由に入居を断られた」経験のある者は41.2％、「『外国人お断り』と書かれた物件を見たので、あきらめた」経験のある人は26.8％であるという（22頁）。入居差別を禁止する法規定がないことで、深刻な差別が放置されている。行政が差別防止を働きかける根拠規定としても、包括的な差別禁止法の早期制定が望まれる。国連の表現の自由に関する特別報告者が勧告しているように[71]、まずは差別禁止法を制定すべきである。

　なお、将来の日本での差別禁止法として「人種差別禁止法」という名称を採用することは適当であろうか。たしかに、人種差別撤廃条約に基づく法律の名称としては、こうした名称が真っ先に浮かぶかもしれない。しかし、「人種」という用語は、英語圏では一般的であるが、ヨーロッパ諸国では、慎重な取扱いが必要とされる場合も少なくない。たとえば、2000年のEUの人種平等指令の前文6段にあるように、「EUは、異なる人種の存在を定めようとする学説を認めない。本指令が用いる『人種的出自』という用語は、その種の学説の受容を意味するものではない」とある。差別禁止法の中に「人種」や「人種的出身」という用語を含めることは、人間が「人種」によって区別されうるという理解を強化するとの考えから、スウェーデンの差

---

68) Executive Order 11, 246.
69) 差別禁止法7条。
70) 一般平等取扱法5条。
71) Kaye, 2016.

別禁止法5条3項では「民族性：国民的・民族的出自、皮膚の色、その他の類似の状況」、フィンランドの差別禁止法8条1項では「出自」と定めることにより、「人種」という用語を回避している。日本では2015年に野党の議員からなる議員発議により「人種等を理由とする差別の撤廃のための施策の推進に関する法律案」が衆議院に提出されたことがある。「人種等」とは、「人種、皮膚の色、世系又は民族的若しくは種族的出身をいう」（2条2項）。しかし、人種的偏見に基づく差別としての人種差別は存在するものの、1978年のユネスコの「人種および人種的偏見に関する宣言」1条にもあるように、人類は「単一の種」に属し、人間の種類を区分する「人種」の存在を前提とする法令用語は避けて、「民族等」とした方が適当であろう。

第6章

労働参加
―― 民間雇用と公務就任

■ 1 労働の権利と職業選択の自由

(1) 憲法22条1項と社会権規約6条

　日本国憲法22条1項は「何人も、公共の福祉に反しない限り、……職業選択の自由を有する」と定めている。この職業選択の自由は、社会権規約では、労働の権利と呼ばれている。社会権規約6条では「この規約の締約国は、労働の権利を認めるものとし、この権利を保障するため適当な措置をとる。この権利には、すべての者が自由に選択・承諾する労働によって生計を立てる機会を得る権利を含む」とある。しかし、「公共の福祉」を理由とする説明や、比例原則による正当化の議論もなしに、外国人の場合は、在留資格により、就労が禁止される場合がある。また、在留資格上、就労が可能であっても、国籍要件を課される職が一部にはある。

　ただし、法律で外国人の就労が禁止されている職業は少ない。公証人法12条は「日本国民」であることを公証人の要件とする。公証人とは、国家公務員法上の公務員ではないものの、法務大臣が任命する実質的な意味での公務員にあたる。元検察官・裁判官・法務省職員が任命されることが多い。公証人役場において、契約や遺言等の「公正証書」を作成し、外国宛の文書等を「認証」するのがその仕事である。

　水先法6条は「日本国民でない者」は、水先人になることができないと定めている。水先人とは、国家試験である水先人試験に合格し、港湾での安全を守るため、船長の要請を受けて、水先艇による誘導か、船に乗り込んで

目的地への着岸を誘導する専門職である。

　電波法5条が「日本の国籍を有しない人」または「役員の3分の1以上若しくは議決権の3分の1以上」が外国人である法人・団体には、(テレビやラジオの放送局といった) 無線局の免許を与えないと定めている。

　鉱業法17条は「日本国民又は日本国法人でなければ、鉱業権者となることができない。但し、条約に別段の定があるときは、この限りでない」と定めている。したがって、特別な条約がないかぎり、鉱業権者を日本国民と日本国法人に限定している。もっとも、「日本国法人」についての定義は定められていない。このため、実態は外国資本からなる日本法人ならば、鉱業出願が可能となる。

　なお、財産権に関しては、世界人権宣言17条が「1. すべて人は、単独でまたは他の者と共同して財産を所有する権利を有する。2. 何人も、恣意的に自己の財産を奪われることはない」と定めていた。しかし、国際人権規約の制定時の議論では、財産権を市民的権利とみるか、社会的経済的権利とみるかについて、意見が分かれた。結局、東西のイデオロギー対立や南北対立等を反映した財産権をめぐる考え方の違いから、社会権規約にも、自由権規約にも、規定することが見送られた。[1] 日本国憲法29条の財産権は、一般に (経済的) 自由権と位置づけられている。1925年に制定され、現在も有効な「外国人土地法」1条では、相互主義に基づき、「勅令」をもって、外国人に土地の利用を禁止することができるとある。しかし、その種の勅令や政令は、定められたことがない。また、国防上必要な地区に、外国人の土地取得権を制限できる同4条に基づく勅令は、1945年に廃止されている。したがって、外国人の不動産取得に関して特段の制限はない。[2]

---

[1] 国際人権規約では見送られたものの、国連の人権条約としては、それより前の1965年採択の人種差別撤廃条約5条 (d) 項 (v) が「市民的権利」としての「単独で及び他の者と共同して財産を所有する権利」の平等を保障していた。また、その後の1979年採択の女性差別撤廃条約16条1項 (h) が「無償であるか有償であるかを問わず、財産を所有し、取得し、運用し、管理し、利用し、処分することに関する配偶者双方の同一の権利」を定めている。さらに、1990年採択の移住労働者権利条約15条が「移住労働者とその家族は、単独でまたは他の者と共同して所有する財産を恣意的に奪われることはない。就業国の国内法により、移住労働者とその家族の財産またはその一部が収用されるときは、その者は公正で適切な補償を受ける権利を有する」と定めている。

[2] 近藤編、2015、58-59頁 (奥貫)。

(2) 外国人技能実習制度と職業選択の自由

　日本で学んだ技術を本国で活用するために研修する人が、「研修生」である。しかし、「研修生」という名のもとに労働法の適用除外の環境に置かれ、低賃金労働者として長時間働かされる人が多かった。なかには、パスポートや通帳を取り上げられ、使用者が気に入らないと強制帰国させられた人もいた。極めて悪質な人権侵害行為が横行していた。そこで、国内外からの厳しい批判を受けて、研修生として 1 年、その後、技能実習生として 2 年の在留が認められる従来の制度を見直すべく、2009 年に入管法が改正された。

　非労働者と位置づけられている研修生に代え、新たに「技能実習」という在留資格を設け[3]、最初から労働関係諸法令が適用されることになった。この変更によって多少の改善はみられた。しかし、この制度の構造そのものが内包する問題点は残ったままである。すなわち、「労働」でありながら、社会権規約 6 条・日本国憲法 22 条 1 項で保障されているはずの職業選択の自由は認められず、職場の移動が原則としてできない。配属された職場で労働法違反や人権侵害行為があったとしても、それに対して異議申立をすると、強制帰国させられるのではないかという恐怖がつきまとっていた。また、送出し国との保証金や違約金などの存在も、権利行使を阻む要因となっている。日本弁護士連合会の提言[4]においても「外国人労働者が職場を選択する自由を保障すること」が盛り込まれている。廃止も視野に入れ、抜本的に現行制度の見直しを図る必要がある。

　2016 年には「外国人の技能実習の適正な実施及び技能実習生の保護に関する法律」が制定された。優良な実習実施者・管理団体に限定して（1 カ月以上の一旦の帰国後）4 年ないし 5 年目の技能実習の実施を可能とするなど、技能実習制度の拡充が図られている。外国人技能実習機構を新設し、母語による通報・相談窓口を設けるなど、2017 年 11 月からは事業者の監督を強化し、実習生の保護を図っている。しかし、（例外的に実習先において技能実習の継続が困難になった場合にのみ希望により実習先を変更できるという）職業選

---

3) 本来の研修を主たる目的とする研修生の在留資格は残っており、2016 年末には 1379 人がいる。かつての労働の隠れ蓑となっていた時代の研修生の在留資格は、2007 年には、8 万 8086 人であった。
4) 日本弁護士連合会「外国人技能実習制度の廃止に向けての提言」（2011 年 4 月 15 日）。

択の自由を原則として否定する制度設計にすぎない。その他の人権侵害の解消の見込みも十分ではない。

2 勤労の権利と労働基本権

　日本国憲法27条1項は「すべて国民は、勤労の権利を有し、義務を負う」と定めている。勤労の権利は、近年の有力説である**抽象的権利説**に立てば[5]、国家に対し、法律の改廃による積極的侵害を争うとともに、使用者に対し、解雇の自由を制限するという意味での法的効力が認められる。したがって、勤労の権利は、私人間効力を有するとされ、解雇に正当理由を必要とする解雇権濫用の法理の根拠規定となる[6]。就職できない場合に、雇用保険により失業給付を受ける制度も、勤労の権利に対応している[7]。また、憲法27条2項は「賃金、就業時間、休息その他の勤労条件に関する基準は、法律でこれを定める」とある。これに応じて、賃金については最低賃金法が、就業時間、休息その他の勤労条件については労働基準法が定めている。さらに、憲法28条は「勤労者の団結する権利及び団体交渉その他の団体行動をする権利は、これを保障する」と定めている。

　社会権規約7条では「この規約の締約国は、すべての者が公正かつ良好な労働条件を享受する権利を有することを認める」。そしてとくに、同一価値労働同一報酬および男女同一賃金、労働安全衛生、均等な昇任機会、休息・休暇などの労働条件を確保する必要がある。「すべての者」と定めているのは、移民労働者も含むすべてのタイプの労働者を含む。とりわけ、男女同一賃金は、形式的・実質的差別を即時に撤廃することが要請されている。また、人種、色、性別、言語、宗教、政治その他の意見、民族的・社会的出身、財産、生まれ、障碍、年齢、性的指向、性自認、インターセックス、健康、国籍、その他のステイタスに基づく差別の禁止は、核心的な義務である[8]。

---

5) 野中ほか、2012、523-524頁（野中）。
6) もっとも、2007年の労働契約法により「解雇は、客観的に合理的な理由を欠き、社会通念上相当であると認められない場合は、その権利を濫用したものとして、無効とする」(16条)と定められた。
7) 佐藤、2011、373頁。
8) 社会権規約委員会・一般的意見23（2016年3月8日）5、53、65段落。

社会権規約8条1項では「この規約の締約国は、次の権利を確保することを約束する」。すなわち、外国人住民も含む「すべての者」の労働組合の「結成」・「加入」の権利としての団結権、（団体交渉権を含む）労働組合の「自由に活動する権利」、「ストライキ（同盟罷業）をする権利」としての争議権を定めている。

(1) 日本で働く外国人労働者の現状

日本で働いている「外国人労働者」は、厚生労働省の2018年の統計によれば、およそ146万463人であり、統計を取り始めた2007年以来最高の数字を更新した。国籍別の内訳は、最も多いのが中国（26.6％）、次いで、ベトナム（21.7％）、フィリピン（11.2％）、ブラジル（8.7％）、ネパール（5.6％）と続く。都道府県別では、東京（30.0％）、愛知（10.4％）、大阪（6.2％）、神奈川（5.4％）、埼玉（4.5％）である。

在留資格別は、入管法別表第2の掲げる「身分に基づく在留資格」（33.9％）、「資格外活動」（23.5％：うち留学が20.4％）、「技能実習」（21.1％）、「専門的・技術的分野の在留資格」（19.0％：うち技術・人文知識・国際業務が14.6％）である。

業種をみると、製造業（29.7％）、サービス業（15.8％）、「卸売業、小売業」（12.7％）、「宿泊業、飲食サービス業」（12.7％）、教育、学習支援業（4.8％）と続く。間接雇用であり、労働者派遣・請負事業を行っている事業所に就労している外国人労働者は、外国人労働者全体の21.2％を占めており、雇用の安定性を欠いている。

(2) 労働関連の法令

日本の主要な労働法には、外国人だけを対象とする特別な法律はないが、国籍や人種による差別を禁止する規定がある。労働基準法3条が「使用者は、労働者の国籍、信条又は社会的身分を理由として、賃金、労働時間その他の

---

9) Saul et al., 2014, 537.
10) 厚生労働省「外国人雇用状況」の届出状況まとめ（平成30年10月末現在）。特別永住者、在留資格が「外交」、「公用」の者を除く。なお、2018年6月末の在留外国人数は、263万7251人である。こちらは、3カ月以上の滞在を予定している者であり、在留資格が「短期滞在」、「外交」、「公用」の者を除いている。

労働条件について、差別的取扱をしてはならない」と定めている。労働者派遣法27条も「労働者派遣の役務の提供を受ける者は、派遣労働者の国籍、信条、性別、社会的身分、派遣労働者が労働組合の正当な行為をしたこと等を理由として、労働者派遣契約を解除してはならない」と規定する。また、職業安定法3条は「何人も、人種、国籍、信条、性別、社会的身分、門地、従前の職業、労働組合の組合員であること等を理由として、職業紹介、職業指導等について、差別的取扱を受けることがない」と定めている。さらに、労働組合法5条2項4号が「何人も、いかなる場合においても、人種、宗教、性別、門地又は身分によって組合員たる資格を奪われない」と規定している。

非正規滞在者（不法滞在者）・未登録就労者（不法就労者）に対しては、労働省労働基準局長、労働省職業安定局長の通達「外国人の不法就労等に係る対応について」では、「職業安定法、労働者派遣法、労働基準法等労働関係法令は、日本国内における労働であれば、日本人であると否とを問わず、また、不法就労であると否とを問わず適用される」との行政解釈を示している。[11] 労働安全衛生法、労働者災害補償保険法、最低賃金法等の労働保護法も、現実の雇用関係における労働者の保護を目的とする法令であるため、「不法就労者」にも適用される。労働組合法5条2項4号は「何人も、いかなる場合においても、人種、宗教、性別、門地又は身分によって組合員たる資格を奪われない」と定めており、「不法就労者」にも適用される。

ただし、外国人への職業安定法の適用はあるとはいえ、公共職業安定所では、求職の内容が法令に違反する場合は、申込みを受理しないことになっており（5条の5）、不法就労につながる職業紹介は行われない。雇用保険法も、明文上、不法就労者の除外規定はないが、不法就労者は労働の能力（4条3項）を適法に有するとはいえないので、失業と認定しえないとして、失業等給付の支給はなされていない。[12]

雇用対策法は、外国人の不法就労の防止を図り（4条3項）、雇用・離職に際し、厚生労働大臣に外国人の雇用状況を届け出る義務を課している（28条）。[13] 外国人指針[14]上、氏名や言語などから外国人であることが一般的に明ら

---

11) 1988（昭和63）年1月26日基発50号、職発31号。
12) 近藤編、2011、108頁（早川）。
13) 特別永住者等、同制度の対象ではない外国人もいる。なお、法務大臣から求めがあっ

かであるといった「通常の注意力をもって外国人であると判断できる場合」に、事業主は、外国人の氏名、在留資格、在留期間、生年月日、性別、国籍等を、旅券や外国人登録証明書（現行は在留カード）等で確認し、届け出る必要がある。なお、法務省は、「賃金の未払い」や「労働災害」などが認められる場合、救済措置がとられるように送還を見合わせる柔軟な対応をすると国会で答弁している[15]。

　実際の労働現場では、問題のある実務が少なくない。たとえば、在留期間を超過したオーバーステイのバングラデシュ人の男性の土木作業員（シンさん、36歳）が1カ月100時間以上の残業を続け、勤務中に心筋梗塞を起こした。会社が労働災害の手続に応じず、解雇を言い渡された。非正規滞在状態だったが、支援団体を通じて労働基準監督署に申告した。労基署はシンさんがノートに記していた出勤、帰宅時間を基に月100時間を超える残業があったと判断し、労働災害を認定している[16]。法務省が2017年に行った『外国人住民調査報告書』では、「外国人であることを理由に就職を断られた」人が25.0％、「同じ仕事をしているのに、賃金が日本人より低かった」が19.6％、「外国人であることを理由に、昇進できないという不利益を受けた」が17.1％、「勤務時間や休暇日数などの労働条件が日本人より悪かった」が12.8％となっている（28頁）。

（3）労働関連の判例

　労働基準法3条が労働条件の国籍差別を禁止し均等待遇を定めているものの、雇用に関する国籍差別は広く行われていた。ようやく1970年代に日立製作所就職差別事件では、在日朝鮮人であることを隠して応募した原告が内定を受け、入寮手続の際に在日朝鮮人であることを告げたとたんに内定を取り消されたが、在日朝鮮人ゆえの内定取消＝解雇は無効であり、「労働基準法3条に牴触し、公序に反するから、民法90条」の不法行為にあたり、

　　たときは、厚生労働大臣は同届出に係る情報を提供するものとされている（同29条）。
14）外国人労働者の雇用管理の改善等に関して事業主が適切に対処するための指針（厚生労働省告示第276号）。
15）参議院・労働委員会（1993年6月1日、法務省入管局警備課長答弁）。
16）近藤編、2015、54頁（奥貫）。

損害賠償を認めている。1979 年に国際人権規約を批准する以前の判例であり、民族差別違反の根拠規定が不明確な時期の画期的な判決であった。

また、外国人との契約だけが「期間の定めのある契約」であることは、外国人差別にあたるかという問題がある。東京国際学園事件では、高額の賃金を提供することで外国人教員を雇用するために導入した契約であるので、外国人契約の期間を定める部分が、憲法 14 条、労働基準法 3 条に反しないという。ただし、期間を 1 年と定める契約であっても、雇用関係の継続を期待することに合理性がある本件の場合の雇止めは解雇権の濫用にあたり、16 名中 14 名の解雇は無効とされた。ジャパンタイムズ事件も、外国人記者の期間の定めのある契約は、期間の点では日本人正社員と比べ不利であっても、職務の専門性および賃金面での優遇を理由に差別にあたらないとした。しかし、日本人労働者と明確に異なる処遇を設け、外国人はすべて有期雇用契約とすること自体が、「国籍」による差別的取扱いであり、社会権規約の趣旨に反する差別的取扱いとして違法とされよう。少なくとも、在留期間の制約のない永住者の場合は、パーマネントの契約が国民と同様に可能なはずである。

一方、在留期間の定めのある外国人の場合は、労働契約における期間の認定にあたって、入管法上の在留期間との関係で問題が生じうる。判例の中には、在留資格の許可日や在留期間を意識した判断をしているものがある。フィリップス・ジャパン事件は、アメリカ人英語教師が 4 回の更新後に雇止めされたことが問題となった事案である。裁判所は、在留期間が定められていること（およびフィリップス大学日本校の経営状況）を理由に、雇止めへの解雇権濫用法理の類推適用を認めなかった。これに対し、ユニスコープ事件では、入管手続き上の雇用契約書の記載は、形式的なものにすぎず、本件の契約は在留資格変更・在留期間更新が許可されない場合を解除条件とした

---

17) 日立製作所就職差別事件・横浜地判 1974（昭和 49）年 6 月 19 日判時 744 号 82 頁。
18) 東京国際学園事件・東京地判 2001（平成 13）年 3 月 15 日労働判例 818 号 55 頁。
19) ジャパンタイムズ事件・東京地判 2005（平成 17）年 3 月 29 日労働判例 897 号 81 頁。
20) 近藤編、2015、56 頁（奥貫）。
21) 近藤編、2011、106 頁（早川）。
22) フィリップス・ジャパン事件・大阪地決 1994（平成 6）年 8 月 23 日労働判例 668 号 42 頁。

期間の定めのない契約と認定した[23]。

　さらに、不法就労者の労働災害による損害賠償の逸失利益の算定は、日本基準か、出身国基準か、という問題もある[24]。最高裁は、改進社事件において、いわば折衷的な立場をとった。観光目的の在留資格で入国したパキスタン人の「不法就労者」が、労働災害にあい、使用者に対し安全配慮義務違反に基づく損害賠償を請求した事件である。一時的に日本に滞在する外国人については、「我が国での就労可能期間ないし滞在可能期間内は我が国での収入等を基礎とし、その後は想定される出国先（多くは母国）での収入等を基礎として逸失利益を算定する」。「不法残留外国人」は、入管法の退去強制の対象となり、「在留特別許可等によりその滞在および就労が合法的なものとなる具体的蓋然性が認められる場合はともかく、就労可能期間を長期にわたるものと認めることはできない」と判示した。そのうえで、本件では、「3年間」は日本における収入を、その後は来日前に出身国で得ていた収入を基礎として損害額を算定した[25]。

3　地方公務員管理職昇任差別事件

　公務員という職業を選択する自由については、「当然の法理」という不文の制約が課されてきた。最高裁は、新たに「想定の法理」とでも呼ぶべき憲法解釈を打ち出している。

　原告は、韓国籍の特別永住者である。1950年に日本で生まれ、1952年にサンフランシスコ平和条約後の法務府（現在の法務省）の通達により、日本国籍を喪失した。父が朝鮮人であり、日本人の母との間に生まれた原告は、当時の朝鮮戸籍に属すべき人とされた。韓国籍の原告は、高校卒業後に、1970年に准看護婦、1986年に看護婦、1988年に保健婦の資格を取得した。1988年に（1986年に門戸が開放された）保健婦（現行の保健師）として東京都職員に採用された。その後、上司の勧めもあり、1994年度・1995年度の課長級の職への管理職選考試験を受験しようとしたところ、日本国籍でない

---

23) ユニスコープ事件・東京地判1994（平成6）年3月11日労働判例666号61頁。
24) 近藤編、2011、109頁（早川）。
25) 改進社事件・最判1997（平成9）年1月28日判例時報1598号78頁。

ことを理由に受験を拒否された。そこで原告は、東京都に対し、受験資格の確認請求と損害賠償請求を訴えた。

1審の合憲判決は、確認の利益がないとして確認請求を却下した[26]。また、損害賠償について、外国人は、いわゆる当然の法理に基づいて「公権力の行使あるいは公の意思の形成に参画」することによって「直接的または間接的に我が国の統治作用にかかわる職務に従事する地方公務員」に就任することはできないとした。そして、許容されるのは「上司の命を受けて行う補佐的・補助的な事務、もっぱら専門分野の学術的・技術的な事務等に従事する地方公務員」に限られるとして請求を棄却した。ここでは、公務員を統治作用行使公務員と補佐的技術的公務員の2種類に分けて、国籍要件の可否が論じられている。

一方、2審の違憲判決は、公務員を統治作用直接行使公務員、統治作用間接行使公務員、補佐的技術的公務員の3種類に分けた[27]。統治作用間接行使公務員は、「職務の内容、権限と統治作用との関わり方及びその程度を個々、具体的に検討することによって、国民主権の原理に照らし」外国人の就任の可否を区別する必要がある。「管理職であっても、専ら専門的・技術的な分野」のスタッフ職は、「公権力を行使することなく、また、公の意思の形成に参画する蓋然性が少なく、地方公共団体の行う統治作用に関わる程度の弱い管理職も存在する」。したがって、管理職選考の受験から外国人を一律に排除することは、憲法22条1項の職業選択の自由と同14条1項の法の下の平等に反し、慰謝料20万円を認定した。これを不服とする東京都側は、最高裁に上告した。

最高裁は、1審判決のように公務員の2分法を採用しつつ、再び合憲判決を下し、その判決理由において想定の法理を打ち出した[28]。「地方公務員のうち、住民の権利義務を直接形成し、その範囲を確定するなどの公権力の行使に当たる行為を行い、若しくは普通地方公共団体の重要な施策に関する決定を行い、又はこれらに参画することを職務とするもの(以下「公権力行使等地方公務員」)」の職務の遂行は、住民の権利義務を定めるなど、住民の生活

---

26) 東京地判1996(平成8)年5月16日判時1566号23頁。
27) 東京高判1997(平成9)年11月26日判時1639号30頁。
28) 東京都管理職受験拒否事件・最大判2005(平成17)年1月26日民集59巻1号128頁。

に直接間接に重大なかかわりを有する。したがって、「国民主権の原理に基づき、国及び普通地方公共団体による統治の在り方については日本国の統治者としての国民が最終的な責任を負うべきものであること（憲法1条、15条1項参照）に照らし、原則として日本の国籍を有する者が公権力行使等地方公務員に就任することが想定されている」。「我が国以外の国家に帰属し、その国家との間でその国民としての権利義務を有する外国人が公権力行使等地方公務員に就任することは、本来我が国の法体系の想定するところではない」という。

しかし、ここには統治と行政とを区別していない問題がある。後述するドイツのように、統治と呼ぶべき高度な執行権が主権のレベルの問題であり、法律を執行する一般的な行政実務は主権のレベルの問題ではない。行政庁を補佐する公務員に対し、日本国籍の想定を法律の根拠なしに導く立論は、説得的ではなく、法治主義に反する。

また、最高裁は「普通地方公共団体が、公務員制度を構築するに当たって、公権力行使等地方公務員の職とこれに昇任するのに必要な職務経験を積むために経るべき職とを包含する一体的な管理職の任用制度を構築して人事の適正な運用を図ることも、その判断により行うことができる」という。そのうえで、「日本国民である職員に限って管理職に昇任することができることとする措置を執ることは、合理的な理由に基づいて日本国民である職員と在留外国人である職員とを区別する」ものであり、「労働基準法3条にも、憲法14条1項にも違反するものではない」と判示した（多数意見には、1人の補足意見、2人の意見、2人の反対意見が付されている）。

この最高裁判決は、管理職の任用制度を適正に運営するという行政の便宜が、憲法14条違反をしりぞける合理的な理由としている。しかし、この理由を敷衍する藤田裁判官の補足意見がいうような「全体としての人事の流動性を著しく損なう結果となる可能性」が、多くの管理職ポストを有する東京都にあって、現実味を持つ説得的な理由たりうるかは疑問である。むしろ、滝井裁判官の反対意見にあるように、国籍のみを理由として一切の管理職への昇任のみちを閉ざすことは、人事の適正な運用という「目的の正当性は是認しうるにしろ、それを達成する手段としては実質的関連性を欠き、合理的な理由に基づくものとはいえない」という違憲論の方が説得的と思われる。また、朝鮮戸籍という民族的出自に由来する特別永住者に対する不利益

取扱いは、自由権規約26条・2条、人種差別撤廃条約1条に照らし、ナショナル・オリジンによる差別にあたり、憲法14条1項後段の禁ずる「人種差別」の問題として厳格な審査に照らし違憲となる。東京都の上告理由では、公務就任権が外国人に保障されないことの例証として、自由権規約25条(c)が「自国の公務に携わること」を保障しているにとどまっていることなどを指摘する。たしかに、ここでの自国を国籍国と解し、自由権規約の権利主体が「すべての市民」とあることを根拠に、外国人の公務就任権の保障を否認する意見もあろう。しかし、この規定は、一定の外国人住民に対し公務就任権を認めることを禁止するものではないことも銘記しておく必要がある。そればかりか、同規約25条は、「第2条に規定するいかなる差別もなく、かつ不合理な制限なしに」と定められており、第2条所定の「人種、皮膚の色、性、言語、宗教、政治的意見その他の意見、国民的若しくは社会的出身、財産、出生又は他の地位等」による差別禁止を命じている。ここでは「国民的出身（national origin）」による差別が問題となる。被上告人は、父が朝鮮人であるというナショナル・オリジンゆえに、1952年の通達により、日本国籍を喪失している。

　人種差別撤廃委員会は、2004年の「市民でない者に対する差別に関する一般的勧告30」において「ナショナル・オリジン（national origin）」に基づく「市民権の剥奪が、国籍に対する権利の差別のない享有を確保するべき締約国の義務の違反であること」、「長期在住者または永住者に対する市民権の否認」が、「条約の非差別原則に違反する結果となる場合があること」を定めている。同委員会は、2018年に日本政府の定期報告書に対する総括所見において、「市民でない者に対する差別に関する一般的勧告30」に留意して、「日本に数世代にわたり居住する在日コリアン」が「公権力の行使または公の意思決定にたずさわることができる国家公務員として勤務することを認めるよう勧告」している。

---

29) 自由権規約26条・2条では、「国民的」出身、人種差別撤廃条約1条では「民族的」出身と訳される 'national' origin は、「国をつくって国民となることを意識した民族」の出身を意味するが、出身国差別や民族差別を含む概念であり、形式的な国籍差別よりも、特別永住者に対する差別理由の実質を示している。
30) 参照、Joseph and Castan, 2013, para. 22.04.
31) 人種差別撤廃委員会・一般的勧告30（2004年8月5日）14・15段落。

また、本判決は、2審判決とは違い、憲法22条1項の判断をしていない。金谷裁判官の意見にある「日本国民の公務員就任権については、憲法が当然の前提とする」のに対し、「憲法は、外国人に対しては、公務員就任権を保障するものではなく」、「立法府の裁量にゆだねている」ことを国民主権原理から導くことは、憲法の明文規定を無視するものである。泉裁判官の反対意見がいうように、「職業選択の自由は、単に経済活動の自由を意味するにとどまらず、職業を通じて自己の能力を発揮し、自己実現を図るという人格的側面を有している」こと、憲法8章は地方自治の担い手を「住民」と定め、「地方公共団体との結びつき」から「特別永住者は、その住所を有する地方公共団体の自治の担い手の一人である」こと、国民主権原理が制約根拠となりうるとしても「課長級の職には、自己統治の過程に密接に関係する職員以外の職員が相当数含まれていること」を考慮すれば、本件管理職選考の受験拒否は、法の下の平等と職業選択の自由に反する。これが、2審判決と同様の立場である。最高裁の多数意見が憲法22条1項の判断を回避することは不可解である。「何人も、……職業選択の自由を有する」と定めている憲法規定を無視して、「法体系」を語る本判決の姿勢は、立憲主義の基本に反する。

　公務員に関する当然の法理とは、1952年のサンフランシスコ平和条約により、旧植民地であった朝鮮半島および台湾に対する権利を日本が放棄したことを契機として、法務府（現在の法務省）の通達において、旧植民地の出身者およびその子孫の日本国籍を喪失されたことに伴い、在日コリアン・台湾人の公務員の身分の確保の問題が生じた。外国人の国家公務員について、1953年に内閣法制局が「公権力の行使または国家意思の形成への参画にたずさわる公務員となるためには日本国籍が必要」とする見解を示した。地方公務員については、1973年に自治省が「公権力の行使または地方公共団体の意思の形成への参画にたずさわる公務員となるためには日本国籍が必要」との見解を示した。しかし、当然の法理は、法律上の根拠があるわけではなく、その概念の曖昧さもあって、批判が強かった。

　最高裁判決の「想定の法理」は、「公の意思の形成への参画」という表現

---

32) 人種差別撤廃委員会・日本政府の定期報告書に対する総括所見（2018年9月26日）22段落。

が消えるなどの工夫がみられるものの、基準としての曖昧性において質的な差異に乏しい。一方、当然の法理とは違い、一定の職種の公務員への外国人の任用を「禁止」する内容を示していないので、ネガティブな言い回しとはいえ、「公権力行使等地方公務員」に外国籍の者が就任しうるかどうかは自治体の裁量的な施策に委ねられていると解する余地がある。

　地方公務員の国籍要件の緩和は、まず、1992年に大阪市、神戸市、川崎市、横浜市で、「国際」、「経営情報」等の専門事務職を新設し、外国人への門戸を開放した（1995年に最高裁が、定住外国人の地方選挙権事件において、「永住者等」に法律により、地方選挙権を認めることを憲法は禁止していないとの許容説の立場を打ち出した）。1996年に川崎市が消防職を除く全職種で、外国人に門戸を開放しつつ、専門スタッフの課長までの昇任は可能としながら、管理職には任用制限を課すことにした。その直後に、本件の1審合憲判決が下された。その後、1996年5月に川崎市が指定都市としてはじめて一般事務の公務員の国籍要件の撤廃を表明すると、同年11月に、白川自治大臣が、「公権力の行使または公の意思形成への参画」については、一律にその範囲を確定するのは困難であり、各地方自治体の判断によるとの談話を発表し、この白川談話以後、当然の法理の解釈権を自治体に認めることになった。たとえば、1997年には、神奈川県が、徴税などの一部の職場を除き門戸を開放し、決裁権のない部長までの任用が可能とされた。その後、1997年に本件の2審違憲判決が下された。管理職としては、東京都知事の権限に属する事務に係る事案の決定権限を有する職員（本庁の局長、部長および課長ならびに本庁以外の機関における上級の一定の職員）のほか、直接には事案の決定権限を有しないが、事案の決定過程に関与する職員（本庁の次長、技監、理事〔局長級〕、参事〔部長級〕、副参事〔課長級〕等および本庁以外の機関の一定の職員）があり、さらに、企画や専門分野の研究を行うなどの職務を行い、事案の決定権限を有せず、事案の決定過程にかかわる蓋然性も少ない管理職も若干存在していた。

　一方、1999年に、武生市（合併後は越前市）では、公権力の行使などは市長に権限があり、助役までの任用が可能とする市の研究会報告を受けて、「市民理解の熟度を考慮しながら、住民自治の本旨を踏まえ、任命権者（市長）が個々に判断する」という新方針を打ち出した。2002年には、すべての指定都市が国籍条項を撤廃することになった。こうした中で、2005年に

本件の最高裁合憲判決が下されることになった。このため、地方公務員への門戸開放の動きは、収束した。しかし、2016年の共同通信によるアンケート調査では、277市町村が、また指定都市の相模原市も、管理職への任用制限なしに門戸を開放している。

　また、調停委員、司法委員、参与員についての不文の国籍要件も問題である[33]。いずれも、非常勤の公務員（裁判所職員）であるが、公権力を行使して決定する職務ではない。多文化共生時代には、異文化対応力を備えた人材を適材適所に登用する必要性が大きい。人種差別撤廃委員会は、日本政府の定期報告書に対し、「市民でない者に対する差別に関する一般的勧告30（2004年）を想起し、委員会は、締約国に対し、能力を有する外国人が家庭裁判所における調停委員として行動することを認めるように、その立場を見直すこと」を勧告する[34]。委員会はまた、「市民でない者、特に外国人長期在留者およびその子孫に対して、公権力の行使または公の意思決定にたずさわる公務への就任を認めること」を勧告する[35]。

　さらに、政府は全国に5000人超存在する外国人の自治体職員の在留資格について、複数の職種に就くことを包括的に認める仕組みを2019年4月から導入する方針であるという[36]。永住者などの活動に制限のない資格なら問題はないが、「技術・人文知識・国際業務」や「教育」などの在留資格で働いている自治体職員が別の部署の仕事をすると、在留活動の制限に反する問題を解消するためには、外国人職員向けに複数の活動を許可することは必要であろう。

---

33) 日本弁護士連合会「外国籍調停委員・司法委員の採用を求める意見書」（2009年3月18日）、同「外国籍だと調停委員（司法委員・参与員）になれないの？」（2015年2月25日）。裁判所において当事者双方の話合いの中で合意をあっせんして紛争の解決にあたる調停委員、簡易裁判所での和解や審理に立ち会い裁判官に参考意見を述べる司法委員、家庭裁判所での離婚訴訟の尋問や和解などに立ち会い裁判官に参考意見を述べる参与員は、弁護士、医師、大学教授、公認会計士、不動産鑑定士、建築士などの専門家のほか、地域社会に密着して幅広く活動してきた人など、社会の各分野から選ばれる。
34) 人種差別撤廃委員会（2014年9月26日）13段落。
35) 人種差別撤廃委員会（2018年9月26日）34段落。
36) 日本経済新聞（2018年7月18日）。

4 諸外国における公務就任権

(1) ドイツ

　憲法の国民主権原理は、外国人の公務就任権を一般に禁じるものではない。国民主権原理は、国家機関の監督者がドイツ人であることを要求するにすぎず[37]、行政においては、国民意思の形成ではなく、その実施が重要だと考えられている[38]。したがって、憲法上、公務就任権に関する国籍要件を導くことはできない。法律上、官吏への外国人の任用が原則として禁じられているにすぎなかった[39]。しかし、EU創設後、改正連邦官吏法は、原則としてEU市民も官吏に任用されうるとして、原則と例外を逆転させた[40]。今日、EU市民の軍隊への登用も検討している[41]。なお、第2次世界大戦時にドイツに併合されたオーストリア人が独立後もドイツに住み続ける場合は、事実上の国籍選択権を認められた[42]。

　ドイツの事例における日本への示唆は、①国民主権原理が公務就任権の制約根拠になるものではなく、制約には法律上の根拠が必要である。②日本の特別永住者のように、国籍選択権を認められず、生来取得していた日本国籍を、自己の意思によらず喪失し、日本に住み続けながら不利益を被ることとの合理性は疑わしい。

---

37) Schwerdtfeger, 1980, 71-73.
38) Isensee, 1994, 1546.
39) Magiera and Siedentopf (eds.), 1994, 191 (D. Merten).
40) 1985年の連邦官吏法7条1項が「官吏関係においては、次の者だけが任用されうる。1 憲法116条の意味でのドイツ人」とし、同2項が「連邦内務大臣は、官吏の採用に際して、やむを得ない職務上の必要がある場合には、1項の例外を認めることができる」と定めていた。やむを得ない職業上の必要性に伴う外国人の官吏任用例として、学術、芸術、経済の高度な専門家の場合があった（Monhemius, 1995, 22）。1993年に改正された同法7条1項では「官吏関係においては、次の者だけが任用されうる。1 憲法116条の意味でのドイツ人、または他のEC加盟国の国籍保有者」とし、同2項が「任務上、必要ならば、憲法116条の意味でのドイツ人のみが官吏関係において任用される」と定める。
41) すでに、ベルギー、デンマーク、ルクセンブルク、アイルランドでは、EU市民の軍隊への登用を認めており、イギリス軍は英連邦市民、スペイン軍は旧植民地出身者、アメリカ軍は永住者の登用を認めている。
42) 大沼、2004、144頁。

(2) フランス

　憲法上、公務就任の基本条件を規律する権限は、立法者に与えられている。そこで、法律により外国人の公務就任を認めることを憲法院は、合憲としている[43]。しかし、EU創設に際して、法律を改正し、主権の行使や、公権力の行使への直接ないし間接的な参加の場合を除き、EU市民に官吏への門戸を開いた[44]。教育・通信・社会保障などは開かれ、軍隊・警察・司法・中央行政・外交などが国民に限られている[45]。ただし、外国人部隊（Légion étrangère）は、伝統的に有名である。

　したがって、①国民主権原理が公務就任権の制約根拠になるものではなく、法律の根拠が必要である。②法律上、主権の行使や公権力の行使が制約基準とされているが、日本のように「公の意思の形成」という制約基準はみられない。③旧植民地出身者が、フランス本国に住み続ける場合、一般にフランス国籍の保持が認められるため[46]、日本の特別永住者のような場合、公務就任権が否認されることはない。

(3) イギリス

　旧植民地出身者である英連邦諸国とアイルランド国民には以前から多くの門戸が開かれていた。1991年からは、EU市民にも、内閣府、国防省、外務省を除いて、門戸を開いた[47]。1997年のEC（公務員における雇用）令2条6項・7項・8項によれば、国籍要件が必要な職は、公安、外交、防衛、公安情報にアクセスする職、国家安全保障上の利益を害するおそれのある情報に

---

43) 91-293 DC (1991).
44) 2005年の法律上、「主権の行使と切り離すことができない、または国もしくはその他の公共団体における公権力の行使への直接ないしは間接的参加を含む」職でなければ、EU市民・EEA市民は公務員に就任できる。2002年1月31日のコンセイユ・デタの意見によれば、防衛、予算、経済、財務、法務、内務、警察、外交分野は、主権を示し、外国人には制限され、法規の起草、法的拘束力のある決定、その履行の監督、その違反への制裁、拘束や後見を含みうる施策の実施の要素を含む活動への参加は、公権力の行使への直接または間接的な参加への十分条件ではないが必要条件である（Ziller, 2010, 64）。
45) Magiera and Siedentopf (eds.), 1994, 261, (C. Autexier).
46) 大沼、2004、126頁。
47) Magiera and Siedentopf (eds.), 1994, 370 (N. Johnson).

アクセスする職、国益と市民の安全を害するおそれのある情報にアクセスする職、入管職員である。およそ95%の公務員職は、国籍要件がない[48]。

したがって、①外国人に対し、就任を認めない公職は、法律に明示することが法の支配（法治主義）の実現にとっては重要である。②旧植民地出身者は、国民と同じ公務就任権が認められている。

（4）オランダ

国民の平等な公務就任権を定める憲法3条は、国籍要件を意味せず、同1条のすべての人の平等条項から、公務員法125e条により、一定の「機密にかかわる職務」を除いて外国人にも門戸を開いている。国籍要件があるのは、国会議員、全権公使、県議会議員、国王顧問、市長、司法官、国務院職員、会計検査院職員書記官、オンブズマン警察官、軍人、諜報勤務者などにすぎない[49]。1989年に「機密にかかわる職務」として国会が国籍要件を課した4万の職務は、全公務員の5%にしかすぎなかった[50]。オランダに居住し続ける旧植民地出身者は、一般に、オランダ国籍を取得し、将来の独立国を夢見たモルッカ人は無国籍者の外国人としてオランダで生活することを選択した。1976年のモルッカ人の地位に関する法律以後、オランダ国籍を持たなくても、軍隊への参加と州議会・国会の参政権を除き、オランダ国民と対等に処遇されている[51]。

したがって、①公務員の国籍要件を設けるならば、法律で定める必要がある。②公権力の行使や公の意思の形成という抽象的な制約基準ではなく、機密にかかわるというような具体的な制約基準が根拠とされるべきである。③一般に、管理職を含む地方公務員への門戸を外国人に閉ざすことは、法の下の平等に反する。④旧植民地出身者は国籍の選択を認められ、オランダ国籍がなくても公務員への任用は認められる。

---

48) Ziller, 2010, 163.
49) Magiera and Siedentopf (eds.), 1994, 670-671 (H. Helsen); Beenen, 2001, 175-176.
50) Davy et al., 2000, 339 (K. Groenendijk and P. Minderhoud).
51) Smeets and Veenman, 2000, 62.

(5) スウェーデン

　公務就任に関して外国人と国民の原則的平等を念頭に置くところから憲法は出発した[52]。実際には、国籍要件を課す公職もあるが、その条件についてはできるだけ法律に明示し、法治主義を徹底させている[53]。2010 年に改正された現行憲法では、公務就任権の国籍要件に関する一般規定をなくした。個別に、11 章 11 条では、「正規の裁判官は、スウェーデン市民でなければならない。その他、司法の任務を遂行する権限のためのスウェーデン国籍の要求については、法律により、又は法律に定める条件に従ってのみ定められる」とある[54]。また、12 章 6 条では、「国会オンブズマンおよび会計検査官は、スウェーデン市民でなければならない。法務長官についても同様とする。その他、国家公務員職に就任する資格もしくは国またはコミューンにおいて任務を遂行する資格のためのスウェーデン国籍の要求は、法律または法律に定める条件に基づいてのみ、規定することができる」とある。このほか、国会議員、国家元首、大臣も、憲法が国籍要件を定めている点は、以前と同じである。憲法規定を受けて、国籍要件について規律するのは、1994 年の公務員採用に関する法律であり、2005 年に改正された 5 条によれば、検察官、警察官、軍人はスウェーデン国籍が必要である。1999 年に改正された 6 条によれば、「1. 内閣官房または外務省の職員、2. 権力の行使、または外国もしくは国際機関と交渉する職、3. 国家の安全や他の重要な一般ないし個別の

---

[52] Prop., 1973: 90, 406.
[53] 1974 年のスウェーデン憲法 11 章 9 条 3 文では、「スウェーデン国籍を持っている者だけが保持し、遂行できるのは、裁判官、内閣直轄の行政官、国会ないしは内閣直轄機関の長またはその機関の委員や理事、大臣の管轄する内閣官房職員、外国派遣使節の公職である。それ以外の場合にも、スウェーデン国籍を持っている者だけが、国会での選挙によって任命される公職を保持することができる。その他の場合、スウェーデン国籍は、法律または法律に定められた条件に基づくときにのみ、国または自治体の公職を保持し、遂行するために要求することができる」と定めていた。内閣直轄の行政官とは、検事総長、検事、最高司令官や防衛各部門の長といった独任の行政機関である。また、国会ないしは内閣直轄機関の長またはその機関の委員や理事として、国会が選ぶ国立銀行の 6 人の理事と政府が任命する理事長がいる。さらに、国会での選挙によって任命される公職として、国会オンブズマン、選挙審査委員会の委員、議員事務総長などがあった（Holmberg and Stjernquist, 1980, 388）。
[54] 参審員もスウェーデン市民でなければならない。4 kap. 6 § Rättegångsbalk (1942: 740).

経済的利益のための要件と思われる場合」に、政府は国籍要件を定めることができる[55]。しかし、地方公務員については、例外なく、外国人に公務就任が認められる[56]。国家公務員のおよそ20〜25%（4〜5万の職）は、国民のみが就任可能と推計されている[57]。

したがって、①外国人に公務員への門戸を閉ざす場合は、憲法および法律に基づいて規律することが、立憲主義および法治主義の要請と考えられている。②国の安全などにかかわる特別な場合にのみ、国家公務員の国籍要件は正当化される。③憲法の国民主権原理の規定は、なんら外国人の地方公務員の任用の障害にならない。

(6) フィンランド

当初の国籍要件が原則の時代から、国籍要件が例外の時代へと移行した。1989年以前のフィンランド憲法84条は「本条に特別の定めがある場合を除き、フィンランド国民のみが公職に任命される。技術的性質の職、大学または類似の教育施設における教員、学校における外国語教員、公の機関における翻訳者、名誉領事、公領事館における書記補助者、およびその他の臨時職には、フィンランド国民以外の者が就任できる」と定めていた。

しかし、1989年に改正されたフィンランド憲法84条では「フィンランド国民だけが任命されるのは、法務大臣、法務副大臣、裁判官、軍司令官、フィンランド銀行理事、議会オンブズマンまたは副議会オンブズマンである。フィンランド国民だけが任命されるその他の公務員は、法律または法律の委任する規定により、決定される」とある。そして、現行の1999年憲法125条1項では「特定の公職または公的任務には、フィンランド国民のみが任命されることができる旨を法律で定めることができる」と定めている[58]。国籍要件が課された公職は、公務員法7条によれば[59]、「1) 法務大臣、法務副大臣、法務省事務次官、法務省参事官、2) 事務次官、官房長など、各

---

55) LOA (Lag om offentlig anställning) I 5 and 6, in: SFS (Svensk författningssamling): 1994: 260.
56) SOU, 1999: 34, 120.
57) Ziller, 2010, 157.
58) 参審員は、フィンランド市民でなければならない。
59) Section 6 of Statstjänstemannalag of 1994 (281/2000).

省の局長レベル以上の公務員、3）外務省職員、4）裁判官、5）（大学の学長を除く）独立行政法人の長、6）自治省の県知事、7）検察官、執行官、8）警察官、9）刑務所の理事、10）防衛省職員、11）公安職員、12）税関職員、入管職員、13）空港職員の長、14）海上保安庁長官」などわずかである。

また、外国人もフィンランド国民と同様に地方公務員になることができる。

(7) アメリカ

州の公務員について、連邦最高裁判所は、外国人を排除する州法を平等保護条項違反としたが、いわゆる「政治的機能」の例外の場合は、国籍要件が認められる[60]。そこで、警察官や保護監察官の場合に[62]、国籍要件が認められた[61]。また、ハワイのように、ハワイとアメリカの「安全を計画・執行する職務」以外の公務員には、永住者等の就労制限のない外国人にも、採用の門戸を開いている州もある[63]。一方、連邦の公務員の場合、1976年の行政命令により、競争試験による公務員は、原則として外国人は排除されるが、適任者がいない場合、郵便や弁護士などの職務の場合、上級行政職の場合の外国人の採用を例外的に認めている[64]。なお、かつてのドイツやフランスにみられたような「官吏」などの「一定の魅力的な安定した職へのアクセスを独占したいという意図」により、国籍要件を課すことは、不公正であるとアメリカでは考えられている[65]。また、アメリカのように純粋な生地主義により国籍を取得する国では、日本生まれの者は、国民として公務就任権を有する。

したがって、①州の公務員を国レベルではなく、地方レベルの公務員に位

---

60) すなわち「政治共同体の基本コンセプトを維持する目的」で「代表政の核心に及ぶ作用を行う広範な公共政策の形成・執行・審査に直接にたずさわる立法・行政・司法の選挙で選ばれた州の公務員や任命による要職」の場合。

61) 競争試験による公務員について、Sugarman v. Dougall 413 US 634, 647 [1973]; 公証人について、Bernal v. Fainter 467 US 216, 222 [1984].

62) Foley v. Connelie 435 US 291, 295 [1978]; Cabell v. Chavez-Salido 454 US 432, 445 [1982].

63) §3-4 of Chapter 3-1 of Rules of the Director of Human Resources in the State of Hawaii in http://www.co.honolulu.hi.us/hr/rules/chapter3.htm#3-4.

64) The United States Office of Management, 'Employment of Noncitizens' (https://www.usajobs.gov/Help/working-in-government/non-citizens/, 2019年2月12日閲覧).

65) Brubaker, 1989, 152-153.

置づけたとしても、地方公務員の国籍要件は、広くは「政治的機能」の基準、狭くは「安全」の基準により、例外的に認められるにすぎない。②国籍差別といわれないためには、「公務員の管理職」におけるその職種内容と制約根拠との密接な関連性を説明する必要がある。③この国で生まれ、育った永住者を一定の公務員の職から排除することの実質的な正当性は疑問である。

(8) カナダ

　連邦レベルに関する公務員雇用法は、国民に優先権を認め、一定の競争試験を国民に制限する。この合憲性に関し、連邦裁判所は、1982年憲法の法の下の平等に反するという訴えに対し、同1条の「法律によって定められた合理的制限の枠内」として正当化できると判示した。[66]しかし、イギリス臣民のステイタスを持つ場合は、連邦の上院議員にもなれる。一方、州の公務員に関しては、国民と永住者との間の差別は原則としてなく、たとえば、ブリティッシュ・コロンビア州の公務員法では、能力が唯一の採用基準とされる。[67][68]

　したがって、①州の公務員を国レベルの公務員、地方レベルの公務員のいずれにみなすかによるが、少なくとも、地方公務員の国籍要件を課すのではなく、能力主義で選ばれる。②この国で生まれ、育った永住者を一定の公務員職から排除する正当性は疑問である。

(9) オーストラリア

　ヴィクトリア州の公務管理法は、永住者に公務就任権を認めているように、[69]一般に、地方公務員の採用において国籍は障害とはならない。[70]なお、国民または永住者の子どもの生地主義による国籍取得を定めているので、国民または永住者の子として、この国で生まれ、育った者は、公務就任権を有している。

　したがって、①少なくとも、地方公務員の国籍要件を課すのではなく、能

---

66) Lavoie v. Canada, 1 S.C.R. 769 [2002].
67) Kondo (ed.), 2001, 190 (D. Galloway).
68) Public Service Act, R.S.B.C. 1996, c. 385.
69) Rubenstein, 1995, 514.
70) Kondo (ed.), 2001, 152 (S. Castles and G. Zappalà).

力主義で選ぶことができる。②この国で生まれ、育った永住者を公務員職から排除する正当性は疑問である。

(10) ニュージーランド

　今日、最も門戸を開放している。国籍要件の課される公職は、国会議員と公安職員だけである。たとえば、事務次官に国民以外を任命した実例もある[71]。もちろん、地方公務員には国籍要件はない[72]。また、ニュージーランドのように生地主義により国籍を取得する国では、この国で生まれ、育った永住者は、国民として公務就任権を有している。

　したがって、①国家公務員の管理職であっても、国の安全に直接かかわる職でなければ、外国人の就任は可能である。②地方公務員の場合は、国籍要件は不要である。③この国で生まれ、育った永住者を公務員の職から排除する正当性は疑問である。

■ 5　法の支配の不徹底

　日本国憲法の基本原理は、国民主権、基本的人権の尊重、平和主義といわれる。国際協調主義もこれに加える場合がある。諸外国の憲法の基本原理としては、法の支配（ないし法治主義）が掲げられることが多い。基本的人権の尊重ということには、法の支配（法治主義）を含むものであり、裁判所が人権を保障し、立法の制約を比例原則に照らして判断することが必要である。憲法22条1項の「職業選択の自由」という人権規定の解釈も示さずに、制約を合憲とする最高裁や、法律の根拠もなしに「当然の法理」として制約する行政府によって、法の支配（法治主義）、ひいては基本的人権の尊重がおざなりにされている。

---

71) 日本経済新聞（1996年5月27日）。
72) Kondo (ed.), 2001, 171 (P. Spoonley).

第7章

社会保障の権利

1 社会保障の権利と十分な生活水準についての権利

　日本が1979年に批准した社会権規約9条は、「社会保険その他の社会保障についてのすべての者の権利」を定めている。社会保障とは何か。ここでの社会保障という言葉は、各国の社会保障制度のあり方の違いを反映して多様に理解されうる。そこで、保険料を拠出する拠出制の「社会保険」も含むという用語が付加された。もちろん、無拠出制で税金を財源とする生活保護のような「公的扶助」も含まれる[1]。

　社会権規約委員会によれば、移住労働者を含め、外国人が、拠出した場合、その国を離れたとしても、給付を受けたり、拠出金を取り戻したりすることが認められるべきである。さらに、外国人は、所得補助、医療、家族支援へのアクセスが可能な無拠出制の社会保障制度への加入も認められる必要がある。受給期間も含め、いかなる制約も比例的かつ合理的でなければならない。国籍や在留資格にかかわらず、すべての人は、1次ないし緊急医療を受ける権利を有する[2]。

　一方、同11条が「すべての者」の「自己とその家族のための十分な衣食

---

[1] 宮崎編、1996、60-61頁（神尾）。社会権規約委員会・一般的意見19（2007年11月23日）4段落によれば、拠出制・保険ベースの制度、無拠出制・普遍主義的制度、民間・自治体・互助会ベースの自助的な制度の3通りのものが含まれる。
[2] 社会権規約委員会・一般的意見19（2007年11月23日）36-37段落。

住を含む十分な生活水準についての権利」と「飢餓から免れる基本的な権利」を特別に保障している。すべての人が飢餓から免れ、できる限り早く十分な食料に対する権利の享受を確保すべく、あらゆる必要な措置をとることは、締約国の義務である。

他方、社会権規約は、経済的権利に関し、外国人に対する保障を自国民と区別することが認められている。同 2 条 3 項により、「開発途上にある国」は、「経済的権利をどの程度まで外国人に保障するかを決定することができる」。しかし、社会的権利および文化的権利に関しては、内外人の区別をしておらず、社会保障は、社会的権利である。

また、同 2 条 1 項が「締約国は、立法措置その他のすべての適当な方法によりこの規約において認められる権利の完全な実現を漸進的に達成するため、自国における利用可能な手段を最大限に用いる」と定めている。したがって、権利実現の時間的な幅では柔軟性が持たされている。もっとも、「漸進的に」達成するとは、権利の実現を徐々に進歩させることを意味し、単なる努力義務とは異なる。この義務の履行状況は、国内的に、また社会権規約委員会による報告審査の場で継続的にチェックされなければならない。権利を認め、その実現のための措置をとる義務を負った以上は、なんらの措置もとらないことはこの義務に反する。また、権利の実現を意図的に後退させる措置も、規約の趣旨に反する（後退禁止原則）。さらに、同 2 条 2 項は、「いかなる差別もなしに行使されることを保障すること」を義務づけている。

日本国憲法 25 条 1 項も、「すべて国民は、健康で文化的な最低限度の生活を営む権利を有する」と規定する。また、同 2 項が「国は、すべての生活部面について、社会福祉、社会保障及び公衆衛生の向上及び増進に努めなければならない」と定めている。憲法 25 条の規定の解釈については、法的権利性と裁判規範性において、学説は分かれている。

第 1 のプログラム規定説では、この規定は、立法の指針としてのプログラムであり、国に対する政治的義務にすぎない。この場合は、法的権利性も

---

3) 社会権規約委員会・一般的意見 12（1999 年 5 月 12 日）21 段落。
4) 申、2016、296 頁。
5) 申、2016、324 頁。

裁判規範性もない。しかし、プログラム規定説は、一般に批判されている。とりわけ、25条1項が「権利」として保障しているものを、政策的な意味としてのみ解するのは、恣意的である。

第2の抽象的権利説が多数説である。この規定は、立法その他の措置を要求する権利であり、国に立法・予算を通じて生存権を実現すべき法的義務がある。たしかに「健康で文化的な最低限度の生活」の概念は、抽象的な内容である。しかし、生活保護法のように、この規定を具体化する法律の存在を前提として、違憲審査が可能となる。もっとも、この場合は、憲法25条1項を根拠として、国の不作為の違憲性を裁判で争うことは認められない[6]。

■ 2　社会保障に関する法

社会的権利の分野の諸法のうち、1922年に制定された健康保険法、1947年に制定された失業保険法（1974年からは雇用保険法）、1954年に制定された厚生年金法などの雇用関係を前提とした制度は、当初から、国籍に関係なく適用されてきた。

一方、1938年に制定された（旧）国民健康保険法は、1958年から国民皆保険の理念に基づき、（健康保険法による被用者保険でカバーされない）農林漁業者、自営業者、自由業者を対象とし、疾病・負傷・出産・死亡の際に必要な保険制度を定めている。国籍要件は明示されていなかったが、運用上、国民に限定された。また、1959年に制定された（旧）国民年金法は、国民皆年金の理念に基づき、（厚生年金法による被用者年金でカバーされない）農林漁業者、自営業者、自由業者を対象とする年金制度を規律している。国民年金や国民健康保険という名称通り、かつては国籍要件があり、外国人の加入は認められなかった。

他方、1946年に制定された（旧）生活保護法は、生活の保護を要する者の生活を国が差別なく平等に保護することを掲げ（1条）、実務上も、外国人に適用されていた。これに対し、1950年制定の現行の生活保護法は、生活

---

6) 第3の具体的権利説では、立法府を拘束する具体的な権利であり、この規定を根拠に、直接、国の不作為の違憲審査が可能となるという。さらに、近年の具体的権利説は、給付請求権として主張されている（棟居、1995、163頁）。

に困窮するすべての「国民」に保護を行うと規定する（1条）。これは、外国人をその適用から除外する意図で規定したものであった。一方で、厚生省は1954年の通知で、外国人は同法の対象ではないが、困窮する外国人に対し、国民に準じて必要と認める保護を行いうるとした。このため、外国人であっても個別に必要と判断された場合に生活保護が適用されてきた。

その後、人権条約が日本の社会保障制度における国籍要件の撤廃に寄与した。日本では、批准した条約は国内的効力を有し、法律に優位する。したがって、人権条約に反する国内法の規定は改廃されなければならない。また、国内法の解釈・適用も、人権条約に合致する必要がある。1979年の社会権規約の批准により、公営住宅法、住宅金融公庫法、日本住宅公団法、地方住宅供給公社法の4つの住宅関連法の国籍要件が、解釈変更によって撤廃された。なぜならば、社会権規約が「すべての者」の権利を認め差別を禁じているからである。

ついで、1981年に難民条約に加入したことにより、外国人を排除していた国民健康法の施行規則が見直され、国民年金法、児童手当法、児童扶養手当法、特別児童扶養手当法の国籍条項が撤廃された。難民条約24条は、合法的に滞在する難民に対し、「社会保障（業務災害、職業病、母性、疾病、廃疾、老齢、死亡、失業、家族的責任その他）に関して「自国民に与える待遇と同一の待遇を与える」と定めている。新たに滞在が認められる難民に国民と同じ社会保障を認めるならば、すでに長く滞在している外国人にも同様の社会保障を認めるべきとの考えが採用された。

ところが、生活保護法は、1981年の難民条約の加入に際しても、厚生省の通知によりすでに準用されているから、改正不要とされ、法文上の「国民」の要件が残った。また、その後1990年に、厚生省は生活保護指導監督

---

7) 高藤、2001、101-102頁。
8) 1954年5月8日社発382号。
9) 旧国民健康法施行規則1条2号は、旧国民健康法6条8号の「その他特別の理由がある者で厚生省令で定めるもの」としての適用除外の規定を受けて、「日本国籍を有しない者」は、原則として除外されたが、難民条約・難民議定書を受けて、削除された。
10) 従来は母子世帯であったが、2010年からは父子世帯も含む1人親世帯などの子どもの扶養のための手当。
11) 障碍を持つ子どもの扶養のための手当。

職員ブロック会議において、外国人に対する生活保護措置は入管法別表第2に記載の永住者等に限るという口頭指示を行った。したがって、生活保護法の準用対象者は、限定されることになった。

3　年金・恩給等

塩見訴訟が、外国人の生存権に関するリーディング・ケースである。塩見さんは、1934年に「帝国臣民」として生まれ、2歳のときに麻疹が原因で失明した。1952年に法務府（現行の法務省）の通達により「外国人」とされた。1970年に帰化により日本国籍を取得し、1972年に障害福祉年金（現行の障害基礎年金）を請求した。しかし、（旧）国民年金法には国籍要件があり、同法により廃疾認定（現行の障害認定）日として定められた（同法制定日の）1959年11月1日に韓国籍であったため、受給資格を認められなかった。

最高裁によれば、以下の理由で請求は棄却された。

1）憲法25条の規定の趣旨を法律に具体化するにあたっては、国の財政事情を無視することができず、「立法府の広い裁量」に委ねられている。「著しく合理性を欠き明らかに裁量の逸脱・濫用と見ざるをえないような場合を除き、裁判所が審査判断するに適しない」。

2）障害福祉年金は、「全額国庫負担の無拠出制の年金」である。

3）「社会保障上の施策において在留外国人をどのように処遇するかについては、国は、特別の条約の存しない限り、当該外国人の属する国との外交関係、変動する国際情勢、国内の政治・経済・社会的諸事情等に照らしながら、その政治的判断によりこれを決定することができる」。「限られた財源の下で福祉的給付を行うに当たり、自国民を在留外国人より優先的に扱うことも、許される」。

4）立法裁量に属する事項であり、先例に照らし[12]、憲法25条に反するものではない。

5）その合理性を否定することができず、憲法14条1項に違反するものでもない。

---

12) 堀木訴訟・最大判1982（昭和57）年7月7日民集36巻7号1235頁、マクリーン事件・最大判1978（昭和53）年10月4日民集32巻7号1223頁。

6) 社会権規約9条は「権利の実現に向けて積極的に社会保障政策を推進すべき政治的責任を負うことを宣明したものであって、個人に対し即時に具体的権利を付与すべきことを定めたものではない」。このことは、同規約2条1項が「権利の完全な実現を漸進的に達成する」ことを求めていることからも明らかである。したがって、同規約は国籍条項を排斥する趣旨ではなく、国籍条項は、条約の誠実な遵守を定めた憲法98条2項に反しない[13]。

しかし、社会権規約は個人の権利を認め、その実現に向けて締約国に法的義務を課した条約であって、単なる政治的プログラムではない。憲法25条の生存権もそれが侵害される局面においては司法審査に服しうることが学説・判例で認められている[14]。社会権規約上の権利も、明文で「権利」と認められている以上、権利の侵害の有無を司法が判断する余地は当然にある。したがって、国籍条項を原告に適用することの不合理性を、社会権規約9条および、差別を禁じた同2条2項に照らして判断することができたはずである[15]。

外国人無年金高齢者訴訟でも、裁判所はいずれも、国籍要件を撤廃した[16] 1982年の改正法施行時に35歳以上の外国人は、(60歳までに25年の保険料納付済期間を満たさず、1985年の改正国民年金法においても加入できない60歳以上であったために)65歳からの老齢基礎年金も、70歳からの老齢福祉年金も受給できないことを合憲としている。(1985年の法改正で老齢基礎年金につき要件が緩和され、旧法の国籍条項により被保険者とならなかった期間がカラ期間として支給要件期間に算入された際も)1986年の(新)国民年金法施行時に[17]

---

13) 塩見訴訟・最判1989（平成元）年3月2日判時1363号68頁。
14) 戸波、2005、70頁。判例も、朝日訴訟・最大判1967（昭和42）年5月24日民集21巻5号1043頁。
15) 高藤、2001、185頁；近藤編、2015、65-67頁（申）。
16) 老齢年金については、大阪地判2005（平成17）年5月25日判時1898号75頁、大阪高判2006（平成18）年11月15日 LEX/DB25450330、最判2009（平成21）年2月3日（判例集未登載）、福岡地判2010（平成22）年9月8日判時2138号63頁、福岡高判2011（平成23）年10月17日判時2138号63頁、最判2014（平成26）年2月6日（判例集未登載）。
17) 被用者年金（厚生年金保険か共済組合）に加入している人も国民年金に加入することとされ、年金が基礎年金と上乗せ部分の2階建て構造になった。障害福祉年金、老齢福祉年金、母子福祉年金はそれぞれ障害基礎年金、老齢基礎年金、遺族基礎年金となり、また財源は、無拠出制から、国民年金加入者からの負担も含めたものになった。

60歳以上の者（1926年4月1日以前に生まれた者）は再び除外された。このため、在日外国人高齢者の中には、無年金の人が相当数存在する。1959年の制度発足時には、すでに老齢・障害・生計維持者の死亡が生じていた者のために無拠出制（全額国庫負担）の福祉年金が創設された。また小笠原返還（1968年）・沖縄返還（1972年）・中国在留邦人の帰国（1994年）・北朝鮮拉致被害者の帰国（2002年）時などには、無年金者が生じないよう救済措置が講じられた。相応の工夫をすることは可能なはずである。外国人に対する差別的取扱いは、立法裁量の逸脱・濫用といえよう。

しかし、福岡高裁が国家賠償請求をしりぞけた理由は[18]、つぎの点である。

1）憲法25条の規定に応じた立法の具体化は、立法府の広い裁量に委ねられている[19]。

2）社会保障において、国は自国民を在留外国人より優先的に扱うことも許される[20]。

3）平和条約の発効による「朝鮮に属すべき人」の国籍喪失[21]は、合理的根拠を欠くものではなく、憲法14条1項に反しない。

4）「漸進的に」と定める社会権規約2条1項などに照らし、同9条は、政治的責任の宣明であって、即時に具体的権利を付与すべきことを定めたものではない[22]。

5）予算上の制約、経済・社会・国際状況等による立法府の裁量があり、合理的理由のない不当な差別かどうかの観点から判断して、自由権規約26条に反しないという。

ただし、大阪地裁は、4）について、「すでに立法された場合には、社会保障を受ける権利において差別を禁止する同規約2条2項は、自由権規約26条と同趣旨にあるものとして、裁判規範性を認めることができる」とした[23]。

18）福岡高判 2011（平成 23）年 10月 17日判時 2138号 63頁。
19）堀木訴訟・最大判 1982（昭和 57）年 7月 7日民集 36巻 7号 1235頁、塩見訴訟・最判 1989（平成元）年 3月 2日判時 1363号 68頁。
20）在日コリアン恩給訴訟・最判 2002（平成 14）年 7月 18日判時 1799号 96頁を引き、社会保障における自国民優先論の根拠を国の財政事情のほかに、国内外の情勢に基づく政治判断に求めている。
21）平和条約国籍離脱合憲判決・最大判 1961（昭和 36）年 4月 5日民集 15巻 4号 657頁では、平和条約に伴う領土の変更が国籍の離脱をもたらすと判示した。
22）塩見訴訟・最判 1989（平成元）年 3月 2日判時 1363号 68頁。

控訴審も、社会権規約2条2項の直接適用可能性については原審の判断を踏襲した[24]。両判決とも、国籍条項は同項および自由権規約26条に合致せず、放置されれば違法となる余地があるとした。しかし、両判決は、規約発効の約2年後に撤廃されたため違反はないとした上で、その後の法整備によっても原告らが救済されなかったことについて広範な立法裁量を認めた。この点、以下の問題がある。

　①国籍条項の条約違反を認めつつ、国籍を理由とした不利益取扱いの継続を条約違反としない立論は、理解しがたい。

　②特別永住者に、日本以外に「属する国」を想定することは形式論理にすぎる。

　③国民年金法は居住要件を有し、海外に在住する日本人の生活保障については在留国に委ねている点で説得性を欠く[25]。

　④社会権規約上、外国人を国民と分けて除外することは認められない。

　⑤多くの国で社会保障の財源は今日複合的なものになっている。人権条約の解釈・適用においても、拠出制か無拠出制かは問題とされない傾向にある[26]。

　世界人権宣言22条は、すべての者が「社会の構成員として」社会保障の権利を持つとしている。社会保障の給付は実質的には社会一般の人々の保険や税の配分を受けており、背景には社会連帯の観念がある[27]。社会保障の権利は、人が社会の一員として働き生活を営むことを基盤としている。日本に居住し国民と同一の法的・社会的負担を担っている定住外国人には等しく及ぶべきである[28]。EU諸国では、2003年の「長期在住者たる第3国国民の地位に関する指令[29]」によって、EU外の国の国民で合法的かつ継続的に5年以上居住している者に対して、長期在住者の資格（5年有効で、その後は自動的に更新可能な一種の永住許可）を認め、各国の国内法上の社会保障制度において

---

23) 外国人無年金高齢者訴訟・大阪地判2005（平成17）年5月25日判時1898号75頁。
24) 大阪高判2006（平成18）年11月15日判例集未搭載。
25) 丹羽、2007、97頁。
26) 近藤編、2015、68-69頁（申）。
27) 戸波、2005、63頁。
28) 大沼、1993、238-239頁。
29) Council Directive 2003/109/EC of 25 November 2003 concerning the status of third-country nationals who are long-term residents, OJ L.16/44 (2004).

国民と平等の待遇を保障している。このことは、今日、社会保障における内外人平等は、出身国を問わない普遍主義的な永住市民権の問題として位置づけられていることを示すものである。社会保障においては、形式的な国籍の有無ではなく、その社会の構成員といえるだけの継続的な定住性を持つかどうかが重要である。国民年金法における一部永住外国人の排除は、社会権規約9条と2条2項に反し、これらに照らして解釈した憲法25条と14条にも反しており、早急な是正が求められる[30]。

外国人無年金障害者訴訟でも[31]、いずれの裁判所も、国民年金法から国籍要件を撤廃した1982年1月1日の改正法施行時に20歳を超え、すでに障碍を負っていた者が、障害福祉年金を受給できないことを合憲としている。京都地裁が[32]、国家賠償請求をしりぞけた理由は、以下の5点である。

1) 障害福祉年金は、補完的な無拠出の年金のため、立法府は広範な裁量権を有する。

2) 社会保障において、国は自国民を在留外国人より優先的に扱うことも許される。

3) 保険料納付期間中に、相対的に日本在住が安定的ではない在留外国人を除外する国籍要件は、合理性を欠くものとはいえず、憲法14条1項に反しない。

4) 在日韓国・朝鮮人の歴史的経緯等を踏まえた立法措置がなされるべきであったとの主張も、立法論としてはあり得るが、遡及的に何らかの措置をとらなかったとしても、合理性を欠くものとはいえない。

5) 社会権規約9条は「政治的責任を負うことを宣明したものにすぎない」。

しかし、特別永住者の安定的な居住資格を有する原告に、3)の理由は成り立たない[33]。2018年に人種差別撤廃委員会は、「市民でない者、とりわけ

---

30) 近藤編、2015、69-70頁（申）。
31) 障害年金については、大阪地判1980（昭和55）年10月29日判時985号50頁、大阪高判1984（昭和59）年12月19日判時1145号3頁、最判1989（平成元）年3月2日判時1363号68頁、京都地判2003（平成15）年8月26日裁判所ウェブサイト、大阪高判2005（平成17）年10月27日裁判所ウェブサイト。最判2007（平成19）年12月25日（判例集未登載）。
32) 京都地判2003（平成15）年8月26日裁判所ウェブサイト。
33) 日本人の場合の学生無年金障碍者訴訟では、1989年改正前の国民年金法に基づき、任

コリアンが、年齢要件のために国民年金制度から除外され続けていること」、「市民でない者が障害基礎年金を受けられるための法令改正を未だ行っていないこと」に懸念を示し、「市民でない者が国民年金制度の対象となるようにすること」、「市民でない者が障害基礎年金を受給できるよう法令を改正すること」を勧告している[34]。

また、外国人の元日本兵の恩給や戦傷病者戦没者遺族等の援護についても、現在の日本国籍の有無を合理的な区別として、多くの人の訴えを裁判所は、常にしりぞけてきた。恩給は、公務員の公務による傷病や死亡に際し、1923年の恩給法に基づき支給されるが、国籍を失ったときは受給権を失う（9条3項）。軍人には一般に恩給法が適用され、1952年の援護法が、恩給法に該当しない軍人・軍属・準軍属（国家総動員法に基づく被徴用者など）の傷病や死亡に関し、本人には障害年金を、遺族には遺族年金や弔慰金を支給する。**援護法**も、戸籍法の適用を受けない者には適用しないと定め（附則2項）、在日朝鮮人・台湾人を排除している[35]。戦時中、植民地下にあった朝鮮半島や台湾からは、日本軍人・軍属として数十万人の人々が動員され、5万人余りが戦死した。しかし、これらの人々やその遺族は恩給法や援護法の適用を受けない。その後、1980年代後半には台湾人戦没者遺族らに弔慰金を支給

意加入とされていたため年金に未加入であった20歳以上の学生や専門学校生が、在学中に障碍を負った場合、障害年金は支給されなかった。下級審では、「20歳前に障害を負った者と20歳以後に障害を負った学生との取扱いの差異」は憲法の平等原則に違反するという。東京地判2004（平成16）年3月24日判タ1184号94頁。また、「20歳以上の学生等という社会的身分による著しく不合理な差別で憲法14条1項に違反することが明白である」とした。新潟地判2004（平成16）年10月28日裁判所ウェブサイト。とりわけ1985年に専業主婦を強制加入とした年金法改正の折に学生の問題を放置したことは「著しく不合理で立法府の裁量の限界を超えたものであり、合理的理由のない差別として憲法14条1項に違反する」との判断のもとに国家賠償請求を認める判決もみられた。広島地判2005（平成17）年3月3日判タ1187号165頁。しかし、最高裁は、無拠出制の年金給付の実現は「拠出制の年金の場合に比べて更に広範な裁量を有している」ので、「著しく合理性を欠くということはできない」として、合憲とした。最判2007（平成19）年9月28日民集61巻6号2345頁。

34) 人種差別撤廃委員会・日本政府の定期報告書に対する総括所見（2018年9月6日）33・34段落。

35) 植民地下では朝鮮人・台湾人も日本の「帝国臣民」であったが、戸籍は「内地」戸籍と区別され、「内地」への転籍は禁じられていた。このため、戦後、参政権や社会権の制約のために、しばしば「戸籍」を基準とする区別が用いられた（田中、2013、63頁）。

する法律が、2000年には旧植民地出身者について同様の法律[37]が制定された。ただし、その内容は、日本国籍の者と比べ極めて貧弱なものにとどまる[38]。

在日韓国人元日本兵の恩給訴訟[39]では、原告は、旧日本軍人として従軍し、敗戦後、捕虜としてシベリアに抑留され、1953年以後日本に復員し、2001年に75歳で死去するまで日本に在留した。しかし、1952年のサンフランシスコ平和条約後、日本国籍を失ったため、恩給法に基づく恩給請求が棄却された。そこで、行政処分の取消、特別の犠牲による損失補償請求、および補償立法の不作為の違法による国家賠償請求などを訴えた。

最高裁によれば、以下の理由で請求は棄却された。

1）旧軍人等の恩給は、生活を援助するとともに戦争犠牲や戦争損害に対する補償という性質を有するので、社会保障上の施策において在留外国人をどのように処遇するかについては、国は、特別の条約の存しないかぎり、立法裁量を有する。

2）1965年の日韓請求権協定の締結後、補償措置を講ずるか否かの決定は、複雑かつ高度に政策的な考慮と判断が要求され、在日韓国人の旧軍人等に措置を講じなくても、立法府の裁量の範囲を逸脱しておらず、憲法14条に違反しないという。

また、法令違憲の論点につき、恩給法の国籍条項が、文面上（条文上）、憲法14条違反ではないとする合理的根拠として、本件1審および2審判決は、以下の2点をあげている。

①恩給法は、退職後の公務員の生活を保護する社会保障的要素を有するので、その援助は対象者の属する国家の責任においてなされることが国際的に容認されている。

②恩給は国の公務員制度全体を視野に入れた巨視的な観点からの立法政策

---

36) 1987年の「台湾住民である戦没者の遺族等に対する弔慰金に関する法律」および1988年の「特定弔慰金等の支給の実施に関する法律」。戦没者遺族及び重度戦傷者に対して、1人200万円の弔慰金を支給する。
37)「平和条約国籍離脱者等である戦没者遺族等に対する弔慰金等の支給に関する法律」。戦没者等の遺族に1人260万円、重度戦傷者に1人400万円の弔慰金を支給する。
38) 近藤編、2015、63-64頁（申）。
39) 在日韓国人元日本兵の恩給訴訟（李昌錫事件）・最判2002（平成14）年7月18日判タ1104号147頁、同・京都地判1998（平成10）年3月27日訟月45巻7号1259頁、同・大阪高判2000年2月23日訟月47巻7号1892頁。

的な裁量の働くべき要素が大きい。

　しかし、公務員の年金としての恩給の国籍差別は、国際的に非難されているのが現実である。たとえば、Ibrahima Gueye et al. v. France [1989] では、自由権規約委員会は、フランスが旧フランス軍兵士のセネガル在住のセネガル国民の年金を減額した国籍差別（1960 年の「独立後に取得した国籍に関連する区別」）は、申し立てられたような人種差別ではなく、自由権規約 26 条の禁ずる「他の地位」による差別にあたると判断している。[40]「年金の支給の基礎は、原告らおよびフランス国籍にとどまった者が双方とも提供した同じ服務だったので、事後の国籍の変更は、それ自体、異なった取扱いに対する十分な正当化事由とはみなされえない」（para.9.5）。事後的な国籍の違いは、「合理的かつ客観的」基準に基づく別異の取扱いの十分な正当化とはいえず、両国の経済的・財政的・社会的な違いも正当化事由として引き合いに出すことはできない。

　また、その後の類似の国民と外国人の間（フランス国民と、フランスの旧植民地のセネガルおよびコートジボワールの元国民であった外国人元兵士とその遺族）の差別が問題となった Mrs. Mathia Doukoure v. France [2000] では、「国籍に基づく差別だけでなく、ナショナル・オリジンに基づく差別」や「恣意的な国籍剥奪」の問題として申し立てられた。ただし、自由権規約委員会は、国内法上の救済手続を尽くしていないという形式的な理由で却下したものの、その後、フランスのコンセイユ・デタが、この種の国籍差別について、ヨーロッパ人権規約第 1 議定書 1 条（財産権）と結びついた同規約 14 条（差別禁止条項）違反を認め、決着した。[41]

　もともと、日本の場合、「自己の意思に基づかない」理由により国籍を喪失した旧植民地出身者の戦争損害補償問題の本質は、人権諸条約にいう national origin（自由権規約 26 条では国民的出身、人種差別撤廃条約 1 条では民族的出身と訳される）に基づく差別にある。1952 年の平和条約の発効により日本国籍を喪失した旧植民地出身者にとって、朝鮮戸籍や台湾戸籍は民族

---

40)「法律は、あらゆる差別を禁止し及び人種、皮膚の色、性、言語、宗教、政治的意見その他の意見、国民的若しくは社会的出身、財産、出生又は他の地位等のいかなる理由による差別に対しても平等のかつ効果的な保護をすべての者に保障する」。
41) Conseil d'Etat, 9 / 10 SSR, du 6 février 2002, 216172 216657.

的出身の徴表とみなされた。したがって、そのナショナル・オリジンゆえに、日本国籍を剥奪され、恩給請求権を失ったのである。単なる国籍差別の問題ではなく、民族的出身による差別にあたる。そして、憲法に適合するとして留保や解釈宣言を付すことなしに、人権条約を批准した以上、憲法14条1項の禁ずる差別とは、人種差別撤廃条約1条および自由権規約26条の禁ずる「ナショナル・オリジン」による差別も含むものと解すべきである。

　さらに、社会権規約の裁判規範性については、2条2項と9条とを区別する必要がある。塩見訴訟最高裁判決以来、日本の裁判所は、社会権規約9条の「社会保障についてのすべての者の権利」は、2条1項の定める「漸進的」な権利であり、「即時的」な効力を有する自由権規約の権利とは異なり、裁判規範性を消極的にとらえている。しかし、平等規定に関する社会権規約2条2項は、「この規約に規定する権利が人種、皮膚の色、性、言語、宗教、政治的意見その他の意見、国民的若しくは社会的出身、財産、出生又は他の地位によるいかなる差別もなしに行使されることを保障する」とあり、権利の「保障」を定めている。この規定は、自由権規約2条2項と同じ内容であり、即時的な効力としての裁判規範性を有する。

　加えて、自由権規約26条は、以下のように定めている。「すべての者は、法律の前に平等であり、いかなる差別もなしに法律による平等の保護を受ける権利を有する」。このため、「法律は、あらゆる差別を禁止し及び人種、皮膚の色、性、言語、宗教、政治的意見その他の意見、国民的若しくは社会的出身、財産、出生又は他の地位等のいかなる理由による差別に対しても平等のかつ効果的な保護をすべての者に保障する」。ここでの法律には、社会保障関連の法律も含まれ、ひとたび社会権を保障する立法がなされた場合は、その平等を保障するための裁判規範性を有する。自由権規約委員会の一般的意見によれば、「ある国によって立法が行われた場合には、その立法はその内容において差別があってはならないという、本規約26条の要請に合致しなければならない。他の言葉で表現すると、本規約26条に規定されている差別禁止の原則が適用されるのは、本規約上に定められた権利に限定されない」。したがって、社会権に関する立法の不平等取扱いも、自由権規約26条の審査の対象となりうる。

　なお、年金加入が義務でありながら、外国人の年金未加入の問題が生じる背景には、①出身国との年金通算協定の未整備がある。②老齢基礎年金

を受け取るには原則 25 年以上年金保険料を払う必要がありながら、脱退一時金が最長 3 年分しか支給されないという制度上の問題もあった。2018 年 8 月現在、年金通算協定は、ドイツ、アメリカ、ベルギー、フランス、カナダ、オーストラリア、オランダ、チェコ、スペイン、アイルランド、ブラジル、スイス、ハンガリー、インド、ルクセンブルクとの間で結ばれている。2016 年の国民年金法の改正により、2017 年 10 月からは、保険料納付期間は 10 年に短縮された。

■ 4　生活保護法

　1946 年に制定された（旧）生活保護法は、生活の保護を要する者の生活を国が差別なく平等に保護することを掲げ（1 条）、実務上も、外国人にも適用されていた。これに対し、1950 年制定の現行の生活保護法は、生活に困窮するすべての「国民」に保護を行うと規定する（1 条）。これは、同法を提案した日本政府が、憲法 25 条の生存権に淵源し権利性を持つ社会保障法であるとの立場に立ち、外国人をその適用から除外する意図で規定したものであった。一方で、厚生省は 1954 年の通知で、外国人は同法の対象ではないが、困窮する外国人に対し、国民に準じて必要と認める保護を行いうるとしたため、外国人にも準用されてきた。その後 1990 年 10 月 25 日、厚生省は内部の会議において、外国人に対する生活保護措置は入管法別表第 2 に記載の永住者・定住者に限るという口頭指示を行い、それ以外の外国人は法の準用対象から除外されることとなった。

　同法の不適用をめぐる訴訟が多数提起されてきた中で、判例は一般にこの

---

42) 高藤、2001、101-102 頁。
43) 同、102 頁。しかし、1954 年 6 月に厚生省社会局長通知「生活に困窮する外国人に対する生活保護の措置について」（昭和 25 年 6 月 18 日社乙 92 号）において、「放置することが社会的人道的にみても妥当でなく他の救済の途が全くない場合に限り、当分の間、本法の規定を準用して保護して差支えない」とされた。
44) 1954 年 5 月 8 日社発 382 号。
45) 生活保護手帳別冊問答集（2009 年 3 月 31 日厚生労働省社会・援護局保護課長事務連絡）によれば、永住者、日本人の配偶者等、永住者の配偶者等、定住者、特別永住者、認定難民が対象である。ただし、難民申請中の特定活動の在留資格でも保護の対象となる場合もある（外国人生活・医療ネットワーク関西ほか編、2016、10、113 頁）。

ような行政実務を支持してきた。しかし憲法学説では、社会権の保障から外国人が原理的に排除されていると解すべきではないとする積極的な立場が通説的見解である[46]。裁判例にも同様の見方を示したものがある[47]。特に、緊急医療費のように生命の危機にかかわるような給付をめぐり、スリランカ人留学生がくも膜下出血で入院治療を受けた費用の支払いに関する事件で神戸地裁は、生活保護法により外国人が保護を受ける権利を否定したものの、重大な傷病への緊急治療については法律で何らかの措置を講ずるのが望ましいと付言している[48]。

一方、オーバーステイ外国人に対し、生活保護法を不適用とした東京地裁判決では「社会権規約の性格に照らせば、生活保護法のように明文上その適用対象が日本国民に限定されているものと解される場合には、右理念の実現はまずもって立法的措置を通じて図られるべきであって、司法裁判所を通じて直接的に実現しようとすることは、社会権規約自体も予定していない」という[49]。

他方、「準用」される永住者等にとって実際上大きな問題となるのは、保護の開始を法的に要請することができるかという点である。2010年代に入り、中国人永住者が生活保護申請を却下され、その取消訴訟等を提起した。大分地裁は、却下通知には処分性があるとしたものの、結局、外国人に保護を与えるかどうかは行政の裁量事項とした[50]。しかし、本件の控訴審が、一定範囲の外国人は生活保護法の準用による法的保護の対象になるという注目すべき判断を示した。「通知により外国人もその対象となり、日本国民とほぼ同様の基準、手続により運用されていた」。その後、「難民条約の批准等に伴い……上記運用を継続することを理由に法改正が見送られる一方、生活保

---

46) 芦部、1994、136-137頁。
47) 東京地判 1996（平成8）年5月29日 LEX/DB28011648 など。
48) 神戸地判 1996（平成8）年6月19日判例地方自治139号58頁。
49) 東京地判 1996（平成8）年5月29日判タ916号78頁。
50) 大分地判 2010（平成22）年9月30日判時2113号100頁。なお、預金通帳や届出印を認知症の夫の弟に取り上げられていたため、生活費の支弁に支障をきたすため、生活保護を申請したところ、2008年12月22日に、駐車場や建物の賃料収入等による本人および夫名義の預金残高が相当額あることなどを理由に最初の申請が却下されたが、2011年10月26日に、上記申請の後にされた別途の申請に基づいて生活保護の措置が開始された。

護の対象となる外国人を難民に限定するなどの措置も執られなかった」ので、「国は、……外国人に対する生活保護について一定範囲で国際法及び国内公法上の義務を負うことを認め……一定範囲の外国人において上記待遇を受ける地位が法的に保護されることになった」と判示した[51]。難民条約批准時の国会審議を振り返ってありのままに援用した裁判所の論法には説得力がある[52]。しかし、最高裁は、「外国人は、行政庁の通達等に基づく行政措置により事実上の保護の対象となり得るにとどまり、生活保護法に基づく保護の対象となるものではなく、同法に基づく受給権を有しない外国人は行政措置により事実上の保護の対象となりうるにとどまり、生活保護法に基づく受給権を有しない」という判断を示した[53]。このような現状をみると、難民条約加入時に生活保護法の国籍要件が明示的に撤廃されなかったことは今なお運用上の問題として後を引いているといえる[54]。外国人に関する生活保護法上の扱いが、あくまで「準用」であって権利性がないとされているのに反して、日本政府は社会権規約委員会に対する政府報告書では社会保障に関して内外人平等原則を適用していると記載するなど、対外的には論理を使い分けていることも問題である[55]。

　生活保護の本質は、社会連帯原理に基づき、生活に困窮した個人を保護するものであるから、日本に長年居住し実質的な社会の構成員となっている定住外国人にその権利を認めないことは適切でない[56]。生活保護以外の社会保障制度においては国籍要件がほぼ撤廃されており、生活保護法に関しても、少なくとも永住者等に対しては準用でなく日本人と同様に適用するための法整備を早急に行う必要がある。

　たとえば、フィンランド憲法（基本法）19条1項は、「人間の尊厳のある生活に必要な保障を得ることができない者は、何人も、不可欠の生計費およびケアに対する権利を有する」と定めている。これを受けて、生活保護法に相当する生計援助法2条1項が「援助を要する者で、賃労働、事業活動、

---

51) 福岡高判 2011（平成23）年11月15日判タ1377号104頁。
52) 河野、2013、81-83頁。
53) 永住外国人生活保護訴訟・最判 2014（平成26）年7月18日判例地方自治386号78頁。
54) 葛西、2013、87頁。
55) 田中、2012、4頁；河野、2013、83頁。
56) 髙佐、2011、167頁。

第 7 章　社会保障の権利

生計費を保障するその他の給付、その他の収入もしくは資産、生計維持義務者による扶養、またはその他の方法により生計費を得ることのできない者は、何人も、生計援助を受給する権利を有する」と定めている。この権利は、国籍にかかわりなく、一時的に国内に滞在する者を含むフィンランドの法管轄内にいるすべての者に保障される[57]。スウェーデンやドイツでは、生存権にあたる憲法上の権利はないが、生活保護に相当する法律上の受給資格について、スウェーデンの社会サービス法 4 章 1 条は「自らの生計を維持できない、または、他の手段によってもニーズを充足することができない者は、社会委員会から生活扶助を受給する権利がある」と定めている。ただし、社会扶助を受けるには、1 年以上の滞在予定を要件とする住民登録が必要である[58]。また、ドイツの社会法典第 2 編 7 条・8 条 2 項では、「滞在が 3 カ月未満」「職を探しに来ている外国人とその家族」「庇護希望者給付法に基づく給付権者」を除いて、「ドイツ内に常居所を有し」、「就労許可を有すること」などが生活保護の受給資格であり[59]、永住者等に限らない。アメリカの低所得者に対する補充的栄養支援プログラム (Supplemental Nutrition Assistance Program: SNAP) は、原則として、5 年以上居住している永住者、10 年以上の就労経験のある永住者、18 歳未満の子ども、障碍者、高齢者、難民などが、国民と同様に、食糧購入に利用できるカードを用いるプログラムである[60]。

---

57) 参照、遠藤、2001、73 頁。
58) Olsson, 2016, No. 5211.
59) 参照、木下、2005、7、14 頁。
60) United States Department of Agriculture, Supplemental Nutrition Assistance Program Guidance on Non-Citizen Eligibility (https://fns-prod.azureedge.net/sites/default/files/snap/Non-Citizen_Guidance_063011.pdf, 2019 年 1 月 7 日閲覧)。

第 8 章

保健医療の権利

■ 1　健康に対する権利

　社会権規約12条1項は、「すべての者が到達可能な最高水準の身体及び精神の健康を享受する権利を有する」とある。社会権規約は、健康を定義していない。しかし、同条2項にあるように、健康に対する権利は、医療に限らず、健康的な生活を送ることができる「環境衛生および産業衛生のあらゆる状態の改善」を含む。世界保健機関（WHO）憲章前文では「健康とは、身体的・精神的・社会的に完全に良好な状態であり、たんに病気あるいは虚弱でないことではない」と定義している。また、社会権規約委員会は、健康に対する権利を安全な飲み水、十分な衛生、安全な食料、栄養および住居の十分な供給、健康的な職業および環境条件、ならびに健康に関連する教育および性と生殖に関する情報へのアクセスのような、健康の基礎となる決定要素も含む包括的な権利と解している[1]。この権利の実現のためには、健康の各段階に応じた適切なアプローチが必要である。健康に対する権利の射程範囲は広い。命にかかわるような疾病やけがの予防・治療に関しては、生命権に連なる意味合いを持つ権利である[2]。

---

1) 社会権規約委員会・一般的意見14（2000年8月11日）11段落。
2) 自由権規約6条の生命権は、「何人も、恣意的にその生命を奪われない」と定めている。恣意的な殺害によってだけでなく、飢餓や疾病によっても人の生命権が脅かされることもある。自由権規約委員会・一般的意見6（1982年7月27日）5段落では、生命権を保護するために積極的な措置をとる必要があり、特に栄養不良や疫病をなくすため

また、人種差別撤廃条約5条は、「公衆の健康、医療、社会保障および社会的サービスについての権利」についての差別禁止を規定している。子どもの権利条約24条も、18歳未満の子どもに対し、社会権規約にある「到達可能な最高水準の健康を享受すること」のほかに、「母親のための産前産後の適当な保健の確保」にも言及している。

■ 2　保健医療に関する法

　保健医療に関連する法として、まず母子保健法がある。母子健康手帳の交付（16条）、乳幼児の健康診査（12条）、未熟児の養育に必要な医療費を市町村が助成する「養育医療」（20条）などについて定めている。また、母子及び父子並びに寡婦福祉法が、ひとり親家庭や寡婦が、病気などで日常生活に支障を生じた場合に食事の世話などを行う日常生活支援事業等について規定する。ついで、児童福祉法が、経済的な理由で出産費用が払えない人のための「入院助産制度」（22条）等について規定している。

　また、社会福祉法が、生計困難者のための「無料低額診療事業」（2条3項9号）などを定めている。さらに、学校保健安全法が、学校教育法1条の規定する学校（1条校）に対し、保健室の設置、児童生徒等の定期健康診査の実施、感染症予防のための学級閉鎖等に関して規定している。この点、外国人学校・民族学校の多くは、各種学校という位置づけのため、法による保障の対象外に置かれている問題がある。加えて、感染症予防法では、感染症の予防および感染拡大のための措置、感染者に対する措置等に関して規定し、予防接種法が予防接種に関して規定している[4]。予防接種は、一定の範囲の人の大半が受けることによって効果が発揮されるので、国籍や在留資格の有無にかかわらずその地域の住民を広く対象とする必要がある。また、労働安全衛生法が、労働者の安全と健康の向上を目的とし、危険防止の措置、健康診査の実施、労働災害の防止措置などを定めている。なお、1899年に制定された行旅病人及行旅死亡人取扱法の救護が、旅行中に病気等で、歩行困難と

の措置をとるべきであるとしている。
3) 2014年から、父子家庭も対象とするようになった。
4) 詳しくは、近藤編、2011、73頁（北村）参照。

なり、入院治療を要する状態に陥り、療養の途を有しない者（外国人も含む）に適用される場合がある（この「保健医療に関する法」の節において太字で掲げたものは、非正規滞在者でも受けることができる場合がある）。

■ 3　公的医療保険

　国民健康保険は、市町村・特別区が、その区域内に住所を有する者を被保険者として強制的に保険に加入させ、疾病や負傷、出産、死亡の際に保険給付を行う。国民健康保険法にはかつて国籍条項があったが、1986年に撤廃されている。ただし、1992年の厚生省の通知に基づく行政解釈として、適用対象になる外国人は在留期間が1年（2012年からは3カ月）以上の者に限定された[5]。短期の滞在予定者や、非正規滞在者は加入できない。

　日本に非正規残留中に家庭をもうけた外国人が、子どもの脳腫瘍を機に在留特別許可申請を行い、次いで被保険者証交付申請を行ったところこれを拒否されたので、国家賠償を求めて提訴した事例がある。1審は国民健康保険法の「住所」解釈に関する違法性を認めるものの、国家賠償法上の違法性はないとして、請求を棄却した[6]。2審は「住所」解釈の違法性もないとして、請求を棄却した[7]。最高裁は、この解釈をしりぞけ、同法にいう「住所を有する者」とは「市町村の区域内に継続的に生活の本拠を有する者」という。そして、国籍条項が削除されたことを考慮すると、同法が「在留資格を有しないものを被保険者から一律に除外する趣旨を定めた規定であると解することはできない」と判示した[8]。生活の本拠としての住所の確定の問題は、在留

---

5) 1992年3月31日厚生省保険発第14号。
6) 横浜地判2001（平成13）年1月26日判時1791号68頁。
7) 東京高判2002（平成14）年2月6日判時1791号63頁。
8) 最大判2004（平成16）年1月15日民集58巻1号226頁。しかし、在留資格を有しない外国人が「住所を有する者」に該当するというためには、単に市町村の区域内に居住しているという事実だけでは足りない。少なくとも(1)当該市町村を居住地とする外国人登録をし、(2)在留特別許可を求めており、(3)入国の経緯や入国時の在留資格の有無、在留期間、家族に関する事情、滞在期間、生活状況等に照らし、安定した生活を継続的に営み、これを維持し続ける蓋然性が高いことが必要であるとした。なお、「在留資格を有しない外国人が国民健康保険の適用対象となるかどうかについては、定説がなく、下級審裁判例の判断も分かれている上、本件処分当時には、これを否定し

資格の有無とは本来無関係であること、同法が医療目的であることからしても、本判決の立場は妥当といえる。しかし最高裁は、「対象者を国内に適法な居住関係を有する者に限定することに合理的な理由がある……から、……施行規則又は各市町村の条例において、在留資格を有しない外国人を適用除外者として規定することが許される」と付言した。この付言を受ける形で、2004 年の施行規則改正により、在留資格を有しない者は適用除外とされることになった。

国民健康保険の被保険者として給付を受ける権利は、いわば最低限の医療サービスを受け、生命を維持し健康に生きる権利という根本的な権利である。したがって、このような権利を法律の明確な委任がないにもかかわらず規則で奪うことは、憲法 31 条、41 条に違反すると同時に、意図的な後退的措置として社会権規約 2 条 1 項・2 項、9 条、12 条に違反すると考えられる。社会権規約の下で日本が管轄下のすべての個人に対して健康についての権利を認め（12 条）、子どもと年少者に対してはその保護・援助のために特別な措置をとるべき義務を負っている（11 条）。生命にかかわる負傷や疾病に関しては自由権規約 6 条の生命権の観点から、非正規滞在も、必要に応じて医療サービスを受けられる仕組みを整備すべきであろう。とりわけ、在留資格の有無にかかわらず、子どもの医療を無料とする以下のスウェーデンのような制度が参考になろう。

■ 4 移民統合政策指数（MIPEX）にみる課題

MIPEX 2015 が、3 択の質問項目により、保健医療の分野を評価している。ここでは、日本とアメリカ、イギリス、カナダ、ドイツ、スウェーデン、フィンランドおよび韓国について整理する。保健医療の分野全体における日本の評価は、加盟国の平均よりも高い。そこで、日本の評価が低く、課題が明らかになる質問項目を中心に以下に取り上げる。

た」裁判例しかなかったので、国家賠償法上の違法性はないとして、請求自体は棄却した。
9) 近藤編、2002、104 頁（小山）。
10) 髙佐、2006、68 頁。
11) 近藤編、2015、76 頁（申）。

正規滞在者の医療保険制度への加入条件について、1) 無条件の国は、ドイツとスウェーデンである。2) 一定の条件が存在する国として、日本では、2012年7月の改正法の施行以後、国民健康保険の加入要件としての居住期間が、1年から3カ月に短縮された。カナダでは多くの州で、新規移民は3カ月のあいだ加入できない。フィンランドでは、短期滞在者、学生、オ・ペアビザの人[12]、研修生は、加入できない。イギリスは常居者である必要がある。アメリカでは民間の保険は無条件だが、低所得者用の公的保険のメディケイドは（州によって違うものの）、少なくとも5年以上の永住者である。高齢者用のメディケアは10年以上の雇用歴が必要である。オーストラリアでは、留学生を含む短期滞在者は加入できない。3) 加入が認められない国はない。

庇護希望者が、1) 無条件に国民と同じ医療保険制度でカバーされる国として、スウェーデンでは、庇護希望者等の医療法で定められており、一定の外国人の介護料金令で、50クローネと定められ、医療へのフルアクセスは200クローネであるものの、子どもの医療は無料である。2) 一定の条件の下に国民と同じ制度でカバーされる国もある（日本、カナダ、フィンランド、ドイツ、イギリス、アメリカ、韓国）。日本では、「特定活動」と「仮滞在」の在留資格を有する難民申請者だけが、国民健康保険に加入できるにすぎない。カナダでは、2012年から、（難民を生み出すと思われる）非特定出身国の庇護希望者は緊急・重大医療サービスに加入できるが、（難民を生み出さないと思われる）特定国出身者の場合は、公衆衛生上のリスクがある場合のみカバーするにすぎない。フィンランドでは、医師が特別に必要と判断する場合を除いて、収容施設の1次医療だけである。ドイツでは、最初の15カ月間は、庇護希望者手当法4条で部分的にカバーするだけだが、その後は国民と同じである。イギリスでは、1次医療は、GP（General Practitioner, 家庭医）の裁量によるが、「常居者」とはみなさないようにする案がある。アメリカでは、労働が許可されていたり、14歳未満であったり、180日以上未決定という条件が付される。3) 国民と同じ制度に加入できない国はない。

非正規滞在者の医療制度加入条件について、1) 無条件な国として、スウェーデンでは、2013年7月から、庇護申請者と同じ医療助成が大人には

---

12) Au Pairとは、海外でホームステイ先のベビーシッターなどをしながら、語学学校に通うことが認められる若者用の滞在資格である。

認められ、助産、出産相談、堕胎、健康診断をカバーする。診療費は、50クローネである。子どもは、居住者と同様に無料の医療が認められる。フィンランドでは、無条件に緊急医療を受けることができる。他の医療の場合は、全額ではないが、治療費を払う必要がある。ヘルシンキ市は、妊婦と18歳未満の子どもの医療を認め、1次診療は国民と同じ料金である。ヘルシンキ・グローバル・クリニックが、非正規滞在者の診療のためのNGOである。ドイツでは、法的には、非正規滞在者は、庇護申請者手当法の下、緊急医療や助産などが認められるが、15カ月の滞在後のフルアクセスは認められない。2）一定の条件の下に認められる国もある（日本、カナダ、イギリス、アメリカ）。日本では、非正規滞在者は、民間の保険に加入するか、全額自己負担をする必要がある。例外的に被用者保険に入れたならば、国民と同じ制度がカバーする。数は少ないが、生計困難者のための無料低額医療もあり、非正規滞在者が使えるかどうかは裁量による。労働者災害補償保険は、非正規滞在者もカバーする。カナダでは、非正規滞在者は、緊急医療を受ける権利があるが、費用の負担は状況しだいである。オンタリオ州では公立病院の無料のサービスを受けることができる場合がある。トロント市やハミルトン市では、サンクチュアリ（非正規滞在者への聖域化）宣言をしており、公衆衛生を含むすべてのサービスを受けることができる。非正規滞在者は、民間保険に加入することはできない。イギリスでは、非正規滞在者は、原則として緊急医療だけを受けることができ、例外的に、政府の支援を認められた不許可の難民申請者と子どもは、すべての医療支援を受けることができる。3）加入できない国は、韓国である。

　移民のアクセスを容易にする「文化の仲介者」または「患者のナビゲーター」の提供が、1）制度上または主要な移民の分野で保障されている国として、アメリカでは、多くの州や連邦が助成している病院が仲介者やナビゲーターのサービスを提供しており、英語が母語でない人に保険の説明をしたりする。2）小規模ないし任意ベースで利用できる国もある（日本、韓国、オーストラリア、カナダ、ドイツ、スウェーデン）。日本では、医療通訳の制度が一定数の自治体にはあり、一部では医療ガイドの役割を果たしている。3）利用できない国は、フィンランド、イギリスである。

　非正規滞在者の通報が、1）明示的に禁止されている国はない。しかし、2）関連する法規定や職業上の行為規範が存在しない国もある（日本、韓国、

オーストラリア、カナダ、フィンランド、アメリカ)。たとえば日本では、入管法62条2項で通報義務が課されているが、「通報すると行政機関に課せられている行政目的が達成できないような例外的な場合には、当該行政機関において通報義務により守られるべき利益と各官署の職務の遂行という公益を比較衡量して、通報するかどうかを個別に判断することも可能である」というのが政府見解である[13]。また、カナダでは、トロント市、ハミルトン市、バンクーバー市は、サンクチュアリ宣言都市である。アメリカでは、非正規滞在者の通報義務は、一般に公序ないし職業規範として禁じられている。他方、3) 法的義務の存在する国もある (ドイツ、スウェーデン、イギリス)。ただし、ドイツでは、滞在法87条に非正規滞在者の通報義務が定められているが、医療従事者は、2010年の法改正で、緊急時に限り、この義務を免除されるようになった。スウェーデンは、患者安全法6章15条において、警察その他の当局が情報を求めてきた場合には、情報を提供する義務がある。

公用語が十分できない患者への有資格通訳者について、1) 無料で提供する国もある (オーストラリア、フィンランド、ドイツ、スウェーデン、イギリス、アメリカ)。たとえば、スウェーデンでは、行政法8条が「官庁は、スウェーデン語に熟達していない者、または重度の聴覚か言語障碍を持つ者と関係を持つとき、必要な場合は通訳人を依頼しなければならない」と定めている。また、アメリカでは、保健福祉省公民権局の指針が、英語能力が十分でない患者は保健福祉省の補助金をもらっている医療機関において通訳や文書翻訳を要求できる[14]。一方、2) 実質的な費用が有料の国もある (日本、韓国、カナダ)。日本では医療通訳制度を整備する自治体は一部にとどまっており、医療通訳が利用できない場合も多い[15]。カナダでは、聾者の場合は無料であり、その他の場合に通訳が使えるのかは医療機関による。他方、3) 通訳が提供

---

13) 2011年12月16日内閣衆質179第121号。
14) 石崎ほか、2004、124頁。
15) クレア、2012、5-6頁では、23県3市の医療通訳養成講座の対象言語、8県1市の電話通訳事業の対象言語、17県7市の医療通訳派遣事業の対象言語と費用負担者について整理している。患者が通訳費を負担しなくてよい制度は、鳥取県、岡山県、福岡県にある (岐阜県と北九州市も患者の負担が不要であったが、現在では、患者が1回あたり3000円と3240円を負担する)。また、李・瀬田、2014、1015頁では、基礎自治体における「医療・保健通訳の配置」の回答は、45 (19.6%) であった。

されない国はない。

「文化対応力」や「多様性配慮」サービスについて、1) 基準やガイドラインが存在し、基準やガイドラインの遵守が、当局によりモニターされている国もある（オーストラリア、アメリカ）。たとえば、オーストラリアでは、国の安全と良質な医療の基準と対応ガイドラインがこれらにあたる。一方、2)「文化対応力」や「多様性配慮」サービスについての基準やガイドラインが存在するだけの国もある（カナダ、フィンランド、ドイツ、イギリス）。たとえば、フィンランドでは、1992年の患者の地位と権利に関する法律2章3条3文で「患者の母語、個人的必要、文化が看護や治療で考慮されなければならない」と定められている。他方、3) これらの基準やガイドラインがない国は、日本、韓国、スウェーデンである。

移民のニーズに合ったサービス提供における医療スタッフの訓練（基礎的職業訓練の必修科目や能力向上研修の必修科目）の支援策が、1) 国レベルか国を超えたレベルである国は、イギリスである。2) 自治体か組織レベルである国は、オーストラリア、カナダ、フィンランド、ドイツ、スウェーデン、アメリカである。3) どこでもないのは、日本と韓国である。

情報提供サービスへの移民の関与について、a.「文化の仲介者」の雇用などによるサービス提供における関与、b. 情報の展開と普及における関与、c.（調査対象者としてだけでなく）調査における関与、d. サービスの計画や運営における関与、e. コミュニティでのサービスの策定における関与のうち、1) 3ないし5つがみられる国は、オーストラリアである。2) 1ないし2がみられる国は、日本、カナダ、フィンランド、ドイツ、スウェーデン、アメリカである。3) 1つもみられない国は、韓国である。

医療従事者の多様性を促進し、医療関係の労働力において移民の背景を持つ人の関与を促進するための（キャンペーン、インセンティブ、支援などの）募集の施策について、1) 国レベルか国を超えたレベルである国は、スウェーデン、イギリス、アメリカである。2) 自治体か組織レベルである国は、オーストラリア、カナダ、ドイツである。3) どこにもない国は、日本、韓国、フィンランドである。

診察手続と治療方法は、患者の社会文化的背景の多様性をより考慮して適応されている。1) 診察手続と治療方法を社会文化的多様性に適用させることを奨励する政策がある国は、イギリスである。2) 診察手続と治療方法の

適用は、限定的に許されているが、奨励されてはいない国は、オーストラリア、カナダ、フィンランド、ドイツ、韓国、アメリカである。3）政策が診察手続と治療方法の標準化にもっぱら焦点を当てている国は、日本である。

　促進策の存在について、A．一定の移民コミュニティの健康の問題（たとえば、女性性器切除、拷問の影響、珍しい国外の病気、遺伝のリスク要因）に対する治療法の開発。B．移民コミュニティにより役立つために通常の健康の問題に対する標準的治療法の適応。C．肉体的および精神的な健康の問題に対する「非西洋的な」補充・代替治療法の利用のうち、1）すべてがある国は、イギリス、アメリカである。2）1つか2つある国は、オーストラリア、フィンランド、ドイツ、韓国、スウェーデンである。3）どれもない国は、日本、カナダである。

　医療データベースと医療記録に、移民の健康に関するデータとして、在留資格、出身国、民族性に関するデータが、1）必ず含まれている国は、スウェーデン、イギリス、アメリカ、オーストラリアである。2）選択的に含まれている国は、カナダ、フィンランド、ドイツ、韓国である。3）その種の情報が含まれない国は、日本である。

　医療関係以外の部署の政策でも、1）移民または民族的少数者の健康への影響の考慮が必ず行われる国は、イギリスである。2）医療関係以外の部署の政策でも、移民または民族的少数者の健康への影響の考慮がケースバイケースで行われる国は、フィンランド、韓国、アメリカ、オーストラリアである。3）医療関係以外の部署の政策では、移民または民族的少数者の健康への影響の考慮がなされない国は、日本、カナダ、ドイツ、フランス、スウェーデンである。

　移民や民族的少数者の健康は、サービス提供組織および保健機関を通じて優先されており、1）移民や民族的少数者への公平な医療提供の責任が、サービス提供組織の全部局、サービス提供機関および保健機関にある国は、スウェーデン、イギリス、アメリカ、オーストラリアである。2）移民や民族的少数者の健康への関心が、特定の省庁や機関にのみ優先事項とみなされているにすぎない国は、韓国、カナダである。3）医療関係の制度のどの部分でも、移民や民族的少数者の健康に体系だった注意が払われてはいない国は、日本、フィンランド、ドイツである。

　政府によるリーダーシップについて、1）政府が移民の健康に関する明示

の行動計画を公表しており、これらの施策を支援するための政策が実施されている国は、韓国、オーストラリアである。韓国では、第2次外国人政策において、移民の健康に関する行動計画と政策を示している。2)（新たな保健指針や法律やプロジェクトを通じた）ケースバイケースの協力による国は、カナダ、イギリス、アメリカである。3) 移民の健康に関する政策が導入されていない国は、日本、フィンランド、ドイツ、スウェーデンである。

移民の保健政策に関する利害関係者間の協力について、1) 組織的協力（助言機関や中核的研究機関など）による国は、アメリカ、オーストラリアである。2）ケースバイケースの協力（新たな保健指針や法律への諮問のときやプロジェクトを通じて）による国は、カナダ、ドイツ、韓国、イギリスである。3) そのような協力がない国は、日本、フィンランド、スウェーデンである。

国または県レベルでの保健政策に移民の利害関係者（NGOおよび市民社会組織など）が、彼らの健康に影響を与える国の政策決定に参加する方法は、1) 組織的協力（諮問機関への関与または保健立法・サービス・結果の定期的評価への関与）による国はない。2)（新たな保健指針や法律やプロジェクトを通じた）ケースバイケースでの協力による国は、オーストラリア、カナダ、ドイツ、イギリス、アメリカである。3) そうした協働がない国は、日本、韓国、フィンランド、スウェーデンである。

■ 5　その他の課題

第1に、受診抑制の問題がある。コミュニケーションの問題などもあり、保健・医療サービス情報を的確に把握できないために、受診が抑制される。病名などの専門用語や特別な表現、症状を表現する独特の擬態語・擬音語[16]を用いる場面が多いといった問題も存在する[17]。検査や手術の同意書や承諾書に際し、比較的流暢に日本語を話す外国人でも、漢字の読み書きを苦手とする人が多い[18]。したがって、医療通訳制度の整備は、焦眉の課題である。司法の

---

16)「むくみ」「かぶれ」などの症状に関する名称、「安静」「通院」などの治療に関する名称、「抗生物質」などの薬剤に関する名称など。
17)「ひりひり」「むかむか」「チクチク」「ズキズキ」など。
18) 近藤編、2011、76頁（北村）。

分野では、法廷や警察等の現場で公費により活動する「司法通訳」の制度が存在し、認証制度はないものの、一定の報酬の確保が望まれる。これに対し、医療通訳の分野では、報酬の確保も十分ではなく、ボランティア的な発想の制度設計が多い。刑事訴訟法175条が「国語に通じない者に陳述をさせる場合には、通訳人に通訳をさせなければならない」と定めているように、医療通訳に関する法規定が必要である。また、通訳認証制度の構築も必要である。

第2に、異文化理解に関する問題がある。死生観、生命倫理、疾病観、障害に対する考え方が違う。また、中絶に関する受け取り方も国によって大きく違っている[19]。食生活に関しても、イスラーム教徒のハラール食品にみられるように、宗教上の教義と関連するものがあり、個人の嗜好とは区別して考えるべきものである[20]。また、外国にルーツを持つ高齢者が日本語を忘れる場合の問題など、介護の多文化化への対処も、今後の課題である。

第3に、外国人の医療費の未収問題がある。1990年の厚生省の口頭指示、1992年の厚生省の通知により、生活保護や国民健康保険から排除された外国人の医療費が未収となる事態が深刻となっている。東京都、神奈川県、栃木県、茨城県、長野県では、未払い医療費補てん事業を行っている。1996年に厚生省は、「重篤な外国人救急患者の救急医療を行い、努力したにもかかわらず回収できない前年度の未収金」に1カ月1人あたり50万円（現在は20万円）を超える部分については補助する制度をはじめた[21]。

第4に、非正規滞在者の医療の問題（正規滞在者であっても、無保険者であれば、同様の問題を抱える場合）がある。社会保障制度の多くは、在留資格のある正期滞在者を対象としているため、非正規滞在者は適用除外となる場合が多い。たとえば、生活保護は、在留資格のない者に対しては、入管法上日本に滞在することが認められておらず、強制退去の対象となることから適用対象外とされている[22]。障害者手帳の申請は、入管法に定める在留資格のない

---

19) KOBE外国人支援ネットワーク編、2003、43-44頁（中荻）。
20) 近藤編、2011、78頁（北村）。
21) 厚生省健康政策指導課長通知「救急医療施設運営費等補助金（救急救命センター運営事業）に係る事務処理について」（1996年5月10日指第32号）。参照、外国人生活・医療ネットワーク関西ほか編、2016、39-40、157頁。
22) 平成2年10月15日厚生省（当時）社会局保護課企画法令係長口頭指示

「非正規滞在者」は身体障害者福祉法の適用を受ける身体障害者としては想定されておらず、適用対象外となる[23]。介護保険は医療保険とのセット加入のため、医療保険の加入要件を満たさない者は適用対象外となる[24]。

　非正規滞在者の保健医療については、2000 年の大脇雅子参議院議員（当時）による質問書に対する答弁[25]が、政府見解として示された[26]。その後の法改正も踏まえて最近の状況を日本弁護士連合会が「非正規滞在外国人に対する行政サービス」という文書で解説している[27]。2009 年に制定され、2012 年に施行された「住民基本台帳法の一部を改正する法律」（改正住基法）により、在留カードなどの新たな在留管理制度が導入された。在留資格のない外国人が「行政上の便益を受けられることとなるようにするとの観点から、必要に応じて、その者に係る記録の適正な管理の在り方について検討を加え、その結果に基づいて必要な措置を講ずるものとする」と改正住基法附則 23 条は定めている。これに基づいて、総務省自治行政局住民制度課外国人住民基本台帳室が 2018 年 8 月 10 日に「入管法等の規定により本邦に在留することができる外国人以外の在留外国人に対して行政サービスを提供するための必要な記録の管理等に関する措置に係る各府省庁の取組状況について」という通知を出している（表の出典では、総務省、2018 と略す）。保健医療に関する概要を示すと表 8-1 のようになる。

　その他、児童福祉施設への入所は、「国籍、信条、社会的身分又は入所に要する費用を負担するか否かによって、差別的取扱いをしてはならない」と児童福祉施設最低基準 9 条は定めており、在留資格の有無にかかわらず入所可能とされている。また、小児がんなどの特定の小児慢性疾患については、医療費の負担も高額となり、放置すると子どもの生命にかかわったり、健全な育成を阻害するおそれがあるため、在留資格の有無にかかわらず、医療保険がない場合でも、治療研究を行うのに必要な費用が全額支給される[28]。さら

---

23) 外国人の医療と福祉に関する質問主意書（平成 12 年 4 月 28 日第 147 回国会質問第 26 号　参議院議員大脇雅子）。
24) 介護保険法 9 条。
25) 外国人の医療と福祉に関する質問主意書（同上）、および同質問に対する答弁書（平成 12 年 5 月 26 日第 147 回国会答弁書第 26 号　内閣総理大臣森喜朗）。
26) その概要については、近藤編、2011、88 頁（北村）参照。
27) 日本弁護士連合会、2016、3-5 頁。

表 8-1　非正規滞在外国人の保健医療に関する行政サービス

制度	根拠法令等	適用	解説
母子健康手帳の交付その他の母子保健サービス*	母子保健法16条ほか	居住の実態があれば適用	在留資格がなく、住民登録をしていない者が妊娠の届出を行う場合は、居住地の市町村であり、母子手帳の発行も当該市町村が行う。
予防接種	予防接種法5条1項、同法施行令1条の3	市町村長の判断による	在留資格がない場合でも、住民票、入国管理局からの通知を基に実施主体である市町村の区域内に居住していることが明らかな場合。
結核の定期健康診査	感染症予防法53条の2第3項、同法施行令12条2	市町村長の判断による	予防接種と同様、結核の発生とまん延を防止するためには、対象者の在留資格の有無の区別は理由がない。市町村に「居住する者」の判断は、実施者である市町村長が住民登録（その他の方法）により判断。
入院助産制度	児童福祉法22条	緊急時のみ適用	緊急に入院助産を受けさせる必要があると認められる場合には、住民登録の有無にかかわらず適用。
養育医療	母子保健法20条	必要により適用	出生時の体重が2,000g以下の未熟児であり、医師が入院養育を必要と認めた場合のみ在留資格の有無にかかわらず適用。
乳幼児の健康診査	母子保健法12条	適用	1歳半から2歳、3歳から4歳の間の健康診査は、在留資格の有無にかかわらず、市町村が行う。
身体障害者・知的障害者への障害福祉サービスの提供等	身体障害者福祉法18条、知的障害者福祉法15条の4、16条、	適用	身体障害者・知的障害者であって、やむを得ない事由により介護給付費等の支給を受けることが著しく困難であると認めるとき。
精神障害者の措置入院等	精神保健福祉法27条等	適用	医療および保護のために入院させなければその精神障害のために自身を傷つけまたは他人に害を及ぼすおそれがあると認めたとき。
自立支援（育成医療）	障害者総合支援法58条1項	必要により適用	障害児で、その身体障害を除去、軽減する手術等の治療によって確実に効果が期待できる者は、自立支援医療機関に医療受給者証を提示して当該指定自立支援医療を受けるものとする。ただし、緊急の場合その他やむを得ない事由のある場合については、この限りでない。
無料低額診療事業	社会福祉法2条3項9号	必要により適用	低所得者などの場合、在留資格のない外国人であっても、「無料低額診療事業」を行っている医療機関で受診すれば、医療費が無料または低額になる。

*保健指導、家庭訪問、1歳6カ月健康診査、3歳児健康診査、妊産婦・乳幼児健康診査。
出典：近藤編、2011、85頁（北村）；日本弁護士連合会、2016；総務省、2018をもとに作成。

に、外国人感染症報告者の割合が高い HIV 感染については、「特に外国人に対する医療への対応にあたっては、職業、国籍、感染経路等によって医療やサービス、情報の提供に支障が生じることのないよう、医療従事者に対する研修を実施するとともに、NGO 等と協力し、通訳等の確保による多言語での対応の充実等が必要である」という[29]。加えて、労働災害保険も、在留資格の有無にかかわらず雇用の事実があれば適用される[30]。しかし雇用者側が不法就労の発覚を恐れて労働基準監督署に通告しない場合も多い。労働省の内部通達により、不法就労の通報はしないことになっている[31]。近年、新型インフルエンザ等世界規模で流行する感染症の発生が危惧されている。公衆衛生の観点からは、地域全体での感染拡大の防止のためには、在留資格の有無を問わず、すべての住民を対象としなければならない。外国人コミュニティに対しては、タイムラグが発生しないよう迅速に情報提供を行うこと、また日本人と同等の対応を徹底することが必要である。また風評によるスティグマの防止は必須である[32]。

---

28) 児童福祉法 21 条の 5。外国人生活・医療ネットワーク関西ほか編、2016、34 頁参照。
29) 後天性免疫不全症候群に関する特定感染症予防指針（平成 24 年 1 月 19 日厚生労働省告示第 21 号）。
30) 労働者災害補償保険法 1 条、3 条。
31) ただし、事実関係の調査が終わると通報する例も報告されている。
32) 近藤編、2011、89 頁（北村）。

第9章

多文化家族と家族呼び寄せ

1 多文化家族とは

　日本の多文化共生政策は、韓国のように多文化家族を対象とする政策ではなく、主として外国人政策¹⁾、とりわけ日系人政策としての側面が特徴的と評価されることもある。しかし、「日系人就労準備研修」が2015年から「外国人就労・定着支援研修」事業となり、外国人配偶者を含む永住者等の「定住外国人」に拡充された。今後は、定住外国人政策としての側面が強調される可能性がある。本来、「国籍や民族などの異なる人々が、互いの文化的ちがいを認め合い、対等な関係を築こうとしながら、地域社会の構成員として共に生きていくこと²⁾」をめざす多文化共生の政策は、日本国籍を有する人も含む多文化家族政策を包含する。

　多文化家族政策の内容は、不十分な状況にある。日本人の家族の在留は、冷遇されてきた歴史も指摘されている³⁾。ようやく1981年の入管法改正時の施行規則2条1号により、国は「日本人の配偶者又は子」の在留資格を設けた。一方、国際結婚の増大する自治体では、1980年代半ばから、外国人配偶者への支援策に取り組む⁴⁾。国際結婚の統計を取りだした1965年か

---

1) Song, 2016, 2.
2) 多文化共生の推進に関する研究会、2006、5頁の定義による。参照、近藤編、2011。
3) 坂中、2001、47-48頁。
4) Kamiya, 2015.

ら1974年までは、全婚姻数に占める国際結婚の比率は少なく、日本人女性とアメリカ人男性のカップルが最多であった。1975年から1985年までは、男女ともにコリアンが最多である。1985年以後、「農村花嫁」、「興行」ビザによる入国など、アジア諸国からの女性の入国が増え、日本人男性と外国人女性のカップルの割合が多い[5]。国際結婚の比率は、2016年に6％を超えたときもあるが、近年は3％台を推移している。

多文化家族とは、多くは国際結婚家庭をさす。もっとも、国籍の観点から複数の国籍を有する家族だけではない。外国人の配偶者が結婚後に日本国籍を取得した場合や、婚姻前にすでに日本に帰化していた配偶者の場合も含めて、「多文化家族」は、広く存在する。さらに、異なった国籍・地域出身の外国人同士の国際結婚家庭もある。しかし、本章では多文化家族のうち、日本で暮らす日本人と外国人（および婚姻前後を問わず帰化した者）との結婚または離婚した家族に焦点を絞る[6]。

また、主な10カ国（スウェーデン、フィンランド、カナダ、オーストラリア、ドイツ、アメリカ、イギリス、韓国、フランス、日本）についての比較を行う。家族呼び寄せは、多文化家族の問題であり、外国人配偶者の言語講習などは今日の統合政策の重大関心事の1つとなっている。教育も、多文化家族の子どもの問題として重要である。就労支援も、一定の割合で多文化家族の問題とかかわる。

人権条約は、自由権規約17条が家族生活への恣意的な干渉を禁じる。同23条が家族の保護を受ける権利（1項）、家族を形成する権利（2項）、婚姻の自由（3項）、配偶者の権利と子どもの保護（4項）を定めている。また、社会権規約10条が社会の基礎的な単位である家族への保護・援助（1項）、母親の保護（2項）、子どもと年少者の保護・援助のための特別な措置（3項）を規定する。さらに、子どもの権利条約は、子どもの最善の利益（3条）をはじめ、さまざまな場面での子どもの保護を定める。

---

5) 移民政策学会設立10周年記念論集刊行委員会編、2018、229頁（賽漢卓娜）。
6) 佐竹・金編、2017、19頁（佐竹）。

■ 2　家族呼び寄せと言語講習

　今日の移民の類型上、家族移民が最大のグループである。2016年のOECD諸国における移民（1年ないし3カ月以上の滞在を予定し登録された入国者）の入国理由の内訳は、家族（32%）、労働者の帯同家族（6%）、労働（9%）、人道（19%）、自由移動（28%）、その他（6%）である。家族と労働者の帯同家族を合わせ、家族移民は、38%である。

　家族呼び寄せは、厳密には家族再結合（family reunion）と新たな家族形成（family formation）の2通りがある。新たな家族形成には、主として婚約者および養子の呼び寄せを認めるかどうかが問題となる。家族再結合には、配偶者、子、両親と祖父母、および兄弟姉妹その他の親族の呼び寄せが問題となる。

　家族呼び寄せの基準は、呼び寄せる側の申請者の範囲と、呼び寄せられる側の家族の範囲が問題となる。申請者は、一般に国民と永住者の場合が多い。さらに、スウェーデンでは1年以上、フランスでは1年半以上、ドイツでは2年以上の正規滞在者にも認められる。日本では、1年以上の在留資格を有する定住者などにも認められる。

　アメリカでは、家族呼び寄せの申請者は、国民と永住者に限られる。国民の両親（国民が21歳以上の場合）、配偶者、21歳未満の未婚の子は、数の制限なしにただちに入国が認められる。その他の親族は、優先順位（ごとの年間の数的制限）にしたがって、永住ビザを毎年22万6000取得できるが、1つの国から2万5620を超えるビザを取得することはできない。優先順位の第1は、国民の21歳以上の未婚の子女（2万3400人）である。第2は、永住者の配偶者および子女（11万4200人）である。第3は、国民の既婚の子

---

7) OECD, 2018, 24.
8) Scientific Council for Government Policy, 2001, 34-35.
9) 難民や学生の場合も、家族呼び寄せが認められるが、国によっては、通常の家族呼び寄せとは別の扱いとなるので、ここでは考察の対象から除く。また、オーストラリアとニュージーランドの間や、EU・EEA諸国内、北欧諸国内における域内での移動の自由を有する場合の家族呼び寄せも、ここでの対象から除いている。
10) 移民国籍法（Immigration and Nationality Act: INA）201条。
11) 同202条。
12) 移民国籍法上、子女は、成人も含むが、子は未成年者に限られる。

女（2万3400人）である。第4は、国民の兄弟姉妹（6万5000人）である[13]。
カナダでも、家族呼び寄せは、18歳以上の国民と永住者に限られる。数の制限はない。呼び寄せた家族を（配偶者やパートナーの場合は）3年間または（その他の家族の場合は）10年間（ないしは25歳になるまで）サポートすることに同意し、一定の収入要件が課される。家族の範囲は、配偶者、両親、祖父母、19歳未満の扶養している子、18歳未満の未婚の（両親が死亡している）孫・兄弟姉妹・甥姪、養子にしようとする18歳未満の子などである[14]。オーストラリアでも、家族呼び寄せは、国民、永住者に認められる[15]。家族の範囲は、配偶者（または内縁者・婚約者）、18歳未満の（または25歳未満の学生の）扶養している子、（両親のいずれも扶養できない）18歳未満の親族、両親、扶養している独身の高齢（男性は65歳以上）の親族、他に近い親族がいない者、介護をする親族である[17]。

イギリスでは、国民、永住者および有期の在留資格者の場合、配偶者・シビルパートナー（法的に承認されたパートナーシップ関係）および18歳未満かつ未婚の扶養されている子に対し、申請者の在留資格に応じた在留資格が認められる[18]。また、結婚やシビルパートナー契約に近い形で2年以上同居している場合もパートナーとしての在留資格が認められる[19]。いずれかが65歳以上の両親や祖父母の呼び寄せも可能である。18歳以上の子およびその他の親族の呼び寄せは、特別な配慮が必要な場合に限られる[20]。ドイツでは、国民の場合は、配偶者および18歳未満かつ未婚の子に対して、通常、在留許可が認められる[21]。永住者と2年以上正規滞在した外国人の場合は、配偶者

---

13) 移民国籍法（INA）203条。
14) 移民難民保護規則（Immigration and Refugee Protection Regulations: IRPR）117条、2条。
15) 入国前に健康上および人物審査の基準を満たした、オーストラリアに通常居住しているニュージーランド国民も、家族の呼び寄せは可能である。
16) 子どもの半数以上がオーストラリアに住んでいる家族バランステストがある。何年も待機期間があるタイプと高額の申請料による短期の待ち時間のタイプがある。
17) 参照、奥野、2014、72-74頁。
18) 移民規則（Immigration Rules）194条、197条、297条、298条、301条。
19) 同 Appendix FM para GEN.1.2.
20) 同 317条。
21) 滞在法（AufenthG）28条。

および 16 歳未満の未婚の子に在留許可が原則として認められる[22]。フランスでは、国民と 1 年半以上正規滞在した外国人は、配偶者および 18 歳未満の子に対し、就労可能な短期の在留資格が認められる[23]。スウェーデンでは、居住者または定住者と同居していた「配偶者または同棲相手」、「18 歳未満の未婚の子」に対して、在留許可を認める[24]。また、「スウェーデンの居住者の近親者」として、18 歳以上の未婚の子、出身国に面倒をみる子どものいない親またはその他の近親者に対し、特別な事情がある場合には、成年の養子にも、在留資格が認められる[25]。フィンランドでは、居住者の配偶者、18 歳未満の未婚の子、未成年の居住者の保護者、同性のパートナー、婚姻同様に継続居住している人も家族として、在留資格が認められる[26]。韓国では、国民の配偶者と、未成年の子の養育者は、結婚移民の在留資格が認められ、居住者の配偶者と未成年の子は、家族滞在の在留資格が認められる[28]。

　日本では、活動に制限がなく、安定した在留資格を伴う家族呼び寄せは、国民、永住者、特別永住者、1 年以上の在留期間を指定されている定住者などに認められる。しかし、家族呼び寄せという考え方が、入管法においては明確ではなく、その申請権者や呼び寄せることのできる家族の範囲が複雑である。まず、入管法別表第 2 により、日本人の配偶者と子は、「日本人の配偶者等」の在留資格が認められる。ついで、特別永住者も含む永住者の配偶者と子は、「永住者の配偶者等」の在留資格が認められる。さらに、定住者などの家族呼び寄せについては、「定住者告示」が定めている[29]。なお、技術・

---

22) 同 32 条。
23) 入国滞在庇護権法典（CESEDA）L313-11 条、L411-1 条、L431-1 条。
24) スウェーデンでは、同性婚も認められているが、同棲（sambo）による事実婚の場合も、異性、同性問わず、在留資格が認められる。
25) 外国人法（Utlänningslag）5 章 3 条。
26) 同 3a 条、Wikrén and Sandesjö, 1999, 69-73.
27) 外国人法（Utlänningslag）37 条、38 条。
28) 出入国管理法施行規則 12 条。
29) 平成 2 年 5 月 24 日法務省告示第 132 号（定住者告示）における家族の範囲は、4 つに分けられる。1) 配偶者：日本人の子で日本人の配偶者等の在留資格を有する者の配偶者、1 年以上の在留期間を指定されている定住者の配偶者が、定住者としての上陸が認められる（5 号）。2) 子：日本人、特別永住者、永住者、1 年以上の在留期間を指定されている定住者、日本人の配偶者および永住者の配偶者の「扶養を受けて生活するこれらの者の未成年で未婚の実子」について、定住者としての上陸が認められる（6 号）。

人文知識・国際業務、技能などの専門・技能職や留学の場合にも、配偶者や子に「家族滞在」の在留資格が認められる。ただし、入管法別表第1の4の「家族滞在」という在留資格は、期間と活動が限定されており、ここでいう定住を前提とする家族呼び寄せとは、別に扱う必要があろう。

　呼び寄せられる側の家族の範囲としては、配偶者と未成年の未婚の子はどの国でも原則として認められ、その他の家族が認められる国も多い。現行の配偶者の呼び寄せが認められるだけでなく、将来的には、内縁関係さらには同性のパートナーの呼び寄せが認められる必要がある。カナダ、フィンランド[30]、スウェーデン、イギリスでは、法律上の婚姻関係にある配偶者に限らず、内縁関係でも、登録パートナーでも、呼び寄せが可能である。オーストラリアでは内縁関係[31]、フランスでは同性婚の配偶者、ドイツでは同性の生活パートナー[32]は、呼び寄せが認められる。アメリカでは、同性婚を認める2013年6月26日の最高裁判決 United States v. Windsor 以後、同性のパートナーの呼び寄せも認めるようになった。その後日本では、2013年10月18日の法務省の通知により、同性婚を法律で認める国の配偶者には、「特定活動」の在留資格を認めるようになった[33]。

　また、多文化家族のあり方は、夫婦（パートナー）と子どもから構成され

　　一方、出生当時親が日本国籍を有しておらず、日本人の子として出生した者の「実子」についても、定住者としての上陸が認められる（3号）。3）養子：日本人、特別永住者、永住者、1年以上の在留期間を指定されている定住者の「6歳未満の養子」に対し、定住者としての上陸が認められる（7号）。4）孫：日本人の子として出生した者でかつて日本国民として本邦に本籍を有したことがある者の実子の実子が、定住者としての上陸が認められる（4号）。

30) 移民難民保護法12条1項。common-law partner は、1年以上同棲し、内縁関係にある異性または同性のパートナー、conjugal partner は、正当な理由により同棲していないが、1年以上内縁関係にある異性または同性のパートナーをさす。

31) 内縁関係は、2年の同居が原則だが、子どもがある場合には、期間の要件は不要である。

32) L411-1条に配偶者とあるため、フランスに合法的に滞在している外国人の場合の内縁関係には在留資格を認めるが、国外の外国人を内縁関係として呼び寄せることは認められていない。

33) 法務省入国管理局入国在留課長通知「同性婚の配偶者に対する入国・在留審査について」（法務省管在第5357号、平成25年10月18日本）。なお、そこでは、「本年5月にフランスで『同性婚法』が施行されるなどの近時の諸外国における同性婚に係る法整備の実情等を踏まえ」と明記されている。

第9章　多文化家族と家族呼び寄せ

表9-1　家族呼び寄せの対象となりうる国民・外国人の家族

	パートナー			子			他の成人の親族		
	配偶者	登録パートナー	婚約者	扶養される子	成人/既婚の子	孫	扶養される成人の親族	親	叔父叔母/祖父母/兄弟姉妹
アメリカ	○	○	○	○	○	○	○	○	○
オーストラリア	○	○	○	○	○	○	○	○	○
カナダ	○	○		○	○	○	○	○	○
スウェーデン	○	○		○			○	○	
ドイツ	○			○			○	○	
フィンランド	○	○		○		○	○		
イギリス	○	○	○	○				○	
フランス	○			○					
韓国									
日本	○			○					

出典：OECD, 2017, 122.

る核家族にとどまらず、出身国に扶養できる親族がいない場合の親や祖父母の呼び寄せの制度化も必要である。[34] 日本でも、高度専門職の場合は、①本人または配偶者の 7 歳未満の子（養子を含む）を養育する場合、②本人または配偶者が妊娠中に介助が必要な場合、世帯年収が 800 万円以上であり、同居することを要件として、本人または配偶者の親を呼び寄せることができる。しかし、これらは限定的な呼び寄せにすぎない。なお、高度専門職でなくても、実務上、65 歳ないし 70 歳以上、出身国に扶養できる者がなく、日本にいる子どもに扶養する資力がある場合の親の呼び寄せが「特定活動」の在留資格で認められる場合もありうる。それらの条件が明示されているわけではなく、ケースバイケースの裁量の余地が多く、必ずしも基準が明らかでない。

表 9-1 にみられるように、婚約者やその他の家族の呼び寄せルールも、

---

[34] MIPEX の第 26 の指標（以下、指標は MIPEX のものをさす）は、扶養している尊属の呼び寄せである。1 は認められる、スウェーデン。2 は条件付きで認められる、韓国。3 は認められないか、裁量による例外とする、オーストラリア、カナダ、フィンランド、ドイツ、フランス、日本、イギリス、アメリカ。

今後の課題といえよう。
　家族が受入れ国の公的扶助の対象とならないように、呼び寄せの申請者に生計維持に必要な財政要件を課す国が多い。日本の生計要件は、入管法別表第3において、日本人の配偶者等・永住者の配偶者等の場合には職業と収入に関する証明が、定住者の場合には在留中の一切の経費を自弁できることを証する文書または経費を支弁する人の収入証明が必要とされる。実務上、扶養を受けて生活することが条件となっている場合には、扶養者の扶養能力が審査されるという。生計要件の具体的な基準は明らかではない。
　また、日本では、家族呼び寄せにおいて、国外に居住する家族への出国前の言語要件も、統合要件も、入国後の言語要件も、統合要件もなく、住居空間の要件もない。表9-2にみるように、フランスでは、入国前の言語講習が必要であり、ドイツやイギリスや韓国ではA1レベルの言語試験も課され

---

35) 第31の指標は、生計要件である。1は生計要件が無い、または生活保護よりも低いレベルである、オーストラリア、フィンランド。2は生活保護よりも高いレベルである、カナダ、ドイツ、フランス、韓国（最低生活費の120%：子どもがいれば要件免除）、スウェーデン（4年以上の居住者または子どもがいれば免除）、アメリカ（最低規定収入額の125%）。3は雇用と結びついており、社会手当受給者は除く、イギリス、日本（ただし、フルタイムの正規雇用でなくても、1000万円ぐらいの財産があればよい）。
36) 第29cの指標は、呼び寄せ人や呼び寄せ家族の入国後の社会文化的な統合対策である。1は無しまたは任意の情報またはコースをとる。2は統合コースをとる必要がある、フランス。3は統合試験も含む、ドイツ。
37) 第30の指標は、住居要件である。1は住居要件の無い、日本、韓国、フィンランド、アメリカ、カナダ。2は一般的な健康かつ安全な基準にかなう適当な住居が必要である、イギリス、ドイツ、スウェーデン、オーストラリア。3はより詳細な要件が必要である、フランス。
38) 家族呼び寄せによりフランスへの入国を希望する16歳以上65歳未満の人は、ビザの申請後60日以内に、居住国のアリアンス・フランセーズなどで口述と筆記のフランス語のA1.1レベルの試験と共和国の価値観に関する試験を受け、成績が不十分である場合、入国希望者は2ヵ月間で40時間以上のフランス語講習などを無料で受講する。ただし、3年以上フランスまたはフランス語圏での中等教育を受けたり、1年以上フランスの高等教育を受けたりすれば、言語試験は免除される。
39) ただし、配偶者のみに平易なドイツ語での意思疎通といった言語要件が課されるものの、EUに限らず、日本・韓国・アメリカ・オーストラリア・ニュージーランド・イスラエルの国籍を有する配偶者、高度専門技術者・研究者・自営業者の配偶者の場合は、免除されている。
40) A1レベルの英語能力を要求することは、愛する人との同居を妨げるためではなく、統合を容易にし、参加する社会の結合に役立てるためであると政府は説明している。

第 9 章　多文化家族と家族呼び寄せ

表 9-2　入国前の言語要件

言語要件は不要		オーストラリア、カナダ、アメリカ、フィンランド、スウェーデン、日本
言語講習の履修が必要		フランス
言語試験を含む	A1	ドイツ、韓国、イギリス

出典：MIPEX, 2015.

表 9-3　入国後の言語要件

言語要件は不要		オーストラリア、カナダ、アメリカ、フィンランド、スウェーデン、韓国、日本
言語講習の履修が必要		フランス
言語試験を含む	B1	ドイツ、イギリス

出典：MIPEX, 2015.

る。また、フランスでは、入国前の統合講習も必要であり、社会文化的な知識の習得がはかられる。表 9-3 にみるように、入国後も、フランスでは言語講習が必要であり[42]、ドイツやイギリスでは B1 レベルの言語試験も義務ベースで課される。他方、スウェーデン、フィンランド、カナダ、オーストラリアでは、権利ベースでの無料の言語講習が受けられる。

日本では、資格の安定については、申請手続の期間の上限の定めがなく[43]、不許可理由として失業などの場合も含み[44]、不許可の場合の理由開示も不服申立も定められていない[45]。

---

41) 韓国語能力試験（KTOPIK）1 級を取得するか、法務部長官が承認した教育機関で初級レベルの韓国語課程を履修しないと、結婚移民ビザを取得できない。
42) 2016 年から受入れ統合契約におけるフランス語習得の目標が A1 から A2 に引き上げられた。
43) 第 33 の指標は、申請手続期間の上限である。1 は 6 カ月以下である、ドイツ。2 は 6 カ月より長いが、法で定められている、フィンランド、フランス。3 は期間の上限の定めがない、カナダ、日本、韓国、スウェーデン、イギリス、アメリカ、オーストラリア。
44) 第 35 の指標は、不許可や取消や更新拒否の理由である。1 は公共・国家の安全と虚偽の判明だけを理由とする、カナダ。2 は（3 年未満での）家族関係の破綻も含む、韓国、スウェーデン、アメリカ。3 は失業などの以前の条件を満たさない場合も含む、フィンランド、ドイツ、フランス、日本、イギリス、オーストラリア。

179

また日本では、資格と結びついた権利については、配偶者と成人の子の場合の自律的な居住[46]、また離婚や死別やDVの被害の場合の自律的な居住[47]が、十分ではない。ドイツの滞在法では、共同生活が解消されても、(DVなど過酷な状況を避けるためなら期間の要件はないが、原則として) 2年以上前からドイツで婚姻生活が適法に継続していた場合または死別の場合は、1年の独自の滞在許可が認められ、生計維持能力がある場合は定住許可が認められる (31条)。アメリカでは、女性に対する暴力防止法 (Violence Against Women Act: VAWA) は、アメリカ市民か永住者の配偶者からのDV被害にあった場合、婚姻が真正であり、善良な道徳的品性を備えていることを条件に、永住許可を認める。また、DV、人身取引、性的虐待などの被害者であり、加害者の捜査・訴追に協力する場合、Uビザと呼ばれる最長4年の滞在・労働許可が認められる[48]。一方、オーストラリアでは、永住者の配偶者の有責暴力による離婚の場合、死亡の場合、扶養する子どもがいる場合、永住許可が認められる。

　1996年の法務省の通達によれば、日本人の (嫡出、非嫡出を問わず、日本人の父親が認知していれば日本国籍の有無を問わない、未成年かつ未婚の) 実子を扶養する外国人の親が「親権者」であり、現に「養育、監護している」場合[49]、「定住者」(1年) への在留資格の変更を許可し、その更新も可能であ

---

45) 第37の指標は、不許可・取消の場合の法的保障である。1は理由開示、不服申立、独立行政機関や裁判所での代理が保障されている、カナダ、フィンランド、ドイツ、フランス、韓国、スウェーデン、イギリス、アメリカ、オーストラリア。2の少なくとも最初の2つが保障されている国はない。3は最初の2つのいずれかまたはどちらも保障されていない、日本。
46) 第38の指標は、配偶者と成人の子の自律的な居住である。1は3年以下である、カナダ、スウェーデン、オーストラリア。2は3年より長く5年以下である、アメリカ、フランス、ドイツ、フランス。3は5年より長いか一定の条件が要る、日本、韓国、イギリス。
47) 第39の指標は、離婚や死別やDVの被害の場合の自律的な居住である。1は自動的に認められる、カナダ、オーストラリア。2は (居住期間や婚姻などの) 一定の条件のもとに認められる、フィンランド、ドイツ、フランス、韓国、スウェーデン、イギリス、アメリカ。3は認められない、日本。
48) 古屋・北村、2009、108-113頁。
49) 法務省入国管理局「在留特別許可に係るガイドライン」(平成18年10月、平成21年7月改定) によれば、「本邦において相当期間同居」の要件も加わっている。

る。日本人の子がなくても、3年以上の居住実績で定住者の在留資格への変更が認められるのか、また DV の被害者が単独で日本に住むための正規の在留資格が認められるのかは、明らかではない。

3 子どもの教育

　日本では、在留資格にかかわらず就学前教育へのアクセスを認めているが、外国人の子どもの就学を促進する特別な言語授業などの支援策は乏しい。韓国、アメリカ、スウェーデン、オーストラリアでは、支援策もある。たとえば、スウェーデンでは、移民の子どもは母語の知識を向上させる権利を有している。韓国の多文化家族支援法10条3項では、「国・地方自治体は、多文化家族構成員の児童の小学校進学前保育および教育支援のために努力し、その児童の言語発達のために韓国語教育のための教材支援および学習支援等言語能力向上のために必要な支援をすることができる」と定めている。
　また、日本では、移民の以前の教育や国外での言語資格の評価は、学校のスタッフが独自に評価するだけで、共通の評価基準はない。訓練されたスタッフを任用することもない。たとえば、2001年のアメリカの「どの子も置き去りにしない法」（No Child Left Behind Act）3章は、英語能力が十分でない子の教育に対して連邦の補助金を提供する。また、多くの州が共通の評価基準を採用している。
　日本では、職業訓練へのアクセスは、生徒に対する政策も雇用主に対する

---

50) 法務省入国管理局通達「日本人の実子を扶養する外国人親の取扱について」（法務省管在第2565号、1996〔平成8〕年7月30日）。
51) 2013年7月から、スウェーデンでは、非正規滞在の子も、国民と同様のアクセスが認められるようになった。
52) 第46の指標は、移民の以前の教育や国外での言語資格の評価である。1は標準化された評価の手段があり、訓練されたスタッフがいる、フランス。2はどちらか一方である、カナダ、フィンランド、韓国、イギリス、アメリカ。3はどちらも無い、ドイツ、日本、スウェーデン、オーストラリア。
53) World-Class Instructional Design and Assessment. The Center for Applied Linguistics のホームページを参照（http://www.cal.org/what-we-do/projects/wida、2017年3月22日閲覧）。
54) 第48の指標は、職業訓練へのアクセスである。1は移民の生徒の職業訓練への参加促進策と、移民の生徒に職業訓練を提供するように雇用主を促す政策の両方を行う、カ

政策も不十分である。高等教育[55]は、在留資格にかかわらずアクセスは可能だが、参加促進策はない。

　日本における特別な必要については、多くの母語での入学案内を用意している自治体もあるが、家族への翻訳・通訳サービスの提供はない。これに対し、カナダ、フィンランド、韓国、スウェーデン、オーストラリア、アメリカでは、移民の母語で教育制度を紹介し、移民の生徒へのオリエンテーション、移民生徒の家族への一般的な教育の助言や案内に関する通訳サービスを提供している。カナダ、フィンランド、韓国、スウェーデン、アメリカと違い、日本では、外国人生徒の言語支援の提供は、就学前教育にはない。統計調査も、日本語指導の必要な児童生徒数だけであり、不十分である。フィンランド、ドイツ、スウェーデン、イギリス、アメリカでは、性別や出身国などの多様な集団ごとの調査がある。外国人児童生徒の教育状況に焦点を当てた政策として、学習支援がはじまったものの、日本は財政支援に欠ける。オーストラリア、カナダ、フィンランド、韓国、スウェーデン、イギリス、アメリカでは、財政支援もある。日本では、外国人児童生徒向けの教員の訓練[56]は、採用前も採用後も不十分である。

　日本では、ごく一部の自治体を除き、移民の母語を学習する選択権も、自己または親の出身国の文化の学習権も保障されていない[57]。たとえば、例外的

　　ナダ、フィンランド、ドイツ、アメリカ、オーストラリア。2はどちらか1つを行う、韓国、スウェーデン。3はいずれも無い、日本、フランス、イギリス。

55) 第49の指標は、高等教育へのアクセスや参加の支援である。1は高等教育への移民の生徒の入学奨励策と（特別入学・付加的な言語支援・メンター・落第防止対策などの）参加促進策がある、フィンランド、アメリカ、オーストラリア。2はどちらか一方がある、ドイツ、韓国、スウェーデン。3はどちらも無い、カナダ、日本、フランス、イギリス。

56) 第54の指標は、外国人児童生徒を教える教員の訓練である。1は採用前の教育、採用後の教育の両方がある、イギリス、オーストラリア。2はどちらか一方がある、カナダ、フィンランド、ドイツ、韓国、スウェーデン、アメリカ。3はどちらも無い、日本、フランス。

57) 第56aの指標は、自己または親の出身国の文化の学習の提供である。1は国の規定か勧告である、オーストラリア、カナダ、韓国、スウェーデン。2は2カ国間条約か、他国の財政支援による制度である。日本では一部の自治体で提供がある。3は提供がなく、私的またはコミュニティ主導のものだけである、フィンランド、ドイツ、フランス、イギリス、アメリカ。

に、愛知県岩倉市では、日本語・ポルトガル語適応指導教室において、ブラジルの教科書を使って、母語であるポルトガル語を忘れないように配慮しながら、ブラジルの文化や地理・歴史などを教える授業が、市立の小中学校の正規の授業時間内で行われている。同小牧市では、ポルトガル語、スペイン語、中国語、タガログ語の語学相談員が、巡回する小中学校での取り出し指導で母語教育を行っている。

　また、オーストラリア、スウェーデン、イギリスと違って、日本は、教育現場でのセグリゲーションに対処する施策がなく、移民の親や移民コミュニティに対する支援策がない。自治体の支援、学校の支援、移民の親の学校運営への参加のうち少なくとも2つがあるのは、オーストラリア、カナダ、韓国、スウェーデンである。たとえば、韓国の多文化家族支援法12条は自治体の支援を定めており、政府は、多文化家族の若者を支援する100以上の学校を指定している。

　日本では、異文化間教育も学校カリキュラムに組み込まれていない[58]。文化の多様性を奨励する政策に欠ける[59]。韓国の多文化家族支援法5条では「国・地方自治体は、多文化家族に対する社会的差別・偏見を予防し、社会構成員が文化的多様性を認め、尊重することができるように多文化理解教育および広報等必要な措置をとらなければならない」と定めている。

　日本では、文化の多様性に応じたカリキュラム[60]や時間割などの制度的な保障がない[61]。移民の教員を積極的に登用し、異文化間教育その他の文化の多様

---

58) 第60の指標は、異文化間教育の公式目標に文化の多様性を含んでいることである。1はカリキュラム上の単位の科目として、またカリキュラム全体を通じて含んでいる、イギリス、カナダ、スウェーデン。2はそのうちの1つを含んでいる、オーストラリア、フィンランド、韓国、アメリカ、ドイツ。3は無いまたは異文化間教育が文化の多様性を含まない、日本、フランス。
59) 第61の指標は、文化の多様性を奨励する国の情報政策である。1は国の財政支援を受けた機関の任務の一部としての主導で行われる、オーストラリア、韓国、イギリス、カナダ、フランス、スウェーデン。2は国から任意の財政支援を受けた機関の主導で行われる、アメリカ、フィンランド、ドイツ。3は無い、日本。
60) 第62の指標は、学校の人口の多様性の変化に応じたカリキュラムや教材の変化である。1は国と地方の人口態様に応じたカリキュラム変更、履行状況の調査と評価の両方を含む、オーストラリア、イギリス、スウェーデン。2は前者のみである、アメリカ、カナダ。3は無い、日本、韓国、フランス、ドイツ、フィンランド。
61) 第63の指標は、宗教などを配慮した時間割や休日や宗教活動や服装コードの変更で

性を奨励する教育のための教員の訓練をするような教育政策も欠けている。

■ 4 就労支援

　労働市場へのアクセスでは、日本人の配偶者と子の場合は、永住者と同様、制約がない。親の在留資格が技能などであり、子の在留資格が家族滞在であるならば、高卒の場合は、資格外活動許可が必要であり、就労時間数などの就労制限があり、自営業も認められない。2015年の通知により、法務省は、日本で義務教育の大半を修了し、日本の高校を卒業している場合は、日本社会への十分な定着性が認められるものとして、一般に就労が可能な「定住者」への在留資格の変更を認めている。しかし、ある程度の年齢から日本に来た子どもの場合には、依然として問題が残っている。

　日本では、外国人労働者への特別な支援も、国外の資格の承認の促進に乏しい。たとえば、ドイツでは、国外の医師や看護師の資格でも、B2以上のドイツ語の能力があれば、ドイツ国内で医師や看護師として働くことができる。日本では、就労支援は、「日系人就労準備研修」が、2015年から「外国人就労・定着支援研修」事業となり、外国人配偶者を含む永住者等の「定住外国人」に拡充された。しかし、2018年現在、18都府県にとどまり、まだ29道府県では支援事業が行われていない。また、一般に、ハローワーク職員の移民対応訓練がなされていない。経済的な統合政策も、女性や若者に対

　　　ある。1は国の法やガイドラインで認める、イギリス。2は自治体や学校レベルでの裁量で認める、オーストラリア、アメリカ、カナダ、フランス、ドイツ、フィンランド、スウェーデン。3は法的には認めない、日本、韓国。
62) 第59の指標は、移民の教員の積極的な登用である。1は移民の学習・移民としての教員資格の奨励、移民の教員への登用の促進の両方がある、イギリス、ドイツ。2はどちらか一方がある、オーストラリア、フィンランド、スウェーデン。3は無い、日本、韓国、アメリカ、カナダ、フランス。
63) 第64の指標は、すべての教員に対する異文化間教育を含む文化の多様性の奨励を教える訓練である。1は教員免許取得に必要な事前の訓練、採用後の訓練の両方がある、カナダ。2はどちらか一方がある、オーストラリア、韓国、アメリカ、イギリス、フランス、ドイツ、フィンランド、スウェーデン。3は無い、日本。
64) 法務省入国管理局入国在留課長通知「『家族滞在』の在留資格をもって在留する者からの『定住者』への在留資格変更許可申請における留意事項について」(平成27年1月20日本法務省管在第357号)。

する統合政策も[67]、乏しい。労働者の権利については、社会保障への平等なアクセスが一般にはみられるが、生活保護の受給資格は日本人の配偶者や子を含む永住者等に限られる[68]。また、住宅金融支援は、永住者に限られる[69]。

5 小 括

　多文化家族の支援は、外国人の権利保障全体の中でも多くの分野にかかわっている。言葉や文化・慣習の違いに受入れ社会がどのように対応するのかといった問題が問われている。家族結合、教育、就労支援などの分野における外国人の権利保障にとどまらず、言葉や文化・慣習の違いに対処する必要がある。

　今後、多文化家族政策を行う上で、第1に、多文化家族に関する統計を整備する必要がある。2012年から外国人住民も住民基本台帳制度の対象と

---

65) 第15の指標は、ハローワークへのアクセス支援である。1は相談助言などニューカマーの統合策、移民担当のスタッフの訓練を有する、ドイツ、韓国、スウェーデン。2は上記のいずれかを有する、フィンランド、フランス、日本、アメリカ、オーストラリア。3はいずれも無い、カナダ、イギリス。
66) 第13の指標は、経済的な統合措置である。1はa.（ブリッジコースや職業別専門用語訓練などの）一般的な言語訓練以外の職業訓練、b.（雇用主へのインセンティブや有償就業体験や公共部門活用などの）雇用奨励プログラムの両方を有する、オーストラリア、カナダ、フィンランド、ドイツ、スウェーデン。2はどちらか一方である、日本、韓国、フランス。3は暫定的に（主にNGOにより）実施される、イギリス。
67) 第14の指標は、労働市場への外国人の若者と女性の統合策である。1は移民の若者への特別対策、移民の女性への特別対策を有する、フィンランド、ドイツ、フランス、韓国、スウェーデン、フィンランド。2は上記のいずれかを有する、オーストラリア。3はいずれも無い、カナダ、日本、イギリス、アメリカ。
68) 第18の指標は、外国人が（失業手当、老齢年金、障害手当、出産休暇、家族手当、社会扶助などの）社会保障に平等にアクセスできるかである。1はすべて国民と同様である、カナダ、ドイツ、フランス、スウェーデン。2は少なくとも1分野で不平等である、日本、韓国、フィンランド。3は複数の分野で不平等である、イギリス、アメリカ、オーストラリア。
69) 第19の指標は、公営住宅や住宅金融支援への平等なアクセスができる外国人の類型である。1は永住者等、（季節労働者を除く）短期雇用契約者、家族呼び寄せの滞在者のすべてである、カナダ、ドイツ、フランス、スウェーデン、アメリカ。2は永住者等とその他の一部である、フィンランド、日本、韓国。3は永住者等だけか、すべての外国人がアクセスできない、イギリス、オーストラリア。

なったので、いわゆる国際結婚の家庭の人数の把握は、各自治体で概ね可能となる。3カ月以上の正規滞在に該当しないなどの理由から、実数はそれよりも多く、新たな在留管理制度後も、居住地の移転が正確に把握できないなどの問題があるとしても、政策対象の統計を概ね作成することはできるものと思われる。ただし、本書の対象とする多文化家族は、外国人の配偶者が結婚後に帰化により日本国籍を取得した場合や、婚姻前にすでに日本に帰化していた配偶者の場合の有無を含む統計を作成することが必要となる。プライバシー保護の観点から、日本の行政機関では帰化の有無を含む形での多文化家族の統計の作成には、韓国の「多文化家族支援法」のような特別の法律の根拠なしに行うことは困難かもしれない。この点、諸外国では、外国生まれの人の統計がある。日本でも外国生まれの人の統計を将来整備するのであれば、外国生まれの人と日本生まれの人から構成される家族の統計把握は、可能と思われる。国籍上、または出生地上の多文化家族の統計がまずは整備される必要がある。

　第2に、多文化家族の支援は、とりわけ弱い立場にある人々への支援が必要である。DV対策や被害女性の支援については、自治体の男女共同参画課などの窓口では対応が不十分である。多言語で対応できる窓口が少なく、女性が帰国を促され、支援を断られるなどの問題事例があるという[70]。このため、市民団体が活動を補っている側面が強い。職員の多文化対応の研修を強化するとともに、市民団体への委託事業を増やす必要があろう。

　第3に、日本人配偶者への支援も必要である。日本人配偶者が気軽に相談できる窓口やネットワークが必要である。社会保障や遺産相続などの法律相談に限らず、言葉や文化・慣習の違いに対処するためのアドバイスが受けられる必要がある。

　第4に、外国にルーツを持つ配偶者の日本語や日本社会に関する教育制度が整備される必要がある。一部の国でみられるような試験や講習を義務づける制度は、親などの家族内での講習参加に反対する人がいる場合には、有益かもしれない。しかし、すでに就労している人の場合の義務づけなどは現実的ではなく、「外国人就労・定着支援研修」事業のような権利ベースでの

---

70) 山岸、2009、82頁。

参加を確保する制度の拡充が適当と思われる。「多文化家族支援研修」事業では、受講者のニーズに合わせた実践的な教育のあり方が求められ、就労支援だけでなく、言葉や文化・慣習の違いに対処するための結婚生活の知恵が身に付くような教育内容が望まれる。

　第5に、外国にルーツを持つ子どもの教育が重要である。国際結婚で生まれた子どもや、外国人配偶者の連れ子が学校でいじめられたり、適応に悩んだりすることもある。文科省の学校基本調査では「不就学学齢児童生徒調査」が行われているが、調査票には「外国人は調査から除外する」とわざわざ注記され、文科省が外国人の就学にいかに無頓着であるのかがわかるとの指摘もみられる[71]。社会権規約13条（または子どもの権利条約28条1項）が「教育についてのすべての者（または子ども）の権利を認め」、「初等教育は、義務的なものとし、すべての者に対して無償のものとする」と定めている。この教育の権利に対応して、国に教育を提供する義務がある。したがって、人権条約との整合的な憲法解釈をすれば、性質上、憲法26条1項において「日本に住むすべての人（とりわけ学齢期の子ども）」に教育を受ける権利があり、学齢期の子どもに教育を提供する国の義務があることに留意すべきである。従来の日本人を育てる画一的な国民教育のあり方を見直し、多様な子どもの教育ニーズにあった教育の多様性が求められ、国際理解教育に加え、母語教育やバイリンガル教育の要素も取り入れていく必要がある。この点については、次章で詳しくみる。

---

71) 田中、2013、207-208 頁。

第10章
教育の権利と義務

■ 1　問題の所在

　日本の憲法学では、教育を受ける権利は、社会権として類型化されることが多い（教育の自由としては自由権の側面も指摘される）。しかし、国際人権法上は、文化的権利として整理される。政府がいかに教育機関を財政支援するのかという側面からは社会権としての性質が強調される。他方、どのような内容の教育を受けるのかという側面からは文化的権利（ないし文化の選択の自由）の性質が強く意識される。

　一般に、従来の憲法解釈は、「教育を受ける権利」の主体が誰であるのかを明確にしていない問題がある。「教育を受けさせる義務」の主体が誰であるのかも不明な点がある。教育を受ける権利の内容として、「親の教育の自由」の側面を重視してこなかった。このため、義務教育における「多様な教育機会の確保」の問題が、等閑視されてきた。

　こうした背景もあって、実務は、社会権規約や子どもの権利条約を考慮して、外国人の教育を受ける機会の確保には配慮するようになった。しかし、その権利性は不十分な状況にある。外国人の子どもの親には教育を受けさせる義務はないとして不就学対策に熱心ではなく、外国人の子どもの中学校の退学処分を容認する判決もある。親の教育の自由に淵源を持つ、多様な教育のあり方を確保・支援する政策が乏しい。したがって、2016年に「義務教育の段階における普通教育に相当する教育の機会の確保等に関する法律」が制定されたが、その対象範囲は限定的である。当初の法案にあった「多様な

機会の確保」のため、不登校の子がフリースクールや家庭などで学ぶことも義務教育と認める内容は削除された。

　本章は、人権諸条約を踏まえ、教育の権利と義務をめぐる憲法解釈を見直す。第1に、教育を受ける権利の主体、第2に、教育を受けさせる義務の主体、第3に、教育を受ける権利の内容としての親の教育の自由について検討する。第4に、教育をめぐる権利と義務の再解釈の要点をまとめ、最後に、母語教育やスカーフ問題も含む多文化共生社会における教育の多様性の課題について考察する。

2　教育を受ける権利の主体

　日本国憲法26条1項は、「すべて国民は、法律の定めるところにより、その能力に応じて、ひとしく教育を受ける権利を有する」と定める。また、同2項が「すべて国民は、法律の定めるところにより、その保護する子女に普通教育を受けさせる義務を負ふ。義務教育は、これを無償とする」と規定している。

　多くの憲法の教科書は、外国人の人権享有主体性においても、憲法26条の教育を受ける権利においても、外国人の教育を受ける権利の有無について、明示していない[1]。明示しないのは、外国人も教育を受ける権利を享有することは、性質上、当然であるとして、特に論じる必要を感じていないのであろう。例外的に、明示的に論じる場合は、「日本に居住する外国人の子どもの教育は、本国政府による配慮を期待することができない以上、日本政府は配慮義務を免れることはできないと考える」のが肯定説の1つの論拠である[2]。また、「教育が経済生活の基盤をなす権利でありかつ精神生活形成の重要な機能を果たすという観点からすると、国籍によってこの権利を否定する根拠を見出すことはできない」と説明される[3]。

　ついで、「世界人権宣言でも国際人権規約でも、この権利を『すべての人』

---

1)　たとえば、芦部、2015、91-97、273-276頁；佐藤、2011、142-150、368-372頁；長谷部、2018、117-123、289-293頁；高橋、2013、85-93、304-307頁；野中ほか、2012、222-230頁（中村）、516-522頁（野中）。
2)　戸波、1998、140頁。
3)　渋谷、2017、121頁；木下・只野編、2015、304頁（倉田）。

に具わったものとして宣言している」ことから「そもそも教育ということがらが、国籍といった人為的・制度的な属性と本来的に馴染むものかどうか……疑問である」といった根拠もある。さらには、「憲法26条は『すべて国民』に教育を受ける権利を保障したが、今日では、『本条の権利の性質上、外国人を含める』という理解が有力になりつつある」として、「今日の通説で判例も支持している……学習権説は、教育という目的を子ども個人の人格の発展から説き起こすので、教育に対する脱国家性、脱政治性を組み込んだ説明がしやすい」し、「世界人権宣言26条、社会権規約13条、難民条約22条1項などの認めるところでもある[5]」。したがって、外国人の人権享有主体性を権利の性質に求めるのであれば、権利の性質の判定基準として人権条約を参照する必要がある。人権条約適合的解釈からは、すべての人（とりわけ学齢期の子ども）が憲法26条1項の教育を受ける権利の主体と考えるべきである[6]。教育への権利は、第1に、功利主義的な立場からは、民主制を維持する上での「国民の権利」行使の前提条件と考えられるものの、第2に、個人の「人格の発展」のための前提条件であり、第3に、雇用・衣食住などの個人の福祉を確保するため、「人間の尊厳」の要請として、文字通りの「人権」として考えられる[7]。たとえば、社会権規約13条1項は、「この規約の締約国は、教育についてのすべての者の権利を認める。締約国は、教育が人格の完成および人間の尊厳についての意識の十分な発達を指向する」旨を定めており、この権利の性質を明確に位置づけている。

　他方、否定説によれば、「憲法26条の効力は、外国人には及ばない。ただし、日本国内に住む外国人の子どもが日本の小・中学校への入学を希望した場合、日本人と同じ条件で受け入れている」という[8]。その論拠は定かではないが、おそらく、政府の解釈と実務に依拠するものと思われる。以下の政

---

4) 奥平、1981、380頁。なお、芦部、1994、137-138頁も、難民条約「第4章において福祉（……公の教育……）について内外人の平等原則」を掲げ、社会権規約2条2項の「差別禁止」は「漸進的達成条項」とは違うことから、教育を受ける権利を含む外国人の社会権を肯定する人権条約適合的な憲法解釈の視点がみられる。
5) 江橋、1992、152-153頁。
6) 近藤、2016、5、315頁。
7) Beiter, 2006, 26-27.
8) 渡辺ほか、2016、386頁（工藤）。

府関連の文書や国会答弁にみられるように、政府は、憲法26条1項を文言説的に解釈し、教育を受ける権利の憲法上の享有主体は「国民」に限られるものの、「すべての者（や子ども）」に教育を受ける権利を保障している社会権規約（や子どもの権利条約）の規定に基づいて、外国人の子どもが入学を希望するならば、無償の公立の義務教育を受ける機会を保障していると考えている。

2003年の総務省の通知では「外国人子女については、我が国の義務教育への就学義務は課せられていないが」、社会権規約を受けて、「入学を希望する者については、公立の義務教育諸学校への受入れが保障されている」と説明する[9]。また、文科省の検討会の2008年の報告書でも、「憲法及び教育基本法は、国民はその保護する子女に普通教育を受けさせる義務を負うものとしていることから、普通教育を受けさせる義務は、我が国の国籍を有する者に課されたものであり、外国人には課せられないと解される。しかしながら国際人権規約等の規定を踏まえ、公立の小学校、中学校等では入学を希望する外国人の子どもを無償で受け入れる等の措置を講じており、これらの取組により、外国人の子どもの教育を受ける権利を保障している」と説明している[10]。

また、同報告書の参考資料では、「国際人権規約等」とは、以下の規定をさす。社会権規約13条「1　この規約の締約国は、教育についてのすべての者の権利を認める。2　この規約の締約国は、1項の権利の完全な実現を達成するため、次のことを認める。(a) 初等教育は、義務的なものとし、すべての者に対して無償のものとすること。(b) 種々の形態の中等教育（技術的及び職業的中等教育を含む。）は、……特に、無償教育の漸進的な導入により、……すべての者に対して機会が与えられる」。子どもの権利条約28条「1　締約国は、教育についての児童の権利を認めるものとし、この権利を漸進的にかつ機会の平等を基礎として達成するため、特に、(a) 初等教育を義務的なものとし、すべての者に対して無償のものとする。(b) 種々の形態

---

9) 総務省行政評価局「外国人児童生徒等の教育に関する行政評価・監視結果に基づく通知——公立の義務教育諸学校への受入れ推進を中心として」（平成15年8月）。
10) 初等中等教育における外国人児童生徒教育の充実のための検討会『外国人児童生徒教育の充実方策について』（平成20年6月）。

の中等教育（一般教育及び職業教育を含む。）の発展を奨励し、すべての児童に対し、……無償教育の導入、必要な場合における財政的援助の提供のような適当な措置をとる」。なお、社会権規約委員会の一般的意見によれば、「13条2項(a)に従ってすべての者に初等教育を提供する義務」は、締約国が守るべき「最低限の中核的義務」とされている。また、「無償教育の漸進的な導入」とは、国が無償の中等教育および高等教育の達成に向けて具体的な措置をとる義務も負っていることを意味している。

なお、安倍首相の 2006 年の国会答弁でも、「憲法」は国民の「教育を受ける権利」と書いているので、「我々は日本国民としての国民を教育していくという義務を負って、まさにそういう国民を育成していく」、教育基本法においても「国民」と書いているが、いずれにせよ、「外国人の子弟」が「義務教育を希望」すれば、「当然、日本国民と同じようにその機会を現在保障している」という。ここでは、文言説的な憲法解釈が前提とされている。

さらに、2006 年および 2012 年の文科省通知でも「外国人の子どもが義務教育諸学校への入学の機会を逸することのないよう……就学案内を通知すること……就学機会が適切に確保されるように努めること」が指示され、「就学手続時の居住地等の確認については」、（従来の）「外国人登録証」か、「在留カード又は特別永住者証明書による確認を行うこと」、「仮に、在留カード等の提示がない場合であっても、一定の信頼が得られると判断できる書類により、居住地等の確認を行うなど、柔軟な対応を行うこと」と通知している。

---

11) 同検討会の参考資料「外国人の子どもの公立義務教育諸学校への受入について」（http://www.mext.go.jp/b_menu/shingi/chousa/shotou/042/houkoku/08070301/009/005.htm, 2019 年 1 月 6 日閲覧）。なお、MIPEX によれば、日本のような状況は「黙示の義務」と解しうる。ただし、在留資格などを理由に入学を認めない自治体が一部にみられることなどを考慮すると、黙示の義務の要素は弱く、通知ではなく、法律で明示することが望まれる。

12) 社会権規約委員会・一般的意見 13（1999 年 12 月 8 日）57 段落。

13) 同 14 段落。

14) 安倍晋三内閣総理大臣答弁・衆議院・教育基本法に関する特別委員会（平成 18 年 12 月 13 日）。

15) 文部科学省初等中等教育局長通知「外国人児童生徒教育の充実について」（18 文科初第 368 号、平成 18 年 6 月 22 日）および文部科学省初等中等教育局長通知「外国人の子どもの就学機会の確保に当たっての留意点について」（24 文科初第 388 号、平成 24 年 7 月 5 日）。さらに、行政目的の達成のために入管法上の通報義務を免除している点

「仮に」以下の記述は、非正規滞在者にも、公立の義務教育における無償の教育が受けられる機会を保障することを意味する。また、前川文科省大臣官房審議官の国会答弁において、「我が国に滞在する外国人が、その保護する子の公立義務教育諸学校への入学を希望する場合」は、「すべての子供の教育を受ける権利の保障を求めて」いる「国際人権規約、児童の権利条約等の規定に基づき」、「在留資格のいかんを問わず、無償での受け入れを行っている」という。社会権規約委員会の一般的意見によれば、「子どもの権利条約2条および教育における差別の禁止に関するユネスコ条約3条 (e) に留意し、無差別の原則は、国民でない者を含めて、締約国の領域内に居住する学齢期のすべての者に、その法的地位にかかわりなく及ぶ」という。「法的地位にかかわりなく」という表現は、非正規滞在の子どもの就学を認める趣旨である。

したがって、憲法は、外国人の教育を受ける権利を保障していないが、人権条約が外国人の教育を受ける権利を保障しているので、外国人の場合は、本人が希望すれば、公立の義務教育の学校も無償で受け入れると政府は考えているようである。こうした日本政府の立場は、「黙示の義務」と解することもできる。移民統合政策指数（MIPEX）によれば、日本のような状況は、明示の義務を法（アメリカは判例法）が定めている国、非正規滞在者の場合の制約を法が定めている国とは違い、すべての子どもへの黙示の義務である国と整理される。MIPEX 2015 調査の結果は、表 10-1 の通りである。

については、法務省入国管理局通知「出入国管理及び難民認定法第 62 条第 2 項に基づく通報義務の解釈について」（法務省管総第 1671 号、平成 15 年 11 月 17 日）および阿部知子衆議院議員提出の質問主意書に対する内閣総理大臣答弁書（内閣衆質 179 第 121 号、平成 23 年 12 月 16 日）。

16) 前川喜平文科省大臣官房審議官答弁・衆議院・総務委員会（平成 21 年 6 月 18 日）。
17) 子どもの権利条約 2 条 2 項により「締約国は、子どもがその父母、法定保護者または家族の構成員の地位、活動、表明した意見または信念によるあらゆる形態の差別または処罰から保護されることを確保するためのすべての適当な措置をとる」義務がある。
18) 教育における差別の禁止に関するユネスコ条約 3 条 (e) では、「自国の領域内に居住する外国人に対し、自国民に対して与えるものと同じ教育の機会を与えること」と定める。
19) 社会権規約委員会・一般的意見 13（1999 年 12 月 8 日）34 段落。
20) Plyler v. Doe, 457 U.S. 202 [1982] では、何人も修正 14 条に基づく法の平等の適用を受けるとして、非正規滞在の子どもへの歳出を拒否するテキサス州を違憲と判示することで、非正規滞在の子どもの無償の教育を受ける権利を認めた。

表 10-1　権利としての義務教育

在留資格にかかわらず国民と同様の明示の義務が法に定められている	アメリカ、カナダ、スウェーデン、韓国、オーストリア、ベルギー、チェコ、デンマーク、エストニア、ギリシア、アイルランド、イタリア、ラトビア、ルクセンブルク、オランダ、ニュージーランド、ノルウェー、ポーランド、ポルトガル、スロベニア、スペイン
すべての子どもへの黙示の義務である	日本、イギリス、フランス、ドイツ、フィンランド、オーストラリア、キプロス、アイスランド、リトアニア、マルタ、ルーマニア、スイス、トルコ
移民の一定のカテゴリーへの制約が法に定められている	ブルガリア、ハンガリー、スロバキア

出典：MIPEX, 2015.

表 10-2　在留資格のない子の公立小中学校への受け入れ

	指定都市	東京 23 区	全 体	割 合
居住実態が確認できれば受け入れる	18	19	37	86%
居住実態があっても受け入れない	0	3	3	7%
事例なし	2	1	3	7%

出典：RAIK、2016、21 頁。

　ただし、表 10-2 のさいたま市議会が 2015 年に行ったアンケートにみられるように、在留資格などを理由に入学を認めない自治体が一部にみられる。また、日本に住民登録し、小中学校の就学年齢にある外国籍の子どもの少なくとも約 2 割にあたる約 1 万 6000 人が、学校に通っているか確認できない「就学不明」になっていることが、全国 100 自治体を対象にした毎日新聞のアンケート調査で明らかになった。住民票を残したまま帰国・転居した場合、私立や外国人学校に通っているが自治体が把握していない場合などもあるが、教育は未来への投資であり、不就学の問題は、将来に禍根を残す。約 4 割が就学確認をしておらず、約 3 割が確認対象を一部に限定しているなど、多くの自治体は「外国籍の場合、日本人と違い子どもを小中学校に通わせる義務がないため確認していない」と説明したという。[21] これらの点を考慮する

---

21) 毎日新聞（2019 年 1 月 7・10 日）。不就学調査の問題については、参照、第 10 章注 53。

と、黙示の義務の要素は弱く、政府の通知ではなく、法律で明示することが望まれる。

　そもそも、教育を受ける権利をめぐる憲法と人権条約の解釈が整合性を欠くことは、教育を受ける権利の性質の理解を困難にする。政府がこのような権利主体の憲法解釈をすることの1つの要因は、憲法26条2項の教育を受けさせる義務の解釈との相関関係に基づいている。

■ 3　教育を受けさせる義務の主体

　憲法26条2項前段が「国民は……その保護する子女に普通教育を受けさせる義務を負ふ」と定めていることから、外国人の就学義務について政府は消極的に考えてきた。もっとも、当初、1948年の文部省学校教育局長通達によれば「朝鮮人子弟であっても、学令〈ママ、筆者注〉に該当する者は、日本人同様、市長村立又は私立の小学校又は中学校に就学させなければならない」との立場を表明した[22]。この立場は、戦後の一時期において、旧植民地の出身者とその子孫が日本国籍を持っていることから導かれ、戦後、各地で設立された朝鮮学校の中で、規模の大きいものは、日本の公立学校へと改組された[23]。

　しかし、1952年にサンフランシスコ平和条約の施行後、通達により[24]、旧植民地の出身者とその子孫が日本国籍を喪失すると、1953年の通達では、「外国人を好意的に公立の義務教育学校に入学させた場合には義務教育無償の原則は適用されない」との立場が表明された[25]。ここには、権利でも、義務でもなく、「恩恵」として入学を認める発想がみてとれる。

　1965年の日韓条約以後は、通達により、「日韓両国民の相互理解と親和の促進の見地」から、永住許可の有無にかかわらずコリアンの児童生徒に対

---

22) 文部省学校教育局長通達「朝鮮人設立学校の取扱いについて」（官学第5号、昭和23年1月24日）。
23) 田中、2006、2-3頁。
24) 法務府民事局長通達「平和条約発効に伴う朝鮮人、台湾人等に関する国籍及び戸籍事務の処理について」（民事甲第438号、昭和27年4月19日）。
25) 文部省初等中等教育局長通達「朝鮮人の義務教育学校への就学について」（文初財第74号、昭和28年2月11日）。

し「授業料は徴収しない……教科用図書の無償措置……就学援助措置……についても、日本人子弟の場合に準じ、同様の扱いとする」との立場が示された[26]。日本は1979年に社会権規約を、1994年に子どもの権利条約を批准した。このため、2003年の総務省の通知にあるように、社会権規約13条1項・2項に基づき、「我が国に在留する学齢相当の外国人子女の保護者が当該子女の公立の義務教育諸学校への入学を希望する場合には、日本人子女と同様に無償の教育が受けられる機会を保障することが義務付けられた」との指摘もみられる[27]。ここには、教育が受けられる機会を保障する国の「義務」が明示されている点に注意する必要がある。ただし、「外国人子女については、我が国の義務教育への就学義務は課せられていない」との立場も明示されており[28]、義務の主体と内容において、曖昧な点がある。

　文科省のHPによれば、「就学義務とは、日本国民である保護者に対し、子に小学校（特別支援学校の小学部を含む。）6年間、中学校（特別支援学校の中学部等を含む。）3年間の教育を受けさせる義務を課したもの」と説明され、「就学義務を負う者は、日本国民である保護者であり、外国人の場合はこの義務は課されていません」とある[29]。したがって、文科省が考える就学義務の主体は、「日本国民である保護者」であり、「外国人」の保護者にはこの義務が課されない。

　他方、大阪地裁の判決は、少し違った表現をしている。不登校による在日コリアンの公立中学生の母からの退学届の受理を適法としつつ、受理の際に原告の意思の確認を怠ったことを違法としながら、つぎのように判示している。「学校教育の特色、国籍や民族の違いを無視して、わが国に在留する外国籍の子ども（の保護者）に対して、一律にわが国の民族固有の教育内容を含む教育を受けさせる義務を課して、わが国の教育を押しつけることができないことは明らかである（このような義務を外国人に対して課せば、当該外国

26）文部事務次官通達「日本国に居住する大韓民国国民の法的地位及び待遇に関する日本国と大韓民国との間の協定における教育関係事項の実施について」（文初財第464号、昭和40年12月25日）。
27）総務省行政評価局、前掲。
28）同上。
29）文部科学書HP「小・中学校への就学について」（http://www.mext.go.jp/a_menu/shotou/shugaku/, 2019年1月6日閲覧）。

人がその属する民族固有の教育内容を含む教育を受ける権利を侵害することになりかねない)。したがって、憲法26条2項前段によって保護者に課せられた子女を就学させるべき義務は、その性質上、日本国民にのみ課せられたものというべきであって、外国籍の子どもの保護者に対して課せられた義務ということはできない」という[30]。ここでは、憲法26条2項の教育を受けさせる義務の主体は、「日本国民」である「保護者」であり、「外国籍の子どもの保護者」にはこの義務が課されていないとある。文科省のHPでは、「外国人」の保護者と表現されている場合との違いに留意すべきである。

　判決は、日本国民の子どもの保護者が日本国民、外国人の子どもの保護者が外国人とは限らない問題を見落としているものと思われる。国際離婚や国際婚外子などの場合に、①「日本国民の子どもの保護者が外国人」であったり、国際結婚の連れ子の場合に、②「外国人の子どもの保護者が日本国民」となる組み合わせもあったりする。①の場合、文科省のHPの立場からは「外国人である保護者」として義務を負わない[31]。また②の場合、文科省のHPの立場からは「日本国民である保護者」として義務を負い、判決の立場からは、「外国籍の子どもの保護者」として義務を負わないことになる。ことほどさように、教育を受けさせる義務の主体の解釈は、曖昧な点がある。しかし、結局のところ、外国人の保護者か、外国人の子どもの保護者に、教育を受けさせる義務を課さないことから、外国人の子どもの教育を受ける権利の保障が、国民の場合とは区別される関係をまねいていることには変わりがない。

　そもそも、日本のように、教育を受けさせる義務を保護者に課すことで義務教育を担保する国ばかりではない。義務教育に等しい教育を用意できるのであれば、親・保護者の義務を免除する国もある。デンマーク憲法76条は「学齢期の子どもはすべて、初等・中等学校において無償で教育を受ける権利を有する[32]。自ら子ども・被保護者のために初等・中等学校に等しい教育を

---

30) 大阪地裁判2008（平成20）年9月26日判タ1295号198頁。
31) ただし、複数国籍者についての通知の立場からは義務を原則として負う可能性がある。参照、文部省初等中等教育局長通知「国籍法の一部改正に伴う重国籍者の就学について」（文初小第319号、昭和59年12月6日）。
32) デンマークのfolkeskoleは、9年間の学校であるが、2009年からは、幼稚園の0学年も義務教育となっている。

用意できる親・保護者は、その子ども・被保護者を初等・中等学校で教育を受けさせる義務を課されない」と定めている。ここでは、家庭教育を選択した場合の親の就学させる義務が免除されうる。教育を受けさせる義務は、就学義務を意味するものとは限らない。学校教育以外の方法でも、教育を受けさせる義務の履行が可能な国もある。こうした内容が、人権条約と適合する。子どもの権利条約 28 条の解説書では、「義務教育」は、「就学義務」を意味するものではないという[33]。たとえ、通常ではないとしても、子どもは、学校以外でも教育されうるし、残念ながら、就学していることが、必ずしも子どもが教育されていることを意味するものでもない[34]。学校教育以外の方法で教育を受けさせる義務を履行する問題は、人権条約上は、親の教育の自由の問題として規定されている。

4　親の教育の自由

　親の教育の自由は、社会権規約 13 条 3 項において「父母および場合により法定保護者が、国が規定または承認した最低限度の教育上の基準に適合する公立学校以外の学校を子どものために選択する自由ならびに自己の信念に従って子どもの宗教的・道徳的教育を確保する自由を有する」と定められている。この「親の教育の自由」は、同 3 項の「親の自由」と同 2 項 (a) の初等教育の「義務」と同 4 項の「個人・団体が教育機関を設置・管理する自由」との 3 つの原理との相関関係で理解する必要がある。義務教育は、子が親により経済的に搾取されることから国が保護する重要な手段である。他方、親は私立学校を設置し、自分の子の教育方式を選ぶ権利により、国の教育の全体主義的な傾向から保護される[35]。

　さらに、親の教育の自由は、社会権規約 13 条 3 項において「公立学校以外の学校を子どものために選択する自由」にとどまらず、「自己の信念に従って子どもの宗教的・道徳的教育を確保する自由」も内容として含んでいる。後者の内容について、ヨーロッパ人権条約第 1 選択議定書 2 条は、「何

---

33) Verheyde, 2006, 24.
34) Hodgkin and Newell, 2007, 422.
35) Nowak, 2001, 262.

人も、教育の権利を否定されない。国は、教育・授業に関連して負ういかなる任務の行使においても、自己の宗教的・哲学的信念に適合する教育・授業を確保する父母の権利を尊重しなければならない」と類似の規定を定めている。ヨーロッパ人権裁判所は、Kjeldsen, Busk Madsen and Pedersen v. Denmark [1976] において、同条を根拠に公立学校での性教育の受講の免除を申し立てた親の主張をしりぞけながら、「客観的、批判的、多元主義的方法でカリキュラムが運営されている」ので、親の権利は侵害されないとした。したがって、逆に、特定の宗教的・道徳的・哲学的信念を教え込むような教育は、親の教育の自由を侵害することになる。同時に、特定の宗教的信念を教える義務的な宗教教育は、親の自由に反することになる[36]。

また、「自己の信念に従って子どもの宗教的・道徳的教育を確保する自由」は、自由権規約18条4項においても「この規約の締約国は父母および場合により法定保護者が、自己の信念に従って子どもの宗教的・道徳的教育を確保する自由を有することを尊重することを約束する」と定められている。この点、自由権規約委員会は、Hartikainen v. Finland [1981] において、宗教と倫理の歴史の授業への参加を生徒に義務づけることを同項違反とする無神論者の教師からの申立に対して、「中立的・客観的方法での代替授業がなされ、無神論者の親や保護者の信念が尊重されるのであれば」同項に合致するという[37]。

親の教育の自由のため、公立や私立の学校に加え、義務教育としての家庭教育の選択肢が認められている国も多い。アメリカでは、Wisconsin v. Yoder, 406 U.S. 205 [1972] において、連邦最高裁は、ウィスコンシン州法が就学を強制することが修正1条の信教の自由違反となる場合があり、アーミッシュの親に8年生を超える子どもの就学義務の免除を認めた[38]。米国教育統計センターによれば、2003年、2007年および2010年において学齢期の子どもの2.2％、3.0％および3.4％が家庭教育の状況にあると推計されている[39]。カナダでも1％ほど、オーストラリアやニュージーランドでも増え

---

36) Nowak, 2001, 263.
37) Hartikainen v. Finland CCPR/C/12/D/40/1978 [1981].
38) Wisconsin v. Yoder, 406 U.S. 205 [1972].
39) NCES, Number and percentage of homeschooled students ages 5 through 17 with a grade equivalent of kindergarten through 12th grade, by selected child, parent, and

ており、数は少ないものの、オーストリア、ベルギー、チェコ、デンマーク、エストニア、フィンランド、フランス、ハンガリー、アイルランド、イタリア、ルクセンブルク、ノルウェー、ポーランド、ポルトガル、ルーマニア、スウェーデン[40]、スイスでも一定の家庭教育が認められている[41]。イギリスの 1996 年の教育法 7 条によれば、「すべての学齢期の子どもの親は、(a) 年齢、能力、才能、(b) 特別な教育上の必要に応じて、すぐれた全日制の教育を通学その他の方法で子どもに受けさせなければならない」とある。「その他の方法」の規定が、家庭教育の根拠規定となっている[42]。公立や私立の学校よりも、家庭で子どもを教育することを選択する親の権利は、ヨーロッパ人権条約第 1 選択議定書 2 条の宗教的・哲学的信念の問題と解される[43]。

　一方、家庭教育を認めず、すべての学齢期の子どもに就学を義務づける国も一部にある。ドイツでは、Leuffen v. Germany [1992] において、ヨーロッパ人権委員会は、学齢期の自分の子どもを就学させず、家庭で教育させる能力は彼女にはなく、子どもの教育を受ける権利の方が親の権利よりも優越し、第 1 選択議定書 2 条は、国が義務教育を確立することを妨げるものではないとした[44]。その後、Konrad v. Germany [2006] において、ヨーロッパ人権裁判所は、デンマーク性教育事件を援用して、学校の役割を「多元主義の保障」とみる。そして、ドイツ連邦憲法裁判所の判決にある「国が教育を提供する義務は、知識の習得だけでなく、民主的な多元主義的社会に参加する責任ある市民の教育という観点」から、「宗教的・哲学的信念に基づく平行社会の出現を防止し、この分野でのマイノリティを統合する」という利益から、家庭教育を認めないドイツの義務教育を正当化した[45]。同裁判所は、Wunderlich v. Germany [2019] でも、同様の判断をした[46]。しかし、多くの国[47]

---

　　household characteristics: 2003, 2007, and 2012（https://nces.ed.gov/programs/digest/d14/tables/dt14_206.10.asp, 2019 年 1 月 6 日閲覧）.
40）ただし、スウェーデンでは、2011 年に施行された新法により「特別な事情」がある例外的な場合に家庭教育を制限している（Pattison, 2013, 68）。
41）Kunzman and Gaither, 2013, 33-34.
42）Monk, 2004, 571.
43）Whitbourn, 2003, 118.
44）Leuffen v. Germany [1992] Application No 00019844/92.
45）BVerfGK 1, 141 [2003].
46）Konrad v. Germany [2006] Application No 35504/03.

が家庭教育を認めている中、家庭教育が「平行社会」をもたらすかどうかは、明らかではない。

　他方、日本でも、義務教育の多様性を求める声がある。「教育機会確保法」すなわち「義務教育の段階における普通教育に相当する教育の機会の確保等に関する法律」の原初案ともいえる「多様な教育機会確保法（仮称）案」は、フリースクールや家庭教育も「就学義務」の対象とすることを求めていた。結局、2016年の教育機会確保法は、夜間学校などの充実にとどまり、義務教育の多様性は不十分である。しかし、子どもの権利条約等の趣旨にのっとるのであれば、将来的には、インターナショナルスクール・外国人学校・バイリンガル学校なども含め、親の教育の自由の保障の問題として論じる余地がある。教育の自由は、日本国憲法に明文の規定はないものの、憲法13条、23条または26条に基づくとして、憲法上の権利であると一般に考えられている。子どもの学習権に対応して、親の教育の自由と教師の教育の自由が問題となる。親の教育の自由は、親の持つ自己の教育方針に沿って子どもを教育する自由を意味し、公権力の干渉からの自由を要求する自由権的側面を有する。具体的には、家庭教育の自由や学校選択の自由の形であらわれる。旭川学力テスト事件判決では、「子どもの将来に対して最も深い関心をもち、かつ、配慮をすべき立場にある……親の教育の自由は、主として家庭教育等学校外における教育や学校選択の自由にあらわれる……教師の教授の自由も、……限られた一定の範囲においてこれを肯定するのが相当である」という[48]。教師の教育の自由は、具体的には、授業の内容や方法、生徒の成績評価などについて、一定の自由な裁量を有する。

　自由権規約18条4項・社会権規約13条3項が明文で定めるものの、日本国憲法では明文の規定を定めていない、親の教育の自由は、憲法「26条と結びついた13条」が融合的に保障し、個々の子どもの人格の発展を尊重するために、親の教育を選択する自由は、「公共の福祉に反しない限り」という制約のもと「立法その他の国政の上で、最大の尊重を必要」とするものと解しうる。したがって、比例原則に照らし、親の教育の自由の制約は、必要最小限の教育水準の確保などの観点によるものであり、画一的・全体主義

---

47) Wunderlich v. Germany [2019] Application No 18925/15.
48) 最大判1976（昭和51）年5月21日刑集30巻5号615頁。

的な国民形成のために教条的に教え込むことは、許されない。また、親の教育の自由は、国の制約との緊張関係があるだけではなく、子どもの自己決定権との緊張関係もある。子どもの権利条約12条は、「子どもの年齢および成熟度に従って相応に考慮される」「自己の意見を表明する権利」を定めている。同14条は、「思想・良心・宗教についての子どもの権利」を定め、「父母・保護者が子どもに対しその発達しつつある能力に適合する方法で指示を与える権利・義務を尊重する」にすぎない。したがって、子どもの成長とともに親の教育の選択と子ども自身の選択が異なる場合には、親の教育の自由の幅は狭まる。日本国憲法26条と結びついた13条が保障する親の教育の自由も、子どもの最善の利益を踏まえ、子どもの自己決定と整合的な親の教育の自由であることを確認しておこう。

5 多文化共生社会における課題

最後に、国籍や民族などの異なる人々が、互いの文化的ちがいを認め合い、対等な関係を築こうとしながら、地域社会の構成員として共に生きていく「多文化共生社会」にあって、教育をめぐる権利義務関係の憲法解釈は、人権条約と整合的であることが望まれる[49]。人権条約の理念を尊重することは、日本国憲法前文に由来し、教育基本法2条5項後段が定める「他国を尊重し、国際社会の平和と発展に寄与する態度を養う」国際協調主義の理念とも合致する。人権条約適合的解釈からすれば、性質上、憲法26条1項・2項の「国民」は、日本に在住する外国人も含む「すべての人」と解すべきである。

社会権規約13条（または子どもの権利条約28条1項）が「教育についてのすべての者（または子ども）の権利を認め」、「初等教育は、義務的なものとし、すべての者に対して無償のものとする」と定めているのは、学齢期にある子どもの教育を受ける権利に対応する国、自治体、教育委員会および学校の教育を提供する義務を意味する。社会権規約委員会の一般的意見によれば、「13条2項(a)に従ってすべての者に初等教育を提供する義務」は、締約国が守るべき「最低限の中核的義務」とされている[50]。人権条約上、国に教育

---

49) 参照、多文化共生の推進に関する研究会、2006；近藤編、2011。
50) 社会権規約委員会・一般的意見13（1999年12月8日）57段落。なお、「無償教育の

を提供する義務が課されていることに、ここでは留意する必要がある。本来、権利義務関係のあり方は、憲法上も、個人の権利に対応して公的機関の側の義務が対応する。子どもの教育を受ける権利に対応するのは、国・自治体の側の教育を提供する義務である。社会権規約（や子どもの権利条約）上、こうした権利と義務があるだけでない。性質上、日本国憲法においても、教育を受ける権利と国・自治体の側の教育を提供する義務が外国人にも認められるはずである。ただし、憲法26条2項の保護者の教育を受けさせる義務を受けた学校教育法144条に基づいて、保護者の就学義務不履行に対し10万円以下の罰金を課すという意味においては、外国人の子どもの保護者を除く運用は、外国人学校などを就学義務対象校に加えるまでは、必要であろう。

　かつて、教育を受ける権利を定める憲法26条1項の「国民」は、外国人も含む「すべての人」と解釈すべきとしても、教育を受けさせる義務を定める同2項の「国民」の場合は、外国人も含む「すべての人」と解釈することには、慎重な意見も理由がありえた[51]。しかし、すべての学齢期の子どもを学校に受け入れる国の教育義務があるとともに、フリースクール、バイリンガル学校、インターナショナルスクール、外国人学校、家庭教育などの多様な教育の機会を確保することを前提とするならば、すべての学齢期の子どもの保護者の教育を受けさせる義務があるとの考え方が、適当と思われる[52]。したがって、学齢期の外国人の子どもを、退学とすることも、不就学を放置することも[53]、在留資格を理由に受け入れを拒否することも、憲法26条1項の

漸進的な導入」とは、国は無償の初等教育に優先順位をおかなければならないものの、無償の中等教育および高等教育の達成に向けて具体的な措置をとる義務も負っていることを意味している（同14段落）。

51) 竹内、2010、861頁；藤本、2008、203頁；奥平、1981、373頁。
52) たとえば、イギリスとフィンランドでは、類似の教育を受けさせる義務を外国人の親にも課している点については、参照、戸塚、2011、108、134頁。なお、両国は、就学義務というよりも、家庭教育を含む教育義務（教育を受けさせる義務）である点については、参照、結城、2008、117-119頁。
53) 文科省の行う学校基本調査では、外国人の不就学に関する調査を行っていない。2002年に外国人集住都市会議が行った不就学の推計も、居住実態が不正確なため、不就学の状況を正確に把握することができていない。岐阜県可児市で2003年および2004年に3回実施された対象者の戸別訪問を行う調査によると、学齢期の外国人登録者283～370人のうち12～25人が「不就学」の状態にあった。27～28％の所在不明者を除くと、対象者の6～10％が教育の機会を逸していることになる（小島、2016、38-41頁）。

教育を受ける権利（およびその裏返しとしての国の教育義務）に反する。文科省の通知にとどまることなく、法律で明示の権利義務関係を明示すべきである。その際、現行の学校教育法1条の定める1条校に対する就学義務だけが、教育を受けさせる義務ではなく、多様な学校への就学義務や家庭教育に対する教育を受けさせる義務の具体化が検討される必要がある。

　また、差別禁止の観点から、社会権規約委員会は、「高等学校等就学支援金制度が朝鮮学校に通学する生徒にも適用されること」を日本政府に勧告している[54]。他方、子どもの権利条約18条1項が「締約国は、子どもの養育・発達について父母が共同の責任を有するという原則についての認識を確保するために最善の努力を払う。父母または場合により法定保護者は、子どもの養育・発達についての第一義的な責任を有する。子どもの最善の利益は、これらの者の基本的な関心事項となるものとする」と定めている[55]。そこで、「こどもの最善の利益」の観点および無差別条項の適用から、母語教育などの移民の子への特別な扱いは、正当化されると解されている[56]。スウェーデンでは、母語教室への参加は義務ではないが、同じ母語の生徒が5人以上希望しており、適当な教師が見つかるかぎり、自治体は、母語教育を提供する義務がある。2008年の教育庁の報告書では、母語教育に参加していない外国の背景を有する生徒よりも、母語教育に参加している外国の背景を有する生徒の成績の方が良いという[57]。フィンランドでは、自治体の義務ではないが、自治体は、母語教育を提供する場合に、国からの補助を受け、4人以上の生徒がいる場合に週に2時間の授業を行う。カナダは、課外授業として行う

　　文科省の委託を受けた1県11市の戸別訪問（ただし、1市はアンケート）調査による外国人の不就学率の平均は、1.1％とある。文科省HP：「外国人の子どもの不就学実態調査の結果について」(http://www.mext.go.jp/a_menu/shotou/clarinet/003/001/012.htm、2018年7月12日閲覧)。なお、文科省の調査は「公立学校等及び外国人学校等のいずれにも就学していない者」という狭い「不就学」概念を採用しているのに対し、可児市の調査は、途中退学の場合や年間30日以上を欠席している不登校の場合も含む広い「不就学」概念を用いている。

54) 社会権規約委員会・一般的意見13 (1999年12月8日) 27段落。
55) 加えて、子どもの権利条約28条1項(c)は「子どもの父母、子どもの文化的同一性、言語および価値観、子どもの居住国および出身国の国民的価値観ならびに自己の文明と異なる文明に対する尊重を育成すること」を指向している。
56) Bhabha, 2003, 210.
57) Skolverket, 2008, 66.

表 10-3 （学校内外にかかわらず）移民の言語を学ぶ選択肢の提供

国の規定がある／国が奨励している。	カナダ、フィンランド、ドイツ、スウェーデン、アメリカ、オーストラリア、オーストリア、ベルギー（フラマン語圏）、エストニア、ギリシア、ラトビア、ノルウェー、ポルトガル、スイス
二国間協定または他国による財政支援がある。	フランス、ベルギー（ワロン語圏）、ハンガリー、ルクセンブルク、ポーランド、スロベニア、スペイン
提供していない／民間またはコミュニティ主導のものに限られる。	日本、韓国、イギリス、ブルガリア、クロアチア、キプロス、チェコ、デンマーク、アイスランド、アイルランド、イタリア、リトアニア、マルタ、オランダ、ニュージーランド、ルーマニア、スロバキア、トルコ

出典：MIPEX, 2015.

場合が多く、アメリカでは移民の母語にあたる言語の教育に国の助成金制度がある。ドイツでは、州が母語教育に責任を負う場合もあれば、二国間協定に基づいて母語教育を提供する州もある。フランスでは、モロッコ、アルジェリア、チュニジア、ポルトガル、スペイン、イタリア、トルコとの二国間協定に基づく母語教育がある。また、これらの国では、公立のバイリンガル学校・学級もみられる。母語教育やバイリンガル教育は、帰国を前提とした子どもの場合の便宜に仕えるだけでなく、親とのコミュニケーションを促進し、自己のアイデンティティの形成に役立ち、他のカリキュラムのための学習言語の発達を助け、グローバル人材としての可能性を広げる。表10-3は、MIPEX 2015にみられる各国の母語（移民の言語）教育の選択肢の提供について整理したものである。

　さらに、宗教上の「合理的配慮」が必要である。アメリカでは、1964年の市民権法7編の解釈から職場における宗教上の合理的配慮が導かれ、1972年の法改正で明文化されたように、障害者差別の問題だけでなく、宗教差別の問題としても、合理的配慮が要求される。アメリカの憲法の影響を受けて、日本国憲法20条3項で「国及びその機関は、宗教教育その他いかなる宗教的活動もしてはならない」と定めるなど、政教分離原則を掲げている。教育基本法15条2項も「国及び地方公共団体が設置する学校は、特定の宗教のための宗教教育その他宗教的活動をしてはならない」と定めている。しかし、同1項で「宗教に関する寛容の態度」に加え、「宗教に関する一般的な教養」が、教育上尊重されなければならない旨を明記していることに着

目すべきである。特定の宗教の教義を教え込むことは禁じられている。しかし、特定の宗教の禁忌などの特徴を教養として学び、その禁忌にしたがう生徒の行動に対しても寛容な態度をとることは、奨励されている。これに対し、ヨーロッパ人権裁判所は、フランスにおいてイスラーム教徒の女生徒が公立の学校でスカーフをかぶることを禁止されても、通信教育での学業の継続も可能であり、比例原則に反するものではないとしたことがある[58]。

一方、ドイツでは、イスラーム教徒の生徒のスカーフ着用は認められるものの、公務員である教師の場合には禁止する州もあった。しかし、2015年にドイツ連邦憲法裁判所は、これを違憲とした[59]。他方、スウェーデンの学校では、スカーフは問題がないのだが、ブルカのように目以外を隠す服装は、テストと本人確認の点で問題があり[60]、教育庁のガイドライン上、学校で禁止することは可能である[61]。この点、日本では、生徒の服装については、学校ごとに校長の裁量で決まっており、中には、スカーフは認めるが、夏に長袖やアームカバーの着用を認めない学校もある。画一性を好み、特別扱いを廃する日本の学校文化にあっては、過度な負担にならないかぎりは、宗教上の「合理的な配慮」を行うことが実質的な平等にかなうことに今後は目を向けるべきである。たとえば、カナダでは、宗教上の合理的配慮も必要とされている[62]。一律に同じ服装を課すことを平等ととらえ、特別扱いを嫌う日本の学校文化は、変わる必要がある。

なお、親の教育の自由は、親自身の利益のために行使するものではなく、子どもの最善の利益を促進するために行使するものである。親の教育の自由と子どもの教育の権利との対立する場面も考慮する必要がある。また、子ど

---

58) Dogru v. France [2008] ECHR 1579.
59) BVerfGE 108, 282 [2003] は、当初、教育の中立性ゆえに合憲判決であったが、BVerfGE 138, 296 [2015] では、信仰と宗教観に基づく平等違反（3条3項1文、33条3項）とした。
60) Gustafsson, 2004, 517.
61) Borevi et al., 2016, 191.
62) Multani v. Commission scolaire Marguerite-Bourgeoys, [2006] 1 S.C.R. 256 において、カナダの最高裁は、厳重に梱包し着衣の下で携帯する「合理的配慮」を施せば、シーク教徒の生徒がキルパン（宗教用具として常に携帯を義務づけられている金属製の小刀）を中学・高校に携帯することを認めている。もちろん、スカーフの着用も、認められる。

もの成長とともに、子どもの自己決定権が尊重される必要もある[63]。したがって、スカーフをかぶるかどうかは、子どもの意思が尊重されるべきであることは言うまでもない。

「憲法26条と結びついた憲法13条」が保障する親の教育の自由は、子どもの成長に応じた自己決定権との整合性を内在的な制約として備えており、比例原則としての「公共の福祉に反しないかぎり」、「個人として尊重され」、「教育を受ける権利」が「立法その他の国政の上で、最大限の尊重を必要とする」「自由」を確保する。憲法13条の個人の尊重は、多様性の確保を命じており、往々にして画一的・全体主義的な側面を持ちかねない憲法26条の教育を受ける権利と相まって、多様な教育を受ける権利を要請していることに、今後は目を向けるべきである。そうした多様な教育を受ける権利に対応して、子どもの最善の利益からフリースクール、バイリンガル学校、インターナショナルスクール、外国人学校、家庭教育などを選択する場合には、国は一定の財政支援などにより補佐することで、多様な教育を受ける権利を尊重し確保することになる。教育の多様性の課題を検討する上で、「個人として尊重される」憲法13条の規範的意味を人権諸条約に照らし確認しながら、憲法26条の「教育を受ける権利」と「教育を受けさせる義務」がすべての人にある人権条約適合的な憲法解釈を基本に据えるべきである。

---

63) Beiter, 2006, 558-559.

第11章

政治参加
——参政権と住民投票

■ 1　外国人の地方参政権の発展の歴史

　かつて選挙権は、財産と教養のある男性の特権としてはじまった。しだいに普遍主義的な人権として、財産や性別の要件が撤廃される。近代の市民革命がアメリカとフランスに人権をもたらすと、平等な人権を求める思想が、アメリカの諸州やヨーロッパの一部において国籍の要件も撤廃させた時期もある[1]。しかし、第1次世界大戦をはじめ、戦争によるナショナリズムの高まりが、国民の男子普通選挙権をもたらした。一方、第2次世界大戦後の人権意識の高まりが、国民の男女普通選挙権を実現させた。

　自由権規約は、1966年に国連総会で採択され、1979年に日本も批准した。自由権規約25条が「すべての市民は、2条に規定するいかなる差別もなく[2]、かつ、不合理な制限なしに、次のことを行う権利及び機会を有する。(a) 直接に、または自由に選んだ代表者を通じて、政治に参与すること。(b) 普通

---

1) 19世紀には、少なくとも、22の州および連邦領で、外国人は国政および地方議会の選挙権を認められていた（Aylsworth, 1931, 114）。スイスのヌーシャテル州では、19世紀半ばから、一時中断はあったものの、外国人の地方選挙権を認めている（Griesel, 1982, 77）。オランダも、フランス革命以後の19世紀初頭は、外国人の参政権を認めていた（吉田、2004、83頁）。
2) 2条に規定する差別とは、「人種、皮膚の色、性、言語、宗教、政治的意見その他の意見、国民的もしくは社会的出身 (national or social origin)、財産、出生または他の地位等」とある。ナショナル・オリジンによる差別を禁止している点は、本書126頁参照。

かつ平等の選挙権に基づき秘密投票により行われ、選挙人の意思の自由な表明を保障する真正な定期的選挙において、投票し及び選挙されること」と定めている。選挙権と被選挙権の主体は、「市民」とあり、自由権規約に一般的な「すべての人」となっていない。したがって、外国人の参政権は、規約上の要請ではない。もっとも、規約は外国人の参政権を禁止するものではない。EU 市民や英連邦市民や永住市民[3]（ないし定住外国人）などに参政権を認めることも許容されている[4]。

　第 1 のタイプは、定住型である。欧州諸国では、アイルランドが 1963 年から 6 カ月の「定住者」に市町村議会の選挙権を、1974 年から被選挙権を認めた。（北欧市民の域内自由移動との関連で北欧市民に地方参政権を相互に認める動きを一歩進めて）1976 年からスウェーデンが 3 年の居住を要件とする定住外国人に県・市町村議会の選挙権・被選挙権を認めると、定住型が周囲の国にも拡がった。デンマークは 1981 年に（3 年）、オランダは 1983 年に（5 年）、ノルウェーは 1985 年に（3 年）、フィンランドは 1991 年に（2 年）の居住を要件として地方選挙権・被選挙権を認めた。1992 年に欧州評議会が制定した「地方レベルの外国人の公的生活に関する条約」6 条 1 項は、5 年以上の正規滞在者に地方選挙権と被選挙権を認めることを定め、1997 年に発効している[5]。その後、エストニア[6]、リトアニア[7]、スロバキア[8]、ルクセンブルク[9]、ベルギー[10]、アイスランド[11]およびハンガリー[12]も、定住型の地方参政権を

---

3)「永住市民（デニズン）」とは、合法的な永住者の資格を有する外国籍市民をさす。参照、ハンマー、1999、29、40 頁。
4) Nowak, 2005, 569, 576; Bair, 2005, 108.
5) 2018 年 7 月 29 日現在、加盟国は 9 カ国にとどまっており、そのうち 3 カ国は同項を適用しない解釈宣言をしている。
6) エストニアは 1996 年の法改正により 5 年の居住を要件とする永住者に市町村議会の選挙権を認める。
7) リトアニアは 2002 年の法改正により 5 年の居住を要件とする永住者に市町村議会選挙権と被選挙権を認める。
8) スロバキアは 2002 年の法改正により 5 年の居住を要件とする永住者に市町村議会・県議会の選挙権・被選挙権を認める。
9) ルクセンブルクは 2005 年から 5 年の居住で市町村議会の選挙権と被選挙権を認める。
10) ベルギーは 2006 年から 5 年の居住を要件として憲法・法律・ヨーロッパ人権条約を尊重する旨の宣誓をした外国人に市町村議会選挙権を認める。
11) アイスランドは 2009 年から北欧市民は 3 年・他の外国人は 5 年の居住で市町村議会

認めている。

　また、米州諸国でも、外国人の地方参政権の導入が盛んである。チリは早くも 1925 年には憲法で外国人の市町村選挙権を認めていた。1980 年憲法 14 条では 5 年の居住を要件として、選挙権を外国人に認め、市議会・州議会・国会・大統領の選挙権も含む。しかし、被選挙権はすべてのレベルで認められない[13]。ウルグアイも 1952 年までさかのぼることができる[14]。15 年の正規居住、品行方正、ウルグアイに資産と仕事と家族を持っており、民主主義を信奉している旨の宣誓をする人に、今日では大統領・国会・市町村長・市町村議会・メルコスール（南米南部共同市場）議会の選挙権と国民投票権を認めている[15]。ペルーは 1997 年の市町村選挙法により 2 年以上の継続居住を要件として市町村議会・市長の選挙権・被選挙権を認める[16]。ベネズエラは 1999 年憲法 64 条により 10 年の居住を要件として市議会・市長・県議会・知事の選挙権を認める。コロンビアは 2006 年から 5 年の居住を要件として市議会・市長の選挙権を認める[17]。エクアドルは 2008 年憲法および 2009 年の選挙法により 5 年の居住を要件として市議会・市長・県議会・知事・国会・大統領の選挙権を、5 年（当該選挙区に継続 2 年）の居住を要件として市議会・市長・県議会・知事の被選挙権を認める[18]。パラグアイは 2010 年から（居住期間の要件なしに）永住者に市議会・県議会の選挙権・被選挙権を認めている[19]。

　オセアニアでは、ニュージーランドが 1956 年選挙法以来、永住者に国政も地方も選挙権を認めている。現行の 1993 年選挙法 73 条では、1 年以上居住している永住者とある[20]。アジアでは、韓国が 2006 年から永住許可後 3 年

　　の選挙権・被選挙権を認める。自治体選挙法 2 条・3 条。
12) ハンガリーは 2011 年の法律により 5 年の居住を要件とする永住者に市町村議会・長の選挙権を認める。
13) Gabriel, 2015a, 7.
14) Stoker et al., 2011, 118.
15) Margheritis, 2015, 7-8.
16) Merino Acuña, 2015, 16.
17) Escobar, 2015a, 8.
18) Gabriel, 2015b, 1, 7.
19) López, 2016, 16, 19, 21.
20) 後藤・山本、2012、62 頁。

211

以上の居住を要件として市議会・市長・県議会・知事の選挙権を認めている。イスラエルも、1965年の地方自治体選挙法で永住者に地方選挙権と被選挙権を認める[21]。アフリカでは、マラウィが7年の居住を要件として国会の選挙権も認める。また、ブルキナファソ、カーボベルデ、ウガンダ、ルワンダ、ザンビアも定住型である[22]。

　一定の州・県・市町村だけで定住型の地方参政権を認めている国もある。スイスでは、ヌーシャテル州が1849年以来、1861年から1874年までの中断があったものの市町村の選挙権を認めており[23]、今日では、1年以上州に住所を有している場合に市町村の選挙権・被選挙権、5年以上住所を有している場合に州の選挙権・被選挙権を認める。ジュラ州は1978年から10年の居住を要件に市町村・州の選挙権・被選挙権を認める。アッペンツェル・アウサーローデン州は1995年から10年（州に5年）の居住を要件に参政権を認めることができるとし、いくつかの市町村では実践している。ヴォー州は2003年から10年（州に3年）の居住を要件として市町村の選挙権・被選挙権を認める。グラウビュンデン州は2003年から外国人参政権を認め、一部の市町村では実践している。フリブール州は2004年から5年の居住を要件に市町村の参政権を認める。ジュネーブ州は2005年から8年の居住を要件として市町村の選挙権を認める。アメリカは1992年からメリーランド州のタコマ・パーク市などの一部の市町村で市町村議会・市町村長の選挙権を永住者等に認める[24]。中国の香港でも、永住者は、選挙権と被選挙権を有する[25]。アルゼンチンは、1980年代から2000年代にかけて諸州で外国人の地方参政権が認められる[26]。1州を除いて2年ないし3年の居住を要件として市町村議会・市長の選挙権を認め、一部の州ではその被選挙権、県議会・知事の選挙権・被選挙権を認める。

　一方、第2のタイプは、相互主義の互恵型である。1993年からEUが域内の自由移動を認めることで、EU市民に相互に地方参政権を認めるように

---

21) Halabi, 2011, 24.
22) Andrès, 2013, 11.
23) Griesel, 1982, 77.
24) Raskin, 1993, 1463.
25) 香港基本法26条。
26) Emmerich, 2016, 7.

なった。今日、EU 28 カ国のうち半分の 14 カ国は、外国人に地方参政権を認める互恵型である。ボリビアは 2009 年の憲法 27 条では相互主義により市町村の選挙権を認めるとあり、2010 年の選挙法 45 条 b）では 2 年の居住を要件として市町村の選挙権を認める。[27] 当初、相互主義の互恵型ではじめた国も、永住している非北欧市民、非 EU 市民に認めないことのナショナル・オリジンによる差別が意識されるとともに、外国人に門戸を開いたことが現実には何も問題を生じさせていない経験から、定住型に移行した国も少なくない。[28]

他方、第 3 のタイプは、伝統型である。イギリスなど、かつて植民地だった国の英連邦市民に参政権を認める伝統型の国がある。[29] 当初は、互恵型であったが、旧植民地とのつながりや言語などの共通性をもとに参政権を保障する点で伝統型と呼ぶ。かつてのイギリスの植民地であり、独立した国が英連邦を構成し、英連邦市民権として国政レベルの参政権も含む場合も少なくない。地域的にはカリブ海諸国が多い（アンティグア・バーブーダ、ドミニカ、グレナダ、ジャマイカ、セントビンセント・グレナディーン、セントクリストファー・ネイビス、セントルシア、トリニダード・トバゴ、バルバドス、ベリーズ）。また、ポルトガルの植民地であったブラジルやカーボベルデといったポルトガル語諸国共同体は、互恵型の性質も維持した伝統型といえる。ただし、伝統型は、一般に縮小する傾向にある。

何らかの形で外国人参政権を有する国は、国連加盟 193 カ国のうち、およそ 3 分の 1（65 カ国）といわれている。その内訳は、定住型が 34 カ国、互恵型が 15 カ国、伝統型が 16 カ国である（表 11-1）。

---

27) Zegada and Lafleur, 2015, 9.
28) スウェーデンは当初から、デンマークは 1981 年から、ノルウェーは 1986 年から、フィンランドは 1991 年から、アイスランドも 2002 年に移行し、北欧諸国はすべて定住型となった。EU 諸国でも、当初互恵型からはじめたルクセンブルクは 2005 年から、ベルギーは 2006 年から、地方選挙権は定住型に移行した。
29) ポルトガルも、ブラジル国民には、国政も含む参政権を、ポルトガル語諸国共同体のカーボベルデ国民には、州レベルも含む参政権を、その他のいくつかの国には、相互主義により市町村レベルの参政権を認めている。

表11-1　外国人の地方選挙権（65カ国）

1　定住型（34カ国）
スウェーデン、フィンランド、ノルウェー、デンマーク、アイスランド、アイルランド、オランダ、リトアニア、スロバキア、ベルギー、ルクセンブルク、エストニア、スロベニア、ハンガリー、ニュージーランド、韓国、イスラエル、チリ、ウルグアイ、コロンビア、エクアドル、ベネズエラ、パラグアイ、ペルー、ブルキナファソ、カーボベルデ、マラウィ、ウガンダ、ルワンダ、ザンビア （スイス、アメリカ、中国〔香港〕、アルゼンチン）
2　互恵型（15カ国）
スペイン、ドイツ、フランス、イタリア、オーストリア、チェコ、キプロス、ラトビア、ポーランド、ブルガリア、ルーマニア、クロアチア、マルタ、ギリシア、ボリビア
3　伝統型（16カ国）
イギリス、ポルトガル、オーストラリア、モーリシャス、ブラジル、ガイアナ、アンティグア・バーブーダ、ドミニカ、グレナダ、ジャマイカ、ベリーズ、セントビンセント・グレナディーン、セントクリストファー・ネイビス、セントルシア、トリニダード・トバゴ、バルバドス

定住型：永住または一定の居住期間を要件として、すべての外国人に地方選挙権を認める。
互恵型：EU市民など相互主義に基づき、お互いの国の出身者だけで認め合う。
伝統型：英連邦など旧植民地出身者にも認める国である。
太字は、国会選挙権も認めている国である。
（　）内は、一部の州や自治体などに限って外国人参政権を認めている場合である。
出典：Andrès, 2013; GLOBALCITをもとに作成。

2　日本での議論の経緯

　日本では、旧植民地出身者とその子孫の在日韓国・朝鮮・台湾人が多く暮らしている。植民地を正式に放棄した1952年のサンフランシスコ平和条約後、法務府（現在の法務省）の通知により日本国籍を喪失した人々に参政権を認めないことから、この問題を複雑にしている。というのも、イギリスやフランスなど、その国にとどまる旧植民地出身者は、一般に、国民として参政権を行使しているからである。また、国籍法が生地主義、親が永住者である場合の永住者生地主義[30]、生まれ育った国での届出による居住主義[31]を定めて[32]

---

30) アメリカ、カナダなど。
31) イギリス、ドイツ、オーストラリア、ニュージーランド、アイルランドなど。
32) スウェーデン、フィンランド、フランス、ベルギー、チェコ、デンマーク、アイスラ

いる国では 2 世が国民として参政権を持つ。2 世代生地主義を定めている国では少なくとも 3 世は国民である。日本の特別永住者のように、5 世や 6 世になっても、外国人であることは世界的にも稀である。

1970 年代後半から 80 年代にかけて、スウェーデンをはじめとする外国人の地方参政権の議論が日本でも紹介された。1989 年に参議院選挙の選挙権に関する最初の外国人参政権の訴訟がはじまる。1990 年代には、外国人の地方参政権を求める裁判所への訴えが続いた。1995 年に最初の地方選挙権訴訟の最高裁判決は、憲法の国民主権原理を理由に訴えをしりぞけた。しかし、民主主義社会における地方自治の重要性を考慮して、「永住者等」に地方選挙権を認める立法は、「憲法上禁止されているものではない」と判示した。これ以後、国会にボールが投げられた。

1995 年の最高裁判決後、自民党・社会党・さきがけの 3 党連立内閣の村山首相は、前向きに幅広く議論していく必要があるとの認識を示した。しかし、自民党内の意見集約ができず、1998 年に在日韓国人の参政権を要望した韓国の金大中大統領の来日直後、はじめて民主党と平和改革（衆議院の公明党会派）が永住外国人の地方選挙権法案を提出した。また、同年、共産党が永住外国人の（被選挙権も含む）地方参政権法案を提出した。

1999 年に成立した自民党・自由党・公明党の連立政権の合意文書は、永住外国人に地方選挙権を付与する法律を成立させる内容も含んでいた。公明党と自由党は永住外国人の地方選挙権保障に熱心であり、小渕首相も韓国の大統領との間でこの問題を前向きに検討する姿勢を見せていた。しかし、2000 年には、難色を示す自民党内の調整を断念し、公明党と自由党だけで（外国人登録証に国籍名がない朝鮮籍者・無国籍者を除く）永住外国人の地方選挙権法案を提出した。自由党が政権を離脱し、分裂して政権に残った保守党と公明党の永住外国人の地方選挙権法案、民主党の永住外国人の地方選挙権法案、共産党の永住外国人の地方参政権法案などが提案されたが、いずれの法案も実質的な審議は進まなかった。当時、自民党以外の多くの政党は、永

ンド、イタリア、ラトビア、ルクセンブルク、オランダ、スペインなど。
33) フランス、オランダ、ルクセンブルク、スペイン、ポルトガル、ギリシアなど。
34) 詳しくは、近藤、2001a、107-135 頁。
35) 定住外国人地方選挙権訴訟・最判 1995（平成 7）年 2 月 28 日民集 49 巻 2 号 639 頁。
36) 服部、2014、82 頁。

住外国人の地方選挙権に賛成であるものの、政権の中枢をになう自民党に反対の意見が多く、法案可決のめどがたたない状態であった。

そうした中、小泉政権の誕生とともに、永住外国人の地方選挙権の機運は減退した。2001 年には与党の自民党・公明党・保守党の「国籍等に関するプロジェクトチーム」が外国人選挙権に代わる対策として、特別永住者の帰化要件の緩和の方針を打ち出した（反対のためにする議論の傾向があり、参政権の議論が下火になると、帰化の見直しの議論も立ち消えた[37]）。また、最大野党の民主党の中にも、外国人選挙権に反対する国会議員の会が結成された。とりわけ、2002 年の小泉訪朝後に拉致の事実を北朝鮮が認めたことを受けて、永住外国人の地方選挙権への反対の声が高まった。

2004 年から 2009 年まで公明党は単独で永住外国人の地方選挙権法案を提出している。2005 年からは韓国で永住外国人の地方選挙権が認められたことから、公明党は、相互主義を提案するようになった。また、共産党も 1998 年から 2004 年まで単独で永住外国人の地方参政権法案を出し続けている。

2009 年からの民主党・社民党・国民新党の連立政権は、本格的な政権交代であった。民主党の『政策 INDEX』の中には、定住外国人の地方参政権の早期実現が掲げられていたこともあって、永住外国人の地方選挙権の実現の機運がみられた。しかし、連立与党の国民新党がこの問題に反対し、米軍普天間基地移設問題や、小沢幹事長政治資金規正法違反容疑などへの対応に追われ、2010 年の参議院選挙で大幅な過半数割れをまねくと、一気に機運がしぼんだ。

一方、自民党は野党の時代に、政権の対立軸として、外国人地方参政権に党として反対することを明確にした。2012 年の自民党の憲法改正草案では、15 条 3 項を「公務員の選定を選挙により行う場合は、日本国籍を有する成年者による普通選挙の方法による」と改正し、94 条 2 項を「地方自治体の長、議会の議員及び法律の定めるその他の公務員は、当該地方自治体の

---

37) しかし、朝鮮戸籍や台湾戸籍といった民族的出自を示す徴表に基づく恣意的な国籍剝奪に伴う不利益取扱いは、ナショナル・オリジンに基づく差別であるとともに憲法「22 条 2 項と結びついた 13 条」に反する。届出による国籍取得の問題に取り組むべきである。詳しくは、本書第 12 章を参照。

住民であって日本国籍を有する者が直接選挙する」と改正することを提案している。このことは、従来、日本国籍の有無が明示されていなかった選挙権の主体の規定に、「日本国籍を有する」という文言を挿入することによって、外国人に地方選挙権を認めないことを明確にするものと説明されている。したがって、これまで竹下登、野中広務など、自民党の有力な政治家の中にも、外国人の地方参政権に理解を示す者は少なくなかったが、自民党政権下では、この問題に取り組まれることは予測しがたい状況にある。

■ 3　今後の課題と展望

　いかなる政党がどのような政権をつくるのかによっては、外国人の地方参政権問題がまた浮上してくる可能性はないわけではない。この問題に賛成する諸政党が衆参で過半数の議席を確保し、政権を樹立するか、閣外協力する状況が来ないとは限らない。そうした政権の枠組みのあり方が第1の課題である。新たな政党がつくられては、消えていく状況が近年は顕著であり、将来どのような枠組みの政権となるのかは、予測が困難である。

　外国人の地方参政権の賛否に影響を与えている要因として、東アジアの国際情勢がある[38]。ミサイルその他の北朝鮮の脅威、中国や韓国との領土問題などは、いずれもマイナスの影響を与えている。国交正常化や平和条約など近隣諸国との友好関係の好転が第2の課題であろう。ただ、外国人地方参政権を日本が実現することは、諸外国との友好関係改善のためのシグナルを送る効果を持つことも念頭に置く必要があろう。スウェーデンなどが外国人地方参政権を導入した1970年代と80年代は、周辺の東側諸国との冷戦構造のさなかであったことは、想起すべきである。

　実際に法案が検討される場合には、どのような態様の外国人にどういう内容の地方参政権を認めるのかが第3の課題である。永住許可については、帰化の5年よりも長く、原則10年の居住要件を課している問題もあるので、永住許可の居住要件を原則5年以下に改正した上で永住外国人とする方策が適当であろう。2007年から旧植民地出身者とその子孫からなる特別永住

---

38)　参照、樋口、2015、118-119頁。

者の数よりも、一般永住者の数が上回り、2017年末では、2倍をはるかに超えている。社会統合政策として、外国人参政権を特別永住者に限定することは得策とは思えない。また、反対論を少なくするためには、相互主義からはじめるという選択肢もありえよう。同様に、地方選挙権からはじめることもありうる[39]。

　もし、外国人の地方選挙権が実現したならば、どのような波及効果を持つのかが第4の課題である。選挙活動の自由、地方自治体における条例制定などの直接請求権、首長・議員リコールなどの住民投票権も国民と同様に認められてよい。かつての法案の中には、これらの波及効果を除き、さらに、人権擁護委員、民生委員、児童委員および投票立会人等の選挙管理事務関係の公務員への任命も除外するものもあった。しかし、地方選挙権が認められる以上、国会選挙の立会人の場合を除き、除外する必要はないように思われる。

　加えて、とりわけ地方の長の被選挙権の実現が、公務就任権の問題にどのような波及効果を持つのかが第5の課題である。消防職などを除く一般の地方公務員の国籍要件を撤廃した自治体の中でも、管理職への任用制限を課している場合が多い。しかし、最終的な決裁権者である地方の長の被選挙権も永住外国人に認めるのであれば、管理職を除く必要はないように思われる。

■ 4　外国人の住民投票権

　すでに日本でも外国人に住民投票権を認めている自治体がある。表11-2に明らかなように、定住外国人の地方選挙権を認めている国の多くは、住民投票制度が不存在の場合を除いて、一般に、定住外国人に住民投票権も認めている。

　自治体が独自に条例で定める住民投票において、一定の外国人に投票権を認める場合も少なくない。2002年3月に滋賀県米原町（合併後の現在は市）が合併問題に関する住民投票において全国ではじめて永住外国人の投票を認めた。その後、同年7月に愛知県高浜市が常設型の住民投票においてはじ

---

39) ただし、住民自治の理念、ないし治める者と治められる者の同一性を問題とする民主主義の理念からすれば、選挙権だけで被選挙権が認められない状況は問題である。

表11-2 外国人の地方参政権と住民投票権

	市議会選挙権	市議会被選挙権	市長選挙権	市長被選挙権	市住民投票権	県・州議会選挙権	県・州議会被選挙権	知事選挙権	知事被選挙権	県・州住民投票権
スウェーデン	○	○	間接選挙	間接選挙	○	○	○	間接選挙	間接選挙	○
デンマーク	○	○	間接選挙	間接選挙	○	○	○	間接選挙	間接選挙	○
ノルウェー	○	○	間接選挙	間接選挙	○	○	○	間接選挙	間接選挙	○
フィンランド	○	○	間接選挙	間接選挙	○	特別自治区のみ	特別自治区のみ	不存在	不存在	特別自治区のみ
アイスランド	○	○	間接選挙	間接選挙	○	不存在	不存在	不存在	不存在	不存在
オランダ	○	○	間接選挙	間接選挙	その都度	×	×	間接選挙	間接選挙	その都度
ベルギー	○	EU市民	間接選挙	間接選挙	○	×	×	間接選挙	間接選挙	不存在
ルクセンブルク	○	○	不存在	不存在	不存在	不存在	不存在	不存在	不存在	不存在
アイルランド	○	○	間接選挙	間接選挙	不存在	不存在	不存在	不存在	不存在	不存在
リトアニア	○	○	間接選挙	間接選挙	○	不存在	不存在	不存在	不存在	不存在
エストニア	○	EU市民	間接選挙	間接選挙	不存在	不存在	不存在	不存在	不存在	不存在
スロバキア	○	○	○	○	○	○	○	○	○	○
スロベニア	○	EU市民	○	×	○	不存在	不存在	不存在	不存在	不存在
ハンガリー	○	EU市民	○	EU市民	○	○	EU市民	間接選挙	間接選挙	○
スイス	△	△	△	△	△	△	×	△	×	△
ニュージーランド	○	×	○	×	○	○	×	○	×	○
チリ	○	×	○	×	不存在	○	×	不存在	不存在	不存在
コロンビア	○	○	○	×	○	×	×	×	×	×
エクアドル	○	×	○	×	○	○	×	○	×	○
パラグアイ	○	○	○	○	×	○	○	×	×	○
ペルー	○	×	○	×	○	○	×	×	×	○
ウルグアイ	○	×	○	×	不存在	不存在	不存在	不存在	不存在	不存在
ベネズエラ	○	○	○	×	○	○	○	○	×	○
アメリカ	△	△	△	△	△	△	△	×	×	△
アルゼンチン	△	△	△	△	△	△	△	△	△	△
ボリビア	△	×	△	×	△	×	×	×	×	×

○はすべての市町村や県・州で認めている。
△は一部の市町村や県・州で認めている。
×は認めていない。
不存在は、該当する選挙自体が存在しない。
間接選挙は、住民による直接選挙がなく、議会が長を選出する。
出典：GLOBALCITをもとに作成。

めて「永住外国人で、引き続き3月以上高浜市に住所を有するもの」に投票権を認めた（8条2項）。2005年10月末の時点で、200自治体が一定の範囲の外国人に住民投票権を付与する条例を制定していたという[40]。多くは合併のための1度限りのものであったが、常設型の住民投票制度を有する自治体もある。

　憲法95条が定める1つの自治体のみに適用する特別法のための住民投票や、地方自治法が定める条例の制定・改廃等の住民の直接請求権に関する住民投票とは違う。自治体が任意に条例で定める住民投票は、投票権者の要件について、法律上のしばりがなく、自治体が自由に要件を定めることができる。したがって、住民の幅広い声を聞こうと思えば、年齢要件を引き下げたり、国籍要件を撤廃したりすることもできる。

　高浜市のように永住資格を要件とする自治体もある。また、2008年の川崎市のように、川崎市に3カ月以上住民登録している者であって、永住者・特別永住者・継続3年以上の在留資格者である外国人住民を投票権者としている場合もある。3年という基準は、投票に付されている事項の内容を理解し、自らの意思で投票を行うためには、日本の社会生活や文化、政治制度などの知識を身に付ける上で設定されている[41]。こうした理由からは、日本人の実子の場合は、最短で1年の居住で永住者となる要件をクリアすることを考えると、3年以上の住民登録を要件とする定住外国人の住民投票制度の方が、永住資格を要件とする制度よりも合理的かもしれない。他方、投票の結果に責任を負う者が投票権者であることが治者と被治者の同一性としての民主主義の理念に合致するという理由からは、別の結論も成り立つ。たとえば、留学や技能実習で3年以上日本に在留しても、自国に帰ることを前提としている外国人住民よりも、日本に永住することを前提としている永住者の意思を問うべきだとする制度設計の方が合理的ともいえる。帰化に必要な5年の居住要件よりも長く、原則10年の居住を要件とする日本の永住許可制度の問題もあり、住民投票の投票権者の定め方は、どれが適当であるかという判断が難しい。原則5年ないし3年の居住を要件とする永住許可制度

---

40) 田中・金編、2006、103-105頁（民団中央本部国際局の調査）。
41) 川崎市総務局市民情報室市民の声担当『川崎市住民投票条例　逐条説明書』（平成24年7月版）』10頁。

に改正した上で、永住外国人を投票権者とするのが適当と思われる。

■ 5　外国人の地方選挙権をめぐる憲法論

憲法規定に即して検討すると、憲法1条、15条1項および93条2項において外国人の地方選挙権は「保障」されていないものの、「禁止」もされていないというのが最高裁判決である。

　　憲法1条　　　「主権の存する日本国民」。
　　同15条1項　　公務員を選定し、及びこれを罷免することは、国民固有の権利である。
　　同93条2項　　地方公共団体の長、その議会の議員及び法律の定めるその他の吏員は、その地方公共団体の住民が、直接これを選挙する。

　国民主権・民主主義・住民自治のベクトルの違いが最高裁判決の背景にある。伝統的な（ナショナリズムを重視する）国民主権原理は外国人参政権を否定する。一方、（「代表なければ課税なし」にみられるような政治決定の関係性や治者と被治者の同一性を重視する）民主主義原理は外国人参政権を肯定する。他方、（民主主義原理の1つとしての）住民自治原理は、当該地域と特段に密接な関係を有する住民の意思を反映させるべく「永住者等」の地方参政権を特別に肯定する。

　最高裁判決によれば、「憲法の国民主権の原理」、「憲法15条1項の規定の趣旨」[42]および「地方公共団体が我が国の統治機構の不可欠の要素をなすものであること」を考えると、憲法93条2項にいう「住民」とは、「地方公共団体の区域内に住所を有する日本国民」の意味であり、この規定は、「外国人に対して、地方公共団体の長、その議会の議員等の選挙の権利を保障したものということはできない」。ここに要請説の否定がみられる。

　しかし、民主主義社会における地方自治の重要性に鑑み、「永住者等で

---

[42] 定住外国人地方選挙権訴訟・最判1995（平成7）年2月28日民集49巻2号639頁。

あってその居住する区域の地方公共団体と特段に緊密な関係を持つに至ったと認められるもの」に、「法律をもって、地方公共団体の……選挙権を付与する措置を講ずることは、憲法上禁止されているものではない。……措置を講ずるか否かは、専ら国の立法政策にかかわる事柄」である。ここに禁止説の否定がみられ、立法政策の問題とする許容説の立場が表明されている。

国民主権を定める憲法にあって、なぜ、憲法上禁止されていないのかについての最高裁の専門調査官の説明は、以下の3点にある。

① 外国人の地方選挙権の場合は、実質的にみて、国民主権原理との関わりが少なく、
② 国会が法律で認めることにより国民主権原理の正当性が担保され、
③ 条例が「法律の範囲内」で制定されるため国民主権原理との抵触が回避される[43]。

いわば、上からの民主的正当性としての国民主権原理をもっぱら国の立法権との関係でみて、法律には国民の意思だけが反映される。下からの民主的正当性としての住民自治原理により、条例には住民である一定の外国人の意思も反映されても、条例は法律に反することなく制定される必要がある。したがって、国民主権原理には反しないという。

さらに、「永住者等」の地方選挙権を導く立論からは、政治決定により影響を受ける関係者が民主主義の担い手になるべきだとする「関係者民主主義」の要素を住民自治の理念のうちに求めている。すなわち、「憲法第8章の地方自治に関する規定は、……住民の日常生活に密接な関連を有する公共的事務は、その地方の住民の意思に基づきその区域の地方公共団体が処理するという政治形態を憲法上の制度として保障しようとする趣旨」である。したがって、「永住者等であってその居住する区域の地方公共団体と特段に緊密な関係を持つ」場合、その関係性から、地方選挙権を法律で認めることも是認される。

国民主権には、民主主義の側面とナショナリズムの側面がある。ナショナリズムからは、外国人参政権を否定するベクトルが働く。逆に、民主主義は外国人参政権を肯定するベクトルを持ちうる。国民主権だから外国人参政権

---

43) 福岡、1998、212-213頁。

が否定されるというよりも、天皇主権の時代にも否定されており、これらの否定には共通してナショナリズムの側面が働いている。他方、民主主義の歴史は、選挙権者を拡大する歴史である。財産と教養のある男性から、労働者、女性、さらには定住外国人やEU市民などにも拡大している。EUでは、「民主主義の赤字」がいわれ、その不足を補うべく、EU市民の地方参政権の保障をEU市民権として加盟国に義務づけ、定住外国人の地方参政権の導入を望ましいとしている。憲法が国民主権を定める国にあっても、ナショナリズムを強調するフランスなどはEU市民権にとどまっているが、ナショナリズムを強調しないスウェーデンなどは、許容説的な憲法解釈がなされている。

　国民主権は、通説においても、国民主権（ナシオン主権）と人民主権（プープル主権）との折衷的な説明がなされている。「国民」は国籍保有者の総体として子どもを含むため「主権」の意味は「権威」と解される一方で、「主権」を「権力」と解す場合は有権者の総体である「人民」が「国民」と解される。ただし、本来、通説がいう国民が自ら国の政治のあり方を最終的に決定するという権力的な主権は、憲法改正権である。立法権や条例制定権のレベルの統治権を主権と考えているのではない。たしかに、最高裁判決以後、国民主権が、地方参政権において、外国人と国民とを区別する根拠として援用されることになった。しかし、国民主権原理が、外国人の地方参政権の禁止規範ではない旨も、最高裁判決は示している点に着目する必要がある。

　2010年の参議院選挙における自民党のマニフェストでは、「国のかたちを壊す『外国人地方参政権』導入に反対します。永住外国人への地方参政権の付与は、国民主権・民主主義の根幹にかかわる重大な問題です。憲法上、公務員の選定罷免権は『国民固有』の権利です。最高裁判所判例でも、地方選挙を含めて選挙権が保障されているのは『日本国民』であることから、永住外国人に対して地方選挙の選挙権を付与する法案は憲法違反であり、反対します」とある。

44）（マーストリヒト条約8b条、EC条約19条）基本権憲章39条。
45）ヨーロッパ議会は、たびたび3年以上の合法的居住者である非EU市民にも拡充することを加盟国に勧告している。Resolution A5-0223/2001; Resolution A5-0451/2002; Resolution A5-0281/2003.
46）芦部、2015、41-43頁。

永住者等に法律をもって地方選挙権を付与することは憲法上禁止されていないと判示している最高裁判例をもとに憲法違反とする論拠は説得力に乏しい。「保障している」のは「日本国民」であることから、憲法違反の結論を導くのは、要請説の否定がただちに禁止説を意味するという論理の飛躍があり、許容説の余地を認めていない問題もある。こうした自民党の違憲論の背景には、(1)憲法が外国人に地方選挙権を「保障したものということはできない」という部分が本論（判決理由と呼ぶ）であり、(2)永住者等に地方選挙権を法律をもって付与することは「憲法上禁止されているものではない」という部分は傍論として、判例としての効力を持たないという少数説に基づいているものと思われる[47]。しかし、この最高裁判決に関与した園部元判事が指摘しているように、本判決の判例部分は、(3)日本国民たる住民に地方選挙権を認める地方自治法や公職選挙法の規定が「憲法15条1項、93条2項に違反しない」という部分である。したがって、(1)と(2)の部分は、ともに(3)の先例法理を導くための「理由づけ」であり、(1)や(2)のいずれかを重視したり、無視したりする解釈は判決の理解としては不正確である[48]。しかも、判例法主義をとらない日本では、先例法理と傍論の区別をしない。またこの区別は、司法権に対する効果の議論であって、立法権に対する効果の点で、国会が立法の根拠づけに傍論を持ち出していると批判したり、本論と傍論が矛盾しているとして立法権の制約理由としたりするのは筋違いの議論と思われる。なお、許容説に立ち、立法政策の問題とする最高裁判決は、外国人の地方参政権の判決に特有のものではない。1989年の塩見訴訟最高裁判決などの外国人の社会権に関する訴訟も「立法府の裁量に属する事柄」としている[49]。2005年の地方公務員の管理職就任に関する最高裁判決も、「国民主権の原理に基づき」、「原則として日本の国籍を有する者が公権力行使等地方公務員に就任することが想定されている」と判示し、基本的には原告らの訴えをしりぞける上で、国民と同じ憲法上の保障を否定するものの、立法政策の問題として、禁止説とは異なる許容説の立場に立っている[50]。

---

47) 百地、2001、31頁。
48) 園部、2001、140-142頁。
49) 塩見訴訟・最判1989（平成元）年3月2日判時1363号68頁。
50) 東京都管理職受験拒否事件・最大判2005（平成17）年1月26日民集59巻1号128頁。

こうした自民党の違憲論の背景に、選挙権を含む公務員の選定罷免権は、「国民固有の権利」とあるので、「国民だけが有する権利」であり、「他人（外国人）に譲り渡すことができない権利」と解する少数説がある[51]。しかし、「譲り渡す」とは、「自己の権利を他人に移転すること」を意味するのであって、永住者等の外国人住民に一定の参政権を認めても、国民の参政権が認められる以上、参政権を譲り渡すものではない[52]。通説は、「国民固有の権利」とは、「国民が当然にもっているとされる権利、したがって、他人にゆずりわたすことのできない権利」の意味に解する[53]。天皇主権の明治憲法では、官吏の任免権が天皇にあり、国民から奪われていたこととの対比で、公務員の選定罷免権が、国民から奪われることのない権利であることをさす。「固有の（inalienable）」とは、「譲渡できない、奪うことができない」という意味である。「自然法思想に基づき人間としての基本的な権利で法律によっても奪いえないとされるものをさす[54]」。たとえば、国際人権規約の前文の第1文に「奪い得ない権利（inalienable rights）」（外務省訳）という表現がみられる。本来は、人間から奪うことのできない権利として用いられる言葉を、日本国憲法では国民から奪うことができない権利といい替えたにすぎない。戦後のナショナリズムの昂揚期に外国人参政権否定論が有力であった政府の憲法解釈でも、「『固有』の権利とは、国民のみが『専有』する権利」ではなく、「『奪うべからざる権利』の意味に解するのが正し」いと説明した[55]。

　また、この違憲論は、通説や判例の性質説と違い、一種の文言説に立っている点にも注意を払うべきである。文言説は、国民という文言に照らし、憲法改正がなければ、外国人への法律上の権利保障に対して禁止説の立場をとりうるのに対し、本来的に、性質説は、憲法の文言の改正を不要とする許容

---

51) 百地、2001、32頁。衆議院政治倫理の確立及び公職選挙法改正に関する特別委員会 2000年5月23日（中谷元議員）
52) 近藤、2001a、14頁。
53) 宮沢、1978、219頁。
54) 田中編、1991、431頁。
55) 1953（昭和28）年3月25日法制局1発第29号。（高辻正巳法制局第一部長が、いわゆる公務員に関する当然の法理を示した「高辻回答」）この点に関する国会での社民党・民主党・共産党・公明党議員の発言については、衆議院政治倫理の確立及び公職選挙法改正に関する特別委員会2000（平成12）年11月16日（北側れん子議員、北橋健治議員）。同委員会2000（平成12）年11月17日（大幡基夫議員、冬柴鐵三議員）。

説と整合的である。

　ドイツやフランスの憲法判例を引き合いに、憲法を改正しなければ外国人の地方参政権は認められないという意見がある。しかし、以前行った22カ国の事例研究からすれば、比較法上、「住民」という用語を用いる日本国憲法では、憲法改正の必要性に乏しい。地方選挙権の主体を「国民」と定めていたドイツや、地方選挙権の主体を定めることなしに選挙権の主体を「国民」と定めていたフランスでは、憲法を改正して「EU市民」も地方参政権の主体であることを付加する必要があったが、「住民」と定めていたスペインでは憲法改正が不要であった。文言説を基本とする国とは違い、性質説に立つ日本の場合は、地方選挙権の主体の文言だけを改正することは体系性を欠く。文言を基本とする国では、地方選挙権規定を改正することで、国民主権原理そのものは改正しなくても整合的な解釈を可能にするのに対して、性質説の日本では、地方選挙権規定の改正自体が不要である。この点、性質説と類似の解釈を行う韓国では、憲法1条2項に「大韓民国の主権は、国民にあり、すべての権力は国民から発する」と国民主権原理を定め、同24条で「すべて国民は、法律の定めるところにより、選挙権を有する」とし、同118条により地方選挙権の主体を明示することなく、法律で定めるとしていた場合にも、2005年の選挙法改正により、永住外国人の地方選挙権の導入

---

56) BVerfGE 83, 37, [31,10,1990]; BVerfGE 83, 60, [31,10,1990].
57) 92-308 DC [9.4.1992].
58) 百地、2009、19頁。
59) 参照、近藤、1996、25-95頁。
60) ドイツ基本法28条1項2文「州、郡および市町村において、国民は……選挙に基づく議会をもたなければならない」という旧規定のあとに、「郡および市町村の選挙においては、ヨーロッパ共同体の構成国の国籍保有者も、ヨーロッパ共同体法に基づいて選挙権および被選挙権を有する」という新規定を付加した。
61) フランス第5共和国憲法88条の3において「市町村議会選挙の選挙権および被選挙権は、フランスに居住するEU市民にのみ付与することができる」などの新規定を付加した。
62) スペイン憲法140条3文において「市町村議会議員は、……市町村の住民によって選出される」という規定により、憲法改正なしに、オランダや北欧諸国の国民の地方選挙権を法律改正で認めた。
63) たとえば、「すべての国民」と定める幸福追求権の享有主体の解釈については、金、1998、121頁。

を、憲法改正なしに行っていることも参考になる[64]。

　反対論は、「武力攻撃事態法や国民保護法は有事における国と自治体の協力を定めている。日本に敵対する国の国籍を持つ永住外国人が選挙を通じて、自治体の国への協力を妨げることもありえよう」という[65]。しかし、有事法制における知事の権限が重要となったとしても、この種の立論の前提として、どれだけの特定国の有権者の比率を想定しているのであろうか。外国人の出身国は多岐に分かれる。同じ国籍であっても、投票行動は多様であるのが先行する諸外国での調査結果である[66]。反対論の背景には、古典的な友敵理論があって、外国人は敵、国民は見方という、単純な二分法がある。しかし、現実の人間は、地域、国、職場、学校など、多様な所属に伴う多様な利害関係と多様な政治志向をそなえている。外国人の投票率は低く[67]、いかに参加をはかるのかが、諸外国での現実的課題である。また、関東大震災という有事の先例を想起すれば、有事において住民の安全を守るためには、むしろ内外人の平等と協力を、常日頃から醸成する多文化共生政策に取り組む必要があり、外国人の地方選挙権は、こうした政策の重要な柱となる。

　外国人の地方参政権の問題は、国籍制度との相関関係で考える視点が必要である。外国人として政治参加することで、永住市民としての国民とは違うステイタスを創出するのか。それとも、国籍取得を奨励して、生地主義や居住主義の要素を導入したり、複数国籍を認めて帰化や届出を容易にしたりすることで国民としての政治参加に道を開くのか。いわば、永住市民権か、複数国籍か、という選択肢もあれば、両方の道を選択する方法もある。人の国際移動が盛んな現代にあって、日本のように、永住市民権も、複数国籍も選択することなく、長く住んでいる人の政治参加を求めない国は、先進民主主義諸国では、珍しい状況にある。

---

64) 田中・金編、2006、45-54 頁（鄭）。
65) 読売新聞社説（2009 年 10 月 10 日）。
66) 近藤、2001a、53-55 頁。
67) 同上、53 頁。

第12章

複数国籍

■ 1　国籍取得の原理

　各国の国籍法は、出生に伴う国籍取得に際して、①生まれた国の国籍を認める「生地主義」と、②親の国籍を承継する「血統主義」とに大別される。また、後天的な国籍取得に際しても、1）行政の裁量などによる「帰化」と、2）一定の居住期間などを要件に権利として国籍を取得する「届出」とに区別することができる。

　一般に、移民受入れ国では、早い段階で完全な共同体のメンバーとなることが奨励され、生地主義を採用し、血統主義の要素も取り入れる傾向にある。移民送出し国では、血統主義により在外国民の子との血統のつながりを重視する。一方、移民受入れ国に転じたヨーロッパ大陸諸国では、生地主義や届出（居住主義）の要素を大幅に取り入れつつある。日本の特徴は、血統主義が中心であり、生地主義や居住主義の要素が乏しい点にある。

■ 2　国籍をめぐる国際法上の原理と日本の課題

　憲法10条が「日本国民たる要件は、法律でこれを定める」と規定する。この法律が、国籍法である。伝統的には、国籍の取得と喪失は、国家の主権の作用によるものであり、国際慣習法上、国家は誰が国民であるかを国内法により決定する自由を有するとされてきた。この伝統は、「国家主権の原則」（「国内管轄の原則」または「立法裁量の原則」）と呼ぶことができる。しかし、

今日の国際法上、伝統的な「国家主権原則」は、人権法の発展に伴い、以下の3つの原則により、立法裁量の幅を狭められつつある。

第1に差別禁止原則によれば、性別や民族的出自などによる差別的な国籍法は許されない。1984年に日本が女性差別撤廃条約9条2項の要請する性差別の禁止により国籍法を父系血統主義から父母両系血統主義に改正した。また、2008年に最高裁は、親が婚姻関係にない日本国民の父と外国人の母の間に生まれた婚外子（非嫡出子）の場合、届出に両親の婚姻を要件としていた旧国籍法3条を、憲法14条1項の法の下の平等違反とした。

第2に恣意的な国籍剥奪禁止原則によれば、何人も恣意的に国籍を奪われない。憲法22条2項は「何人も……国籍を離脱する自由を侵されない」と定めている。この規定は、「何人も、ほしいままにその国籍を奪われ」ないと定めている世界人権宣言15条2項を解釈指針として、本人の意思に反する恣意的な国籍剥奪禁止の内容を含んでいることに留意すべきである。この点、旧植民地出身者とその子孫について、独立に伴う国家承継の場合の国籍変動に際しては、国籍選択権が認められるべきであり、本人の意思によらない国籍の剥奪は禁じられるべきであった。従来、人はただ1つの国籍を持つべきであるという「国籍唯一の原則」が、指摘されてきた。しかし、これは無国籍防止原則と複数国籍防止原則の2つの内容を持つ。今日、複数国籍防止原則は、国際法上の要請とはいえず、複数国籍防止要件、国籍選択制度、国籍留保制度は、廃止すべきである。

第3に無国籍防止原則がある。1995年に最高裁は、父が不明で、出産後、消息不明の母のフィリピン国籍が特定できない日本生まれの子どもの日本国籍を認め、国籍法2条3号の立法趣旨にある無国籍防止原則から、「父母がともに知れないとき」とは、「父及び母のいずれもが特定されないとき」をさすとの拡張解釈を導いた。しかし、その後の実務は、同様の事例を無国籍とする場合が多い。抜本的には、「父母のいずれの国籍も取得しないときは」などの法規定に改正すべきである。

---

1) 1997年のヨーロッパ国籍条約3条・4条参照。
2) 国籍法違憲判決・最大判2008（平成20）年6月4日民集62巻6号1367頁。
3) アンデレ事件・最判1995（平成7）年1月27日民集49巻1号56頁。

表 12-1　広義の帰化率（外国人登録者数に対する後天的な国籍取得者の割合〔%〕）

2003	2004	2005	2006	2007	2008	2009	2010	2011	2012	2013	2014	2015	2016
1.0	0.9	0.8	0.7	0.7	0.6	0.7	0.6	0.5	0.5	0.5	0.5	0.5	0.5

出典：OECD, 2015, 350-351; OECD, 2018, 391-392.

■ 3　帰化と届出

　原則的な帰化の要件は、国籍法5条によれば、①引き続き5年以上日本に居住し（居住要件）、②20歳以上で行為能力を有し（能力要件）、③素行が善良であり（素行要件）、④自己または生計を同じにする親族の資産や技能によって安定した生活を送ることができ（生計要件）、⑤国籍離脱ができない場合を除いて、従来の国籍を失い（複数国籍防止要件）、⑥政府を暴力で破壊しようと主張する団体に参加していないこと（憲法遵守要件）である。

　簡易帰化の居住要件は、(1)日本人の養子の場合は1年である。(2)日本で生まれた無国籍者・2世代にわたって日本で生まれた者・日本人であった者の子・日本人の配偶者の場合は3年（婚姻生活が3年以上継続していれば1年）である。日本人の実子・日本人であった者は、住所がありさえすればよい。日本人の配偶者には②の要件が、日本人の子・日本人であった者・日本で生まれた無国籍者には②と④の要件が免除される。

　帰化の言語要件は、実務上、小学校3年生で習う漢字が読める程度の日本語能力が必要といわれる。この点は、欧州言語共通参照枠のA2とB1の間であり、どちらかというとA2に近いと評価でき、特に厳しい要件とはいえない。ただし、中国などの漢字文化圏の出身者以外には、漢字の読み書きのハードルはかなり高いものと思われる。

　相対的に、日本における帰化率は低い。2012年の新たな在留管理制度の導入に伴い、公的年金に関する証明書、課税・納税証明書、配偶者の居住歴証明などの審査が厳格化され、帰化率も下がっている。表12-1にみるように、広義の帰化率は、2003年には、1%であったが、2016年には0.5%にすぎない。OECD諸国の中では最低の水準である。

　日本の国籍法では、認知の場合と国籍の再取得の場合に届出は限られている（3条・17条）。届出は、帰化とは違い、一定の要件を満たせば、裁量の

余地なしに国籍の取得が認められる。ヨーロッパの血統主義国は、その国で育った子どもの届出による国籍取得を定める国が多い[4]。日本でもこうした届出の手続を取り入れることを検討すべきであろう。

■ 4 複数国籍の容認傾向

2008年に最高裁は、はじめて国籍法を憲法違反とする判決を下した。国籍法3条1項は、法律上の婚姻関係にない日本人の父と外国人の母との間に生まれ、父から生後認知された子について、「父母の婚姻により嫡出子たる身分を取得した」準正子の場合に限り、国籍取得を認めた。同項は、父母の婚姻の有無という「子にとっては自らの意思や努力によっては変えることのできない」事柄により差別しており、憲法14条1項の法の下の平等に反する[5]。

その後、この準正要件を削除する国籍法改正に際し、衆・参両議院は、「本改正により重国籍者が増加することにかんがみ、重国籍に関する諸外国の動向を注視するとともに、我が国における在り方について検討を行う」という付帯決議を付した。従来の重国籍という用語は、重婚になぞらえて倫理上問題視する議論も一部にあり、本書は相対的に中立的な複数国籍という名称を用いることにする。

国籍法は、(生地主義国で生まれた、または国際結婚の両親の間で生まれた)複数国籍者が原則として22歳までに国籍を選択する国籍選択制度を定めている(14条)。また、同法は、国外で生まれた複数国籍の子が3カ月以内に届け出ないと日本国籍を喪失する国籍留保制度を定めている(12条)。これらは、今日の民主国家では、まれな制度である[6]。人権救済の申立てを受け、日弁連は、(国際結婚の両親の間で生まれた、または外国籍者との婚姻等により自動的に複数国籍となった場合の)国籍選択義務の廃止を求める意見書を2008年に[7]、国籍留保制度の廃止を求める意見書を2017年に提出している[8]。

---

4) Waldrauch, 2006.
5) 国籍法違憲判決・最大判2008(平成20)年6月4日民集62巻6号1367頁。
6) 1988年ボツワナ国籍法15条では、21歳までの国籍選択制度がある。
7) 日本弁護士連合会「国籍選択制度に関する意見書」(2008年11月19日)。
8) 日本弁護士連合会「国籍留保・喪失制度に関する意見書」(2017年6月15日)。

「締約国は、子の国籍に関し、女性に対して男性と平等の権利を与える」と定める女性差別撤廃条約9条2項に基づいて男女平等に反する父系血統主義から父母両系血統主義に移行した国々では、国際結婚の親から生まれた子どもの複数国籍者が増大する。その際、日本と同様の国籍選択制度を採用したのはヨーロッパではイタリアだけであった。しかし、イタリアでは、実施を延期した後に選択制度を廃止した。韓国でも、日本を参考に選択制度を採用したが、2011年に出生とともに複数国籍者となった場合の選択制度を廃止した[9]。ドイツでは、国際結婚で生まれた子どもに国籍選択義務はもともとない。2000年に永住者の子どもに生地主義で国籍取得を認めた際に、23歳までの国籍選択義務をいったんは課したが、2014年には、ドイツで生まれ育った子の場合の選択義務を廃止した。

(1) 国際的な動向と日本の判例・学説の状況

近年、平和主義、民主主義、人権擁護などを促進する手段として、複数国籍の増大を歓迎する見解が増えている[10]。複数国籍の増大要因として、①冷戦の終焉、②徴兵制の廃止、③移民の増大、④国際結婚の増大、⑤国際法の変化をあげることができる。移民受入れ国では、社会統合のための帰化・届出の要件緩和、女性差別撤廃条約に伴う父母両系血統主義への移行が、複数国籍を増大させた[11]。移民送出し国では、移民受入れ国との関係強化、在外国民の人権擁護の機運が要因といえる[12]。

判例上、ドイツでは、1974年の時点の連邦憲法裁判所は、複数国籍を国内法上も国際法上も「弊害」とみなしていた[13]。しかし、1989年に連邦行政裁判所は、法的不安定と（忠誠）義務の衝突の危険があるので、複数国籍は回避すべきとされてきたが、今日の国際私法の進展により法的不安定の危

---

9) 2010年（2011年施行）の改正国籍法12条1項により、国内での外国籍不行使誓約をすれば、相手国が認める限り、複数国籍が維持できる。
10) 難民などの場合に事実上の無国籍状態を防止する手段として複数国籍を認め、男女平等の法規範は婚姻した女性の独自の国籍を保持する権利や、いずれの親も子に国籍を継承させる機会を保障すべく、複数国籍を容認する（Faist, 2007, 174）。
11) イギリスなど旧植民地との結びつきも要因としてあげうる（Martin and Hailbronner [eds.], 2003, 161 [R. Koslowski]）。
12) Martin and Hailbronner (eds.), 2003, 5-10 (D. A. Martin).
13) BVerfGE 37, 217 [1974].

険は以前より少なくなっており、(忠誠)義務の衝突の危険は、とりわけ EU 諸国間では重要ではなくなったと指摘した。そして、1998 年に連邦行政裁判所は、「複数国籍回避原則は、多くの国で侵食にさらされている。とりわけ国際結婚や移住労働の増大との関係で複数国籍の容認傾向が強まっている」と判示した。

かつての欧州評議会の複数国籍削減協定上、複数国籍回避原則を持っていたドイツとは違い、日本にはその種の国際法上の要請はない。しかし、日本では、1981 年に東京地裁が、当時の父系血統主義を採用した複数国籍(重国籍)防止の目的は、「重国籍の弊害」からみて、国の重要な利益や個人の利益に合致すると判示した。また、1998 年に大阪高裁は、「国籍の積極的抵触(重国籍)及消極的抵触(無国籍)の発生を可能な限り避けることが理想とされ」、「二重国籍が望ましくないものである以上、やむを得ない」と判示する。複数国籍の国際法上の容認傾向に言及した判決はまだない。

国際法上、複数国籍を禁止する条約はない。たしかに、1930 年の国籍法抵触条約の前文では、無国籍と複数国籍をなくす理想のために、「各個人が 1 個の国籍を有すべきであり、かつ 1 個のみを有すべきである」と定めていた。しかし、この前文には、法的効力はない。また、20 世紀初頭、大半のヨーロッパ諸国は、帰化による従来の国籍喪失規定など、複数国籍が生じないように国籍法を定めようとしていた。その後、欧州評議会は、人の国際移動の規模がまだ小さかった 1963 年に複数国籍削減協定を締結し、同 1 条では「締約国の国民は、成人であり、自己の意思で、帰化・選択・回復により、他の締約国の国籍を取得した場合は、従来の国籍を放棄する」ことも定めていた。

しかし、1963 年協定にかかわらず、国際結婚と国際移住の増大により、複数国籍者は大量に増えることになった。1993 年には、国際結婚と国際移

---

14) BVerwG 84, 93 (1989).
15) BVerwG 107, 223 (1998).
16) 東京地判 1981(昭和 56)年 3 月 30 日訟月 27 巻 9 号 1675 頁。なお、控訴審の東京高判 1982(昭和 57)年 6 月 23 日判タ 470 号 90 頁の確定判決は、国籍法の欠缺を補う法改正は国会の権限であり、裁判所の権限でないとした。
17) 大阪高判 1998(平成 10)年 9 月 25 日判タ 992 号 103 頁。
18) Kondo and Westin (ed.), 2003, 99 (de Groot).

住に伴う複数国籍の承認傾向が一定の国々にみられることから、同協定第2選択議定書を欧州評議会は採択している。これは家族の国籍の統一と移民の2世の社会統合のために、国際結婚による配偶者と子、移民の2世の複数国籍を承認するものであった[19]。そして、1997年のヨーロッパ国籍条約15条が、複数国籍には中立の立場を表明し、加盟国の自由に決定できるようにした[20]。しかも、ヨーロッパ国籍条約14条では出生・結婚により当然に取得した複数国籍の保持の容認を加盟国に要請し、ヨーロッパ国籍条約7条が国家主導の国籍喪失事由を限定列挙していることから、同7条に該当しない国籍喪失を禁止している[21]。国籍喪失事由の限定列挙は、同4条c号の恣意的な国籍剥奪禁止規定を包括的に保障するためのものである。同号は世界人権宣言15条2項の国籍剥奪禁止規定にならって採用されている[22]。したがって、複数国籍の容認は、国際法に反しない。逆に、今日の国際法の動向に照らせば、国籍選択制度の廃止が求められている。

　1998年の日本とドイツの判例において、複数国籍防止が国際法上必要とされているのか否かについて、大きく評価が分かれている。この差は、1997年のヨーロッパ国籍条約についての理解いかんによる。また、当時、日本における代表的な国籍法の教科書が複数国籍に否定的な見解を示していたことにも原因がある。そこでは、「最近、重国籍に好意的ないし肯定的な見解がみられる」としながら「重国籍が種々の不便と困難をもたらす」例として、複数の国の「兵役義務」、「外交的保護」の紛議、戦時での反逆罪などの深刻な問題をあげて、複数国籍に否定的な見解を示している[23]。もっとも、同時期の憲法学の代表的な教科書は、正当にも「最近の急激な国際化の動きは、『国籍唯一の原則』に基づく従来の厳格な重国籍防止の考え方に波紋を投げかけている」と指摘していた[24]。

---

19) Europarat, 1994, 411.
20) Council of Europe, 1998, par. 97.
21) *Ibid.*, par. 58.
22) *Ibid.*, par. 35.
23) 江川ほか、1997、19-23頁。
24) 芦部、1997、209頁。

(2) 反対論と賛成論の根拠の検討

複数国籍の反対論の根拠は、①忠誠の衝突、②二重兵役義務、③外交保護権の衝突、④外国政府の影響、⑤二重投票、⑥特権的優遇、⑦国籍の価値低下などである。

しかし、①忠誠の衝突に関しては、君主制下の主権者への排他的な忠誠概念とは違い、今日の民主国家では多様なメンバーシップへの忠誠や愛着が競合する。国への忠誠の法的意味はもっぱら法の遵守にある。複数の法体制を同時に守ることができれば忠誠は衝突しない。民主国家間での戦争の現実性は少ない。かりに独裁国家と民主国家との争いを想定しても、その複数国籍者の大半にあたる難民にとって、故国への愛着はあっても、自らを迫害した政府への忠誠は予想しがたい。忠誠の衝突の弊害として、日米の複数国籍者がアメリカで反逆罪とされた 1952 年の判例[25]がよく指摘される。しかし、1963 年に彼は恩赦で許されている。第 2 次世界大戦以後、複数国籍者がスパイとして疑われた実例も聞かない[26]。

②二重兵役義務を条約により回避する国は多い。③外交保護権の衝突には、2 つの問題がある。第 1 に、1955 年の国際司法裁判所のノッテボーム事件判決[27]以来、第 3 国における外交保護権は、真正な結合を有する実効的国籍の国の側が保護の責任を負うことで解決可能とされる。第 2 に、他方の国籍国に対する外交保護が可能かという問題は、より重要である[28]。しかし、国際的な人権保障の進展は、国籍国の人権侵害行為を正当化せず、国籍国間での外交保護はもはや不可能ではない[29]。

複数国籍者の政治参加に伴う④外国政府の影響や、⑤二重投票を含む⑥特権的優遇も、経験的には、深刻な問題とはいえない[30]。二重投票といっても、理念上は、1 つの政治制度では一人一票の原則が守られている。実際、国外居住者の投票率は低い。将来、どの国に住み、どの国の国籍を離脱するかの選択を特権的優遇とみるよりも、従来の国籍放棄を好まないために定住国で

---

25) Kawakita v. U.S., 343 U.S. 717 [1952].
26) Spiro, 2002, 24.
27) Liechtenstein v. Guatemala [1955].
28) Boll, 2007, 114.
29) Hailbronner, 1999, 107; Hokema, 2002, 291-294.
30) Aleinikoff and Klusmeyer, 2001, 81-82.

の権利が保障されない劣位の改善策とみる方が重要である。

⑦複数国籍による国籍の価値低下は、帰化による国籍取得を完全な統合過程の最後とみる立場からの議論である。国籍取得を統合の前提とみる立場からは、複数国籍は望ましい[31]。

複数国籍の賛成論の根拠は、①国の安定、②移民の統合、③移民の安定した将来計画、④移民の人権擁護、⑤移民の複合的なアイデンティティへの対応に役立つ点にある[32]。移民と移民送出し国では、複数国籍への異論が少なくなり、移民受入れ国では、国によって、賛否が拮抗状態にある[33]。

日本では、忠誠の衝突、外交保護権の衝突、重婚などの身分関係の混乱が指摘されるが、「具体的に重国籍で何らかの問題が生じたという事例は把握しておりません」というのが法務省民事局長の説明である[34]。したがって、実証的な根拠は今日乏しい。日本は徴兵制がないので、二重の兵役の問題は生じない。そこで、「日本国籍を持っている方が相手の国に徴兵制などがある場合には徴兵にとられてしまう、そうした場合にどうするか」という問題の立て方になる[35]。しかし、「現実に、特定の外国の軍隊に日本人との二重国籍者が入ったことによって外国との間でそれが外交問題になったということは、今まではない[36]」。

(3) 複数国籍に対する諸外国の対応

スウェーデンでは、2001 年に複数国籍を全面的に認める国籍法改正をした。その背景には、人の国際移動と重層的な国のつながりが増大し、すでに多くの複数国籍者が存在していても実際には深刻な問題は生じていない点が指摘されている。多文化社会における新たなスウェーデン人らしさのあり方が問われ、冷戦後の複数国籍に寛容な国際傾向に沿った国籍法の現代化が必要とされた。市民権が国籍よりも居住に基づく要素が大きくなるにつれ、国籍は権利の源泉というよりも、アイデンティティの源泉であるとの見方も

---

31) Faist and Gerdes, 2008, 13.
32) 近藤、2001a、173 頁。
33) Jones-Correa, 2003, 312-320.
34) 衆議院法務委員会・2004 年 6 月 2 日（房村精一法務省民事局長発言）。
35) 衆議院法務委員会・2006 年 6 月 13 日（河野太郎法務副大臣発言）。
36) 衆議院法務委員会・2006 年 6 月 13 日（寺田逸郎法務省民事局長発言）。

増えた。また、複数国籍は、移民が社会的に排除されている問題を解消し、（多文化主義的な）統合を実現する上で有益であるとの見方も強まった。二重兵役、外交保護の困難、二重投票、忠誠の衝突といった国家の不利益と従来考えられてきた問題は、実際には非常に限られたものである。一方、旅行、居住、就労、社会扶助、財産権などに関する移民にとっての個人の利益が大きいとの見方が広まった[37]。

イギリス政府は、伝統的に複数国籍に無関心な立場をとっている。1608年のCalvin事件[38]以後、大英帝国に生まれた者がイギリス臣民となる生地主義のもと、個人は君主への忠誠（allegiance）から平等な権利を有するとされた[39]。1870年の帰化法により国籍の離脱が定められるまでは、君主への忠誠は永久的なものとされたので、コモン・ローと忠誠の伝統から複数国籍が認められた。1870年から1948年に国籍法が定められるまでは、外国に帰化した者は、自ら明示的に放棄すればイギリスの国籍を失うが、そうでない場合は、実務上、イギリス国籍を保持しているものと扱われた。1948年の国籍法以後、上記の実務が明文化された（19条）。1981年の現行の国籍法により、生地主義は親が国民と永住者の場合に限定されたものの、イギリスに帰化する外国人の場合も、他国に帰化するイギリス国民の場合も、国籍放棄は義務づけられることなく、複数国籍が容認されている[40]。

アメリカでは、憲法修正14条を定めた1868年以来、アメリカで生まれるか、帰化し、アメリカの管轄権に服する者は、アメリカ市民である。同年の法律で「国籍の離脱がすべての者の自然かつ固有の権利」である旨を宣言し、1907年の国籍離脱法および1940年の国籍法により、他国への帰化、他国への忠誠の宣誓、他国の選挙への参加などの理由に基づく市民権の喪失の手続を定めていた。しかし、連邦最高裁は、1967年のAfroyim v. Rusk事件[41]で、アメリカ国民が他国の選挙に参加したことによるアメリカ市民権の剥奪を違憲とした。最終的には、1980年のVance v. Terrazas事件[42]に

---

37) Gustafson, 2002.
38) Calvin's Case, *77 Eng. Rep. 377* [1608].
39) 柳井、2004、38-49頁。
40) Hansen, 2001, 74-82; Hansen, 2002, 179-185.
41) Afroyim v. Rusk, 387 U.S. 253 [1967].
42) Vance v. Terrazas, 444 U.S. 252 [1980].

より、他国の国籍証明書の発行が他国への忠誠を意味するかどうかが争われ、アメリカ市民権を放棄する自発的な意思が証明されないかぎり、複数国籍を容認する判例が確立した。今日、1986年に改正された移民国籍法349条により、アメリカの市民権を放棄する自発的な意図をもって他国に帰化などしないかぎり、アメリカの市民権を失うことはない。なお、同法337条により、外国人がアメリカに帰化する際に出身国への忠誠を放棄する宣誓をアメリカ自体は課しているが、この忠誠放棄を国籍放棄の意思表明とみなさない出身国の場合は、複数国籍が認められる[43]。

他方、アメリカに多くの移民を送り出しているラテンアメリカ諸国では、1990年代以前は、複数国籍が認められていたのはウルグアイ[44]、パナマ、ペルー、エルサルバドルにすぎなかった。しかし、1990年代に、コロンビア[45]、ドミニカ[46]、エクアドル、コスタリカ、ブラジル、メキシコ[47]とつぎつぎと複数国籍を容認し、これらの国々の出身者のアメリカでの帰化率は上がっている[48]。

カナダでは、1977年以降、複数国籍が全面的に認められるようになった[49]。カナダの移民は、出生国との政治的・法的なつながりに関心がなくても、複数国籍を多文化主義的な承認の自然な延長とみているという指摘もある[50]。カナダに帰化した人の公式記録上、複数国籍者は、1981年には5.5%であり、1996年には16.6%に増えている[51]。

オーストラリアでは、1986年からは従来の忠誠の放棄は削除された[52]。したがって、在住外国人の帰化に際して従来の国籍放棄の規定はない。一方、

---

43) Weissbrodt, 1998, 329, 381-391；髙佐、2003、247-252頁；Aleinikoff, 2000, 139, 147-150.
44) Margheritis, 2015,
45) Escobar, 2015b, 13.
46) Quesada, 2015, 9.
47) Spiro, 2002, 22; Ramírez, 2000, 325, 331. ただし、出生によるメキシコ国籍取得者は複数国籍の制限はないが、メキシコに帰化して従来の国籍を維持している者にも、さらなる国籍取得を認める法改正案は2015年4月現在、まだ通過していない（Hoyo, 2015, 20）。
48) Jones-Correa, 2003, 306, 323.
49) Galloway, 2000, 99-101.
50) Bloemraad, 2007, 171-177.
51) Bloemraad, 2004, 404.
52) Jordens, 1997, 178-180.

在外オーストラリア人が他国に帰化した場合のオーストラリア国籍の喪失を 1948 年の国籍法は定めており (17 条)、この点の制限があった。しかし、2002 年にこの制限も削除し、全面的に複数国籍を認めた[53]。

フランスは、1973 年から父母両系の血統主義を採用し、国際結婚の配偶者・子どもの複数国籍、フランスに帰化した者の複数国籍を容認し、欧州評議会による 1963 年の複数国籍削減協定の締約国でないかぎり、自発的に他国の国籍を取得しても、フランス国籍を維持できるようになった[54]。また、1995 年に欧州評議会の複数国籍削減協定の選択議定書を批准し、締約国であるイタリアやオランダに対する複数国籍削減の義務はなくなった。

ドイツでは、1990 年から 1993 年の外国人法改正により、ドイツで教育を受けた若者、長期滞在外国人およびその配偶者と子に権利帰化が認められ (85 条・86 条)、国籍放棄が困難な場合や、難民の場合などは、従来の国籍放棄の原則を免除し (87 条)、帰化率を上昇させた。1994 年以後、トルコ人がドイツにいったん帰化し、トルコに再帰化することにより、隠れた複数国籍者が増えたこともあって、ドイツの帰化率は、かなり高い状態で推移した。1996 年には、裁量帰化の場合の 30% が複数国籍を容認されている。国籍法が 1999 年に改正され、2000 年からは永住者の子どもは、生地主義により複数国籍となり、18 歳から 23 歳の間に選択義務を有するが、外国の国籍放棄が不可能もしくは期待できないとき、または外国人法 87 条所定の場合には、複数国籍が容認される (国籍法 29 条 3 項・4 項)。帰化の場合に従来の国籍を放棄する規定もあるが (国籍法 9 条、外国人法 85 条)、改正以前から、少なくとも 220 万人 (人口の 2.7%) の複数国籍者が推計されていた[55]。1999 年改正により[56]、1) 相手国に国籍放棄の法規定がない、2) 相手国が国籍放棄を通常拒絶する、3) 相手国が不合理な理由により国籍放棄を拒絶、または不当な条件を付す[57]、4) 高齢者で国籍離脱が困難であり、帰化の拒絶が過酷[58]、

---

53) Department of Immigration and Multicultural and Indigenous Affairs, 2002.
54) de la Pradelle, 2002, 197-204.
55) ドイツ民族の帰還者とその家族 (130〜140 万人)、国際結婚で生まれた子ども (70 万人)、出身国での国籍喪失が不可または過度な負担を強いられる場合など (23 万人) (Münz, 2002, 18, 30)。
56) Hailbronner and Renner, 2001, 694-718, 1142-1148.
57) 国籍放棄の手数料が平均月収より多く、2500 マルクを超える場合および出身国での

5) 国籍放棄が当人にとって経済上または財産上の相当な不利益となる[59]、6) 難民等（外国人法 87 条 1 項）、7) EU 市民の帰化が相互主義により相手国が複数国籍を認めている場合（同条 2 項）[60]、複数国籍を容認する。こうした幅広い例外のため、帰化者の 50％ 以上は複数国籍を認められている[61]。

複数国籍に寛容な国は、アジアとアフリカでは相対的に少ない[62]。この理由は、民主主義や人権の成熟度にもよるものの、植民地からの独立の過程で、ナショナリズムが果たした影響が大きいものと思われる。たとえば、イギリスから独立した国は、イギリス法の影響を受けて、複数国籍に寛容であってもいいはずだが、そうなっていない国もある[63]。

フィリピンでは 2003 年に施行された法律により、生まれながらのフィリピン人は外国の国籍に帰化した場合も複数国籍を維持できることになった[64]。ベトナムも 2008 年（2009 年施行）の法改正により、国外居住者の複数国籍を認め[65]、今後、アジア出身の多くの複数国籍者をもたらすことが予想される。

複数国籍に寛容かどうかは、在住外国人に対する場合と、在外国民に対する場合で、基準を異にする場合がある。表 12-2 は、在外国民に対する複数国籍容認国の増加傾向を地域ごとに示している。こうした複数国籍を容認する国は、2015 年において 194 カ国中 142 カ国（73.2％）に及んでいる。1960 年において、85 カ国中 33 カ国（38.8％）であったのと比べると、その増加傾向がうかがえる。表 12-2 の調査に加え、OECD や国連などのデータ

兵役の履行を条件とする場合。
58) 60 歳以上で、健康を害していたり、ドイツの家族がみなドイツ国籍を持っていたり、15 歳のときからずっとドイツに住んでいたりする場合。
59) 平均年収より多く、2 万マルク以上の場合など、国籍法に関する一般行政規則 87 参照。
60) いわば、EU 市民に対し、帰化に対する特権を認めた（Hokema, 2002, 162）。
61) Hailbronner and Farahat, 2015, 17.
62) Boll, 2007, 311-566; Wernick, 2004, 279-280; U. S. Office of Personnel Management, 2004; Faist and Gerdes, 2008, 17-19.
63) インドの社会発展に貢献し、インド出身者の文化的なつながりを維持するため、2003 年に（その後、2005 年、2011 年に改正した）海外インド市民権、2015 年からは海外インド市民権カード保持者の資格を認める国籍法改正をインドは行った。正確には、複数国籍者ではなく、海外インド市民権カード保持者は、国民と平等な公務就任権を持たず、選挙権と被選挙権を持たないが、入国と出国の自由を有する。
64) Aguilar, 2017, 17-19.
65) Nguyen, 2017, 2, 15, 17.

表 12-2　地域ごとの複数国籍容認国の増加傾向

	従来の国籍の自動喪失	従来の国籍の自動喪失なし。		従来の国籍の自動喪失	従来の国籍の自動喪失なし。	
	1960	1960	国の数	2015	2015	国の数
アフリカ	71.40%	28.60%	7	35.20%	64.90%	54
アジア	54.50%	45.40%	22	33.30%	66.70%	48
欧州	54.80%	45.10%	31	27.30%	72.80%	44
米州	72.70%	27.20%	22	8.60%	91.40%	35
オセアニア	66.70%	33.30%	3	15.40%	84.60%	13
平均	**61.18%**	**38.82%**		**26.80%**	**73.20%**	
国の数	52	33	85	52	142	194

出典：Vink et al., 2015 をもとに作成。

も加えた研究では、208 カ国（184 送出し国と 24 受入れ国）中、1980 年には 39% が何らかの形で複数国籍を禁止していたが、2013 年には 30% に減少しているという[66]。

複数国籍者の数も増えている。表 12-3 は、複数国籍者のストックの数を表している。しかし、世界の複数国籍者の数は、正確にはわからない[67]。大きな移民受入れ国のアメリカ、フランス、ドイツ、イタリアなどは、統計をとっていない。しばしば、人口登録では、複数国籍は登録されておらず、2014 年 1 月にオランダでみられたように、法で禁じる場合もある。もっとも、限られたデータからも、増加傾向はうかがえる。12 年間でスペインは 4 倍以上、10 年間でフィンランドは 3 倍以上、クロアチア、ポルトガル、ルーマニアはおよそ 2 倍に増えている。人口比では、スイスが高く、2000 年の 6.9% から 2012 年には（15 歳以上に限るデータながら）10.3% に増えている。なお、かつて最も複数国籍者の比率が高かったであろうオーストラリアでは、25% 以上ではないかと推測されたこともあり[68]、国勢調査などの公式統計が正確な比率を示しているのかどうかは、定かではない。

---

66) Alarian and Goodman, 2017, 142-143.
67) 複数国籍を認める国の人口が、およそ 25 億人という指摘はある（Cook-Martin, 2013, 154）。
68) Castles and Zappalà, 2001, 144; Aleinikoff and Klusmeyer, 2001, 79.

表 12-3　年ごとの複数国籍者の数（人口比）

国	2001	2006	2011	2014
アルバニア			28,309 (1.0%)	
アルメニア			9,015 (0.3%)	
ブルガリア			22,150 (0.3%)	
カナダ		870,255 (2.8%)	944,695 (2.9%)	
クロアチア	44,349 (1.0%)		84,855 (2.0%)	
フィンランド	15,000 (0.3%) (2000)		54,912 (1.0%) (2010)	
ハンガリー			88,906 (0.9%)	
アイルランド	49,299 (1.3%)	45,123 (1.0%)	55,905 (1.2%)	
モンテネグロ			4,527 (0.7%)	
オランダ			1,100,000 (6.6%)	
ポーランド	444,930 (1.2%)		327,400 (0.8%)	
ポルトガル	127,253 (1.2%)		244,745 (2.0%)	
ルーマニア	23,340 (0.1%)		43,005 (0.2%)	
セルビア			281,548 (0.4%)	
スロバキア			8,203 (0.2%)	
スペイン	159,000 (0.4%) (2002)		577,270 (1.2%)	804,800 (1.8%)
スイス	495,296 (6.9%) (2000)		688,561 (10.3%) (2012)	
イギリス (England, Wales)			613,940 (1.1%)	

出典：Schachter, 2015, 48.

　複数国籍が生じる理由は、3通りある。すなわち、1) 従来の国籍を放棄することなしの（広義の）帰化の場合、2) 父母両系の血統主義を採用する異なる国籍の両親から生まれた場合、3) 血統主義を採用する国の親から生地主義の国で生まれた場合である。

　一般に、2) と 3) の出生による場合は、1) の帰化の場合より、広く複数国籍が認められる[69]。そこで、問題は 1) の場合である。ヨーロッパ 16 カ国でのサンプル調査では、従来の国籍を維持できる移民の場合は、移民先の国籍を取得する率がおよそ 40% 高まるという[70]。

---

69) Sejersen, 2008, 529.

スウェーデンとカナダでの統計調査によれば、一般に、外国生まれの人の中で、帰化して国籍を取得した人の方が帰化せず外国人のままでいる人よりも就業率が高い。MIPEX の労働市場参加の評価ではスウェーデンは1位、カナダは5位であるように、両国とも国籍を必要とする職種が多い国ではない。しかし、雇用主にとって、国籍は移民が定住国にとどまる決意を示す行為なのかもしれない。したがって、国籍取得要件を厳しくすることは、移民の定住国での就業の機会を少なくし、ひいては社会福祉のコストを増大させるという予期せぬ好ましくない効果を持ちうることを意味するという[71]。

(4) 日本の国籍選択制度をめぐる国際法上および憲法上の論点

　憲法10条に「日本国民たる要件は、法律でこれを定める」とあり、一般には、複数国籍を認めるか否かは、立法裁量の問題として憲法上「許容」されている[72]。

　今日の国際法上も、一般に複数国籍は「許容」されている。しかし、ヨーロッパ国籍条約14条1項は「出生により当然に相異なる国籍を取得した子ども」などへの複数国籍許容立法を「要請」さえしている。この点、同条約4条c、7条1項および14条1項aの体系解釈上、国際結婚により生まれた複数国籍の子どもの国籍選択制度を「一般に」禁止している。子どもが成人となった場合であっても、ヨーロッパ国籍条約7条1項は、当事国が「法律上当然のまたは当事国主動の国籍喪失を規定すること」を、aからgまでの7つの場合を除いて禁じている。国籍選択制度はこの7つの「合理的な国籍喪失」の理由のいずれの場合にも該当しないため、同条約7条1項違反となる。そして、同条約7条1項所定の合理的な理由を欠く、「恣意的な国籍剥奪」を禁ずる原則規定として、同条約4条cは「何人も、ほしいままにその国籍を奪われない」と定めている。恣意的な国籍剥奪にあたらないことの実体的な根拠基準は、予見可能であること、法律で定められていることだけでなく、目的と手段が「比例的であること」に求められ、本条約7条

---

70) Vink et al., 2013, 12.
71) Bevelander and Pendakur, 2012, No. 5801.
72) ドイツの少数説（Scholz and Uhle, 1999, 1511）のように、国籍唯一の原則を国籍制度の制度的保障と考え、複数国籍を認める法改正を「禁止」する違憲論は、日本では知られていない。

は国籍喪失の理由を網羅的に掲げている[73]。国籍を喪失する手段により生じる個人の不利益を上回るだけの正当な目的と思われる合理的な理由が、国家の一方的な意思による国籍喪失には必要である。なお、1999年の改正ドイツ国籍法29条の国籍選択制度が、同条約7条に抵触する可能性のあることをあらかじめ考慮して、ドイツ政府は条約批准に際し、7条を留保した。このためドイツは、同条約7条に違反しなかったが、このことは、留保しなければ、国籍選択制度が同条違反となることを示すものである。

　世界人権宣言15条2項は、「何人も、ほしいままにその国籍を奪われ、又はその国籍を変更する権利を否認されることはない」と定めている。世界人権宣言は、直接の法的効力はないものの、日本国憲法の解釈指針としても参照されるべきものである。通説は、憲法22条2項の「何人も、……国籍を離脱する自由を侵されない」規定の解釈指針として、同宣言15条2項が「国籍を変更する権利」と規定していることを援用して、無国籍となる自由を保障するものではないとの解釈を導いている[74]。しかし、通説は、「何人も、ほしいままに国籍を奪われ」ないとする部分の内容には、無頓着である。国籍選択制度が、本人の意思に反して、国籍を剥奪する危険性にも目を向けるべきであろう。国籍を「離脱する自由」は、「自己の意思に基づいて離脱する自由」を意味し、その内容には、「自己の意思に反して離脱しない自由」、すなわち「恣意的な国籍剥奪の禁止」も含むものと解すべきである。日本国憲法22条2項の沿革は、イギリスなどからの移民に対して、1868年にアメリカ議会が「国籍離脱は、すべての人民の自然かつ固有の権利」と宣言したことに由来する。しかし、実際には、国籍離脱の自由は、個人の意思に反して国籍の離脱を強制されない自由の側面も重要であり、送出し国からみた①「自国の国籍を離脱する自由」と②「自国の国籍を離脱しない自由」、受入れ国からみた③「外国の国籍を離脱する自由」と④「外国の国籍を離脱しない自由」の4つの場合に分けて考える必要がある[75]。「自由」は、一般に、作為の自由とともに不作為の自由も含むものである。たしかに、通説のいうよう

---

73) Council of Europe, 1998, para. 36.
74) 芦部、2000、586頁。マッカーサー草案21条2項も「国籍ヲ変更スル自由」であった。
75) 国籍離脱の強制について、立法裁量に制約を課すのが今日のアメリカの重要な判例法理である（Vance v. Terrazas, 444 U.S. 252 [1980]）。

に、アメリカの歴史にみられた③については、自国の主権の及ぶ問題ではないので、「何人も」という文言はむしろ誤りであり、「日本国民は」の意味で解釈する「性質説」がこれまで多くの支持を得てきた。しかし、①については、今日の多くの民主国家の国籍法上は、ほとんど解決済みの問題である。むしろ、②と④については、自国の主権の及ぶ範囲での保障が可能な、すぐれて今日的な問題といえる。ここに憲法が「何人も」と定めていることの重要な意義があり、成文憲法を掲げ国家権力から個人の権利を守るという立憲主義の基本を大切にする「立憲性質説」[76]に立てば、国籍離脱の自由は、在外国民の①だけでなく、在外国民の②と在住外国人の④も保障すべく、日本の国会が複数国籍容認立法を制定することを憲法上「要請」する規定と解しうる。複数国籍の回避が国際法上の理想と考えられた時代の憲法の「国籍離脱の自由」の解釈は、従来の性質説により①の場合のみを射程とすることがかつての国際法上の要請との整合性を有したかもしれない。しかし、人の国際移動と国際結婚の盛んな今日、むしろ一定の複数国籍の要請が国際法の理想と考えられる時代の憲法の「国籍離脱の自由」の解釈は、立憲性質説により①のみならず、②と④の場合も射程とする方が、今日の国際法上の要請に合致する。

(5) 複数国籍防止規定と実務の乖離

　これまでの実務は、複数国籍の防止のための催告手続には慎重である。たしかに、日本の国籍法は、1985 年から父母両系血統主義に移行するのに伴って、国籍選択制度を採用した[77]。①国籍法 14 条は、複数国籍者に対し原則 22 歳までの「国籍選択義務」を定めている。②同 15 条は、国籍を選択しなかった人に対する法務大臣の「催告」後、1 カ月以内に日本国籍を剥奪できる手続を定めている。③同 16 条は、日本国籍を選択した者の外国籍離脱の「努力義務」を定める。

　2016 年の民進党の党首選挙に際して、蓮舫議員の「二重国籍問題」が浮

---

76) 近藤、2016、56-57 頁。
77) ただし、同法附則 3 条に基づいて、フジモリ元ペルー大統領のように、1985 年より前に生地主義国で生まれた場合の「外国の国籍を有する日本国民」には、選択の義務はなく、選択をしなくても、選択の宣言をしたものとみなされる。

上し、これらの国籍法の規定に関心が集まった。②の「催告」の手続を政府は 31 年間、1 度も行使していない。また、③の外国籍の離脱は「努力義務」とされている。これらは、国籍離脱が困難ないし不可能な国があること、重国籍者を正確に把握できない中で一部の人にだけ催告手続を行うことは不公平ないし恣意的であること、国籍の剝奪は本人や親族等関係者に極めて重大な影響を及ぼす人権侵害をまねくおそれが大きいので慎重に対応する必要があることが理由と思われる。

　蓮舫議員が①の選択義務を果たしていなかったことについて、金田法務大臣は、一般論としつつ、「国籍選択宣言をするまでは国籍法違反の違法状態が続いていた」という見解を示している。しかし、理解しにくいのは、国籍法 14 条 2 項は「日本の国籍の選択は、外国の国籍を離脱することによるほかは、戸籍法の定めるところにより、日本の国籍を選択し、かつ、外国の国籍を放棄する旨の宣言（以下「選択の宣言」という。）をすることによってする」と定めており、「外国の国籍を離脱する」届を提出する方法でもよいのであるが、同大臣は、一般論として「台湾当局が発行した外国国籍喪失届は受理していない」という。

　日本政府は、台湾を国家とみなしていないので、台湾籍は「外国の国籍」ではなく、国籍法 14 条 2 項による国籍離脱届を受理できないのなら、同 1 項による「外国の国籍を有する日本国民」としての国籍の選択義務が、なぜ蓮舫議員に課されるのか、国籍法研究者には、理解が困難な法務大臣の見解が報道されている。蓮舫議員が持っていたとされる台湾籍は、1 項では国籍とされ、2 項では国籍とされない解釈の矛盾は、体系的な説明を困難にする。

　蓮舫氏の場合、1967 年に台湾人の父と日本人の母の間に日本で生まれたときには、日本も台湾も父系血統主義の国籍法を採用していたため、台湾国籍だけを取得した。1972 年の日中国交正常化以後、日本政府は、中華人民共和国のみを国家とみなし、中華民国（台湾）を国家とみなさないことになった。1984 年に父母両系主義に改正され 1985 年に施行された日本の国籍法附則 5 条により、母が日本国民であった蓮舫氏は、届出により日本国籍を取得する。

　さらに、この問題を複雑にさせているのは、自民党の小野田議員が、国籍法 14 条 2 項に基づく国籍選択宣言をしたものの、同 16 条の国籍離脱の努力義務を果たしていないことを問題とし、アメリカ国籍の離脱手続を申請中

との報道もなされた。小野田氏の場合、1982年にアメリカ人の父と日本人の母の間にアメリカで生まれたため、アメリカと日本の国籍を取得した。区議会議員を経て、参議院議員に立候補する前に国籍選択宣言をしたという。

　日本の国籍を選択しても、アメリカをはじめ多くの相手国では国籍を喪失しない。ブラジルをはじめ一定の国では国籍離脱手続が容易でない場合もある。イランの男性をはじめ一定の国では、兵役義務を果たさないと国籍の離脱ができない。難民として政府の迫害から逃れてきた人の国籍離脱請求が認められるかどうかも確かでない。以前の明治憲法下での日本でも、政府の許可がなければ、本人の意思だけでは国籍離脱ができなかった。こうした国もあることを考えれば、国籍法16条が国籍離脱を努力義務としていること、同5条1項5号が帰化の際に従来の国籍喪失を要件としつつも、同2項が従来の国籍喪失ができない場合の例外規定を定めていることがわかる。

　また、法律上の原則と実務上の例外が逆転している現状がある。アメリカで研究助成金を獲得するためにはアメリカ国籍を要件とする場合が多く、南部陽一郎シカゴ大学名誉教授がノーベル賞を受賞した2008年には、河野太郎議員を中心に自民党の国籍問題プロジェクトチームが重国籍を容認するかどうかを検討したことがある。国外で帰化した人が日本の法務局に届け出ず、戸籍が残っている場合が大半であり、生地主義国で生まれた場合や、国際結婚で生まれた子どもが重国籍となった場合も22歳までに国籍を選択しない人が大半である実態がそこでは一定のサンプル調査からうかがえる。日本に帰化した外国人が帰化後に、従来の国籍を実際に放棄しているかどうかの追跡調査はなされていない。日本のように、外国の国籍を取得したことで自動的に国籍を放棄したとみなす国は少なく、複数国籍を容認する国では、改めて国籍離脱の申請手続が必要である。無国籍防止原則からすれば、帰化が不許可になるかもしれないのに、事前に国籍離脱を要求することもはばかられる。一般に思われているよりも、複数国籍者の数は多い可能性がある。他国の国籍を保持しているかどうかを相互に情報提供する制度のない中で、誰が複数国籍者かを政府は正確に把握する術もないのが現状である。

(6) 複数国籍者に対する被選挙権の剥奪の違憲性

　現行の公職選挙法上も、内閣法上も、複数国籍者が国会議員や大臣になることを禁止してはいない。憲法15条1項が国民固有の権利と定める公務

員の選定権に被選挙権の根拠を求める従来の通説・判例の立場からは、複数国籍者の被選挙権を剥奪する法改正は憲法違反となるものと思われる。また、同14条1項の平等に反する。この点、ヨーロッパ人権裁判所が、Tǎnase v. Moldova [2010] において、複数国籍者が国会議員になることを禁じる法律を定めたモルドバに対し、自由な選挙を定めたヨーロッパ人権条約第1議定書3条違反の判決を下していることも参考になる（ヨーロッパ国籍条約17条1項の複数国籍者と他の国籍者との平等取扱い条項に違反する点にも言及しており、平等違反となりうる点も判旨から読み取ることもできる）。

なお、ドイツの議論にもあるように、国籍選択の義務を将来課された者の国籍が、その他の通常の国籍とは違い、いわば停止条件付きの暫定的な国籍としての法的取扱いを受けることの不平等の問題にも目を向けるべきである。複数国籍で生まれた子どもの複数国籍の維持を国際法上の理想とする時代には、停止条件付きの国籍と無条件の国籍との法的取扱いの違いを正当化する合理的理由は、見出しがたい。むしろ、そのような差別的取扱いは、憲法14条1項・44条の禁じる「社会的身分」として複数国籍者を扱うことになる。

かくして、「何人も、ほしいままにその国籍を奪われ」ないと定めている世界人権宣言15条2項を解釈指針とすれば、憲法22条2項の「国籍を離脱する自由」は、自己の意思に反し「国籍を離脱しない自由」としての恣意的な国籍剥奪禁止原則を内容として保障している。また、「個人の尊重」を定め、権利については「公共の福祉に反しない限り、立法その他の国政の上で、最大の尊重を必要とする」旨を定める憲法13条からは、個人の意思に反して国籍を喪失させる立法は（外国に常居所を有する国民と国との間に真正な結合関係が欠如する場合などの）必要最小限の制約のみが許されるにすぎない。したがって、国籍選択制度と複数国籍者被選挙権剥奪制度は、憲法「22条2項と結びついた13条」の保障する「恣意的に国籍を剥奪されない権利」に反し、同14条1項・44条の禁止する「社会的身分」による極めて不合理

---

78) Badura, 1999, 43, 88. 基本法20条2項が「すべての国家権力は、国民に由来する」と定めており、この民主主義原理をもとに、「民主主義的平等」の要請から、国籍の統一性原則が導かれる。そして、選択義務を伴う「新しい形式の国籍」は、血統や帰化による「通常の形式の国籍」と比較して、この構成員資格が持つ「無条件かつ無期限」という本質基準を切り捨てた「国籍の変種」をつくるものである。

な差別といえる。また、国外で生まれた複数国籍の子が 3 カ月以内に届け出ないと日本国籍を喪失する国籍留保制度も、「恣意的に国籍を剥奪されない権利」に反する、不合理な差別である。

■ 5 小 括

　外国人の帰化率の低さは、日本の排他性のイメージを印象づける。日本人の母と台湾人の父の間に生まれた蓮舫議員が野党第 1 党の党首になることへの多様な側面からの批判の声が上がることで、日本の排他的イメージは強まった感がある。複数国籍者であるからか、選択宣言を明確にしていないからか、説明が二転三転したからか、外国の出自を有するからか、それらがない交ぜになった批判が展開された。単一民族国家のアナロジーとして国籍唯一の原則を唱える議論も少なくない。アメリカ人やインド人の父を持つ宮本エリアナさんや吉川プリアンカさんがミスユニバースやミスワールドの日本代表に選ばれたときにも、外国の出自を問題とする声があった。もっとも、こうした排他的な意識が問題とされる事象が現実に起きていることが、日本の多文化化を示している。

　大人になったら父の国籍か母の国籍のどちらを選択するかを義務づける日本のような国は、民主国家では珍しい。個人の多様性を尊重する、開かれた民主的で平和な社会では、人の国際移動と国際結婚が増大するにつれ、複数国籍が増えている。特別な理由なしに、国が一方的に本人の意思に反して国籍を剥奪することは人権侵害にあたると考える国が増えている。日本のように、3 世や 4 世の外国人が多い国も珍しい。

　今後、日本の国籍制度は、以下の改革が必要と思われる。第 1 に、国籍選択制度と国籍留保制度は、廃止すべきである。第 2 に、国内外での帰化における複数国籍防止要件は、廃止すべきである。第 3 に、日本で育った子どもが成人になるときに届出による国籍取得を認めるべきである。

79）近藤、2016、44 頁。

第 13 章

難民の権利
―― とりわけ難民申請者の裁判を受ける権利

1 難民とは誰か

　難民の定義は、狭義の意味でなされることが多い。しかし、広義の意味で用いられる場合もある。第 1 に、狭義の難民の定義は、入管法 2 条 3 号の 2 が定めている。すなわち「難民条約 1 条の規定又は難民議定書 1 条の規定により難民条約の適用を受ける難民」をいう。1951 年の難民条約では、「1951 年 1 月 1 日以前に生じた事件の結果」生じた難民を対象とする時間的制約などがあったので、[1] 1967 年の難民議定書がその制約をなくした。しかし、難民条約・難民議定書の難民は、実際に保護の必要な人よりも狭い範囲しか想定していない。

　法律上および条約上の「難民 (refugee)」は、「人種、宗教、国籍もしくは特定の社会的集団の構成員であること又は政治的意見」の 5 つの「理由」により、「迫害を受けるおそれがあるという十分に理由のある恐怖を有するために」、「国籍国の外にいる者」で、その国籍国の保護を受けることができない者・望まない者（および「常居所を有していた国の外にいる無国籍者」であって、常居所を有していた国に帰ることができない者・望まない者）をいう。この狭義の難民は、条約難民と呼ばれる。

　第 2 に、広義の難民は、「事実上の難民」[2]、「人道的地位」または「補完的

---

1) 「欧州において生じた事件」に限定する地理的制約を選択する余地もあった。
2) スウェーデンにおいては、2015 年 11 月 25 日より前は、（条約）難民、補充的保護、そ

保護（complementary protection）」と呼ばれ、近年のヨーロッパでは「補充的保護（subsidiary protection）[3]」と呼ばれる人々も含む（UNHCRの推計によれば、2016年末には、2250万人の広義の難民が世界にはいるという[4]）。ヨーロッパでは、条約難民以外に、死刑、拷問・非人道的な・品位を傷つける取扱い・刑罰、武力紛争による重大な危害を被る現実の危険がある者は、保護を受けることができる[5]。

　日本では、難民申請した者が、難民としての認定を拒否されたものの、人道上の配慮を理由として在留を特別に許可された場合は、統計上、人道的地位に加えている（ただし、厳密には、難民性を認められた在留特別許可の場合だけではなく、日本人や永住者等との婚姻などを理由とする在留特別許可の場合も含まれる）。

　第3に、最広義の難民には、紛争・暴力・迫害により強制移動を強いられた人として、2017年末には6850万人が推計されている。この中には、国境を越えた難民および庇護希望者に加えて、国境を越えていない「国内避難民（Internally Displaced Persons: IDP）」も含まれる（2017年末には4000万人と推計されている）。しかし、一般には、国境を越えていない場合は、難民

　　の他の保護の必要な者の3通りのタイプが広義の難民にはみられたが、同日以後は、第3のタイプを廃止し、一般のEU諸国と同様に2通りのタイプになった。
3) 2011年の欧州議会・欧州理事会指令（Directive 2011/95/EU）によれば、「補充的保護を受ける資格がある者」とは、「第3国国民または無国籍者であって、難民には該当しないが、出身国または無国籍者の場合は常居所を有していた国に帰国した場合、15条に定義する重大な危害を被る現実の危険に直面することになるであろうと信ずるに足りる実質的な根拠が示されているものであり、かつ、17条1項および2項が適用されず（平和に対する罪・戦争犯罪・人道に対する罪・重大犯罪などに該当する場合は除かれる）、当該国の保護を受けることができない者、またはそのような危険があるために当該国の保護を受けることを望まない者」をいう。
4) UNHCR, 2018, 2. 内訳として、UNHCR（国連難民高等弁務官事務所）の管轄の1920万人のマンデート難民とUNRWA（国連パレスチナ難民救済事業機関）の管轄の540万人のパレスチナ難民がいる。UNHCRの任務（マンデート）の対象としてのマンデート難民（mandate refugees）は、「コアのマンデート難民」としての条約難民と「拡大されたマンデート難民」すなわち、紛争や無差別な暴力、あるいは甚大な人権侵害や公の秩序を著しく乱す事件から逃れている者を含む広義の難民をさす。
5) 保護を受ける条件としてのヨーロッパ人権条約15条の「重大な危害」とは、「(a) 死刑または死刑執行、(b) 出身国における申請者への拷問、非人道的な・品位を傷つける取扱い、または刑罰、(c) 国際または国内武力紛争の状況における無差別暴力による文民の生命または身体に対する重大かつ個別の脅威」をさす。

とは区別される。本章でも、難民と補完的保護の場合に限定して、その権利状況を整理することにする。

なお、難民としての庇護ないし補完的保護を求める人を「**庇護希望者（asylum seekers）**」という（2017年末の推計では、310万人の庇護希望者が世界にいる）。日本では、庇護や補完的保護などが明文化されておらず、無国籍者の保護に関する規定もないので、難民申請者と庇護希望者が重なる。しかし、欧米諸国では、難民以外の庇護を求める場合も含む庇護希望者は、難民申請者よりも広い概念である。

日本では、1981年に難民条約を批准する前から、（1978年から2005年までに1万1319人の）インドシナ難民を受け入れていた。1981年の（名称が出入国管理及び難民認定法と変わる）入管法改正以後、難民の認定は、通常の入管行政における裁量行為ではなく、羈束行為である。したがって、申請者が難民条約に定められた難民の要件を満たす場合は、法務大臣は難民の認定を行う。難民認定を受けられなかった申請者は、処分の通知を受けた日から7日以内に法務大臣に異議申立を行うことができる。法務大臣は、異議申立に対する決定を行うにあたって、2005年以後は難民審査参与員の意見を聴かなければならない。①1982年から2017年までに、6万674人の難民申請者がおり、708人が「難民」として認定された。②難民としては認められなかったものの、人道上の「在留特別許可者」が1991年から2017年までに2588人いる。③2008年から毎年30人の枠で「第3国定住難民」の受け入れが始まり、2017年までに32家族152人のミャンマー難民の定住が認められた。

2017年の難民申請者数1万9628人のうち、難民認定者数は20人であった。**難民認定率**は、0.1％である。この20人に加え、人道上の配慮を理由とした在留許可者45人を含む広義の難民認定率（庇護認定率）でも、0.3％である。（1978年から2017年までの難民申請者数6万674人のうち、難民認定者数708人、その他の庇護としての在留特別許可者数2590人の場合の庇護認定率は、5.4％である）。

一方、2017年におけるEU28カ国の難民認定率は23％、（難民・補完的保護・人道的配慮による在留許可を含む）庇護認定率は46％という。主な国々の2016年における難民認定率（括弧内は庇護認定率）は、アメリカ42.5％（同）、カナダ67.3％（同）、オーストラリア47.4％（同）、イギリス29.5％

表 13-1　日本における難民庇護の状況

年	難民申請者数	認定難民	その他の庇護（人道上の在留特別許可）
1991	42	1	7
1992	68	3	2
1993	50	6	3
1994	73	1	9
1995	52	2	3
1996	147	1	3
1997	242	1	3
1998	133	16	42
1999	260	16	44
2000	216	22	36
2001	353	26	67
2002	250	14	40
2003	336	10	16
2004	426	15	9
2005	384	46	97
2006	954	34	53
2007	816	41	88
2008	1,599	57	360
2009	1,388	30	501
2010	1,202	39	363
2011	1,867	21	248
2012	2,545	18	112
2013	3,260	6	151
2014	5,000	11	110
2015	7,586	27	79
2016	10,901	28	97
2017	19,628	20	45

出典：法務省入国管理局

（34.9%）、ドイツ 42.5%（72.0%）、フランス 21.9%（33.9%）、スウェーデン 19.5%（79.4%）である[6]。

　就労目的での難民申請者が多いことが、日本の低い認定率の要因であると政府はいう。たしかに、2010 年から 2017 年に廃止するまでは、在留資格があって難民申請した者は、6 カ月後に就労許可が認められたことがアジア諸国に知れ渡ったこともあって、この間に難民申請者の数は急増した（表 13-1）。

　2017 年における日本の難民申請者の主要な出身国は、フィリピン（4899 人）、ベトナム（3116 人）、スリランカ（2226 人）、インドネシア（2038 人）、ネパール（1451 人）である。世界の難民の 5 大出身国である、シリア、アフガニスタン、南スーダン、ミャンマー、ソマリアとは異なっている。日本での認定難民の出身国も、エジプト（5 人）、シリア（5 人）、アフガニスタン（2 人）であり、人道上の在留特別許可者の出身国も、シリア（4 人）、ミャ

---

6) UNHCR, 2018, 53-57.

ンマー（3人）、イラク（2人）、コンゴ民主共和国（2人）などである。

諸外国と比べて日本の難民受け入れが少ない要因は、①主要な難民送出し国からの地理的な距離が大きいこと、②難民に対する否定的な意識が日本社会や政治家にあること、③日本語が不十分で良い仕事が見つからないなどの定住支援のための統合政策の乏しさが難民の定住先としての魅力を欠いていること、④「迫害のおそれ」に個別具体的な危険の証明を要求し、供述の信憑性の判断に際して灰色の利益の原則を適用しないなど、難民認定の審査基準が厳しいことである。[7]

2 難民の権利

(1) 絶対的権利

難民条約は、一連の権利を難民に保障している。まず、難民以外の人と比べることのない絶対的権利として、人種・宗教・出身国による無差別（3条）、属人法に基づいてすでに取得した権利を承認される権利（12条）、裁判を受ける権利（16条）、行政上の援助を受ける権利（25条）、身分証明書の発行を求める権利（26条）、旅行証明書の発行を求める権利（27条）、資産を再定住先の国に移転する権利（30条）、追放・送還禁止（33条）を保障する。

難民条約3条の無差別は、難民間の差別を禁止する。たとえばイラクから逃れてきたクルド人は難民として認めるが、トルコから逃れてきたクルド人は難民として認めないということは、本条違反となるおそれがある。より一般的な差別禁止規定としての自由権規約2条・26条、社会権規約2条により、性や言語などに基づく無差別の権利を難民も保障されていることは、いうまでもない。

難民は、受入れ国において、婚姻に伴う権利などの属人法に基づいてすでに取得した権利を承認される権利を有する。行政上の援助を受ける権利として、通常、本国の機関を通じて交付を受けるような証明書（婚姻証明書や離婚証明書など）を発行してもらったり、相談にのってもらったりする。[8]難民

---

7) 滝澤編、2018、58-59 頁（滝澤）。日本弁護士連合会人権擁護委員会編、2017、29-30、52-53 頁。
8) Zimmermann (ed.), 2011, 1137, 1143 (E. Lester).

は、難民としての身分証明書の発行を求める権利や、国籍国のパスポートを持っていなくても、渡航に際し、受入れ国での旅行証明書の発行を求める権利を有する。第3国への再定住難民は、再定住先の国に資産を移転する権利を認められる。

　裁判を受ける権利は、絶対的な権利とされていることに留意する必要がある。詳しくは、難民申請者の裁判を受ける権利のところで後述する。

(2) 国民と同等の権利

　難民条約は、国民と同等（内国民待遇）の権利として、宗教を実践する自由・子の宗教教育についての自由（4条）、工業所有権・著作権（14条）、法律扶助・訴訟費用の担保の免除の権利（16条2項）、配給を受ける権利（20条）、初等教育を受ける権利（22条1項）、公的扶助を受ける権利（23条）、労働・社会保障の権利（24条）を保障している。

　信教の自由について、日本では、憲法20条3項が「国及びその機関は、宗教教育その他いかなる宗教的活動もしてはならない」と定めている。したがって、公立の学校において、国民に保障されていない宗教教育の自由は、難民法4条から難民の子にも保障されるわけではない。初等教育を受ける権利は、社会権規約13条2項(a)、子どもの権利条約28条1項(a)が保障している。日本では難民を含む外国人は、本人が公立の学校での教育を望めば国民と同様に無償の教育を受けることができる。しかし、義務教育の対象ではないとして、不就学状況を放置するのであれば、真に国民と同等の初等教育を受ける権利を保障しているといえるかは疑問である。

　民事法律扶助法2条は「我が国に住所を有し適法に在留する者」に国民と同様の法律扶助を認めている。民事訴訟法75条の定める訴訟費用の担保は、「日本国内に住所、事務所及び営業所を有しないとき」であり、日本に

---

9) 発明、意匠、商標、商号などの工業所有権、文学的・美術的・学術的著作物も、内国民待遇の権利である。
10) 配給制度は、今日の日本ではない。
11) また、義務の点でも、難民に課される税は、同様の状態にある国民と同じ課税である（29条）。
12) Zimmermann (ed.), 2011, 666 (C. Walter).
13) 近藤、2016、316-317頁。

住所を有する難民には、国民と同様、担保提供の義務は課されない。

　日本の生活保護などの公的扶助は、内国民待遇の権利である。この点、生活保護手帳別冊問答集によれば、永住者、日本人の配偶者等、永住者の配偶者等、定住者、特別永住者および認定難民が、国民と同様に生活保護の対象とされている。

　労働の権利について、労働基準法3条と労働者派遣法27条は国籍差別を禁止し、労働組合法5条2項4号は人種差別を禁止し、職業安定法3条は人種差別と国籍差別を禁止する。

　社会保障の権利を国民と同等の権利として難民に保障する義務を国に課していることが、1980年代に日本の国民年金、児童手当、児童扶養手当、特別児童扶養手当、国民健康保険の国籍要件の撤廃につながった。

(3) 最恵国待遇を受ける外国人と同等の権利

　最恵国待遇とは、「同一事情の下で外国の国民に与えられる待遇のうち最も有利な待遇」を意味する。難民条約は、最恵国待遇を受ける外国人と同等の権利として、非政治的結社の自由（15条）、賃金が支払われる職業に従事する権利（17条）を保障している。

　日本では、労働組合などの非政治的結社の自由について、労働組合法5条2項4号は、「何人も、いかなる場合においても、人種……又は身分によって組合員たる資格を奪われない」と定めている。同法は、在留資格の有無にかかわらず、外国人労働者にも適用される。したがって、最恵国待遇を受ける外国人労働者がいるわけではなく、すべての外国人労働者に等しく適用される。また、自由権規約22条1項が「すべての者は、結社の自由についての権利を有する」と定めており、国民と外国人との間の差別を禁じ、政治的結社の自由にも同項は適用される。

　難民条約17条の最恵国待遇に留保を付していないEU加盟国は、合法的

---

14) 2009年3月31日厚生労働省社会・援護局保護課長事務連絡。
15) Chetail, 2014, 50. 自由権規約委員会・一般的意見15（1986年7月22日）7段落。
16) 外国人一般と同じ働く権利のみを認めたアイルランドなどと、特定の関税・経済・政治的同盟の場合の働く権利を除くデンマーク、フィンランド、スウェーデン、ベルギー、オランダ、ルクセンブルクなどは、留保を付している。参照、ハサウェイ、2014、300頁。

に滞在する難民に対して、他のEU市民に認められるのと同様の雇用の機会を認めなければならない。しかし、日本では、この点も、最恵国待遇を受ける外国人がいるわけではない。認定された難民が通常取得する定住者の在留資格であれば、一定の公務員を除いて、広く雇用の機会が認められる。人道的配慮による在留特別許可の場合の在留資格は、通常は特定活動であり、雇用の機会は広いものの、資格外活動の許可が要る。

(4) 一般の外国人と同等の権利

一般の外国人と同等の権利として、動産および不動産の所有権・賃貸借権等（13条）、自営業の権利（18条）、住居の権利（21条）、初等教育以外の教育に関する権利（22条2項）、移動の自由（26条）を保障する。

所有権や賃貸借権は、一般に難民にも保障されている。例外的に、鉱業法17条が鉱物の採掘に関する鉱業権について、「日本国民又は日本国法人でなければ、鉱業権者となることができない」と定めている。

自営業の権利は、難民が通常取得する定住者の在留資格であれば、広く認められる。その他の庇護の場合の在留資格は、通常は特定活動であり、自営業の権利は制約される。

住居の権利として、公営住宅への入居は、永住者や日本人の配偶者の在留資格を要件とする場合もあるが、一般には、在留資格を有する外国人であれば公営住宅への入居を認める。

中学・高校の中等教育、大学等の高等教育については、外国人も国民と同様に教育を受ける権利を認められる。難民条約22条2項は「奨学金の給付に関し、できる限り有利な待遇を与える」とある。日本学生支援機構の奨学金の応募資格は、定住者の場合、将来永住する意思のあることを出身学校長が認める必要があるが、難民も一般に応募資格を認められる。

移動の自由は、公の秩序・公衆衛生へ特定の脅威を与えるのでなければ、滞在国の国民と同一程度の自由を享受する。難民として認定された場合には、通常、5年の定住者の在留資格を認められる。その後、5年の滞在を経て、永住許可が認められる場合には、「素行が善良であること」が必要である。しかし、一般の外国人に必要な10年の滞在や生計要件は、免除される。また、永住許可には、日本語要件は不要である。

なお、難民認定され、定住者としての在留資格を得ると、定住者告示5

号ロおよび6号ロにより、配偶者および未成年で未婚の実子を呼び寄せることができる。

■ 3　補完的保護の受益者の権利と在留特別許可者の権利

　補完的保護の受益者の権利は、基本的には、認定された難民の権利と同様であるが、一部の権利について、一定の制約を認める国もある。

　たとえば、ドイツでは、難民と認定されると、最長3年の滞在許可が与えられる（更新可。滞在法26条1項、3項）。5年以上の滞在後は、生計要件、ドイツ語能力要件を充たせば、定住許可（一種の永住許可）が認められる。これに対して、補完的保護の認定を受けると、1年の滞在許可が与えられ、2年ごとの延長が可能である（滞在法26条1項3文）。5年以上の滞在後、生計要件、ドイツ語能力要件を充たすと定住許可が与えられる。家族呼び寄せについても、補完的保護の場合は、2年間は認められない。

　スウェーデンでは、難民と認定されると、永住許可が認められ、配偶者と未成年の子の呼び寄せが認められる。これに対して、2015年11月24日以後に申請し、補完的保護の認定を受けた者は、13カ月の滞在許可が与えられ、延長が可能であるが、家族呼び寄せは、深刻な病気や人身取引の被害者などの特別な事情がなければ認められない。

　日本では、難民と認定された場合は、難民事業本部の支援センターにおいて、1) 572授業時間（1授業時間＝45分）の日本語教育、2) 120授業時間（1授業時間＝45分）の生活ガイダンス、3) 就職斡旋・生活相談を受けることができる。支援センターへの通学が困難な入所者には、半年間、宿泊施設が無料で提供される。その後、生活保護が必要な場合は、受給が認められる。通常は、就労が可能な定住者の在留資格が認められる。素行善良要件を満たせば、生計要件を満たさなくても、5年後には、永住許可にも道が開かれる。

　他方、人道的配慮による在留特別許可の場合は、上記の難民事業本部の支援はない。資格外活動の許可が認められる限りで就労が可能な「特定活動」の在留資格の場合は（定住者に在留資格が変更されなければ）、生活保護の受給は認められない。素行善良要件と生計要件を満たせば、10年後（定住者となった場合はその5年後）、永住許可に道が開かれる。

■ 4 難民申請者の権利

　ハサウェイは、国の「管轄下」にある難民申請者と、国の「領域内」にいる難民申請者とを区別する。たとえば、中国の瀋陽にある日本大使館に逃げ込んできた難民申請者は、日本の領域内ではないが、管轄下にある難民申請者といえよう。難民条約33条のノン・ルフールマン（追放・送還禁止）の義務は、領域外であっても管轄下にある難民申請者を追い返してはならないので、「入国拒否」を含むと考えられている[17]。しかし、一般の難民申請者は、日本の領域内での難民申請者である。難民申請者は、何らかの在留資格の入国許可証を持っていたり、仮滞在の許可が認められたりする場合もあるが、在留資格を持たない場合もある。

　難民条約上の多くの権利は、「合法的にいる」とか「合法的に滞在する」と表現している。しかし、一連の「中心的な」権利は、庇護国の領域内にいるか、「合法的にいる」かにかかわらず、保障される。これらの権利として、無差別（3条）、動産・不動産の所有権（13条）、裁判を受ける権利（16条）、配給の権利（20条）、教育を受ける権利（22条）、追放・送還の禁止（33条）、庇護国での帰化（34条）がある[18]。

　また、難民認定は、宣言的な性質を持つ行為であり、ある者が難民であることを正式に認め、確認することにすぎない。難民認定の効力によって難民となるのではない。その者がおかれた苦境の性質から難民の地位が生ずる。いわば、難民申請者は、潜在的難民ないし推定難民と考えられている[19]。不法入国・不法滞在による刑罰を受けない権利（31条）も、推定難民の権利として保障される[20]。

　表13-2にあるように、難民申請者は、外務省からの支援金（保護費）を受けることができるが、その支援金の額は、生活保護費の3分の2程度にすぎない。

　たとえば、スウェーデンやフィンランドでは、審査中の難民申請者[21]は、無

---

17) ハサウェイ、2014、167-169頁。
18) 義務として、租税その他の公課（29条）がある。
19) ハサウェイ、2014、123頁。UNHCR, 1992, 9; European Parliament and of the Council, 2011, Preamble Recital Clause (21).
20) Goodwin-Gill, 2003, 193.

表 13-2　難民申請者の支援金（保護費）と生活保護費の比較

種類	保護費（外務省）	生活保護費（厚生労働省／自治体）
	生活、住宅、医療	生活、住宅、教育、医療、介護、出産、生業、葬祭
申請から決定までの期間	通常 2～3 カ月後	14 日以内に決定を通知
受給開始日	申請結果が通知された日から受給可能	申請日に遡って受給可能
生活費支給額	46,500 円（31 日の場合、日額 1500 円、12 歳未満は 750 円）	79,230 円（月額定額）
住宅費	単身：40,000 円、2 人：50,000 円、3 人：55,000 円	単身：53,700 円
医療費	必要に応じ支払実費を後日精算	医療券による

参照、日本弁護士連合会人権擁護委員会編、2017、135 頁。2015 年 6 月現在、生活保護費の支給額は、東京都 23 区在住・単身・30 代・冬季以外で計算（難民支援協会調べ：https://www.refugee.or.jp/jar/postfile/QA.pdf, 2019 年 2 月 27 日閲覧）

料の受入れセンターか、自らの選んだ有料の住宅に住む。[22] 家族は別に住むこともできるし、単身者は共同で住むこともできる。保護者のいない子どもはグループホームに住む。一般に、難民申請者は、自炊する。身元が不明な場合に、難民申請者は、収容施設に入れられる。難民申請者は、国内を自由に移動できる。難民申請者は、生活費を支援される[23]（受入れセンターに住む場合は、大人は 30％、子どもは 15％ 減額される）が、子ども手当その他の社会手当は支給されない。難民申請の 3 カ月後から、難民申請者は、働くことができる。労働賃金により、生活費は減額される。受入れセンターでは、（清掃・補修・事務・子どもの世話や余暇活動・文化活動のまとめ役などの）就労や（言語講習・社会や法制度の講習などの）就労研修の活動が行われている。[24]受

---

21) 8 § Lag om mottagande av asylsökande m.fl. (SFS 1994: 137).
22) Lag om mottagande av asylsökande m.fl. ［難民申請者等の受け入れに関する法］(SFS 1994: 137).
23) スウェーデンでは、2015 年 9 月現在、1 日に単身の大人が 24 クローネ（約 2.8 ドル）、同居の大人が 19 クローネ、子どもが 12 クローネである。食費が無料で提供されない場合は、1 日に 2 人の大人で 71 クローネ、それ以上の家族で 61 クローネである。
24) フィンランド語かスウェーデン語の授業を受ける。出席は義務ではないが、正当な理由なしに雇用促進の訓練に欠席すると、生活費が減額されうる。

入れセンター外でのコンピュータ作業や手工芸の講習に通うこともできる。そうした活動に参加しないと、生活費の支給が減額される。難民申請者の子どもは、（6歳から16歳の）義務教育を受ける。多くの学校は、普通のクラスに通う前の外国人の子どものための特別な準備クラスに入る。大人の難民申請者も、学校、専門学校、大学などに無料で応募できる。しかし、難民申請者は、学生支援手当を受給できない。看護師が受入れセンターに配属されており、難民申請者の健康診断を行う。難民申請者は、スウェーデンでは医療と必要な歯科医療を受けることができ、難民申請者を含むすべての子どもの医療は無料であり、フィンランドでは無料で緊急医療と必要な歯科治療を受けることができる。難民助言センターが、難民申請者、難民および移民のために法律扶助を提供する。

■ 5　難民申請者の裁判を受ける権利

(1) 難民条約16条

　第1に、難民条約16条1項が、絶対的権利として、「難民は、すべての締約国の領域において、自由に裁判を受ける権利を有する」と定めている。同項が shall have という用語を使うのは、難民の主観的な権利を規定することを意味する。「自由に裁判を受ける」とあり、難民のステイタスによる制約を許さない。裁判を受ける実効的な手段が必要である。形式的には裁判を受けることができるが、実際には過度に厳しい形式要件を定めることで不可能にすることは、「自由に」という言葉に反する。ただし、「自由に裁判を受ける」ということは、無料である必要はない。難民条約29条が定めるように、「自国民に課する額よりも高額のものを課してはならない」という制約を受けるだけである。また、難民条約16条1項は、合法的な滞在などの限定なしに「難民」と定めていることから、難民の地位の不許可決定に対する

---

25) 7 ch. 2 § Skollag［学校法］(SFS 2010: 800).
26) Hälso- och sjukvårdslag［保健・医療法］(SFS 1982: 763); Lag om hälso- och sjukvård åt asylsökande m.fl.［難民申請者の保健・医療法］(SFS 2008: 344).
27) 5 § Lag om hälso- och sjukvård åt asylsökande m.fl.
28) Zimmermann (ed.), 2011, 938 (B. Elberling).
29) *Ibid.*, 939.

難民申請者の裁判所の審査を含むと解される[30]。

　第2に、難民条約16条2項が、内国民待遇の権利として、「難民は、常居所を有する締約国において、裁判を受ける権利に関する事項（法律扶助及び訴訟費用の担保の免除を含む）につき、当該締約国の国民に与えられる待遇と同一の待遇を与えられる」と定めている。これも、難民のステイタスによらず、認められる権利である。「常居所」は、住所や永住を意味するものではなく、単にいること以上の国と難民との間の「意思を持ったつながり」が必要である。常居所という用語は、適法性やステイタスの承認を意味するものではなく、事実上の概念である。内国民待遇の権利とは、法律扶助を国民の権利として認めていない国や、国ではなく弁護士会が扶助しているにすぎない国では、難民に対する扶助を義務づけられない[31]。しかし、日本の法律扶助は、総合法律支援法30条2項により「国民若しくは我が国に住所を有し適法に在留する者」に限定しているため、非正規滞在の難民申請者の場合は、日本弁護士連合会の法律援助事業を用いることになる。こうした在留資格に基づく難民申請者の法律扶助からの排除は、難民条約16条2項の内国民待遇に反するものと思われる。

　第3に、難民条約の起草過程において、16条の裁判を受ける権利は、難民認定手続において適用されるかどうかという問題を議論していなかったこともあり、難民認定手続への適用を消極的に考える立場もある。難民条約は、認定手続を一般に各国に任せている。しかし、上述したように、16条は、国家によって認定された難民だけの権利ではなく、すべての難民に適用される権利である。また、16条は、特別な司法手続に限定するものではなく、すべての司法手続に適用される。したがって、少なくとも原理的には、難民認定が拒否された人の裁判を受ける権利が奪われてはならない場合にも、難民条約16条は適用される。ただし、起草過程での議論がなかったこともあり、たとえば、一定の国の国民からの難民申請の拒否は、「十分に理由のある」迫害の恐怖を有しないとみなされ、訴えが許されないという規定は、既存の救済へのアクセスへの制約と解されるので16条違反となる。しかし、そうした規定は「十分に理由のある」迫害の恐怖を有すると訴える裁判所の

30）Chetail, 2014, 52.
31）Zimmermann (ed.), 2011, 940-941 (B. Elberling).

事物管轄権を制限するものと解釈されうる場合は、16 条に違反しないとされている[32]。たとえば、「十分に理由のある」迫害の恐怖を有しないとみなされる「安全な第 3 国」から来た者の難民申請を拒否する規定は、事物管轄権の問題として、16 条に反しない[33]。事物管轄権の問題とは、当該裁判所が管轄権を有して裁判することができる対象の事件かどうかということである。

(2) 難民条約 33 条

　難民申請が拒否された者に対し、十分な出訴のための期間を与えず、ただちに退去強制することは、送還・追放の禁止を定めたノン・ルフールマン原則に反する。難民条約 33 条 1 項が「締約国は、難民を、いかなる方法によっても、人種、宗教、国籍もしくは特定の社会的集団の構成員であることまたは政治的意見のためにその生命または自由が脅威にさらされるおそれのある領域の国境へ追放しまたは送還してはならない」と定める。

　第 1 に、難民条約 33 条における「難民」は、正規滞在であるか非正規滞在であるかにかかわらない。すべて難民は、最初は難民申請者である。難民を保護するためには、難民申請者は、地位が確定するまでは難民となる者と推定されて扱われなければならない。そうでなければ、難民申請者は国境で追い返されたり、請求が確定していないことを理由に迫害を受ける国に戻されてしまったりする。これでは、ノン・ルフールマンの原則は、難民に実効的な保護を与えることができなくなる。難民申請者に対する 33 条の保護は、難民であることの請求が公式の手続上最終決定により論駁されるまで続く。難民認定手続上の公式の難民認定は、宣言にすぎない。認定より難民になるのではなく、難民だから認定されるのであり、同 33 条は、認定難民の地位の有無にかかわらず適用される。したがって、33 条は、難民申請者にも適用される[34]。

　第 2 に、難民条約 33 条における「領域の国境」とは、まず出身国や最終居住国の国境を意味する。ついで危険のあるその他どの国の国境も含まれる。さらには、迫害のおそれのある国に送還する危険のある国の国境も含まれ

---

32) *Ibid.*, 944.
33) *Ibid.*, 946.
34) Zimmermann (ed.), 2011, 1370 (W. Kälin et al.).

る。また、「安全な第 3 国」とは、難民申請者が通過した保護を申請することができた国で[35]、迫害に直面することがなく、ノン・ルフールマンの原則に反して迫害のおそれのある国に送還する危険もない、安全な国をいう。安全な第 3 国は、1990 年のダブリン協定に端を発し、EU 諸国内で何度も同一申請者により難民申請が繰り返されるのを防ぐために導入された。2003 年からの改定ダブリン規則 II では、責任のある EU 域内で最初に入国した国に申請者を送還することを定めた。しかし、安全な第 3 国への送還は、安全な第 3 国が当該個人を、迫害のある国に送還したり、送還した第 4 国がノン・ルフールマンの原則に反したりするおそれもある。そこで、2008 年に UNHCR は、ギリシアへの送還をやめることを勧告している。難民認定制度が不十分であったり、迫害を受ける国に送還されるおそれがあったりする場合には、最初に入国した国に送還するというダブリン規則は、難民条約 33 条 1 項のノン・ルフールマンの原則に反することになる[36]。

(3) 自由権規約 14 条 1 項および 2 条 3 項 (a)

　自由権規約 14 条 1 項が「すべての者は、裁判所の前に平等とする。すべての者は、その刑事上の罪の決定又は民事上の権利及び義務の争いについての決定のため、法律で設置された、権限のある、独立の、かつ、公平な裁判所による公正な公開審理を受ける権利を有する。……」と定める。「すべての者は、裁判所の前に平等」なので、「公正な公開審理を受ける権利」を保障するために、締約国は、住民でない外国人であっても、当事者が審理に出席することを認める必要がある[37]。裁判を受ける権利は、国籍やステイタスにかかわらず、難民申請者、難民、移民労働者、単身の子ども、領域内で発見された者や国家の管轄に服するすべての者に利用可能でなければならない[38]。

---

35) ただし、EU とは違い、オーストラリアにおける「安全な第 3 国」の規則は、申請者にとって送還先の国での難民認定審査が可能であることを求めない（ハサウェイ、2014、144 頁）。
36) Zimmermann (ed.), 2011, 1380-1387 (W. Kälin et al.).
37) Ben Said v. Norway [21 July 1998], para. 11.3. ただし、本件では、申立人の弁護人が申立人が出廷できるために審理の延期を申し立てていないので、自由権規約委員会は、14 条 1 項違反と判断しなかった。
38) 自由権規約委員会・一般的意見 32（2007 年 8 月 23 日）9 段落。

また、ここでいう「民事上の権利及び義務の争い」は、出入国の聴聞手続や退去強制手続も含むと自由権規約委員会はいう[39]。たしかに、自由権規約委員会は、14条が「逃亡犯罪人引渡し手続、国外追放手続、および退去強制手続には適用されない」というが[40]、難民申請手続には適用されるともいっている[41]。

　この点には、若干の混乱がみられるが、自由権規約2条3項(a)は「この規約において認められる権利又は自由を侵害された者が、公的資格で行動する者によりその侵害が行われた場合にも、効果的な救済措置を受けることを確保すること」を定めている。したがって、退去強制により、ノン・ルフールマンの原則に関連する自由権規約上の権利・自由（7条の非人道的な取扱いの禁止など）が侵害される場合の効果的な救済措置が必要である[42]。難民申請者に裁判を受ける権利を認めず、送還することは、自由権規約「2条3項(a)と結びついた14条1項」違反になる。また、ノン・ルフールマンの原則と結びついた効果的な救済措置からは、（かつての日本の60日ルールのような）入国後一定期間を超えた難民申請が国家機関による認定審査の障害とはなりえない[43]。

(4) 憲法32条

　憲法32条が「何人も、裁判所において裁判を受ける権利を奪はれない」と定める。裁判を受ける権利は、性質上、外国人に対しても保障が及ぶ[44]。また、日本国憲法においては、司法権はもっぱら裁判所の権限とし、行政事件に関する訴権も裁判を受ける権利に含まれる。かつて、最高裁は、退去強制令書の執行により、本国に強制送還されても、訴訟代理人によって訴訟を追行することは可能であり、裁判を受ける権利の侵害はみられないと判示したことがある[45]。しかし、この事案は、難民申請者の事案とは異なり、国外にい

---

39) VMRB v. Canada [18 July 1988], para. 6.3.
40) 自由権規約委員会・一般的意見32（2007年8月23日）17段落。
41) Adu v. Canada [18 July 1997], paras. 6.7-7.2.
42) Chetail, 2014, 53.
43) *Ibid*.
44) 近藤、2016、337頁：木下・只野編、2015、358頁（倉田）：樋口ほか、1997、283頁（浦部）。

ながらも出訴権の形式的保障は侵害されず、裁判所に実効的救済を求める裁判を受ける権利の実質的保障が問題となるにすぎなかった（今日の裁判を受ける権利に関する学説は、出訴権の実効性にとどまらず、裁判所に対して実効的な権利保障を求める権利と解す傾向にある[46]）。

これに対し、難民は「国籍国の外にいる者」（難民条約1条、入管法2条）である必要があり、国籍国にいる者は「難民」に該当せず、最高裁は、難民不認定処分に対する裁判を提起しても取消を求める訴えの利益がないと判示したことがある[47]。そこで、難民申請者に裁判を受ける権利の形式的保障も認めず、強制送還することは、裁判を受ける権利を根底から奪うことになり、日本国憲法32条に反する。

(5) 拷問等禁止条約3条

拷問等禁止条約3条1項が「締約国は、いずれの者をも、その者に対する拷問が行われるおそれがあると信ずるに足りる実質的な根拠がある他の国へ追放し、送還し又は引き渡してはならない」と定める。本項は、拷問だけを明示し、残虐な、非人道的な若しくは品位を傷つける取扱いについては言及していない。実際上は、非人道的な取扱いと拷問との区別は、ノン・ルフールマンに関する事例でも明確ではない[48]。異議申立をした難民申請者に対し、出訴の機会を与えずに、出身国に送還し、拷問類似の危険にさらすことは、拷問等禁止条約3条1項に反する。

(6) 自由権規約7条

自由権規約7条は、「何人も、拷問又は残虐な、非人道的な若しくは品位を傷つける取扱い若しくは刑罰を受けない」と定めている。自由権規約委

---

45) 最決1977（昭和52）年3月10日裁判所ウェブページ。また、在留特別許可が不許可とされ、かつ退去強制令書が発付された当日に国籍国のバングラデシュに送還した事例について、参照、最決2008（平成20）年8月27日（判例集未登載）；東京高判2008（平成20）年2月27日；児玉、2008、156-7頁；東京地判2007（平成19）年9月3日ウェストロージャパン。
46) 笹田、1997、91-93頁；杉原、2012、423頁；市川、2014、251頁；渡辺ほか、2016、441-442頁（渡辺）。
47) 最判1996（平成8）年7月12日判時1584号100頁。
48) de Weck, 2016, 195. 参照、拷問等禁止委員会・一般的意見2（2008年）3段落。

員会によれば、「身体の自由・安全に対する重大な侵害を受ける現実の危険に直面していると信ずるに足る十分な理由がある国へ個人を送還することも、自由権規約7条の禁じる非人道的な取扱いに該当する場合がある」とし[49]、「締約国は個人を、犯罪人引渡、追放、または送還によって、他国に対する帰還の際における拷問又は残虐な、非人道的な若しくは品位を傷つける取扱い若しくは刑罰の危険にさらしてはならない」という[50]。したがって、身体の自由・安全に対する重大な侵害の危険があると異議を申し立てた難民申請者に対し、出訴の機会を与えずに、出身国に送還し、非人道的な取扱いの危険にさらすことは、自由権規約7条に反する。

(7) 憲法 13 条

憲法 13 条が「すべて国民は、個人として尊重される。生命、自由及び幸福追求に対する国民の権利については、公共の福祉に反しない限り、立法その他の国政の上で、最大の尊重を必要とする」と定める。この憲法 13 条が非人道的な取扱いを受けない権利の根拠規定となる。たとえば、刑務所に拘禁中の被告人への革手錠の使用に対し、国家賠償を認めた事件がある。東京高裁は、自由権規約7条前段が「拷問を禁止した憲法 36 条及びすべての国民が個人として尊重されることを保障した憲法 13 条の各規定の趣旨、内容に照らせば」、憲法の規定よりも具体的かつ詳細だが、憲法の保障の範囲を超えるものでもないと判示した[51]。憲法 13 条は、自由権規約7条と同様の非人道的な取扱いを受けない権利を保障している。したがって、難民申請者に対し、出訴の機会を与えずに、出身国に送還し、非人道的な取扱いの危険にさらすことは、憲法 13 条に反する。

以上の結果、難民申請者に対し、出訴の機会を与えずに、出身国に送還することは、難民条約 16 条、自由権規約 14 条 1 項・2 条 3 項 (a)、憲法 32 条、さらには難民条約 33 条、拷問等禁止条約 3 条、自由権規約 7 条および憲法 13 条に反する。

---

49) 自由権規約委員会・一般的意見 35 (2014 年 12 月 16 日) 57 段落。
50) 自由権規約委員会・一般的意見 20 (1992 年 4 月 3 日) 9 段落。
51) 東京高判 1998（平成 10）年 1 月 21 日判時 1645 号 67 頁。

第14章

無国籍者に対する収容・退去強制・仮放免の恣意性

■ 1　無国籍

　無国籍者とは、実効的な国籍を持たない人をさす。国連の無国籍者地位条約1条1項では、「いずれの国家によってもその法の運用において、国民とみなされない者」と定義されている。法の「運用」において国民とみなされない無国籍者には、2通りのタイプがある。第1に、法律上の無国籍者は、いずれの国の国籍も持っていない人である。第2に、事実上の無国籍者は、形式的にはどこかの国籍を持っているものの、国民として享受しうる保護を国籍国から受けられない人である。事実上の無国籍者が重要であるが、その正確な数の把握は難しい。

　難民の発生予防につながるとして無国籍者をなくすキャンペーンにUNHCRは取り組んでいる。UNHCRの推計によれば、世界各地に1000万人以上の無国籍者がいる。ただし、報告されているデータは、75カ国で390万人にすぎない。2017年末において、バングラデシュが93万2204人、コートジボワールが69万2000人、ミャンマーが62万1514人、タイが48万6440人、ラトビアが23万3571人と多い国である。

---

1) 阿部、2010、8頁。
2) 秋山、2018、193-195頁。
3) UNHCR, 2018, 51-53, 64-67. なお、タイでは、無国籍者への国籍付与政策がとられており、2017年に1万1000人が国籍を認められている。

日本の「在留外国人統計」によれば、2017年末の無国籍者の総数は633人とある（永住者が184人、定住者が121人、特別永住者が105人と大半が安定した在留資格を持っている）。しかし、正規の在留資格を持たず、住民登録していない無国籍者数は不明である。また、在留カードに国籍名が記載されていても、実質的には国民としての権利が保障されない人の数も不明である[4]。在留カード上では朝鮮籍やベトナム国籍と記されながら、有効なパスポートが発行されない人が多数おり、日本の法務省が発行する再入国許可書を用いて海外渡航している[5]。

　無国籍となる要因は、多岐に及ぶ[6]。①国籍法の抵触（1984年の国籍法改正以前の日本のような父系血統主義国において国民の母とアメリカのような生地主義国出身の父との間に生まれた子など）[7]。②領域の移転（ラトビアの旧ソ連からの分離独立により無国籍となったロシア系の住民の場合など）。③婚姻関連法令（外国人の夫と婚姻して元の国籍を喪失して離婚後に新たな国籍を剥奪された場合など）。④行政実務（担当官が国籍法について十分な知識を有していないため、または他国に難民申請中のため、子の国籍が認定されなかった場合など）。⑤差別（コートジボワールが1960年の独立後の国籍法改正により移民の子の国籍取得を認めなくなった場合、ロヒンギャが1982年の国籍法改正後ミャンマー国籍を認められていない場合など）。⑥出生登録に関連する法令（登録情報が届かず、または山地民登録という差別的な登録をさせられたタイの山岳民族の場合、非正規滞在の発覚を恐れて出生の届出がなされていない場合など）。⑦国籍剥奪（虚偽申請の帰化後の判明、または帰化者が国の安全を脅かす活動に従事した場合）。⑧国籍離脱（出身国の国籍離脱後に定住国での帰化申請が不許可となった場合など）。⑨法令の適用による自動的喪失（外国での長期居住または外国の兵役や公務就任により国籍の自動的喪失を規定している場合など）。

　無国籍者の場合、簡易帰化により比較的簡単に日本国籍を取得することができる。しかし、その数は、2009年に8人、2010年に4人、2011年に5人、

4）陳、2013、7頁。
5）陳ほか、2016、126頁。
6）UNHCR, 1999, 3；阿部、2010、10-12頁；無国籍研究会、2017、23-96頁。
7）アメリカ人の父は10年以上（そのうちの5年間は14歳に達してから）アメリカ国内に居住していないと、国外で生まれた子に国籍は承継されない。

2012 年に 10 人、2013 年に 5 人と多くない[8]。無国籍者の権利状況は、その在留資格によって大きく異なる。日本では無国籍者の数や実態を正確に把握する制度や方法が確立しておらず、無国籍状態となり、苦境に立たされる人も少なくない。無国籍者に関する日本の制度改善が急がれる。国籍法を改正して、日本で生まれた子どもが、父母のいずれもの国籍を取得しない場合には、日本の国籍を認めるべきである。さらに、無国籍者の認定手続を定め、無国籍者に在留資格や国籍取得を認めるべきである[9]。

2 無国籍者の収容と退去強制

送還されるべき国籍国を持たない無国籍者を退去強制するために収容すべきではない。また、収容が長期に及ぶのを避けるために仮放免するだけで、就労を認めず、生活の保障もしない状況に人を置くべきではない。これらは、ともに恣意的であり、比例原則と適正手続に反する。

国連は、無国籍者の保護・削減のために、1954 年に無国籍者地位条約を、1961 年に無国籍削減条約を制定した。日本は、いずれの条約にも加入しておらず、無国籍者の権利保障は、もっぱら入管法、憲法、および自由権規約による。また、無国籍者が難民申請している場合は、難民条約にも依拠することになる。難民と認定されない場合にも、入管法 61 条の 2 の 2 により、法務大臣は、「在留を特別に許可すべき事情があるか否かを審査するものとし、当該事情があると認めるときは、その在留を特別に許可することができる」。

「在留を特別に許可すべき事情」とは、入管法 50 条 1 項の在留特別許可を判断すべき事情と同趣旨である。法務省入国管理局による 2006 年（2009 年改定）の「在留特別許可に係るガイドライン」では、「在留特別許可の許否の判断に当たっては、個々の事案ごとに、在留を希望する理由、家族状況、素行、内外の諸情勢、人道的な配慮の必要性、更には我が国における不法滞在者に与える影響等、諸般の事情を総合的に勘案して行う」とある。ここでは、在留特別許可の可否は、「人道的な配慮の必要性」などの個人の利益と

[8) 新垣、2015、25 頁。
9) 移民政策学会設立 10 周年記念論集刊行委員会編、2018、119 頁（陳）。

国益との総合的な比較衡量により、検討すべきという発想がみられる。諸外国では、こうした比較衡量を「比例原則」と呼び、比例原則に反する恣意的な行政手続は、適正手続違反となる。この「人道的な配慮の必要性」として、「送還不能な無国籍者」の場合が当てはまることが多い。

東京地裁で最近敗訴した難民不認定処分取消等請求事件において、無国籍者の問題が争われた[10]。原告は、1967年にソビエト連邦のトビリシ（現在はジョージア領）において、アルメニア人の父とロシア人の母との間に生まれた。アルメニア系の容姿ゆえに迫害を受け、1993年にジョージアを出国した。ロシア、ウクライナ、イギリスと各地を転々とし、2011年に日本で難民不認定処分を受けた。原告は無国籍者であることに争いはなく、ジョージアに送還できそうにない。したがって、退去強制処分も、在留特別許可不許可処分も、比例原則に反する疑いが大きい。

被告の国側の準備書面では、在留特別許可の可否は、「在留資格未取得外国人の滞在中の一切の行状等の個別的事情のみならず、国内の治安や善良な風俗の維持、保健衛生の確保、労働市場の安定等の政治、経済、社会等の諸事情、当該外国人の本国との外交関係、我が国の外交政策、国際情勢といった諸般の事情をその時々に応じ、各事情に関する将来の変化の可能性なども含めて総合的に考慮し、我が国の国益を害せず、むしろ積極的に利すると認められるか否かを判断して行わなければならない」という。ここには、人道的な配慮の必要といった私益の観点はない。もっぱら国益の観点が判断基準とされている。

人道的な配慮の必要性は、人権条約が定めている。退去強制とそのための収容が、比例原則に反し、恣意的であり、適正手続に反することは、近年のヨーロッパ人権裁判所やイギリスの（当時の最高裁にあたる）貴族院の上訴委員会の判決により明らかである。

■3　ヨーロッパ人権条約違反とされた判例

2014年7月17日のヨーロッパ人権裁判所の判決、Kim v. Russia [2014]

---

10) 2015（平成27）年（行ウ）第302号「難民不認定処分取消等請求事件」。

ECHR 792 では、退去強制のために在留資格を持たない無国籍者を収容することは、ヨーロッパ人権条約 3 条、5 条 4 項、5 条 1 項 (f) に反するとした。申立人は、1962 年に旧ソ連のウズベク・ソビエト社会主義共和国で生まれた。1990 年以来、ロシアのサンクトペテルブルクに住んでいた。旧ソ連の解体後、どこの国籍も取得していない。2011 年 7 月 19 日に警官に呼び止められ、身分証明書を持っていないことが発覚した。同日、地区裁判所は、在留規則違反として 2000 ルーブルの罰金を科し、退去強制までの収容を命じた。入管でのインタビューに際し、申立人は、タシュケント生まれであり、ロシアに来る前にそこで居住登録をしていたと説明した。2011 年 11 月 30 日以後全部で 5 回、収容所長は、ウズベキスタン大使館に旅券の発給を依頼した。2012 年 6 月 7 日に申立人の弁護士が、同大使館に国籍の有無と送還可能性を問い合わせたが、いずれも返事がなかった。同年 11 月 14 日に弁護士が、ウズベキスタン国民でないため、同国への退去強制の執行ができないとして、退去強制令の執行停止を地区裁判所に求めた。しかし、同年 12 月 10 日に地区裁判所は、その請求を棄却したので、申立人は控訴した。市裁判所は、2013 年 3 月 14 日に控訴を棄却した。ようやく同年 2 月 5 日に同大使館からウズベキスタン国民ではなく、送還には応じられない旨の回答を得た。しかし、収容は続き、同年 7 月 29 日に収容期限の 2 年が経ったので、収容が解かれた。かくして、本件は、同年 6 月 21 日に、ヨーロッパ人権裁判所に申し立てられた。

判決によれば、申立人は、相当な精神的・身体的苦痛を伴い、人間の尊厳を貶める収容状態を我慢しなければならなかったので、ヨーロッパ人権条約 3 条に反する[11]。また、2 年間もの収容のあいだ適法性の司法審査手続を行使できなかったことは、後述する同条約 5 条 4 項に反する[12]。さらに、退去強制の現実的な見込みを欠き、行政機関の適正手続の不履行ゆえに、退去強制のための収容は、収容の全期間を通じて無効であり、後述する同条約 5 条 1 項 (f) に反する[13]。そして、損害賠償を認定し、在留許可や身分証明書がないことを理由に再び同じ危険にあわないよう、政府は必要な措置をとるべきで

---

11) Kim v. Russia [2014] ECHR 79, paras. 34-35.
12) *Ibid.*, paras. 43-45.
13) *Ibid.*, paras. 56-57.

あると判示した[14]。

　ヨーロッパ人権条約3条は、「何人も、拷問又は非人道的な若しくは品位を傷つける取扱い若しくは刑罰を受けない」と（自由権規約7条とほぼ同様の内容を）定めている。収容の非人道性だけでなく、非人道的な取扱いが予想される国への送還・引渡しも同条約3条違反となる。また、ヨーロッパ人権条約13条は、「この条約に定める権利および自由を侵害された者は、公的資格で行動するものよりその侵害が行われた場合にも、国の機関の前において効果的な救済措置を受ける」と（自由権規約2条3項(a)と同様の内容を）定めている。したがって、「非人道的な退去強制」は、ヨーロッパ人権条約「3条と結びついた13条」違反となる。たとえば、M.S.S. v. Belgium and Greece [2011] ECHR 108 は、アフガニスタンからギリシアを経てベルギーで難民申請をしたアフガニスタン国民がギリシアに移送された事例である。ヨーロッパ人権裁判所は、ギリシアが本気で審査せず、効果的な救済措置へのアクセスなしに、申立人にとって危険のおそれのあるアフガニスタンに送還するおそれがあるとして同条約3条と結びついた13条に反するとした[15]。

　また、ヨーロッパ人権条約5条4項は、「逮捕または収容[16]によって自由を奪われた者は、裁判所による収容の迅速な合法性審査のために、および収容が合法的でない場合には、その釈放を命ずるために手続をとる権利を有する」と（自由権規約9条4項とほぼ同様の内容を）定める。さらに、同条約5条1項(f)は、「非正規入国を防ぐための人の合法的な逮捕・収容」または「退去強制・犯罪人引渡しのために手続が取られている人の合法的な逮捕・収容」について、法の定める手続によらなければ、身体の自由を奪われない旨を定めている。法の定める手続が適正でなければ、収容は認められない。退去強制の現実的な見込みを欠く「恣意的な収容」は、適正手続に反する。

　加えて、ヨーロッパ人権条約3条の「品位を傷つける取扱い」の禁止によれば、劣悪な収容状況に置くことも、生活支援もなく労働による自活の道もないままに難民申請不許可者を困窮状態に置く仮放免も、条約違反とな

---

14) *Ibid.*, paras. 73-74.
15) M.S.S. v. Belgium and Greece [2011] ECHR 108, para. 401. そのようなギリシアに移送したベルギーも同条約3条違反にあたると判示している (para. 360)。
16) Detention は、抑留と訳される場合もあるが、本書では、刑事収容も行政収容も、短期の場合も長期の場合も含む、この用語の訳語として、「収容」を採用する。

る。M.S.S. v. Belgium and Greece [2011] ECHR 108 では、不衛生な収容施設への収容も、ギリシア政府の不作為ゆえに仮放免後数カ月間生活必需品もない状態で路上生活の継続を余儀なくされたことも、同条約3条違反とする[17]。また、Adam, Limbuela and Tesema v. Secretary of State for the Home Department [2005] UKHL 66 において、イギリス貴族院の上訴委員会は、難民申請の遅れが理由の不許可者が、宿泊や食事などの支援なしに、ホームレス状態で仮放免されることが、同条約3条に反するとした。ひどく有害な程度に人間の最も基本的なニーズを拒否する取扱いが、「非人道的若しくは品位を傷つける取扱い」となる[18]。国の行為の結果、「限定された短期の予測可能な期間を除き、路上で眠ることを強いられ、ひどく空腹であり、または最も基本的な衛生上の必要を欠く確証がある場合」には、同条約3条を適用する重大なレベルに達している[19]。「自己資金もなく、国の支援を求めることもできず、自身の労働により自活することを禁止された」状況の永続は、絶望と尊厳の喪失をもたらし、野宿しなければならない貧困状態は同条約3条の品位を傷つける重大性に達した兆候といえる[20]。

■ 4　自由権規約違反

(1) 9条1項違反

　自由権規約9条1項が、収容に関する適正手続を定めている。「すべての者は、身体の自由および安全についての権利を有する。何人も、恣意的に逮捕または収容されない。何人も、法律で定める理由および手続によらない限り、その自由を奪われない」とある。法律違反がなくても、適正手続に反する収容は、恣意的な収容として、条約違反になる。自由権規約委員会によれ

---

17) M.S.S. v. Belgium and Greece [2011] ECHR 108, paras. 230-234, 263-264. また、ギリシアへ移送したことで、ベルギー政府も、「品位を傷つける取扱い」に値する収容状態と生活状況に、申立人を故意にさらしたので、同条約3条違反としている（paras. 367-368）。
18) Adam, Limbuela and Tesema v. Secretary of State for the Home Department [2005] UKHL 66, para. 7.
19) *Ibid.*, para. 9.
20) *Ibid.*, paras. 71-72.

ば、「逮捕または収容が、国内法により許容されているにもかかわらず、恣意的な場合もある。『恣意性』の概念は、『法律違反』と同じに扱うべきではなく、より広く不適切、不正義、予測可能性の欠如、法の適正手続の欠如の要素とともに、合理性、必要性、比例性の要素を含むように解釈されなければならない」という[21]。ここでの合理性、必要性、比例性の要素とは、比例原則の審査を意味する。違法に入国した庇護希望者の身元特定などのための短期間の収容を超え、「さらに申立内容の審査の間も収容するためには、逃亡の個別的蓋然性、他者に対する犯罪の危険性、国家の安全保障への危険といった特別な理由が個人になければ、恣意的になるであろう」[22]。たとえば、バングラデシュ出身の無国籍の難民申請者が、不許可後も長期にオーストラリアで収容されていることを個人通報で訴えた Shafiq v. Australia [2006] では、収容は、「本件の諸般の事情における必要性、および逃亡または罪証の隠滅などの目的との適合性がなければ恣意的」とみなしうるという。収容は、その必要性を定期的に審査し直す必要があり、締約国が相当の理由を開示しうる期間を超えて収容すべきではなく、自由権規約9条1項に反するとした[23]。

(2) 7条違反

　自由権規約委員会は、「身体の自由・安全に対する重大な侵害を受ける現実の危険に直面していると信ずるに足る十分な理由がある国へ個人を送還することも、自由権規約7条の禁じる非人道的な取扱いに該当する場合がある」という[24]。拷問等禁止条約3条1項も、「締約国は、いずれの者をも、その者に対する拷問が行われるおそれがあると信ずるに足る実質的な根拠がある他の国へ追放し、送還し又は引き渡してはならない」と定めている。これを受け、入管法53条3項2号は、拷問等禁止条約3条1項に規定する国への送還を禁止している。しかし、拷問のおそれだけでは、条約の誠実な遵守（憲法98条2項）には不十分である。

---

21) 自由権規約委員会・一般的意見35（2014年12月16日）12段落。
22) 同、18段落。
23) 参照、近藤、2008、177-178頁。
24) 自由権規約委員会・一般的意見35（2014年12月16日）57段落。

自由権規約7条が「何人も、拷問又は残虐な、非人道的な若しくは品位を傷つける取扱い若しくは刑罰を受けない」と定めており、非人道的な取扱いのおそれがある退去強制も条約違反となる。自由権規約委員会によれば、「締約国は個人を、犯罪人引渡、追放、または送還によって、他国に対する帰還の際における拷問又は残虐な、非人道的な若しくは品位を傷つける取扱い若しくは刑罰の危険にさらしてはならない」という[25]。

　なお、自由権規約13条が「合法的にこの規約の締約国の領域内にいる外国人は、法律に基づいて行われた決定によってのみ当該領域から追放することができる」と定める。本条は、追放手続のみを規律し、追放の実体的根拠を定めていない。しかし、「法律に基づいて行われた決定」のみを認めることにより、その目的が恣意的な追放の阻止にあることは明らかである。（非正規滞在者も含めて）すべての外国人は差別禁止、非人道的な取扱いの禁止、家族生活の尊重の考慮などの規約の保護を受ける。したがって、本件の無国籍者を非人道的な取扱いを受けるおそれのある国に送還することは、自由権規約7条違反となる。

　また、無国籍者を仮放免するだけで、労働許可も生活支援もなしに、放置することも、「品位を傷つける取扱い」として、自由権規約7条に反する[26]。送還不能な無国籍者を仮放免により、生活支援もなく、労働による自活も禁止され、野宿を余儀なくされる状況に置くことは、拷問や残虐な、非人道的な取扱いと評価される程度には至っていないとしても、「品位を傷つける取扱い」の程度を超えるものといえよう。

(3) 12条2項違反

　自由権規約12条2項が「すべての者は、いずれの国（自国を含む。）から

---

[25] 自由権規約委員会・一般的意見20（1992年4月3日）9段落。
[26] かつて旧外国人登録法下に平和条約国籍離脱者等への指紋押捺義務に関して、大阪高裁（1994年10月28日判時1513号71頁）は、「7条にいう『品位を傷つける取扱い』とは、……苦痛の程度が拷問や残虐な、非人道的な取扱いと評価される程度には至っていないが、なお一定の程度に達しているもの」といい、「平和条約国籍離脱者等が抱く屈辱感、不快感、被差別感は、一般の外国人の場合よりも強いものがあり、その程度は、右の『一定の程度』に達すると評価できるのではないかと疑う余地がある」と判示している。

も自由に離れることができる」と規定する。同項の「適用範囲は、国の領域内に合法的に在留する人に限定されていないので、当該国から合法的に追放される外国人であっても、目的地たる国の同意があれば、その国を目的地として選択する権利を有する[27]」。無国籍者を本人の選択しない国に送還することは、同規約12条2項の制限にあたる。

もっとも、自由権規約12条3項が「1項および2項の権利は、いかなる制限も受けない。ただし、その制限が、法律で定められ、国の安全、公の秩序、公衆の健康若しくは道徳又は他の者の権利及び自由を保護するために必要であり、かつ、この規約において認められる他の権利と両立するものである場合は、この限りでない」と定める。自由権規約委員会によれば、「12条3項は、制限が許容される目的達成に資するというだけでは不十分であり、それらの目的達成にとって必要なものでなければならないことを明記している。制限措置は比例原則に適合するものでなければならない。すなわち、制限は目的達成のために適切なものでなければならず、目的を達成する手段のうち最も非侵害的な手段でなければならず、更に達成される利益と比例するものでなければならない」。本件の無国籍者を本人の選択しない国に送還することは、比例原則に反し、同規約12条2項違反ともなる。国籍国でもなく、迫害を理由に20年以上も前に出国した国で、本人が最も送還を望まない国への送還は、その合理性も必要性も疑わしく、到底、比例的とはいえない。また、入管法53条2項が「本人の希望により、……いずれかの国に送還される」と規定しており、「本人の希望」によらない国への無国籍者の送還は、同項違反となる。

■ 5 憲法違反

憲法は、非人道的な取扱いを受けない権利および比例原則について、明示の規定を定めていない。しかし、憲法13条が「すべて国民は、個人として尊重される。生命、自由及び幸福追求に対する国民の権利については、公共の福祉に反しない限り、立法その他の国政の上で、最大の尊重を必要とす

---

27) 自由権規約委員会・一般的意見27（1999年11月2日）8段落。

る」と定めている。この憲法13条が非人道的な取扱いを受けない権利および比例原則の根拠規定となる。

　たとえば、刑務所に拘禁中の被告人への革手錠の使用に対し、国家賠償を認めた事件において、東京高裁は、自由権規約7条前段は、「拷問を禁止した憲法36条及びすべての国民が個人として尊重されることを保障した憲法13条の各規定の趣旨、内容に照らせば」、憲法の規定よりも具体的かつ詳細なものであるが、憲法の保障の範囲を超えるものでもないという[28]。したがって、憲法13条は、自由権規約7条と同様の非人道的な取扱いを受けない権利を保障している。恣意的に、無国籍者を本人の選択しない国に送還し、非人道的な取扱いの危険にさらすことは、憲法13条に反する。

　また、比例原則に照らし、日本で教育を受けた子どものいる非正規滞在家族の退去強制を違法とする中で、東京地裁は、「憲法13条の趣旨等に基づき、権力的行政一般に比例原則を認める考え方によっても肯定されるべきものである」と判示した[29]。憲法13条は、生命、自由および幸福追求の権利が「公共の福祉に反しない限り」という制約のもとに、「立法その他の国政の上で、最大の尊重を必要」とする旨を定めている。公共の福祉の判定基準としての比例原則に照らし、個人の権利を最大限尊重することは、国家の規制は必要最小限にとどまる。「公共の福祉」とは、国家の規制と個人の人権との対立を調整する公平の原理としての比例原則に照らし、民主的社会において正当な要求と認められる公の秩序や一般の福祉を意味する。比例原則とは、権利の制約が正当化しうるかどうかを審査する一連の基準として多くの国で用いられている[30]。退去強制といった権力行政において、日本の裁判所も、比例原則を採用すべきである。

　加えて、この比例原則は、適正手続と重なる内容を持っている。行政の適正手続は、憲法31条の準用から導く日本の判例に対し[31]、憲法13条がアメリカの適正手続条項に相当する点や、明文の規定のない新しい人権として、13条に根拠を求める見解も有力である[32]。アメリカの連邦最高裁は、送還先

---

28) 東京高判1998（平成10）年1月21日判時1645号67頁。
29) 東京地判2003（平成15）年9月19日判時1836号46頁。
30) 近藤、2016、75-77頁。
31) 成田新法事件・最大判1992（平成4）年7月1日民集46巻5号437頁。
32) 佐藤、2011、192頁：高橋、2013、147頁。

が見つからないまま収容が続いた無国籍者の事件、Zadvydas v. Davis, 5.33 U.S. 678 [2001] において、以下のように判示している。「何人も……法の適正な手続によらずに、生命、自由または財産を奪われることはない」と定める修正5条の適正手続に基づいて、収容6カ月後、合理的予見可能な将来に国外退去の有意な見込みがないことを被収容者が示し、政府がこれを反証できなかった場合には、送還先が見つかるまでは仮放免されなければならない。この法廷意見は、外国人の収容に関する実体的デュープロセスを認め、比例審査を義務づけるものである。

送還不能な無国籍者の収容は、日本国憲法13条から導かれる適正手続にも、比例原則にも反する。また、Mr. Zadvydas は、仮放免後、働き、納税し、住所や職場の移動を報告する義務を負っている。退去強制できない仮放免者が生活する上では、労働か社会保障給付が認められなければならない。退去強制できない無国籍者を仮放免しながら、労働も社会保障給付も認めないことは、ホームレスとしての困窮生活を強いる「品位を傷つける取扱い」といえ、同条に反する。

以上から、適正手続や比例原則に反して、無国籍者を本人の選択しない国に送還するための収容の裁決も、非人道的な取扱いの危険にさらすおそれのある国への退去強制の裁決も、送還できない無国籍者を労働許可も生活支援もなしに仮放免することにより品位を傷つける取扱いをすることも、いずれも日本国憲法13条に反する。

■ 6 各国の送還不能な無国籍者への対応と在留特別許可

送還不能な無国籍者を退去強制しないことは、イギリス、フランス、ドイツの入管法制でも確認される。また、一般アムネスティや特別アムネスティを除き、各国の入管法制がどのように在留特別許可を定めているのかもみて

---

33) 1審は、無国籍者は永遠に収容されることになるとして請求を認容したが、2審は、5年に及ぶ収容にもかかわらず、送還不能を示す決定的事情がないとして原審を覆した。
34) Wishnie, 2012, 3.
35) P. Diederich, Constitutional Case of a Man Without a Country. *The New York Times* (March 13, 2001).
36) 各国の一般アムネスティや特別アムネスティについては、参照、近藤、2010、167-

おこう。

(1) イギリス

2013 年の移民規則改正において、無国籍者に関する第 14 章が追加された。考慮すべき重大な理由のある場合を除いて、無国籍者は、有期の滞在許可を認められる[37]。

イギリスにおける無国籍者の滞在許可の要件は、内務大臣が無国籍者と認め、以前の常居所国その他の国に受け入れられず、無国籍者と決定しうるすべての合理的に入手可能な証拠を取得・提出することである（403 条）[38]。まずは、30 カ月以内の有期の滞在許可が認められる（405 条）。さらに、28 日以内の国外滞在期間を除き 5 年間イギリスに継続居住していれば、永住許可が認められる（407 条）[39]。

内務省のイギリスビザ・入管局のホームページでは、「他国での迫害のおそれがあるために帰国できないのであれば、最初に庇護申請すべきである[40]。……提出文書は、パスポートとビザなどの旅券、在留資格を確認できる文書、出生証明、結婚証明である。無国籍者であることを証明できる文書としては、ID、在留証明書、旅券、イギリスに来る前に住んでいた場所を証明する文書（学校の証明、医療記録、隣人からの証明など）、市民権の申請書または他国の国籍証明の申請書がある。……申請は、無料である。申請には、郵便局でとった指紋と写真が必要である。……滞在許可を認められるかどうか待つ間、あなたと家族を支援するための住居とお金を受け取ることができる。不許可

---

200 頁。
37) (a) UNHCR 以外の国連機関の保護や援助を受けている者、(b) 以前の常居所国においてその国の国民の有する権利義務が当局により認められている者、(c) 平和に対する罪、戦争犯罪、人道に対する罪などの国際法上定められた罪を犯した者、(d) イギリス国外で政治犯以外の重大犯罪者（402 条）。
38) イギリスにおける無国籍者の滞在許可の申請者が不許可となるのは、(a) 403 条の要件に合致しないとき、(b) 以下の合理的な考慮事由、すなわち、(i) イギリスの安全に対する危険、(ii) イギリスの公共の秩序への危険があるとき、または 322 条所定の不許可事由（虚偽申告、4 年以上の禁固など）に申請が合致するときである（404 条）。
39) Phelan and Gillespie, 2015, 920-922.
40) UK Visas and Immigration, *Apply to stay in the UK as a stateless person*（https://www.gov.uk/stay-in-uk-stateless, 2019 年 1 月 6 日閲覧）。

の場合、不服申立てができる」とある。[41]

　難民条約上の難民として認定されなくても、2004年（2011年改正）のEU指令に基づき[42]、出身国への帰国によって、①死刑判決・執行、②拷問や非人道的な・品位を傷つける取扱い・刑罰、③戦争・内戦における無差別的暴力による文民の生命・身体に対する深刻で個別的な脅威といった深刻な危害を被るおそれに直面する実質的な理由がある者には、人道的保護としての在留資格が認められる（移民規則339C条）[43]。この「補完的保護」の淵源は、ヨーロッパ人権条約3条の「何人も、拷問又は残虐な、非人道的な若しくは品位を傷つける取扱い若しくは刑罰を受けない」等にある[44]。同様の非人道的な退去強制の禁止が自由権規約7条からも導かれうる。

　また、ヨーロッパ人権条約8条の私生活および家族生活の権利保障の観点から在留特別許可の必要性の有無が判断される。イギリスビザ・入管局によれば、比例原則に従わなければならない。すなわち、手段が目的に適合しているか、手段が目的と合理的に結びついているか、手段が目的達成に必要な程度を超えていないか、公益と個人の権利との間の公平な均衡のつり合いが取れているかを判断する[45]。そして子どもの権利条約3条を受けて、2009年の国境・国籍・移民法55条が「子どもの福祉」の保護・促進の必要を掲げていることもあり、子どもの退去強制のハードルは高い。2008年の法改正により、7年ルールは廃止されたが、子どもが7年以上継続的にイギリスに滞在することは家族生活および私生活の十分な統合レベルを一般に確立していることが依然として裁判所でも折にふれ言及される。また、私生活の権利として、20年以上の継続居住の場合は、原則として退去強制は比例的ではなく、20年未満の居住の場合は、送還先の国の社会・文化・家族的つながりの有無によって判断される[46]。

---

41) 同様の外国人・外国人集団への滞在許可を認める規定である。
42) Art. 2(f) and 15 of the COUNCIL DIRECTIVE 2011/95/EU of 13 December 2011. Hailbronner and Thym (eds.), 2016, 1120-1124, 1233-1243.
43) ①から③に加え、違法な殺人も深刻な危害の内容としてイギリスでは明示されている。
44) ヨーロッパ人権条約2条の「生命への権利」も、自由権規約6条の「生命への権利」も、死刑制度を禁止するものではないが、ヨーロッパ人権裁判所は、Soering v. United Kingdom [1989] において、死刑判決後に長く死刑の執行を待つ危険にさらすことがヨーロッパ人権条約3条違反になると判示している。
45) 参照、Huang v. SSHD [2007] UKHL 11.

(2) フランス

　入国・滞在・庇護権に関する法典（以下、「入国滞在法典」と略記）において、フランス難民・無国籍者保護局は、最初に難民認定の審査をする。ついで、難民申請が不許可となっても、無国籍者と認定されれば、申請者は、その配偶者や 18 歳未満の子と同じく、「私生活・家族生活」としての滞在許可が認められる（L313-11 条 10 項）。無国籍者と認定され、統合契約を締結した者は、就労と住宅支援が認められる。在留資格は最初の 3 年間は自動更新され、3 年間が過ぎると、10 年間の在留資格を取得する。フランス領土に継続的に残り 10 年たつと、無国籍のままであった場合には、さらに自動更新される[47]。

　また、入国滞在法典上、以下の者は退去強制できない（L511-4 条）。18 歳未満の未成年の外国人（1 項）、13 歳以前からフランスに常住していることを何らかの方法で証明できる外国人（2 項）、「学生」以外の在留資格でフランスに 10 年以上正規滞在している外国人（4 項）、20 年以上フランスに正規滞在している外国人（5 項）、ポリガミー（一夫多妻）の状態でなく、フランスに居住している未成年のフランス国民の父母であり、その子の出生もしくは 2 年以上前から扶養・教育に実際に携わっている外国人（6 項）、フランス国民と結婚して 3 年以上であり、結婚以来共同生活が続いている外国人（7 項）、10 年以上前からフランスに滞在しており、2 項の外国人と結婚して 3 年以上共同生活している外国人（8 項）、永続的労働不能率が 20％ 以上の労災または職業年金受給者（9 項）、送還先の国では適切な治療を受けることができず、常住しているフランスでの治療を受けなければ重大な結果をまねくおそれのある外国人（10 項）、EU 市民・EEA 市民・スイス市民で、定

---

46) UK Visas and Immigration, *Apply to stay in the UK as a stateless person*（https://www.gov.uk/stay-in-uk-stateless, 2019 年 1 月 6 日閲覧）．参照、移民規則 276ADE. また、犯罪を理由とする場合、① 4 年以上の禁固刑は、特別な事情がないかぎり退去強制が認められ、② 1 年以上 4 年未満の禁固刑は、市民や定住外国人との真正な婚姻が 15 年以上続いていなかったり、克服しがたい障害があったり、子どもが 7 年以上イギリスに居住していたり、子どもを養育する国内の家族がいない中で子どもの退去強制が合理的に期待できなかったり、25 歳未満で人生の半分以上をイギリスで過ごしておらず、公益上の特別な理由があれば、退去強制も比例的となり、③ 1 年未満の禁固刑は、深刻な危害や特別な違法性がなければ、退去強制は比例的ではない。

47) メスラン、2014、66 頁。

住権を有する者（11項）[48]は、退去強制されない。

　そして入国滞在法典は、公の秩序の脅威とならないかぎり、以下の場合などに「私生活・家族生活」としての在留許可を定めており（L313-11条）、通常は更新可能な1年の滞在・労働許可が認められる。たとえば、フランスにおける個人的・家族的つながりの強度、期間、安定性、利益の存在状況、フランス社会への編入、および出身国にいる家族とのつながりの性格に照らして、滞在を拒否すれば、その私生活・家族生活を尊重される権利に対し、拒否の理由に比して比例性を欠いた侵害を与えることになる外国人（7項）、フランス生まれで、8年以上常住しており、10歳以後に5年以上学校に通っている16歳以上21歳以下の外国人（8項）、永続的労働不能率が20%以上の労災または職業年金受給者（9項）、無国籍者となった外国人、その配偶者および18歳以下の子（10項）、送還先の国では適切な治療を受けることができず、病状の深刻さから、常住しているフランスでの治療が必要な外国人（11項）。さらに、人道上の理由や10年以上の常住などの例外的な理由がある場合にも、特別な在留許可が認められる（L313-14条）。

(3) ドイツ

　ドイツでも、送還不能な無国籍者は、外国人滞在・就労・統合法（以下、「滞在法」と略す）25条5項により退去強制が不可能な場合の滞在許可が認められる。2007年および2008年に同項に基づいて滞在許可を認められた無国籍者は、879人および1108人である[49]。また、当初、退去強制が可能と判断されても、退去強制の「猶予」の制度が滞在法には定められている。2009年末に549人の無国籍者と7689人の国籍不明者が猶予され、144人の無国籍者と558人の国籍不明者が退去強制不可能として滞在許可を認められた[50]。したがって、難民申請が不許可となっても、在留が特別に許可されたり、退去強制が猶予されたりする場合も多い。そして猶予の状態にある外国人は、滞在の4カ月目から、インターンシップ、職業訓練、就労などの

---

48) 5年の居住を条件に認められる10年の滞在許可（L122-1条）であり、更新可能なので諸外国の永住許可に相当する。
49) EMN, 2010, 61.
50) Bianchini, 2014, 45.

同意を得ることができる。就労に際し、16 カ月目からは、ドイツ国民または EU 市民の応募者がいないかどうかをチェックする優先調査は不要となる。4 年を超えるとすべての活動が同意なしに可能となる（外国人就労令 32 条）[51]。最終的に、退去強制が事実上または法上、不可能または退去強制の障害が将来取り除かれると思われない場合は、滞在許可を認めることができる。退去強制が 18 カ月間停止されている場合は、滞在許可を認めなければならない（滞在法 25 条 5 項）。これは、連鎖的な猶予を終わらせるための規定である[52]。

猶予の制度を定める滞在法 60a 条によれば、(1) 州の最高官庁は、国際法上の理由、人道上の理由、ドイツ連邦共和国の政治的利益の保護の理由から、退去強制を最長 3 カ月間の停止を命ずることができる。3 カ月を超える期間については、23 条 1 項の規定を適用する[53]。(2) 外国人の退去強制は、退去強制が事実上の理由[54]または法律上の理由[55]により不可能であり、滞在許可が付与されていない間は停止しなければならない。……緊急の人道上の理由、個人的理由、重大な公共の利益の理由から、ドイツにおける一時的な滞在がさらに必要な場合には、当該外国人に猶予を認めることができる。(3) 退去強制が停止されている外国人の出国義務は、影響を受けない。(4) 退去強制の停止については、外国人に対して証明書を発行しなければならない。(5) 退去強制の停止は、外国人の出国により失効する。退去強制の停止は、退去強制を妨げる理由がなくなった場合には、取り消される。退去強制が 1 年を超えて停止されている場合には、取消しにより予定される退去強制は、1 カ月以上前に通知しなければならず、停止が 1 年を超えて更新された場合には、

---

51) Kluth and Heusch, 2016, Rn. 25-27.
52) Bergmann and Dienelt (eds.), 2016, 567.
53) 州の最高官庁が連邦内務省の合意のもと、国際法上の理由、人道上の理由、ドイツの政治的利益の保護の理由から滞在許可を認めることができる。ただし、猶予が繰り返される場合も多い。2006 年 11 月 17 日の内務大臣会議で、2007 年 5 月 17 日までに申請した 8 年以上（子どものいる場合は 6 年以上）在留している猶予者に滞在許可を認めた。2006 年 11 月 17 日時点の申請者は 8 年（子どものいる場合の 6 年）未満でも滞在許可を認めた（EMN, 2010, 27）。
54) 国籍が特定できないこと、ID が確認できないこと、パスポート無しでの送還ができないこと、輸送ルートが途絶えていること、乗り継ぎの拒絶、送還先の国の協力が得られないことなど。
55) 政治的迫害や非人道的な取扱いの危険、病気、自殺のおそれ、家族を看護する必要、裁判所の停止命令など。

改めて予告しなければならない。(6) 猶予されている外国人は、庇護申請者給付法上の社会保障を受給するための入国、個人的な理由での滞在終了措置の不能、2015 年 8 月 31 日以後に庇護申請が不許可となった庇護法 29a 条の定める安全な国[56]の国民の場合、就労活動を許されない。

　その他の在留特別許可として、滞在法は、つぎの場合を定めている。①「過酷な場合」と州政府が認定すれば、最長 3 年間の滞在許可が認められる[57]（23a 条）。②「補完的保護」として、拷問や非人道的な・品位を傷つける取扱い、死刑、身体・生命・自由への具体的かつ重大な危険、ヨーロッパ人権条約上の追放障害理由などがある場合には、「人道的理由に基づく滞在許可」が認められる（25 条 2 項）。③退去強制の執行が可能だが、緊急な人道・個人的理由[58]、公の利益[59]を理由に、一時的な滞在許可が認められる（同 4 項）。④人身取引の被害者（同 4a 項）、⑤退去強制が不可能な場合、滞在許可が認められる[60]（同 5 項）。⑥統合された外国人に、滞在許可が認められる。退去強制を猶予されている外国人が、8 年（未成年の子と同居する場合には 6 年）以上居住し、職業活動により独立して生計を確保し、A2 レベルの十分なドイツ語の会話能力を有し、学齢期の子どもの就学証明ができる場合、原則として滞在許可が認められる（25b 条）。⑦統合された若者に、滞在許可が認められる。4 年以上ドイツに滞在し、学校に通学または学校教育・職業教育を修了し、21 歳になる前に申請し、ドイツ社会に適応していれば、原則として滞在許可が付与される（25a 条）。⑧退去強制が猶予されている人のうち、以下の高度人材には滞在・就労許可を認める。すなわち、a) ドイツの認め

---

56) EU 加盟国、アルバニア、ボスニア・ヘルツェゴビナ、ガーナ、コソボ、マケドニア、モンテネグロ、セネガル、セルビア。
57) 当初、2009 年末の時限立法であったが、2008 年 12 月 20 日の法改正により、時限の制約をなくした。
58) 緊急手術、身体・精神的な緊急治療、出身国の問題、家族の病気、学校の卒業や研修の修了、国民や正規滞在者との婚姻、葬儀や裁判への参加などが緊急な人道上ないし個人的理由の例である（EMN, 2010, 32）。
59) 刑事裁判での証言の必要、国の安全保障、外交・スポーツ政策上の利益などが公の利益の例である。
60) 本人の過失によらないパスポートなしでの渡航、輸送手段がなく、予見可能な将来に障害がなくなりそうにないことなどが事実上の理由であり、病状から退去強制が危険な場合や送還先の国情が悪い場合、妊娠、手術、自殺の危険、国民による出産、国民との結婚が予想される場合などが法的理由である。

る職業訓練や大学教育を修了した場合、b) 大学卒業後、2年間継続的に就労した場合、または、c) 専門家として3年間継続的に、職業訓練を前提とする職に就き、生計維持能力、十分な住居とドイツ語の知識があり、過激組織やテロ組織との関連がなく、前科がない場合である（18a条）。

7 小 括

　以上みてきたように、イギリスの場合は、一般に無国籍者には、まず有期の滞在許可が認められ、その後、永住許可が認められる。フランスにおいても、無国籍者は、3年までの短期滞在許可が認められたのちに、永住類似のほぼ自動的に更新される10年の滞在許可が認められる。ドイツでは、送還不能な無国籍者には滞在許可が認められ、当初、退去強制が可能と判断された場合も、退去強制が事実上または法上、不可能である、または退去強制の障害が将来取り除かれると思われない場合は、滞在許可を認めることができ、退去強制が18カ月間停止されている場合は、滞在許可を認めなければならない。したがって、送還不能な無国籍者を収容したり、退去強制したり、仮放免するだけで、労働許可も、社会保障受給資格の付与もなく、生活を維持する手段を禁じた形で、放置することは、これらの国の実務に照らしても、恣意的である。こうした恣意性は、比例原則に照らし、自由権規約7条および日本国憲法13条違反となる。

　第2節で紹介した原告は、1993年にジョージアを出国し、各地を転々とし、2011年に日本で難民不認定処分を受けた。原告が無国籍者であることに争いはなく、ジョージアに送還することもできそうにない。このような状況にある原告を退去強制するために収容したり、退去強制できずに、仮放免したりするだけで、生活支援の受給資格も労働許可も認めない状態に置くことは、自由権規約7条および日本国憲法13条違反となる。原告の訴えをしりぞけた東京地裁判決では、マクリーン事件最高裁判決を援用して「憲法13条による保障は、本邦に在留する外国人については、入管法に基づく外国人在留制度の枠内においてのみ及ぶものであり」、また、自由権規約も「外国人在留制度をいかに定めるかについての主権国家の自由な裁量を認める国際慣習法上の原則を所与の前提とするものであり、この原則を変更するものとは解されないから、原告の主張は採用できない」という[61]。しかし、人

権保障を「外国人在留制度の枠内」とする論理は、入管法を憲法の上位に置く転倒した議論である。また、国家の入管行政に関する国際慣習法上の自由裁量よりも、難民条約や拷問等禁止条約が明文で定めるノン・ルフールマン原則の方が上位の規範である。そして自由権規約委員会がいうように、個人を非人道的な・品位を傷つける取扱いの危険にさらす送還を締約国に禁じるノン・ルフールマン原則と関連する自由権規約上の権利が7条である。したがって、ノン・ルフールマン原則の拡充により、国際慣習法上の原則の余地が狭められていることに、日本の裁判所も早く気付くべきである。

　送還不能な無国籍者のための人道上の在留特別許可と、そのガイドラインへの明記、さらには入管法自体への明記が強く望まれる。加えて、無国籍者の認定制度を設け、無国籍者を保護するための法制度も整備すべきである。なお、在留特別許可の人数は、2011年から2017年の6年で5分の1に激減しており、許可率も同じ6年で82%から50%に低下しているという問題がある。この点からも、ガイドラインではなく、入管法自体への明記が必要である。

---

61) 東京地判 2018（平成）30年5月18日（判例集未登載）。

第15章

多文化共生法学の課題と展望
―― 言語政策とその先

1　「多文化共生」概念の射程

　本書の扱う「多文化共生」の射程は、日本国籍を持たない人としての「外国人」をめぐる問題に限らない。外国人のほかに、日本国籍以外の国籍も有する複数国籍者、帰化者、外国生まれの人または外国育ちの人などの問題も扱っている。すなわち、「外国にルーツを持つ人」と日本にルーツを持つ人との共生を扱う。
　とりわけ、先住民やナショナル・マイノリティの問題にも、今後はもっと目を向ける必要があろう。ただし、その際には、何が先住民やナショナル・マイノリティに特有の問題であるかを示し、何が「移民」の問題と共通するのかを解明する視点も必要と思われる。

2　移民統合政策研究としての多文化共生法学

　移民政策には、入管政策と統合政策の両面がある。入管政策は、出入国管理に関する政策であり、入管法がカバーする。統合政策は、入国した移民の社会参加と権利保障に関係する。
　統合政策には、理念上、以下の3つのタイプがある。
　①フランスは、同化主義的な統合政策といえる（ドイツは①と②の中間）。②スウェーデンやフィンランドは、多文化主義的な統合政策である。このタイプは、自治体レベルでのインターカルチュラリズムと親和性がある。③多

文化主義は、カナダやオーストラリアが採用する。日本の多文化共生の理念は②に近く、実務は①の要素が目立つ。多文化の要素はもっぱら情報の多言語化であり、教育の点では日本語教育に重点が置かれ、一般には母語・母文化教育に消極的である。

　日本の戦後の外国人政策は、第1期の「排除と差別と同化（1945-1979）」の時代、第2期の「平等と『国際化』（1980-1989）」の時代を経て、第3期の「定住と『共生』（1990-2005）」の時代、第4期の「多文化共生（2006-）」の時代に区分できる。人権の発展の歴史で整理すると、第1期は、就職差別にみられる自由権ないし市民的権利の保障が問題であった。第2期は、保険や年金などの社会権の保障が認められる。第3期は、安定した定住が認められる永住者等の政治的権利が課題とされた、第4期は、外国にルーツを持つ人の文化的権利の保障が意識される。第1期の「排除と差別と同化」は、「共生」とは真逆の状況である。第2期の「平等」は、「共生」への一歩を踏み出すが、政治参加も文化的権利保障もない状況である。また、先進国にあって、「差別禁止法」がない珍しい国であり、入居差別などの問題がある。第3期の政治参加は、道半ばで、自治体によっては、住民投票の参加や外国人諮問会議での発言が認められつつある。第4期の「多文化共生」も、道半ばで、行政情報の多言語化は取り組まれているが、大人の日本語教育はボランティア頼みの状況であり、子どもの母語教育には無関心な自治体がほとんどである。

　異文化対応力を備えたグローバル人材を育てるための言語教育政策が、今後は望まれる。多文化共生政策は、自治体ができる範囲のことに取り組んでいるだけである。国の法整備が必要な問題は、手がつけられていないものが多い。日本語教育の整備、母語と継承語の位置づけといった言語教育政策がまずもって必要である。しかし、多文化共生政策には、それ以外にも法整備を必要とする取り組むべき問題が多い。そこで、多文化共生社会に必要な法制度の課題と展望に関する多文化共生法学が望まれる。多文化共生法学の地平を切り開くためには、移民政策の学際的な研究成果とともに、憲法や人権条約の解釈を踏まえた、日本の法制度を比較法に照らして考察することが必要である。本書は、その一里塚としての役割を果たすべく、上梓した。

■ 3　国の「移民統合政策指数（MIPEX）」における言語政策の評価

　移民統合政策指数（MIPEX）は、EU市民以外の正規滞在外国人の権利保障の比較調査である。4回目のMIPEX 2015では[1]、以下の8分野について、EU28カ国、ニュージーランド、ノルウェー、カナダ、オーストラリア、アメリカ、スイス、アイスランド、トルコ、韓国、日本の38カ国を比較する。

　第1の「労働市場」において、日本は、国外の資格の認証の促進策が乏しい。諸外国では、資格の認証が盛んであり、語学力の確認に力点が置かれている。ドイツの認証法では、EU市民・EEA市民・スイス市民でない者の医師の資格がドイツの資格と遜色がないかどうかの認証を行う。資格取得のための授業時間・研修期間が短い場合などは、それを補う経験があるかを審査する。その審査に合格しない場合は、医療知識に関するテストを課す。ドイツ語能力も重要であり、B2（医療専門読解・会話はC1）のレベルが要求される。また、看護師もドイツと同等の免許かどうかの認証と合格しない場合の知識テストとB2レベルのドイツ語能力が必要とされる[2]。イギリスでは、ほとんどの外国の医者の資格は認証される。英語能力は、IELTSの総合7.5（話す・聞く・読む・書くがすべて7）以上である（およそC1レベル）。医療知識・技量に関する試験に合格し、医療経験とその良好な実績を示す必要がある。看護師の英語能力は、IELTSの6カ月以内の2回のテストで話す・聞く・読む・書くがすべて7以上（ただし、1つも6.5未満があってはいけない）である[3]。

　第2の「家族呼び寄せ」において、入管法は、体系的なコンセプトを欠いている。日本とは違い、内縁関係のパートナー、登録パートナーないし同性パートナーでも、呼び寄せを認めている国も多い。今後は、スウェーデン

---

1) MIPEX, 2015.
2) BMBF, 2016, 37-38.
3) General Medical Council (GMC), Applying for registration as an international medical graduate (http://www.gmc-uk.org/doctors/before_you_apply/imgs.asp, 2019年1月6日閲覧); Nursing and Midwifery Council (NMC), Trained outside the EU/EEA (https://www.nmc.org.uk/registration/joining-the-register/trained-outside-the-eueea/, 2019年1月6日閲覧).

などのように、出身国に扶養できる親族がいない場合の親の呼び寄せの制度化が課題である。日本では、家族呼び寄せに言語要件は不要であるが、フランスでは、入国前と入国後の言語講習が必要である。言語試験を義務とする国もあり、ドイツでは入国前と入国後にあり、韓国は入国前である。こうした義務ベースの国と違い、スウェーデン、フィンランド、カナダ、オーストラリアでは、権利ベースでの無料の言語講習を受けることができる。家族呼び寄せに、言語要件を課すことは、社会権規約 17 条・23 条またはヨーロッパ人権条約 8 条の定める家族生活（家族結合）の権利との関係で問題があることも注意を要する。

第 3 の「教育」において、日本は、スウェーデンやイギリスなどのように、移民の母語を学習する選択権がない。従来の国際理解教育は、外国文化を知ることに力点があり、日本に住む少数者との共生を学ぶ多文化共生教育は少ない。たしかに、文科省の 2011 年の『外国人児童生徒受入れの手引き』では、「すべての児童生徒に多文化共生の心を育む視点」の必要性を説いている。しかし、「学校でも、課外において、児童生徒の母語、母文化にかかわるものとして『継承語』[4]という位置付けでそれを尊重し、習得を援助すること」が望まれる旨を指摘するにすぎない。一方、愛知県の 2018 年の「あいち多文化共生推進プラン 2022」[5]では 2012 年作成の「母語教育サポートブック『KOTOBA』[6]の普及や県協会による母語・母文化学習の大切さを伝えるイベントや講座の開催などにより、外国人県民の子どもたちが母語に誇りと関心が持てるように」するとしている。また、「母語支援を目的とした団体『愛知 外国につながる子どもの母語支援プロジェクト』が設立」され、その「活動をサポート」していくとある。これは、日本の公教育の正課以外での母語教育・継承語教育の必要性を認識するにとどまるものであり、正規の授業と

---

4) たとえば、カナダでは、移民の持ち込んださまざまな言語は「継承語」と位置づけられ、「言語資源」として国を豊かにするものと考えられている。移民の 2 世などへの国の継承語教育への支援は、グローバル人材を育てる上で重要である。
5) 愛知県、「あいち多文化共生推進プラン 2022」(http://www.pref.aichi.jp/soshiki/tabunka/plan2022.html, 2019 年 1 月 6 日閲覧)。
6) 愛知県「母語教育サポートブック『KOTOBA』——家庭／コミュニティで育てる子どもの母語」(http://www.pref.aichi.jp/soshiki/tabunka/0000060441.html, 2019 年 1 月 6 日閲覧)。

しての母語教育の必要性は認識されていない。スウェーデンでは、5人以上の生徒がいて、適切な教師がいる場合には、母語教育を提供する義務がある。フィンランドでも、4人以上の生徒がいる場合、週に2時間の母語教育を行う。さらに、文化の多様性に応じたカリキュラムや時間割などの保障も課題である。また、教員採用でもマイノリティの言語や文化の知識を必要とする採用方式[7]を広げていく必要がある。

第4の「政治参加」において、外国人の地方参政権は、定住型と互恵型が多い。伝統型は、旧植民地とのつながりを基礎とするので、一定の言語能力が参政権の前提とされる。イギリスでは、英連邦市民とアイルランド市民も国政レベルまでの参政権を持つ。類似の英連邦市民権として国政レベルの参政権を持つ国は少なくない[8]。ポルトガルも、植民地であったブラジルやカーボベルデといったポルトガル語諸国共同体としての伝統型の要素を持ち、一方で、EU諸国との互恵型の性質を併せ持っている。また、定住型が、一定の定住を要件とする背景には、一定の言語能力や社会知識の蓄積を想定している。

第5の「永住許可」において、フランスなどはA2レベル、ドイツなどはB1レベルの言語要件を課している。日本は言語要件がない。ただし、永住許可の申請は、現に有している在留資格の最長の在留期間をもって在留していることを永住許可に関するガイドラインは定めている。当面、後述する理由から、実務上は免除されているが、日系3世の場合、一定の日本語能力があることの証明として、1）法務大臣が告示で定める日本語教育機関において6カ月以上の日本語教育を受けていること、2）日本語能力試験N2に合格していること、3）BJTビジネス日本語能力テストで400点以上を取得していること、または4）いわゆる1条校（学校教育法1条に規定する学校で幼稚園を除く）において1年以上の教育を受けていることが要件とされる。

---

7) 愛知県の外国語堪能者選考では、受験区分が「小学校教諭」「中学校教諭」「高等学校教諭」「特別支援学校教諭」のいずれかで、外国語（ポルトガル語、スペイン語、中国語、フィリピノ〔タガログ〕語）が堪能な教員を採用する。静岡県と浜松市では、ポルトガル語とスペイン語の堪能な教員志願者に1次試験で5点と10点を加点する。
8) 地域的にはカリブ海諸国が多い（アンティグア・バーブーダ、ドミニカ、グレナダ、ジャマイカ、セントビンセント・グレナディーン、セントクリストファー・ネイビス、セントルシア、トリニダード・トバゴ、バルバドス、ベリーズ）。

第 6 の「帰化」において、カナダやオーストラリアは A2 相当、フランスやドイツは B1 相当の言語要件を課している。日本の言語要件は、明示されておらず、実務上、小学 3 年生で習う漢字が読める程度といわれる。欧州言語共通参照枠に当てはめれば、おそらく B1 よりも A2 に近いものと思われる。今後は、帰化の際の言語要件を法律で定め、高齢者などの場合の一定の免除要件を定める必要がある。

　第 7 の「差別禁止」において、理念法ながら、ヘイトスピーチ解消法が 2016 年に制定・施行された。インターネットの削除要請とヘイトスピーチを行った者の氏名または名称を公表することができる同年の大阪市の条例もある。2018 年の世田谷区の「多様性を認め合い男女共同参画と多文化共生を推進する条例」では、「性別等の違い又は国籍、民族等の異なる人々の文化的違いによる不当な差別的取扱い」を禁止し、苦情処理委員会を設置する。差別的な言動規制のあり方は、今後の重要な課題である。

　第 8 の「保健医療」において、オーストラリア、スウェーデン、フィンランド、ドイツなどは無料の医療通訳サービスがあるが、日本では医療通訳派遣制度を整備する自治体は一般に有料であり、医療通訳派遣制度のない自治体も多い。今後は、通訳養成制度や通訳認証制度を整備する必要がある。

■ 4　自治体の「インターカルチュラル・シティ指数（ICC Index）」における言語政策の評価

　インターカルチュラル・シティとは、2008 年に欧州評議会が欧州委員会とともに始めたプログラムである。移民や少数者によってもたらされる文化的多様性を、都市の活力や革新、創造、成長の源泉とする都市のネットワークである。インターカルチュラル・シティ指数（ICC Index）[9]は、73 の質問項目により、15 分野（市の関与、教育、地域社会、公共サービス、ビジネス・労働市場、文化・市民生活、公共空間、調停・紛争解決、言語、メディア、国際協力、情報、ニューカマーの歓迎、政治参加、差別禁止）において、100 以上の都市の政策を評価する。

---

9) Council of Europe, 2019.

言語についての質問は、以下の9項目である。1）（専業主婦、失業者、退職者などの）アクセスしにくい集団に対し、公用語の特別な言語訓練を提供しているか。2）移民・マイノリティの言語の学習は、学校の通常のカリキュラムの一部か。3）移民・マイノリティの子どもに限定した移民・マイノリティの母語学習を行っているか。4）誰に対しても通常の授業としての移民・マイノリティの言語の学習の選択が開かれているか。5）移民・マイノリティの言語教育を提供する私立・公立の機関への支援があるか。6）市は、マイノリティの新聞・雑誌を財政支援しているか。7）市は、マイノリティのラジオ番組を財政支援しているか。8）市は、マイノリティの言語でのテレビ番組を財政支援しているか。9）市は、（移民の言語の日、多言語の文化イベントなどの）移民・マイノリティの言語のイメージアップのためのプロジェクトの支援をしているか。

　これらの質問項目に対し、たとえば、スイスのヌーシャテルは、言語については満点の100%の評価を得ている。移民・マイノリティの言語教育も、国の学校カリキュラムの一部である。移民・マイノリティの言語は、外国人の子どもの母語としても、すべての州民の外国語としても教えられる。フランス語話者以外のニューカマーにICTを含むフランス語授業のパンフレットが配られる。州はマイノリティの新聞・雑誌・ラジオを支援する。テレビ番組もマイノリティの言語で放送される。移民・マイノリティ言語の民間教育機関を支援する。州は移民・マイノリティ言語に積極的なイメージを与える企画を促進する。この企画は移民言語の読書、詩の朗読の夕べ、多言語の文化イベントを含む。

　また、ドイツのデュースブルクは、84%である。市はアクセス困難な集団への特別な言語教育を提供しているなど、多くの質問項目の条件を満たしている。しかし、移民・マイノリティの言語教育を提供する私立・公立の機関への支援、マイノリティの新聞・雑誌の財政支援、マイノリティの言語でのテレビ番組の財政支援において、改善が必要と思われる。

　日本における唯一の加盟都市である浜松は、39%である。加盟都市の平均の48%よりも低い。たとえば、浜松市は、マイノリティ言語のメディアを直接には支援しておらず、アクセスしにくい集団に対し、公用語の特別な言語訓練を提供していない。ただし、市はNPOに委託し、ポルトガル語・ベトナム語・スペイン語の言語学習サポートをしている。外国人学習支援セ

ンターで託児支援付きの学習支援を無料で行っている。浜松国際交流協会がポルトガル語のスピーチコンテストを開催している。

■ 5　日本の言語政策の課題と展望

　日本の多文化共生政策は、一定の自治体にみられるものの、国の体系だった統合政策は、みられない。労働市場への参加は、居住許可・就労許可に関するものであり、在留資格の問題として扱われる。

　言語要件を含む在留資格については、高度専門職のポイントとしてN1（またはBJT480点以上）が15点、N2（またはBJT400点以上）が10点の加算となる。また、留学の在留資格については、N2（日本留学試験200点以上またはBJT400点以上）が要件となる場合がある。加えて、日系4世の「特定活動」の在留資格には、入国後2年で（3年目の更新のため）N3、入国後3年で（4年目の更新のため）N2の日本語要件（ないし〔茶道・華道・柔道等〕日本文化の資格取得）が課される。さらには、技能実習の介護職は、入国時にN4、1年後にN3の日本語要件が必要である。

　今後、介護、ビルクリーニング、素形材産業、産業機械製造業、電気・電子情報関連産業、建設、造船・舶用工業、自動車整備、航空、宿泊、農業、漁業、飲食料品製造業、外食業の14の人手不足が深刻な労働分野では、日本語能力と業所管省庁が定める技能評価の試験の合格者に、「特定技能」の在留資格を認めることになる。従来の「日本語能力試験（N4：ある程度日常会話ができ、生活に支障がない程度の能力以上）」だけでは、年に1回ないし2回しか受験できないことや、話すこと・書くことの能力をはかれない問題がある。したがって、外務省と国際交流基金が追加の準備を進めている「日本語能力判定テスト（仮称）」では、コンピュータ・ベースで年に6回程度の国外実施も予定しているが、話すこと・書くことの評価は見送られるという問題を残しているようである。職業分野の語彙の習得も重要なことから、介護では、「介護日本語評価試験（仮称）」も加えた3つのうちの1つの試験に合格すればよい。ただし、3年以上の技能実習経験者は、必要な技能水準および日本語水準を満たしているものとする。[10]

---

10) 内閣府「経済財政運営と改革の基本方針2018」（平成30年6月15日）27頁。

家族呼び寄せには言語要件はない。しかし、韓国のように、今後、本格的な移民政策を検討する場合は、同化主義的な統合政策として、日本の家族呼び寄せにも言語要件を導入する可能性があるように思われる。

　教育においては、子どもの母語（継承語）教育、大人の日本語教育の整備、さらには、（専業主婦、失業者、退職者などの）アクセスしにくい集団に対する言語訓練の提供が将来の課題である。教育基本法4条は、「すべて国民は、ひとしく、その能力に応じた教育を受ける機会を与えられなければならず……」と教育を受ける権利の主体を狭く定めている。また、同1条の目的規定において、「教育は、人格の完成を目指し、平和で民主的な国家及び社会の形成者として必要な資質を備えた心身ともに健康な国民の育成を期して行われなければならない」と定める。「日本に住むすべての子ども」を主体とし、「社会の一員の養成」を目的とすべきである。フィンランド基礎教育法のように、主体を「フィンランドに常住する子ども」とし、教育の目的を「社会の一員としての倫理的な責任能力の醸成の支援」とする必要がある。スウェーデンの学校法も、「スウェーデンに住むすべての子ども」が主体であり、「スウェーデン社会が基づく人権と基本的な民主的価値の尊重」を目的としている。

　永住許可の言語要件も、今後、導入されるかもしれない。すでに、永住許可の前提として、日系3世の5年の在留期間には、N2等の日本語要件を課すことが予定されている。ただし、2017年改定の「永住許可に関するガイドライン」では、当面、在留期間「3年」を有する場合は、「最長の在留期間をもって在留している」ものとみなす運用が認められている。

　帰化の言語要件については、審査の透明性を高めるためには、明確な基準を法で定め、高齢者などの免除要件を法定することも課題である。もちろん、永住許可の居住要件が帰化の5年よりも長く原則10年である点の見直しが必要である。

　政治参加について、外国人の地方選挙権を認めるのであれば、有権者が政治的な判断をする上での十分な日本語教育の機会を提供する必要がある。

　保健医療について、医療通訳や法廷通訳などの資格制度を整備し、無料の通訳利用権を法で定めることも今後の課題である。適正手続は行政手続にも不可欠である。本人の理解できる言葉での告知・聴聞の手続が必要である。言語的デュープロセス（憲法「31条と結びついた13条」）の理念のもと

に、医療通訳や法廷通訳などの資格制度を整備し、行政手続も含む無料の通訳利用権を法律で定める必要がある[11]。

そもそも言語権について、自由権規約27条の民族的・宗教的・言語的少数者の「自己の文化を享有」し、「自己の宗教を信仰・実践」し、「自己の言語を使用する権利」を保障している。二風谷ダム事件判決において、自由権規約27条と同様、「憲法13条により、その属する少数民族たるアイヌ民族固有の文化を享有する権利を保障されていると解することができる」と判示されている[12]。したがって、言語権についても、憲法は、明文の規定を持たないが、憲法13条が言語的少数者の「自己の言語を使用する権利」を保障していると解しうる。

今後、多文化共生政策を推進するのであれば、自治体は、移民の新聞・雑誌、ラジオ・番組の財政支援や、多言語の文化イベントなどにより、移民の言語のイメージアップのための支援をすることも必要と思われる。外国人住民の支援を促進するだけでなく、多様性がもたらす活力や革新の成果にも目を向け、インターカルチュラルな交流の促進が重要である。

■ 6　日本の多文化共生政策の課題と展望

今日の外国人の問題を考える上で、少なくとも、以下の10の課題がある。

第1に、「技能実習生」の問題は、枚挙にいとまがない。日本政府は「移民政策」をとらないといいつつ（したがって、国としての統合政策ないし多文化共生政策に熱心ではないが）、「外国人労働力」の受け入れには熱心であるため、多くの人権侵害の問題が生じている。その最たるものは、技能実習生である。途上国への技術移転としての国際貢献という建前を使い、本音は、国内の労働者が十分に調達できない分野の労働力をまかないつつ、永住に道を開かない制度設計となっている。本来の技術移転としての研修生の在留登録者数は、2007年には8万8000人を超えていたものの、2017年にはその数は1460人にすぎない。他方、2017年段階で27万4233人いる技能実習生には、最長5年の滞在が可能となっている。技能実習制度の本質は、「国

11）スウェーデン行政法8条参照。
12）二風谷ダム事件判決・札幌地判1997（平成9）年3月27日判時1598号33頁。

際貢献に名を借りたゲストワーカー制度」であった。今後は、技能実習の3年後は、帰国を前提とすることなしに、「特定技能1号」として5年間、技能実習と合わせて8年以上の就労を可能とすることもあり、国際貢献という建前からの矛盾がますます大きくなる。また、家族呼び寄せを8年以上も認めない、異常な制度がつくられつつある。技能実習は、家族結合の権利、職業選択の自由が認められない点で、大きな問題を抱えている。賃金不払い、ハラスメント、強制貯金など、人権侵害の温床となる場合もある。

　一方、国家資格に合格すれば、介護の在留資格への変更への道も一部には開かれている。さらに、2019年4月からは、建設、農業、宿泊、介護、造船業などの14分野を対象として日本語能力試験と「特定技能評価試験」に合格した「特定技能1号」の在留資格がはじまり、(一定の範囲で) 職業選択の自由も認められる。これは、従来の外国特有などの熟練した「技能」の在留資格とは違い、日本において労働力の不足する分野に拡充するものであり、「相当程度」の技能という水準の半熟練労働の在留資格である。また、「特定技能2号」は、「熟練した技能」といった水準の熟練労働の在留資格であり、家族結合の権利も認められ、いずれは永住にも道が開ける。したがって、技能実習生の場合も、特定の分野の労働力不足の解消に向けた門戸開放が、技能の蓄積を経て、永住につながる展望も場合によっては開かれる。農村部をはじめ地域によっては、外国人住民の多くが技能実習生となるところもあり、自治体の多文化共生政策は、今後、技能実習や新設の「特定技能」を政策対象とする施策を拡充する必要がある。

　第2に、「日系人」とその家族を特別に受け入れながらも、統合政策がないがしろにされてきた問題がある。移民政策には入管政策と統合政策の両面がある。日本では、統合政策を多文化共生政策と呼ぶが、主に自治体の政策に焦点が当てられており、国の統合政策は乏しい。政府が、「移民政策」をとらないというのは、主として、入国時に永住を認めるような入管政策をとらないという意味である。しかし、国が移民の統合政策を行わないという意味でも移民政策が不十分である。日系3世の5年の在留期間には、N2等

---

13) ①(外国由来の料理の) 調理師、②(外国特有の) 建築技術者、③外国製品の製造・修理、④宝石・貴金属・毛皮加工、⑤動物の調教、⑥石油地熱等掘削調査、⑦航空機操縦士、⑧スポーツ指導者、⑨ワインの鑑定等に現行は限定している。

の日本語要件が課されている。新たに、2018 年 7 月からは 18 歳以上 30 歳以下の日系 4 世の「特定活動」の在留資格には、入国後 2 年で（3 年目の更新のため）N3、入国後 3 年で（4 年目の更新のため）N2 の日本語要件または日本文化に関する資格の取得が課されることになった。しかし、その支援策は、無料で活動する日系 4 世受入れサポーターにより日本文化・日本語教育情報をはじめ、生活情報、医療情報、雇用情報等の提供や入管手続の援助を行うとあるだけで、日本語教育その他の支援はもっぱらボランティア任せである。「日本語教育推進基本法」などを制定し、外国人児童生徒だけでなく、外国人就労者、技能実習生、難民といった幅広い希望者への日本語教育の機会を提供するための制度づくりが待たれる。日系 4 世の受入れ要件の緩和も不可避である。

　一方、日系 2 世の場合は、日本人の実子として、1 年の居住要件で「永住許可」が認められる。日系 2 世の家族や日系 3 世とその家族も、5 年の居住要件で「永住許可」に道が開かれる。そもそも、定住者の在留資格は、問題がなければ、在留期間の更新が原則として可能であり、在留活動の制限がないので、「事実上の移民政策」として機能している側面もある。日系 4 世に言語要件を課すのであれば、無料または安価な日本語教育を身近で受けることができるような体制整備が必要である。

　第 3 に、「留学生」が外国人労働力として組み込まれている問題がある。1983 年に立てた留学生 10 万人計画を 2003 年に達成した。2008 年には、2020 年までに 30 万人計画を立て、2018 年 6 月末には、32 万 4245 人に達している。[14]「資格外活動許可」を受ければ、留学生は週に 28 時間、夏休みなどの長期休業期間中は 1 日 8 時間、週に 40 時間まで働くことができる。九州では国家戦略特区により、週末は 8 時間として州に 36 時間働くことを提案しており、「外国人労働力」としての留学生の位置づけはますます大きくなっている。

---

14) 法務省の在留外国人統計。日本学生支援機構によれば、2018 年 5 月 1 日現在の在学段階別留学生数は、29 万 8980 人であり、大学院が 5 万 184 人、大学（学部）が 8 万 4857 人、短期大学が 2439 人、高等専門学校が 559 人、専修学校（専門課程）が 6 万 7475 人、準備教育課程（12 年の教育年数に満たない人が大学進学を準備する過程）が 3436 人、日本語教育機関が 9 万 79 人である。

一方、留学生が卒業後、日本の企業に就職するための在留期間の延長の便宜をはかるなど、「技術・人文知識・国際業務」の在留資格への道を広げるベクトルもあり、5年の就労後、永住許可につながる展望もある。さらに、「高度専門職」の場合は、80ポイント以上なら最短1年で「永住許可」が認められる。他方、日本語学校を卒業後、専修学校に進学し、その後に大学に進学するなど、学費のために多くの借金をし、アルバイトに追われ、日本語の習得もままならない場合もある。

第4に、「移民」という政策用語が使えないために、多くの自治体の多文化共生推進プランでは「外国人市民」や「外国人県民」という言葉で、日本国籍を有する「外国にルーツを持つ人」をカバーしている問題がある[16]。国籍上の外国人を「外国籍市民」などと表現することで区別する自治体が多い。しかし、大阪市での用語法は[17]、逆に、外国にルーツを持つ人をさす。国その他の統計上の外国人は法的意味での日本国籍を持たない人をさす。OECD諸国の中で外国生まれの人の統計をとらない日本では、移民政策の国際比較が容易でなく、政策に必要な統計データの整備が進まない問題がある。

一方、具体的な教育政策の中で、政府は「日本語指導が必要な日本国籍の児童生徒[18]」という用語を使っている。また、2016年のいわゆるヘイトスピーチ解消法において「本邦外出身者」という法律用語を誕生させた。もっとも、「専ら本邦の域外にある国若しくは地域の出身である者又はその子孫であって適法に居住するもの」という本邦外出身者の定義自体により、人種差別撤廃条約の禁ずる「出入国管理法令上の地位[19]」による差別を法制化している矛

---

15) 2017年に就職により留学生から在留資格を変更した人は2万2419人、そのうち「技術・人文知識・国際業務」が2万486人、経営‐管理が712人、教授が626人、医療が254人、研究が102人、教育が93人、高度専門職が43人、宗教が25人、介護が18人である。
16) たとえば、第2次名古屋市多文化共生推進プラン、第3次愛知県多文化共生推進プラン。
17) 大阪市においては、施策・事業等の対象者として、大阪市内に居住しており、現在の国籍が外国籍である人だけではなく外国にルーツを持つ人を総称して「外国籍住民」と表現している。参照、大阪市HP (http://www.city.osaka.lg.jp/shimin/page/0000275071.html, 2019年1月6日閲覧)。
18) 2016年5月1日現在、9612人であり、日本語指導が必要な外国籍の児童生徒数は3万4335人である。

盾がある。ヘイトスピーチだけでなく、入居差別や雇用差別にも対応した国籍や民族などによる包括的な差別禁止法を定めることは焦眉の課題である。

　第5に、「外国にルーツを持つ子ども」の教育を受ける権利の保障に問題がある。教育基本法が「国民の育成」を目的とし、「国民」の機会均等を定めているので、外国人の教育を受ける権利がおざなりになる問題があり、「社会人の育成」や「すべての子ども」の機会均等に改正すべきである。憲法26条が就学義務を「国民」に限っているというのは、解釈上も、運用上も問題があり[20]、通説の性質説に立てば、すべての学齢期の子どもに教育を受ける権利があり、それに対応して国は教育を提供する義務があるので、不就学を放置してはならない。朝鮮学校が、高校無償化の対象とされないことも差別的である。母語や母文化の教育に配慮した多文化共生教育のカリキュラムづくりや教育の多様性の視点が欠けている。とりわけ、イスラームの生徒の文化ないし宗教への合理的な配慮が足りない問題がある。第10章で述べたように、日本では、イスラームの女子中学生のスカーフや夏のアームカバーの着用は、校長の裁量の問題とされ、「特別扱い」が認められなかった例もある。また、断食月に昼食を食べない小学生に、昼食を食べるか、午後の授業を受けずに帰宅するかの選択を迫り、健康に配慮して、水を飲まない児童には体育の授業を受けさせないとする校長もいる。他方、小学校の運動会で子どもたちが5カ国語の母語で競技の紹介をアナウンスし、日中の飲食を絶つラマダーン月のイスラーム教徒の児童や保護者に対し学校側がお祈りや休憩のため昼食時に教室を開放するといった「特別な配慮」を示した例もある。「文化を知るいい機会だ」として授業で、ラマダーンの断食やスカーフの話を教師がすれば、周りの子どもの理解が広まっていく。カナダでは、宗教上の合理的配慮も必要であり[21]、日本でも障碍者だけでなく、文化的な少数者にも、（過度な負担でないかぎりの）「合理的配慮」が求められており、伝統的に同質的な日本の学校において、多文化共生が試される課題が生じている。

---

19) 人種差別撤廃委員会「市民でない者に対する差別に関する一般的勧告30」7段落。
20) たとえば、外国人の場合にも、不就学の子がいると電話や家庭訪問で理由を確認したり、学齢期の子どもが転入する際に、市教委が窓口となって入学手続や学校とのやりとりも行う豊橋市のような対応が適当である（毎日新聞〔2018年7月30日〕）。
21) 第10章注62参照。

第 6 に、「非正規滞在者」の増大、長期の収容、不必要な収容が問題である。加えて、チャーター便による強制送還に伴い裁判を受ける権利等の侵害、仮放免によるホームレス化など、深刻な人権侵害がみられる。ビザの査証免除国を拡大し、観光客を増やす政策が非正規滞在者を増大させるだけでなく、技能実習生の増大がより条件のよい仕事を求めて失踪する非正規滞在者を増大させている。収容の必要性の有無を個別に判断することなしに、原則として非正規滞在者の収容を義務づける政策がとられている。このため、一方で長期の収容が問題になる。他方、早期の強制送還を急ぐあまりに、チャーター便による一斉送還の際に、難民申請の不許可の異議申立請求が棄却されたばかりの人が、弁護士との連絡を認められず、裁判を受ける権利を侵害される問題も生じている。適正手続に反するこの種の送還手続は、生命や自由の侵害のおそれのある国への送還を禁じるノン・ルフールマンの原則にも違反する。

　一方、難民申請を不許可とされた者のチャーター便による退去強制につき、裁判を受ける権利や適正手続違反に基づく国家賠償請求訴訟が係争中である。また、2009 年に入国収容所等視察委員会が設置され、処遇の改善がはかられる仕組みがあるが、収容の必要性の審査が今後の課題である。逃亡のおそれのない者の収容には、慎重であるべきである。収容の目的を在留資格のない者の在留活動を禁止することを含むとする「在留活動禁止説」から、退去強制を円滑に実施する点に限定する「執行保全説」に転換する必要がある[22]。2018 年 12 月に採択された国連「移住グローバル・コンパクト」にも、「収容は最後の手段として、代替措置の追求を」[23]という目標が示されている。2017 年には、1351 人が日本で収容されており、そのうち 576 人が半年以上の長期収容である。収容者の中には、先が見えず、うつ病などを発症する人がいたり、自殺者や自殺未遂者がいたり、長期収容の抗議と処遇改善を求めるハンガーストライキが起きたり、必ずしも十分な医療を受けられずに病死する人がいたりといった問題が起きている。

---

22) 移民政策学会設立 10 周年記念論集刊行委員会編、2018、51 頁（児玉）。
23) 空港申請者の代替収容措置が 2012 年からはじまり、難民支援団体の連合体「難民フォーラム」が、住居を提供し、法律支援や生活支援をしている（日本弁護士連合会人権擁護委員会、2017、132 頁）。

第7に、「難民」の受け入れが極端に少ない問題がある。2017年の難民申請者数1万9628人のうち、難民認定者は20人なので難民認定率は0.1％であり、人道上の配慮を理由とした在留特別許可者45人を含む庇護認定率でも0.3％である。主要国の庇護認定率が20％から80％であるのに比べ、日本は極端に低いことがわかる。就労目的での難民申請者が多いことが、日本の低い認定率の要因であると政府はいうが、個別具体的な危険の証明や信憑性の判断など、日本の難民認定の審査基準が厳しい点も要因と思われる。

　一方、2010年から第3国定住の受け入れがはじまった。家族単位であり、年間30人の枠（2020年からは60人に拡充する予定）であるものの、定住先の自治体捜しが懸案となっている。労働力不足で悩む自治体が、難民の受け入れに積極的になる制度枠組の整備が望まれる。難民事業本部の支援センターでの定住支援プログラムではなく、受入れ自治体で支援プログラムを実施できるような体制整備ができれば、日本語教育機関の整備などにもつながることが将来的には期待される。また、日本語学校による民間のシリア難民の受け入れもはじまっており、教育機関での民間受入れの枠組みの発展も期待される。2018年12月に採択された国連の「難民に関するグローバル・コンパクト」でも、第3国定住の受入れ拡大や奨学生としての受入れ促進が掲げられている。2005年に難民参与員制度が設けられたが、参与員の意見に法的拘束力はなく、将来的には、専門的な難民裁判官からなる難民裁判所が望まれる。

　第8に、「高度専門職」の受け入れは、日本版ポイント制度を導入しても、あまり増えていない問題がある。2012年5月7日に、高度外国人材の受入れ促進のために、ポイント制を導入した。学歴、職歴、年齢、年収などの項目ごとにポイントを付し、合計で70点以上に達し、高度な1) 学術研究、2) 専門技術、3) 経営管理の活動に従事すると思われる者に、複合的な就労許可[24]、永住許可要件の緩和、配偶者の就労許可、一定の条件の下での親・家事使用人の帯同などの優遇措置を認めることになった[25]。また、2015年か

---

24) 高度専門職1号は高度専門職としての複数の在留活動が可能であり、3年後に高度専門職2号に移行すれば、ほぼすべての就労資格の活動が認められる。
25) 通常は10年であるが、70点以上80点未満であれば3年、80点以上であれば1年で永住許可申請ができる。

ら高度専門職という在留資格が新設され、2017年からは、80点以上の者には、1年で永住許可を認める「日本版高度外国人材グリーンカード」が導入された。たしかに、高度専門職1号・2号および「特定活動（高度人材）」の在留資格を持つ高度外国人材は、2012年（313人）、2013年（779人）、2014年（2273人）、2015年（3840人）、2016年（5549人）、2017年（7668人）と漸増状況にある。しかし、ポイント制度を活用した新規入国者は、2016年には229人であり、大半は、既存の在留資格から高度専門職にスライドした場合である。このポイント制に関する海外での広報が不足していることと、高度人材にとって日本が魅力的でないことが、新規の受け入れが少ないことの理由と思われる。日本が魅力的でないことの主要な要因は、日本企業の雇用慣行の問題に加え、国としての社会統合政策（多文化共生政策）の不足にあるものと思われる。日本の年功序列型の昇給制度が若い高度人材獲得の国際競争力を欠いているだけでなく、差別禁止法の未整備な日本での生活や子育てに不安を感じる外国人も少なくない。多文化共生社会基本法と差別禁止法の制定は、焦眉の課題である。

一方、「高度人材ポイント制」のボーナスポイントとして、法務省告示でイノベーション促進支援措置、将来において成長発展が期待される分野の先端的な事業、スーパーグローバル大学創成支援事業、イノベーティブ・アジア事業、世界大学ランキングに基づき加点対象となる大学の一覧を掲げている。今後、高度人材ポイント制のさらなる拡充により、日本版移民政策に道を開くことも将来的には検討される必要があろう。

第9に、「永住市民」を権利主体とする永住市民権の確立が課題である。市民権とは、政治共同体の市民が有する一連の権利義務の総称である。国民だけが市民権を持つのではなく、今日、永住市民が有する永住市民権が求められ、生活保護を含む社会権の保障、地方参政権その他の参政権の保障が裁判で争われている。実務上は、生活保護法は、永住者等にも準用されているが、最高裁は、永住者等は「行政措置により事実上の保護の対象となりうるにとどまり、生活保護法に基づく受給権を有しない」と判示している[26]。他方、永住者等の地方選挙権を認める立法は、「憲法上禁止されているものではない」と判示した[27]。

26）永住外国人生活保護訴訟・最判2014（平成26）年7月18日判例地方自治386号78頁。

移民の社会参加を進める上では、永住者等の地方選挙権は重要である。また、民主主義の理念からすれば、選ぶだけの権利に限り、選ばれる権利を持たないことは、民主主義の理念に反する。したがって、たとえ選挙権からはじめても、将来的には被選挙権も必要である。加えて、消防士や管理職も含む地方公務員や国家機密とかかわりのない国家公務員の門戸を広げ、地方の民生委員・人権擁護委員・児童委員・投票立会人、国の調停委員・司法委員・参与員にも永住市民の任用を可能とすべきである。

　第10に、帰化率の低さが示すように、国籍制度の改革、とりわけ「複数国籍」の公認が課題である。法務大臣などの裁量の余地のある帰化に加えて、裁量の余地のない「届出」も加えた後天的な国籍取得を広義の帰化と呼ぶ。日本の広義の帰化率は低く、2016年にはOECD諸国の最低数値で0.5にすぎない[28]。帰化を奨励する政策をとっておらず、帰化に際し原則として従来の国籍の喪失を求める複数国籍防止要件があることも、低い帰化率の要因である。平和主義、民主主義、人権擁護を促進する手段として、複数国籍を認める国が増えている。帰化などにより、他国の国籍を自己の意思で取得しても従来の国籍を自動喪失する規定を定めておらず、複数国籍に寛容な国の割合は、1960年の38.8%から2015年には73.2%（142カ国）に増えている[29]。

　人の国際移動や国際結婚が増大している今日の国際法では、ヨーロッパ国籍条約にみられるように、複数国籍は許容される。また、出生や婚姻に伴う複数国籍者から自らの意思に反して一方の国籍を剥奪することは、原則として許されない。日本の国籍法も見直すべきである。憲法22条2項は「国籍を離脱する自由」を保障している。従来の通説は、「何人も、ほしいままにその国籍を奪われ、又はその国籍を変更する権利を否認されることはない」と定める世界人権宣言15条2項後段を解釈指針として、「国籍を変更する権利」と読むべきであるとして、無国籍となる自由を否定するにすぎない[30]。同項前段の「ほしいままにその国籍を奪われ」ない部分を解釈指針とするならば、本人の意思に反し「国籍を離脱しない自由」を含むと解しうる。憲法

---

27) 定住外国人地方選挙権訴訟・最判1995（平成7）年2月28日民集49巻2号639頁。
28) OECD, 2018, 337.
29) Vink et al., 2015.
30) 芦部、2000、586頁。

13 条の幸福追求権は、「個人の尊重」を定めるとともに、明文規定のない人権規定の根拠規定となることもあって、憲法「22 条 2 項と結びついた 13 条」が保障する「恣意的に国籍を剥奪されない権利」からは、複数国籍防止原則、国籍選択制度、国籍留保制度は廃止すべきである[31]。また、国内外での帰化における複数国籍防止要件は廃止し、日本で育った人の届出による国籍取得を認めるべきである。

31）近藤、2016、43-44 頁。

初出情報

　本書は、いくつかの論文を加筆しながら、作成した章が多い。それぞれの章の初出の論文を最後に掲げておく。

第2章 「インターカルチュラリズムとしての多文化共生」山元一ほか編『辻村みよ子先生古稀記念論集——憲法の普遍性と歴史性』(日本評論社、2019年予定)(出版時期が本書よりも後になる)

第3章 「日本における外国人のシティズンシップと多文化共生」辻村みよ子・大沢真理編『ジェンダー平等と多文化共生——複合差別を超えて』(東北大学出版会、2010年) 119-151頁

第4章 「移民統合政策指数 (MIPEX) における欧米韓日の比較——外国人の人権の比較法的・人権適合的解釈」『法律時報』89巻4号 (2017年) 73-78頁

第5章 「ヘイトスピーチ規制の課題と展望」『移民政策研究』9号 (2017年) 6-21頁

第9章 「日本における多文化家族支援政策のあり方——日韓欧米諸国の比較」『多文化共生研究年報』14号 (2017年) 1-12頁

第10章 「教育をめぐる権利と義務の再解釈——多様な教育機会の確保に向けて」『名城法学』66巻1号 (2016年) 305-328頁

第11章 「地方参政権と外国人」『都市問題』108号 (2017年) 39-44頁

第12章 「複数国籍の容認傾向」陳天璽ほか編『越境とアイデンティフィケーション——国籍・パスポート・IDカード』(新曜社、2012年) 91-115頁

第13章 「人間の尊厳と日本における難民申請者の裁判を受ける権利」『憲法研究』3号 (2018年) 79-88頁

第14章 「無国籍者に対する収容・退去強制・仮放免の恣意性——比例原則と適正手続違反」工藤達朗ほか編『憲法学の創造的展開 下巻——戸波江二先生古稀記念』(信山社、2017年) 201-222頁

文献一覧

■日本語

秋山肇、2018「UNHCRによる無国籍の予防と削減に向けた取り組み——その効果と課題」『国連研究』19号、191-219頁

芦部信喜、1994『憲法学II——人権総論』有斐閣

芦部信喜、1997『憲法〔新版〕』岩波書店

芦部信喜、2000『憲法学III　人権各論（1）〔増補版〕』有斐閣

芦部信喜〔高橋和之補訂〕、2015『憲法〔第6版〕』岩波書店

阿部浩己、2010『無国籍の情景——国際法の視座、日本の課題』UNHCR駐日事務所

阿部浩己・今井直・藤本俊明、2009『テキストブック国際人権法〔第3版〕』日本評論社

新垣修、2015『無国籍条約と日本の国内法——その接点と隔たり』UNHCR駐日事務所

安周永・林成蔚・新川敏光、2015「日韓台の家族主義レジームの多様性」新川敏光編『福祉レジーム』ミネルヴァ書房、7-34頁

石崎正幸・Borgman D. Patricia・西野かおる、2004「米国における医療通訳とLEP患者」『通訳研究』4号、121-138頁

市川正人、2003『表現の自由の法理』日本評論社

市川正人、2014『基本講義　憲法』新世社

市川正人、2015「表現の自由とヘイトスピーチ」『立命館法学』360号、122-134頁

移民政策学会設立10周年記念論集刊行委員会編、2018『移民政策のフロンティア——日本の歩みと課題を問い直す』明石書店

岩沢雄司、2000「外国人の人権をめぐる新たな展開——国際人権法と憲法の交錯」『法学教室』238号、14-16頁

ウォルドロン、ジェレミー（谷澤正嗣・川岸令和訳）、2015『ヘイト・スピーチという危害』みすず書房（＝Waldron, J., 2012, *The Harm in Hate Speech*, Cambridge: MA, Harvard University Press）

江川英文・山田鐐一・早田芳郎、1997『国籍法〔第3版〕』有斐閣

江橋崇、1991「先住民族の権利と日本国憲法」樋口陽一・野中俊彦編『憲法学の展望』有斐閣、471-490頁

江橋崇、1992「外国人の子どもの教育を受ける権利」江橋崇・戸松秀典『基礎演習・憲法』有斐閣、471-490頁

遠藤比呂通、2014「表現の自由とは何か——或いはヘイト・スピーチについて」金尚均編『ヘイト・スピーチの法的研究』法律文化社、55-73頁

遠藤美奈、2001「フィンランドにおける公的扶助——生計援助の原理と制度」『海外社会

保障研究』137 号、72-85 頁
大沼保昭、1993『単一民族社会の神話を超えて――在日韓国・朝鮮人と出入国管理体制』東信堂
大沼保昭、2004『在日韓国・朝鮮人の国籍と人権』東信堂
岡沢憲芙、1988『スウェーデン現代政治』東京大学出版会
奥平康弘、1981「教育を受ける権利」芦部信喜編『憲法 III　人権（2）』有斐閣、382-425 頁
奥野圭子、2014「オーストラリアにおける入国そして居住の権利」『神奈川大学国際経営論集』47 号、69-85 頁
外国人生活・医療ネットワーク関西・外国人医療・生活ネットワーク編、2016『外国人の医療・福祉・社会保障相談ハンドブック』福島移住女性支援ネットワーク
葛西まゆこ、2013「永住的外国人と生活保護制度・コメント――福岡高裁 2011（平成 23）年 11 月 15 日判決」『国際人権』24 号、84-87 頁
梶田孝道、1994『外国人労働者と日本』日本放送出版協会
川岸令和、2006「表現の自由とその限界」芹田健太郎・棟居快行・薬師寺公夫・坂元茂樹編集代表『講座国際人権法 2　国際人権規範の形成と展開』信山社、263-290 頁
北村泰三・西海真樹編、2017『文化多様性と国際法――人権と開発を視点として』中央大学出版部
木下智史・只野雅人編、2015『新・コンメンタール憲法』日本評論社
木下秀雄、2005「ドイツの最低生活保障と失業保障の新たな仕組みについて」『賃金と社会保障』1408 号、4-16 頁
金尚均、2016「人種差別表現に対する法的規制の保護法益――ヘイト・スピーチ規制の憲法の根拠づけ」『龍谷政策学論集』5 巻 2 号、55-72 頁
金哲洙、1998『韓国憲法の 50 年――分断の現実と統一への展望』敬文堂
クレア、2012「都道府県・政令指定都市における医療通訳の現況について」『自治体国際化フォーラム』276 号、5-6 頁
小泉良幸、2016「表現の自由の『変容』――ヘイトスピーチ規制をめぐって」『公法研究』78 号、94-103 頁
河野善一郎、2013「永住外国人の生活保護申請却下処分取消訴訟――福岡高裁 2011（平成 23）年 11 月 15 日判決」『国際人権』24 号、81-83 頁
KOBE 外国人支援ネットワーク編、2003『在日外国人の医療事情』神戸定住外国人支援センター
小島祥美、2016『外国人の就学と不就学――社会で「見えない」子どもたち』大阪大学出版会
小谷順子、2014「言論規制消極論の意義と課題」金尚均編『ヘイト・スピーチの法的研究』法律文化社、90-104 頁
児玉晃一、2008「強制送還と裁判を受ける権利」『国際人権』19 号、156-157 頁
後藤光男・山本英嗣、2012「ニュージーランドの外国人参政権」『比較法学』46 巻 1 号、

43-70 頁

小山信幸、1998「在留資格『永住者』について」『国際人流』11 巻 11 号、25-27 頁

近藤敦、1996『『外国人』の参政権——デニズンシップの比較研究』明石書店

近藤敦、2001a『〔新版〕外国人参政権と国籍』明石書店

近藤敦、2001b『外国人の人権と市民権』明石書店

近藤敦、2004「外国人の権利保障と憲法」『現代思想』32 巻 12 号、94-101 頁

近藤敦、2005「外国人の『人権』保障」自由人権協会編『憲法の現在』信山社、323-354 頁

近藤敦、2006「特別永住者の National Origin に基づく差別——公務員の昇任差別の実質的根拠」『国際人権』17 号、76-83 頁

近藤敦、2007「多文化共生政策における社会参画の指標」『都市問題研究』59 巻 11 号、41-55 頁

近藤敦、2008「無国籍の庇護申請者に対する恣意的な収容——シャフィーク対オーストラリア事件」『国際人権』19 号、177-178 頁

近藤敦、2010「一般アムネスティ・在留特別許可・特別アムネスティ」近藤敦・塩原良和・鈴木江理子編『非正規滞在者と在留特別許可——移住者たちの過去・現在・未来』日本評論社、167 - 200 頁

近藤敦、2012「移民統合政策指数（MIPEX）と日本の法的課題」『名城法学』62 巻 1 号、77-107 頁

近藤敦、2013「外国人の公務就任権」長谷部恭男・石川健治・宍戸常寿編『憲法判例百選 I〔第 6 版〕』12-13 頁

近藤敦、2016『人権法』日本評論社

近藤敦編、2002『外国人の法的地位と人権擁護』明石書店

近藤敦編、2011『多文化共生政策へのアプローチ』明石書店

近藤敦編、2015『外国人の人権へのアプローチ』明石書店

齊藤愛、2015「表現の自由の現況——ヘイトスピーチを素材として」『論究ジュリスト』13 号、56-63 頁

坂中英徳、2001『日本の外国人政策の構想』日本加除出版

笹田栄司、1997『裁判制度』信山社

佐竹眞明・金愛慶編、2017『国際結婚と多文化共生——多文化家族の支援にむけて』明石書店

佐藤幸治、2011『日本国憲法論』成文堂

佐藤達夫、1994『日本国憲法成立史　第 3 巻』有斐閣

佐藤令、2008「外国人参政権をめぐる論点」国立国会図書館調査及び立法考査局編『人口減少社会の外国人問題』国立国会図書館、171-188 頁

渋谷秀樹、2017『憲法〔第 3 版〕』有斐閣

自由民主党政務調査会・労働力確保に関する特命委員会、2016「『共生の時代』に向けた外国人労働者受入れの基本的考え方」（平成 28 年 5 月 24 日）自由民主党

申惠丰、2016『国際人権法——国際基準のダイナミズムと国内法との協調〔第2版〕』信山社
杉原丈史、2012「退去強制令書の執行と裁判を受ける権利」宇賀克也・交告尚史・山本隆司編『行政判例百選II〔第6版〕』有斐閣、422-423頁
鈴木研二、1992「スウェーデンにおける移民の社会統合政策と自治体の役割」東京都職員研修所
総務省、2006「地域における多文化共生推進プラン」
総務省、2017「多文化共生事例集——多文化共生推進プランから10年 共に拓く地域の未来」
曽我部真裕、2015「ヘイトスピーチと表現の自由」『論究ジュリスト』14号、152-158頁
園部逸夫、2001『最高裁判所十年——私の見たこと考えたこと』有斐閣
髙佐智美、2003『アメリカにおける市民権——歴史に揺らぐ「国籍」概念』勁草書房
髙佐智美、2006「外国人と社会保障——国保法の解釈運用をめぐる問題点」『獨協法学』69号、45-69頁
髙佐智美、2011「永住者の在留資格を有する外国人の生活保護申請」『国際人権』22号、162-165頁
高橋和之、2013『立憲主義と日本国憲法〔第3版〕』有斐閣
高藤昭、2001『外国人と社会保障法——生存権の国際的保障法理の構築に向けて』明石書店
滝澤三郎編、2018『世界の難民をたすける30の方法』合同出版
竹内俊子、2010「教育を受ける権利主体としての『国民』の意味——外国人の教育を受ける権利について」『立命館法学』333・334号、844-867頁
竹崎孜、1994「移民政策と社会保障」岡沢憲芙・奥島孝康編『スウェーデンの経済』早稲田大学出版部
田中英夫編集代表、1991『英米法辞典』東京大学出版会
田中宏、2006「在日外国人の民族教育権に関する一考察」『龍谷大学経済学論集』45巻5号、1-17頁
田中宏、2012「貧しきを憂えず、等しからざるを憂う——生活保護大分訴訟、高裁勝訴と上告審」『賃金と社会保障』1561号、4-9頁
田中宏、2013『在日外国人——法の壁、心の壁〔第3版〕』岩波新書
田中宏・金敬得編、2006『日・韓「共生社会」の展望——韓国で実現した外国人地方参政権』新幹社
谷口洋幸、2012「同性愛嫌悪と表現の自由——Vejdeland対スウェーデン事件」『国際人権』23号、131-133頁
多文化共生の推進に関する研究会、2006「報告書——地域における多文化共生の推進に向けて」総務省
中央教育審議会、1996「21世紀を展望した我が国の教育の在り方について——第一次答申」

陳天璽、2013「日本における無国籍者の類型」『移民政策研究』5 号、4-21 頁
陳天璽・大西広之・小森宏美・佐々木てる編、2016『パスポート学』北海道大学出版会
津田守、2007「スウェーデンの通訳人及び翻訳人公認制度についての研究」『通訳研究』7 号、167-187 頁
戸塚悦朗、2011「外国籍の子どもの教育への権利と教育法制（その 5）――国際人権法の視点から教育基本法『改正』問題を振り返る」『龍谷法学』44 巻 1 号、92-141 頁
戸波江二、1998『憲法〔新版〕』ぎょうせい
戸波江二、2005「憲法学における社会権の権利性」『国際人権』16 号、61-73 頁
トレンハルト、ディートリヒ、1994「ドイツ――宣言なき移民国」D. トレンハルト編、（宮島喬・丸山智恵子・高坂扶美子・分田順子・新原道信・定松文訳）『新しい移民大陸ヨーロッパ――比較のなかの西欧諸国・外国人労働者と移民政策』明石書店、233-264 頁
奈須祐治、2001「ヘイト・スピーチ (hate speech) の規制と表現の自由――『内容中立性原則 (content neutrality principle)』の射程」『関西大学法学論集』50 巻 6 号、243-281 頁
奈須祐治、2016「ヘイトスピーチ規制消極説の再検討」『法学セミナー』61 巻 5 号、18-23 頁
難民支援協会、2016「日本で暮らす難民認定申請者の生活実態調査」（https://www.refugee.or.jp/jar/postfile/201603_JARresearch.pdf, 2019 年 1 月 6 日閲覧）
日本弁護士連合会、2016「非正規滞在外国人に対する行政サービス」（https://www.nichibenren.or.jp/library/ja/publication/booklet/data/gyosei_serv_pam_ja.pdf, 2019 年 1 月 6 日閲覧）
日本弁護士連合会人権擁護委員会編、2017『難民認定実務マニュアル〔第 2 版〕』現代人文社
丹羽雅雄、2007「在日コリアン高齢者無年金問題」『国際人権』18 号、95-98 頁
野中俊彦・中村睦男・高橋和之・高見勝利、2012『憲法 I〔第 5 版〕』有斐閣
ハサウェイ、ジェームズ・C（佐藤安信・山本哲史訳）、2014『難民の権利』日本評論社
長谷部恭男、2018『憲法〔第 7 版〕』新世社
服部龍二、2014「連立政権合意文書――1993-2012」『中央大学論集』35 号、67-102 頁
ハンマー、トーマス（近藤敦監訳）、1999『永住市民と国民国家――定住外国人の政治参加』明石書店（=1990, Hammar, T., *Democracy and the Nation State: Aliens, Denizens, and Citizens in a World of International Migration,* Aldershot: Avebury）
桧垣伸次、2013「ヘイト・スピーチ規制論と表現の自由の原理論」『同志社法学』64 巻 7 号、3023-3057 頁
東澤靖、2012「表現の自由をめぐる憲法と国際人権法の距離――自由権規約委員会一般的意見 34 の検討を中心に」『明治学院大学法科大学院ローレビュー』16 号、93-111 頁
樋口直人、2015「民主党政権下での外国人参政権をめぐる政治――東アジアという桎梏」『徳島大学社会科学研究』29 号、99-129 頁

樋口陽一・佐藤幸治・中村睦男・浦部法穂、1997『憲法 II』青林書院
福岡右武、1998「最高裁判所判例解説」『法曹時報』50 巻 3 号
藤井正希、2016「ヘイトスピーチの憲法的研究――ヘイトスピーチの規制可能性について」『群馬大学社会情報学部研究論集』23 巻、69-85 頁
藤本富一、2008「外国人の憲法上の義務」『上智法学論集』52 巻 1・2 号、185-208 頁
ブシャール、ジェラール、2011「ケベックを規定する枠組み――共通の価値規範」ジェラール・ブシャール＝チャールズ・テイラー 編（竹中豊・飯笹佐代子・矢頭典枝訳）『多文化社会ケベックの挑戦――文化的差異に関する調和の実践 ブシャール＝テイラー報告』明石書店、71-90 頁
ブライシュ、エリック（明戸隆浩・池田和弘・河村賢・小宮友根・鶴見太郎・山本武秀訳）、2014『ヘイトスピーチ――表現の自由はどこまで認められるか』明石書店（=2011, Bleich, E., *The Freedom to be Racist ?: How the United States and Europe Struggle to Preserve Freedom and Combat Racism*, Oxford: Oxford University Press）.
古屋恵美子・北村聡子、2009「外国人 DV 被害者に対するアメリカ移民法上の保護について」『移民政策研究』1 号、104-123 頁
法務省、2010「第 4 次出入国管理基本計画」
法務省、2015「第 5 次出入国管理基本計画」
法務省入国管理局編、1981『出入国管理の回顧と展望――入管発足 30 周年を記念して』法務省入国管理局
前田朗、2015『ヘイト・スピーチ法 研究序説――差別煽動犯罪の刑法学』三一書房
宮崎繁樹編、1996『解説 国際人権規約』日本評論社
宮沢俊義、1974『憲法 II――基本的人権〔新版改訂〕』有斐閣
宮沢俊義〔芦部信喜補訂〕、1978『全訂日本国憲法』日本評論社
無国籍研究会、2017『日本における無国籍者――類型論的調査』UNHCR 駐日事務所
棟居快行、1995「生存権の具体的権利性」長谷部恭男編『リーディングズ現代の憲法』日本評論社、155-169 頁
棟居快行、1999「差別的表現」高橋和之・大石眞編『憲法の争点〔第 3 版〕』有斐閣
文公輝、2016「「大阪市ヘイトスピーチ対処条例」成立の背景、評価と課題」龍谷大学人権問題研究委員会『ヘイトスピーチによる被害実態調査と人間の尊厳の保障』67-82 頁
メスラン、ブノワ、2014「フランスにおける無国籍者の認定と保護」『国立民族学博物館調査報告』118 号、63-66 頁
毛利透、2014「ヘイトスピーチの法的規制について――アメリカ・ドイツの比較法的考察」『法学論叢』176 巻 2・3 号、210-239 頁
百地章、2001「憲法と永住外国人の地方参政権――反対の立場から」『都市問題』92 巻 4 号、25-36 頁
百地章、2009『新版 外国人の参政権問題 Q&A――地方参政権付与も憲法違反』日本会議事業センター

師岡康子、2013『ヘイト・スピーチとは何か』岩波新書
柳井健一、2004『イギリス近代国籍法史研究——憲法学・国民国家・植民地政策』日本評論社
山岸素子、2009「移住女性に対するDVの現状とNGOの取組み——DV法と移住女性、当事者女性のエンパワメント」アジア・太平洋人権情報センター編『女性の人権の視点から見る国際結婚（アジア・太平洋人権レビュー2009）』現代人文社、78-85頁
山脇啓造、2017「多文化共生2.0の時代へ——総務省の取り組みを中心に」ウェブマガジン『留学交流』76号、1-9頁
結城忠、2008「就学義務制と教育義務制（1）」『教職研修』36巻10号、117-121頁
吉田信、2004「包摂と排除の政治力学——オランダにおける市民権／国籍の過去・現在・未来」『地域研究』6巻2号、81-100頁
横田耕一、1993「人種差別撤廃条約と日本国憲法——表現規制について」樋口陽一・高橋和之編『現代立憲主義の展開〈上〉』有斐閣、713-740頁
RAIK（在日韓国人問題研究所）、2016「RAIK通信」154号
李度潤・瀬田史彦、2014「『多文化共生』を重視した地域づくりという観点からの自治体外国人住民政策に関する研究——欧州評議会『インターカルチャー政策』を基礎として」『都市計画論文集』49巻3号、1011-1016頁
渡辺康行・宍戸常寿・松本和彦・工藤達朗、2016『憲法Ⅰ——基本権』日本評論社

■外国語

Aguilar, F., 2017, *Report on Citizenship Law: Philippines*, GLOBALCIT.

Åkesson, L., 2012, Multicultural Ideology and Transnational Family Ties Among Descendants of Cape Verdeans in Sweden. In K. F. Olwig, Larsen, B. R. and Rytter M. (eds.), *Migration, Family and the Welfare State: Integrating Migrants and Refugees in Scandinavia,* Milton Park: Routledge, pp. 37-56.

Alarian, H. M. and Goodman, S. W., 2017, Dual Citizenship Allowance and Migration Flow: An Origin Story, *Comparative Political Studies* 50: 1, pp. 133-167.

Aleinikoff, T. A., 2000, Between Principles and Politics: U.S. Citizenship Policy. In T. A. Aleinikoff and D. Klusmeyer (eds.), *From Migrants to Citizens. Membership in a Changing World*, Washington, D. C.: Carnegie Endowment for International Peace, pp. 119-172.

Aleinikoff, T. A. and Klusmeyer, D., 2001, Plural Nationality: Facing the Future in a Migratory World. In T. A. Aleinikoff and D. Klusmeyer (eds.), *Citizenship Today: Global Perspectives and Practices,* Washington, D. C.: Carnegie Endowment for International Peace, pp. 63-88.

ALTE (Association of Language Testers in Europe), 2016, Language tests for access, integration and citizenship: An outline for policy makers（https://www.alte.org/LAMI-SIG, 2019年3月11日閲覧）.

Andrès, H., 2013, Le droit de vote des résidents étrangers est-il une compensation à une fermeture de la nationalité?: Le bilan des expériences européennes, *Migrations société* 25: 146, pp.103-115.

Arendt, J. N., 2018, Integration and permanent residence policies – a comparative pilot study, Copenhagen: The ROCKWOOL Foundation Research Unit.

Australian Ethnic Affairs Council, 1977, Australia as a Multicultural Society, Canberra: Australian Government Publishing Service.

Aylsworth, L. E., 1931, The Passing of Alien Suffrage, *The American Political Science Review* 25: 1, pp. 114-116.

Badura, P., 1999, Sitzungsniederschrift der öffentlichen Anhörung – 12. Sitzung des Innenausschusses des Deutschen Bundestages am 13. April 1999. In Innenausschss des Deutchen Bundestages (ed.), *Reform des Staatsangehörigkeitsrechts: Die parlamentarische Beratung*, Berlin: Deutcher Bundestag, Referat Öffentlichkeitsarbeit, pp. 27-131.

Bair, J., 2005, *The International Covenant on Civil and Political Rights and its (First) Optional Protocol: A Short Commentary Based on Views, General Comments and Concluding Observations by the Human Rights Committee*, Frankfurt am Main: Peter Lang.

Barrett, M. (ed.), 2013, *Interculturalism and Multiculturalism: Similarities and Differences*, Strasbourg: Council of Europe.

Beenen, N., 2001, *Citizenship, Nationality and Access to Public Service Employment: The Impact of European Community Law*, Amsterdam: Europa Law Publishing.

Beiter, K. D., 2006, *The Protection of the Right to Education by International Law: Including a Systematic Analysis of Article 13 of the International Covenant on Economic, Social and Cultural Rights*, Leiden: Martinus Nijhoff.

Bergmann, J. and Dienelt, K. (eds.), 2016, *Ausländerrecht*, München: C.H. Beck.

Bericht der Unabhängigen Kommission „Zuwanderung", 2001, *Zuwanderung gestalten. Integration fördern*, Berlin: Bundesministerium des Innern.

Bertossi, C., Duyvendak, J. W. and Scholten, P., 2015, The coproduction of national models of integration: A view from France and the Netherlands. In P. Scholten et al. (eds.), *Integrating Immigrants in Europe: Research-Policy Dialogues,* Dordrecht: Springer, pp. 59-76.

Bertossi, C. and Hajjat, A., 2013, *Report on Citizenship Law: France,* EUDO Citizenship Obserbatory.

Bevelander, P. and Pendakur, R., 2012, Citizenship and Employment in Two Cold Countries: Canada and Sweden Compared. In J. Frideres and J. Biles (eds.), *International Perspectives: Integration and Inclusion,* Kingston: Queen's University Press, pp. 251-272.

Bhabha, J., 2003, Children, Migration and International Norms. In T. A, Aleinikoff and

V. Chetail (eds.), *Migration and International Legal Norms*, The Hague: T.M.C. Asser Press, pp. 203-223.

Bianchini, K., 2014, On The Protection of Stateless Persons in Germany, *Tilburg Law Review* 19, pp. 35-51.

Bleich, E., 2015, Freedom of Expression versus Racist Hate Speech: Explaining Differences between High Court Regulations in the USA and Europe. In M. Maussen and R. Grillo (eds.), *Regulation of Speech in Multicultural Societies,* London: Routledge, pp. 110-127.

Bloemraad, I., 2004, Who Claims Dual Citizenship? The Limits of Postnationalism, the Possibilities of Transnationalism, and the Persistence of Traditional Citizenship, *International Migration Review* 38(2), pp. 389-426.

Bloemraad, I., 2007, Much Ado about Nothing? The Contours of Dual Citizenship in the United States and Canada. In T. Faist and P. Kivisto (eds.), *Dual Citizenship in Global Perspective: From Unitary to Multiple Citizenship*, New York: Palgrave Macmillan, pp. 159-186.

Boll, A. M., 2007, *Multiple Nationality and International Law,* Leiden: Martinus Nijhoff.

Borevi, K., Leis-Peters, A. and Lind, A.-S., 2016, Layers of Inconsistency: The Swedish National Agency for Education's Guidelines on Muslim Headscarves. In A.-S. Lind, M. Lövheim and U. Zackariasson (eds.), *Reconsidering Religion, Law, and Democracy: New Challenges for Society and Research*, Nordic Academic Press, pp. 179-198.

Böcker, A. and Oers, R.v., 2013, *Naturalisation Procedures for Immigrants: the Netherlands*, EUDO Citizenship Observatory.

Brown, A., 2015, *Hate Speech Law: A Philosophical Examination*, New York: Routledge.

Brubaker, W. R.,1989, Membership Without Citizenship: The Economic and Social Rights of Noncitizens. In W. R. Brubaker (ed.), *Immigration and the Politics in Europe and North America*, University Press of America, pp. 31-49.

BMBF (Bundesministerium für Bildung und Forschung), 2016, Bericht zum Anerkennungsgesetz. (https://www.bmbf.de/pub/Bericht_zum_Anerkennungsgesetz_2016.pdf, 2019 年 1 月 6 日閲覧).

Castles, S. and Davidson, A., 2000, *Citizenship and Migration: Globalization and the Politics of Belonging,* New York: Routledge.

Castles, S. and Zappalà, G., 2001, The Rights and Obligations of Immigrant Citizens and Non-Citizens in Australia. In A. Kondo (ed.), *Citizenship in a Global World: Comparing Citizenship Rights for Aliens*, New York: Palgrave, pp. 136-157.

Chetail, V., 2014, Are Refugee Rights Human Rights? An Unorthodox Questioning of the Relations between Refugee Law and Human Rights Law. In R. Rubio-Marín (ed.), *Human Rights and Immigration*, Oxford: Oxford University Press, pp. 19-72.

Çinar, D., Hofinger, C. and Waldrauch, H., 1995, *Integrationsindex: Zur rechtlichen*

  Integration von AusländerInnen in ausgewählten europäischen Ländern, Wien: Institut für Höhere Studien.
Collins, J., 2012, Integration and Inclusion of Immigrants in Australia. In J. Frideres and J. Biles (eds.), *International Perspectives: Integration and Inclusion,* Kingston: Queen's University Press, pp. 17-37.
Cook-Martin, D., 2013, *The Scramble for Citizens: Dual Nationality and State Competition for Immigrants,* Redwood City, CA: Stanford University Press.
Council of Europe, 1998, European Convention on Nationality and Explanatory Report. In S. O'Leary and T. Tiilikainen (eds.), *Citizenship and Nationality Status in the New Europe,* London: Sweet & Maxwell, pp. 205-254.
Council of Europe, 2019, About the Intercultural Cities Index.（https://www.coe.int/en/web/interculturalcities/about-the-index, 2019 年 1 月 6 日閲覧）.
Davy, U. et al., 2000, *Rechtliche Instrumente der Integration von Einwanderern im europäischen Vergleich*, Europäischen Zentrum.
de la Pradelle, G., 2002, Dual Nationality and the French Citizenship Tradition. In R. Hansen and P. Weil (eds.), *Dual Nationality, Social Rights and Federal Citizenship in the U.S. and Europe: The Reinvention of Citizenship,* New York: Berghahn, pp. 191-212.
de Weck, F., 2016, *Non-Refoulement Under the European Convention on Human Rights and the UN Convention Against Torture,* Leiden: Brill Nijhoff.
Department of Immigration and Multicultural and Indigenous Affairs, 2002, Australian Citizenship Legislation.（http://www.citizenship.gov.au/info/bill3.htm, 2019 年 1 月 6 日閲覧）.
Department of the Prime Minister and Cabinet, Office of Multicultural Affairs, 1989, National Agenda for a Multicultural Australia.
Dewing, M., 2009, Canadian Multiculturalism. Parliamentary Information and Research Service, Library of Parliament.
Emmerich, N., 2016, *Access to Electoral Rights: Argentina*, EUDO Citizenship Observatory.
Entzinger, H., 2006, Changing the rules while the game is on; From multiculturalism to assimilation in the Netherlands. In Y. M. Bodemann and G. Yurdakul (eds.), *Migration, Citizenship, Ethnos: Incorporation Regimes in Germany, Western Europe and North America,* New York: Palgrave Macmillan, pp. 121-144.
Escobar, C., 2015a, *Access to Electoral Rights Colombia*, EUDO Citizenship Obserbatory.
Escobar, C., 2015b, *Report on Citizenship Law: Colombia*, EUDO Citizenship Obserbatory.
EU Council Framework Decision, 2008, Framework Decision on combating certain forms and expressions of racism and xenophobia by means of criminal law. 2008/913/JHA.
EUDO CITIZENSHIP, In January 2017 EUDO Citizenship, one of the Observatories, became the Global Citizenship Observatory.
Europarat, 1994, Zweites Protokoll zur Änderung des Übereinkommens über die

Verringerung von Mehrstaatigkeit und die Wehrpflicht von Mehrstaatern (2.2.1993). In K. Barwig et al. (eds.), *Vom Ausländer zum Bürger,* Baden-Baden: Nomos, pp. 411-412.

European Commission, 2014, Commission report on the implementation of Council Framework Decision 2008/913/JHA on combating certain forms and expressions of racism and xenophobia by means of criminal law. COM (2014) 27 final.

EMN (European Migration Network), 2010, Working Paper 30 - The Granting of Non-EU Harmonised Protection Statuses in Germany, Nürnberg: Federal Office for Migration and Refugees.

European network of legal experts in gender equality and non-discrimination, 2017, *A Comparative Analysis of Non-Discrimination Law in Europe 2017*, Brussels: European Commission.

Faist, T., 2007, The Fixed and Porous Boundaries of Dual Citizenship. In T. Faist (ed.), *Dual Citizenship in Europe: From Nationhood to Societal Integration,* Aldershot: Ashgate, pp. 1-44.

Faist, T. and Gerdes, J., 2008, Dual Citizenship in an Age of Mobility, Migration Policy Institute. (http://www.migrationpolicy.org/transatlantic/docs/Faist-FINAL.pdf, 2019 年 1 月 6 日閲覧).

Fuente, P., 2012, Corporate Immigration in Argentina. In B. Offer and S. Agarwal (eds.), *Corporate Immigration Law*, Vol.2, Oxford: Oxford University Press, pp. 1-27.

Gabriel, E., 2015a, *Report on access to electoral rights: Chile*, EUDO Citizenship Obserbatory.

Gabriel, E., 2015b, *Access to Electoral Rights: Ecuador*, EUDO Citizenship Obserbatory.

Galloway, D., 2000, The Dilemmas of Canadian Citizenship Law. In T. A. Aleinikoff and D. Klusmeyer (eds.), *From Migrants to Citizens: Membership in a Changing World*, Washington, D. C.: Carnegie Endowment for International Peace, pp. 82-118.

Geddes, A. et al., 2005, *European Civic Citizenship and Inclusion Index*. Migration Policy Group (https://fpc.org.uk/wp-content/uploads/2006/09/416.pdf, 2019 年 2 月 18 日 閲覧).

Global Citizenship Observatory (GLOBALCIT), (http://globalcit.eu/). From 2017 GLOBALCIT is the successor of EUDO CITIZENSHIP, which started in 2009.

Grahl-Madsen, A., 1963, Commentary of the Refugee Convention 1951 (Articles 2-11, 13-37), Division of International Protection of the United Nations High Commissioner for Refugees.

Griesel, E., 1982, Les droits politiques des étrangers en Suisse. In Université de Lausanne. In Faculté de droit (ed.), *Les étrangers en Suisse: Recueil de Travaux*, Lausanne: Université de Lausanne, pp. 71-78.

Goodwin-Gill, G. S., 2003, Article 31 of the 1951 Convention Relating to the Status of

Refugees: Non-Penalization, Detention, and Protection. In E. Feller, V. Türk and F. Nicholson (eds.), *Refugee Protection in International Law: UNHCR's Global Consultations on International Protection*, Cambridge: Cambridge University Press, pp. 185-252.

Gustafson, P., 2002, Globalisation, Multiculturalism and Individualism: the Swedish Debate on Dual Citizenship, *Journal of Ethnic and Migration Studies* 28(3): pp. 463-481.

Gustafsson, S. 2004, Education Rights in Sweden. In de Groof, J. and Lauwers, G. eds., *No person shall be denied the right to education: the influence of the European Convention on Human Rights on the right to education and rights in education*, Nijmegen: Wolf Legal Publishers.

Hailbronner, K., 1999, Doppelte Staatsangehörigkeit. In K. Barwig, G. Brinkmann and K. Hailbronner (eds.), *Neue Regierung – neue Ausländerpolitik*, Baden-Baden: Nomos, pp. 97-114.

Hailbronner, K. and Farahat, A., 2015, *Country Report on Citizenship Law: Germany*, EUDO Citizenship Observatory.

Hailbronner, K. and Renner, G., 2001, *Staatsangehörigkeitsrecht*, München: C.H.Beck.

Hailbronner, K. and Thym, D. (eds.), 2016, *EU Immigration and Asylum Law: A Commentary*, 2nd ed., München: C.H. Beck.

Halabi, U., 2011, Legal Status of the Population of East Jerusalem since 1967 and the Implications of Israeli Annexation on their Civil and Social Rights. In Civic Coalition for Defending the Palestinian Rights in Jerusalem (ed.), *43 Years of Occupation: The Jerusalem File*, 2nd ed., CCDPRJ, pp. 15-40.

Hammar, T., 1979, *Det första invandrarvalet*, Stockholm: Publica.

Hammar, T. (ed.), 1985, *European Immigration Policy: A Comparative Study*, Cambridge: Cambridge University Press.

Hansen, R., 2001, From Subjects to Citizens: Immigration and Nationality Law in the United Kingdom. In R. Hansen and P. Weil (eds.), *Toward a European Nationality: Citizenship, Immigration and Nationality Law in the EU*, New York: Palgrave, pp. 69-94.

Hansen, R., 2002, The Dog that didn't Bark: Dual Nationality in the United Kingdom. In R. Hansen and P. Weil (eds.), *Dual Nationality, Social Rights and Federal Citizenship in the U.S. and Europe: The Reinvention of Citizenship*, New York: Berghahn, pp. 179-190.

Haut Conseil à l'Intégration, 1991, *Pour un modèle français d'intégration: premier rapport annuel au Premier ministre du Haut conseil à l'intégration*, La Documentation française.

Haut Conseil à l'Intégration, 2003, *Le contrat et l'intégration: rapport à Monsieur le Premier ministre*, La Documentation française.

Heinze, E., 2016, *Hate Speech and Democratic Citizenship*, Oxford: Oxford University Press.

Heyman, S. J., 2008, *Free Speech and Human Dignity*, New Haven, CT: Yale University Press.

Hines, B., 2010, The Right to Migrate as a Human Right: The Current Argentine

Immigration Law, *Cornell International Law Journal* 43: 3, pp. 471-511.

Hodgkin, R. and Newell, P., 2007, *Implementation Handbook for the Convention on the Rights of the Child,* 3rd ed., New York: UNICEF.

Hokema, T. O., 2002, *Mehrfache Staatsangehörigkeit,* Frankfurt am Main: Peter Lang.

Holmberg, E. and Stjernquist, N.,1980, *Grundlagarna – med tillhörande författningar,* Stockholm: Norstedt & Söners.

Holt, S., 2007, Family, Private Life and Cultural Rights. In M. Weller (ed.), *Universal Minority Rights: A Commentary on the Jurisprudence of International Courts and Treaty Bodies,* Oxford: Oxford University Press, pp. 203-252.

Hoyo, H., 2015, *Report on Citizenship Law: Mexico,* EUDO CITIZENSHIP.

IOM, 2009, Laws for Legal Immigration in the 27 EU Member States, *International Migration Law,* No.16.

Isensee, J., 1994, Öffentlicher Dienst. In E. Benda, W. Maihofer and H.-J. Vogel (eds.), *Handbuch des Verfassungsrechts der Bundesrepublik Deutschland,* 2nd ed., Berlin: W. de Gruyter, pp. 1527-1577.

Jedwab, J. 2016, Diversity and Inclusion in Canada's Provincial History Curriculums.

Jones-Correa, M., 2003, Under Two Flags: Dual Nationality in Latin America and Its Consequences for Naturalization in the United States. In D. A. Martin and K. Hailbronner (eds.), *Rights and Duties of Dual Nationals: Evolution and Prospects,* The Hague: Kluwer law International, pp. 303-334.

Jordens, A.-M., 1997, *Alien to Citizen: Settling Migrants in Australia, 1945-75,* Sydney: Allen & Unwin.

Joseph, S. and Castan, M., 2013, *The International Covenant on Civil and Political Rights: Cases, Materials, and Commentary,* 3rd ed., Oxford: Oxford University Press.

Kamiya, H. 2015, Local Municipal Measures to Support Marriage Migrants in Japan. In Y. Ishikawa (ed.), *International Migrants in Japan: Contributions in an Era of Population Decline,* Trans Pacific Press and Kyoto University Press, pp. 256-274.

Kaye, D., 2016, Preliminary observations by the United Nations Special Rapporteur on the right to freedom of opinion and expression (12-19 April 2016).

Kluth, W. and Heusch, A., 2016, Beck'scher Online-Kommentar Ausländerrecht (10. Edition, Stand: 01.02.2016).

Koltay, A., 2014, The Appearance of the Clear and Present Danger Doctrine in Hungarian Hate Speech Laws and the Jurisprudence of the European Court of Human Rights Available at SSRN (https://ssrn.com/abstract=2457903, 2019 年 1 月 6 日閲覧).

Kondo, A. (ed.), 2001, *Citizenship in a Global World: Comparing Citizenship Rights for Aliens,* New York: Palgrave Macmillan.

Kondo, A. (ed.), 2008, *Migration and Globalization: Comparing Immigration Policy in Developed Countries,* Tokyo: Akashi Shoten.

Kondo, A. and Westin C. (eds.), 2003, *New Concepts of Citizenship: Residential / Reagional Citizenship and Dual Nationality / Identity*, Stockholm: CEIFO.

Kunzman, R. and Gaither, M., 2013, Homeschooling: A Comprehensive Survey of the Research, *The Journal of Educational Alternatives* 2: 1, pp. 4-59.

Kymlicka, W., 2007, *Multicultural Odysseys: Navigating the New International Politics of Diversity*, Oxford: Oxford University Press.

Lauren, P. G., 1978, Human Rights in History Diplomacy and Racial Equality at the Paris Peace Conference, *Diplomatic History* 2: 3, pp. 257-278.

Lee, C., 2017, *Report on Citizenship Law: The Republic of Korea*, GLOBALCIT.

Lithman, E. L., 1987, *Immigration and Immigrant Policy in Sweden,* Stockholm: The Swedish Institute.

López, M., 2016, *Access to Electoral Rights: Paraguay*, EUDO Citizenship Obserbatory.

Magiera S. and Siedentopf, H. (eds.), 1994, *Das Recht des öffentlichen Dienstes in den Mitgliedstaaten der europäischen Gemeinschaft*, Berlin: Duncker & Humblot.

Margheritis, A. 2015, *Access to Electoral Rights: Uruguay*, EUDO Citizenship Observatory.

Marshall, T. H. 1950, *Citizenship and Social Class*, Cambridge: Cambridge University Press (=1993、岩崎信彦・中村健吾訳『シティズンシップと社会的階級——近現代を総括するマニフェスト』法律文化社).

Martikainen, T., Valtonen, K. and Wahlbeck, Ö., 2012, The Social Integration of Immigrants in Finland. In J. Frideres and J. Biles (eds.), *International Perspectives: Integration and Inclusion,* Montreal: McGill-Queen's University Press, pp. 127-146.

Martin, D. A. and Hailbronner, K. (eds.), 2003, *Rights and Duties of Dual Nationals: Evolution and Prospects*, The Hague: Kluwer law International.

Meer, N., Modood, T. and Zapata-Barrero, R. (eds.), 2016, *Multiculturalism and Interculturalism: Debating the Dividing Lines*, Edinburgh: Edinburgh University Press.

Menjívar, C., Abrego, L. J. and Schmalzbauer, L. C., 2016, *Immigrant Families*, Cambridge: Polity.

Merino Acuña, R. 2015, *Access to Electoral Rights: Peru*, EUDO CITIZENSHIP.

MIPEX (Migrant Integration Policy Index) 2015.（http://www.mipex.eu, 2019年1月6日閲覧）.

Modood, T. 2007, *Multiculturalism*, Cambridge: Polity.

Molnar, P., 2009, Towards Improved Law and Policy on 'Hate Speech' —The 'Clear and Present Danger' Test in Hungary. In I. Hare and J. Weinstein (eds.), *Extreme Speech and Democracy*, Oxford: Oxford University Press, pp. 237-264.

Monhemius, J., 1995, *Beamtenrecht*, München: C.H. Beck.

Monk, D., 2004, Problematising home education: challenging 'parental rights' and 'socialisation', *Legal Studies* 24: 4, pp. 568-598.

Multiculturalism Policy Index,（http://www.queensu.ca/mcp/, 2019年1月6日閲覧）.

Münz, R., 2002, Ethnos or Demos? Migration and Citizenship in Germany. In D. Levy and Y. Weiss (eds.), *Challenging Ethnic Citizenship: German and Israeli Perspectives on Immigration*, New York: Berghahn, pp. 15-35.

Murphy, C., 2013, *Immigration, Integration and the Law: The Intersection of Domestic, EU and International Legal Regimes*, Aldershot: Ashgate.

Murov, A. 2014, Immigration and Integration Policy in France: Relationship between policy research and political decision-making. (http://dspace.ut.ee/bitstream/handle/10062/42250/murov_annika_ma_2014.pdf, 2019 年 1 月 6 日閲覧).

National Multicultural Advisory Council, 1999, Australian Multiculturalism for a New Century: Towards Inclusiveness.

Nguyen, L., 2017, *Report on Citizenship Law: Vietnam*, GLOBALCIT.

Nowak, M., 2001, The Right to Education. In A. Eide et al. (eds.), *Economic, Social and Cultural Rights,* 2nd ed., Dordrecht: Martinus Nijhoff.

Nowak, M., 2005, *U.N. Covenant on Civil and Political Rights: CCPR commentary,* 2nd ed., Kehl: N.P. Engel.

OECD, 2006, *International Migration Outlook*, Paris: OECD.

OECD, 2010, *International Migration Outlook*, Paris: OECD.

OECD, 2015, *International Migration Outlook*, Paris: OECD.

OECD, 2017, *International Migration Outlook*, Paris: OECD.

OECD, 2018, *International Migration Outlook*, Paris: OECD.

Oers, R., Hart, B. and Groenendijk, K., 2013, *Country Report: The Netherlands,* EUDO Citizenship Observatory.

Olsson, P. H. 2016, Empowering Temporary Migrant Workers in Sweden: A Call for Unequal Treatment. In J. Howe and R. Owens (eds.), *Temporary Labour Migration in the Global Era,* Oxford: Hart Publishing, pp. 203-222.

Pattison, H., 2013, Interview with Jonas Himmelstrand, *Other Education: The Journal of Educational Alternatives* 2: 1, pp. 67-74.

Phelan, M. and Gillespie, J., 2015, *Immigration Law Handbook* 9th ed., Oxford: Oxford University Press.

Prop., 1973: 90, Kungl. Maj:ts proposition med förslag till ny regeringsform och ny riksdagsordning m. m.

Prop., 1975: 26, Riktlinjer för invandrar- och minoritetspolitiken.

Quesada, P. A., 2015, *Report on Citizenship Law: Costa Rica*, EUDO CITIZENSHIP.

Ramírez, M. B., 2000, Nationality in Mexico. In T. A. Aleinikoff and D. Klusmeyer (eds.), *From Migrants to Citizens: Membership in a Changing World*, Washington, D. C.: Carnegie Endowment for International Peace, pp. 312-341.

Raskin, J. B., 1933, Legal Aliens, Local Citizens: The Historical, Constitutional and Theoretical Meanings of Alien Suffrage, *Univ. of Pennsylvania Law Review* 4, pp. 1391-1470.

Rattansi, A., 2011, *Very Short Introductions: Multiculturalism*, Oxford: Oxford University Press.

Rosenfeld, M., 2012, Hate Speech in Constitutional Jurisprudence: A Comparative Analysis. In M. Herz and P. Molnar (eds.), *The Content and Context of Hate Speech: Rethinking Regulation and Responses*, Cambridge: Cambridge University Press, pp. 242-289.

Rubenstein, K., 1995, Citizenship in Australia: Unscrambling its Meaning, *Melbourne University Law Review* 20 (2), pp. 503-527.

Saul, B., Kinley, D. and Mowbray J., 2014, *The International Covenant on Economic, Social and Cultural Rights: Commentary, Cases, and Materials,* Oxford: Oxford University Press.

Schachter, J., 2015, Dual Citizenship Trends and Their Implication for the Collection of Migration Statistics, *International Journal of Statistics and Geography* 6 (2): pp. 40-51.

Scholz, R. and Uhle, A., 1999, Staatsangehörigkeit und Grundgesetz, *NJW* 21, pp. 1510-1517.

Schwerdtfeger, G., 1980, *Welche rechtlichen Vorkehrungen empfehlen sich, um die Rechtsstellung von Ausländern in der Bundesrepublik Deutschland angemessen zu gestalten?* München: C. H. Beck.

Scientific Council for Government Policy, 2001, *The Netherlands as Immigration Society,* The Hague: SDU.

Sejersen, T. B., 2008, "I Vow to Thee My Countries" - The Expansion of Dual Citizenship in the 21st Century, *International Migration Review* 42: 3, pp. 523-549.

Skolverket, 2008, *Med annat modersmål. – elever i grundskolan och skolans verksamhet,* RAPPORT 321, Stockholm: Skolverket.

Skolverket, 2011, Curriculum for the compulsory school, preschool class and the leisure-time centre 2011.

Smeets, H. and Veenman, J., 2000, 'More and more at home: Three generations of moluccans in the Netherlands'. In H. Vermeulen and R. Penninx (eds.), *Immigrant Integration: The Dutch Case,* Amsterdam: Het Spinhuis, pp. 1-26.

Song, J., 2016, The Politics of Immigrant Incorporation Policies in Korea and Japan, *Asian Perspective* 40, pp. 1-26.

SOU, 1984: 11, Justitiedepartementet, Rösträtt och medborgarskap, Invandrares och utlandssvenskars rösträtt.

SOU, 1999: 34, Kulturdepartementet, Svenskt medborgarskap, fakta info direct.

Spiro, P., 2002, Embracing Dual Nationality. In R. Hansen and P. Weil (eds.), *Dual Nationality, Social Rights and Federal Citizenship in the U.S. and Europe: The Reinvention of Citizenship*, New York: Berghahn, pp. 19-33.

Stevens, G., 2001, The Ainu and Human Rights: Domestic and. International Legal Protections, *Asia-Pacific Journal on Human Rights and the Law* 21(2), pp. 110-133.
Stoker, G. et al., 2011, *Prospects for Citizenship*, London: Bloomsbury Academic.
Süssmuth, R. and Weidenfeld, W. (eds.), 2005, *Managing Integration: The European Union's Responsibilities Towards Immigrants*, Washington: Migration Policy Institute.
Temperman, J., 2015, *Religious Hatred and International Law: The Prohibition of Incitement to Violence or Discrimination*, Cambridge: Cambridge University Press.
The Council of Ministers of Education of Canada, 2008, The Development of Education: Reports for Canada.
Thornberry, P., 2016, *The International Convention on the Elimination of All Forms of Racial Discrimination: A Commentary*, Oxford: Oxford University Press.
U. S. Office of Personnel Management, 2004, *Citizenship Laws of The World*, Fredonia Books.
UN Human Rights Council, 2013, Annual report of the United Nations High Commissioner for Human Rights: Addendum, Report of the United Nations High Commissioner for Human Rights on the expert workshops on the prohibition of incitement to national, racial or religious hatred (11 January 2013).
UN Population Division, 2001, Replacement Migration: Is It a Solution to Declining and Ageing Populations? New York: United Nation Publication.
UN Population Division, 2017, World Population Prospects 2017, (https://esa.un.org/unpd/wpp/Download/Standard/Population/, 2019年1月6日閲覧).
UNHCR (UN High Commissioner for Refugees), 1992, Handbook on Procedures and Criteria for Determining Refugee Status under the 1951 Convention and the 1967 Protocol relating to the Status of Refugees, Geneva: UNHCR.
UNHCR, 1999, Information and Accession Package: The 1954 Convention Relating to the Status of Stateless Persons and the 1961 Convention on the Reduction of Statelessnes, Geneva: UNHCR.
UNHCR 2002, Global Consultations on International Protection/ Third Track: Local Integration, Geneva: UNHCR.
UNHCR, 2018, UNHCR Global Trends: Forced Displacement in 2017, (http://www.unhcr.org/5b27be547.pdf, 2019年1月6日閲覧).
UNHCR Executive Committee of the High Commissioner's Programme, 2005, Conclusion on Local Integration, Geneva: UNHCR.
United Nations, 2014, *International Migration Policies: Government Views and Priorities*, New York: United Nations Publications.
Valtonen, K., 2009, *Social Work and Migration: Immigrant and Refugee Settlement and Integration*, Aldershot: Ashgate.
Verheyde, M., 2006, *A Commentary on the United Nations Convention on the Rights of the*

Child, Article 28: The Right to Education, Leiden: Martinus Nijhoff.

Vink, M. P., De Groot, G.-R. and Luk, N. C., 2015, MACIMIDE Global Expatriate Dual Citizenship Dataset, doi:10.7910/DVN/TTMZ08, Harvard Dataverse, [V2].

Vink, M., Prokic-Breuer, T. and Dronkers, J., 2013, Immigrant Naturalization in the Context of Institutional Diversity, *International Migration* 51: 5, pp. 1-20.

Waldrauch, H., 2006, Acquisition of Nationality. In R. Bauböck et al. (eds.), *Acquisition and Loss of Nationality: Policies and Trends in 15 European Countries,* volume 1, Amsterdam: Amsterdam University Press, pp. 121-182.

Waldrauch H. and Hofinger, C., 1997, An Index to Measure the Legal Obstacles to the Integration of Migrants, *New Community* 23: 2, pp. 271-286.

Weissbrodt, D. S., 1998, *Immigration Law and Procedure,* 4th ed., St. Paul: West Group.

Wernick, A., 2004, *U.S.Immigration & Citizenship: Your Complete Guide,* 4th ed., Indianapolis: Emmis.

Westin, C., 1996, Equality, freedom of choice and partnership: Multicultural policy in Sweden. In R. Bauböck, A. Heller and A. R. Zolberg (eds.), *The Challenge of Diversity: Integration and Pluralism in Societies of Immigration,* Aldershot: Avebury, pp. 207-226.

Westin, C. and Dingu-Kyrklund, E., 1997, *Reducing Immigration, Reviewing Integration: An Account of the Current Facts, Figures and Legislation Concerning Multiculturalism in Sweden*, Stockholm: CEIFO.

Whitbourn, S., 2003, *Education and the Human Rights Act 1998,* Slough: National Foundation for Educational Research.

Wiesbrock, A., 2010, *Legal Migration to the European Union,* Leiden: Martinus Nijhoff.

Wikrén, G. and Sandesjö, H., 1999, *Utlänningslagen: med kommentarer*, 6th ed., Stockholm: Norstedts Juridik.

Wishnie, M., 2012, *Proportionality in Immigration Law: Does the Punishment Fit the Crime in Immigration Court?* Washington: IPC.

Wood, P. (ed.), 2010, *Intercultural Cities: Towards a Model for Intercultural Integration,* Strasbourg: Council of Europe Publishing.

Zegada, M. T. and Lafleur, J. M., 2015, *Access to Electoral Rights: Bolivia*, EUDO Citizenship Obserbatory.

Ziller, J., 2010, Free Movement of European Union Citizens and Employment in the Public Sector (Part II - Country files), Report for the European Commission, European Commission.

Zimmermann, A. (ed.), 2011, *The 1951 Convention Relating to the Status of Refugees and its 1967 Protocol*, Oxford: Oxford University Press.

索　引

●アルファベット

ILO169号条約　41

●あ行

朝日訴訟　144
アメリカ　104, 155, 173, 238
安全な第3国　265
イギリス　102, 174, 238, 281
意見（東京都管理職受験拒否事件）　127
移住グローバル・コンパクト　303
移住労働者権利条約
　——7条　19
　——31条　17
一斉送還　303
一般の外国人と同等の権利　258
一般平等取扱法1条　109
異文化対応力　49
移民　16, 54, 301
　——政策　55
移民国家
　　潜在的な——　24
　　伝統的な——　24
　　ヨーロッパの——　24
移民統合政策指数（MIPEX）　75
医療通訳制度　89
インターカルチュラリズム　43, 44
インターカルチュラル・シティ指数（ICC Index）　46, 294
インターカルチュラル政策　44

ヴィジブル・マイノリティ　38
永住外国人生活保護訴訟　154
永住許可　70
永住市民（デニズン）　210, 305
永住市民権　305
援護法　148
欧州言語共通参照枠　84, 86
大阪市ヘイトスピーチへの対処に関する条例　107
オーストラリア　30, 174, 239
親の教育の自由　199
恩給法　148

●か行

外国生まれの人　24
外国人材の受入れ・共生のための総合的対応策　55
外国人指針　120
外国人市民　54
『外国人住民調査報告書』　112, 121
外国人就労・定着支援研修　171, 184
外国人との共生社会　55
外国人の技能実習の適正な実施及び技能実習生の保護に関する法律　117
外国人の不法就労等に係る対応について　120
外国人無年金高齢者訴訟　144
外国人無年金障害者訴訟　147
外国にルーツを持つ子ども　302
外国にルーツを持つ市民　54

外国にルーツを持つ人　53
改進社事件　123
学生無年金障碍者訴訟　147
隔離　45
家族結合の権利　299
家族呼び寄せ　173
家庭教育　200
カナダ　29, 103, 174, 239
韓国　175
帰化　72
　　広義の──率　88
技能実習　117
　　──生　298
教育機会確保法　202
共生　11, 19, 22, 35, 45
京都朝鮮学校襲撃事件　99
居住主義　86
勤労の権利　118
継承語　292
ゲストワーカー制度　299
結婚移民　79
血統主義　86
健康診査　158
健康保険法　141
言語的デュープロセス　297
研修生　117
憲法
　　──13 条　98, 268, 278
　　──21 条　98
　　──「21 条と結びついた 13 条」　97
　　──22 条 2 項　230, 306
　　──「22 条 2 項と結びついた 13 条」　216, 307
　　──「26 条と結びついた 13 条」　202
　　──「31 条と結びついた 13 条」　23, 297

　　──32 条　266
　　──98 条 2 項（条約の誠実遵守規定）　60
鉱業法 17 条　116
公権力行使等地方公務員　124
公権力の行使　124
公証人法 12 条　115
厚生年金法　141
後退禁止原則　140
高度専門職　68, 304
拷問等禁止条約 3 条 1 項　267
合理的な理由　125
合理的配慮　206, 302
行旅病人及行旅死亡人取扱法の救護　158
国際人権基準　12
国際人権法　12
国籍　119, 120
　　──選択制度　232, 246
　　──留保制度　232
国籍法
　　──3 条 1 項　232
　　──違憲判決　232
国内避難民（IDP）　252
国民健康保険　159
（旧）国民健康保険法　141
国民主権の原理　125
（旧）国民年金法　141
国連の無国籍者地位条約 1 条 1 項　269
互恵型（外国人の地方選挙権）　212, 213
国家人権委員会法 2 条 4 項（韓国）　109
子どもの権利条約
　　──18 条 1 項　205
　　──28 条　192
　　──29 条 1 項　17
雇用保険法　141

●さ行

最恵国待遇　257
在日韓国人元日本兵の恩給訴訟（李昌錫事件）　149
裁判を受ける権利　303
在留特別許可　280
差別禁止原則　230
差別禁止法　90, 108
　——6条　109
漸進的　140, 151
参与員　129
恣意的な国籍剝奪禁止原則　230
恣意的に国籍を剝奪されない権利　307
ジェノサイド　97
塩見訴訟　143, 145
自己の文化享有権　17
事実上の無国籍者　269
執行保全説　303
実施措置　12
司法委員　129
市民的権利　23
市民的権利法第7章（アメリカ）　109
社会権規約　14, 139, 142,
　——2条　19
　——2条2項　151
　——6条　115
　——7条　118
　——8条1項　119
　——12条1項　157
　——13条　192
　——15条1項(a)　17
ジャパンタイムズ事件　122
自由権規約　14, 20
　——2条　19
　——2条3項(a)　266

　——7条　267, 277
　——9条1項　275
　——12条2項　277
　——12条3項　278
　——12条4項　61
　——13条　277
　——14条1項　265
　——18条4項　200
　——20条　94
　——20条2項　19
　——25条　209
　——26条　18, 150, 151
　——27条　17
重要な施策に関する決定を行い、又はこれらに参画することを職務とするもの　⇒公権力行使等地方公務員
職業選択の自由　115, 299
女性差別撤廃条約9条2項　233
人権　11
　外見的——　60
人権条約適合的解釈　97, 191, 203
人権法　12
人口移動率　24
人種　120
人種および人種的偏見に関する宣言　113
人種差別撤廃条約　17
　——1条　15, 19
　——2条　21
　——4条　19, 94
人種的なプロファイリング　110
スウェーデン　32, 34, 80, 102, 155, 175, 237, 259
スリーゲートモデル　65
生活保護法　141, 142, 152
（旧）生活保護法　141

政見放送削除事件　101
生地主義　86
　　2世代——　86
　　永住者——　86
　　無条件の——　86
世界人権宣言　14
　　——15条2項　230, 245, 306
　　——17条　116
積極的交流　35
絶対的権利　255
先住民族　39
総合法律支援法30条2項　263
想定　125
想定の法理　124, 127
即時的　151

●た行

ダブリン協定　265
多文化家族　172
多文化家族支援法（韓国）　79
　　——5条　183
　　——10条3項　181
多文化共生　16
多文化共生の形成の推進に関する条例
　　（宮城県）　33
多文化主義　29, 30, 44
多文化主義政策指数（MCP Index）　35
多文化主義的な統合政策（スウェーデン）
　　34
多文化主義法（カナダ）　29
多文化政策　44
多様性の承認　34
多様性を認め合い男女共同参画と多文化
　　共生を推進する条例（世田谷区）
　　294

単純労働　65
　　——者　65
地域における多文化共生推進プラン　16,
　　33, 55
地方レベルにおける外国人の公共生活へ
　　の参加に関する条約　20
抽象的権利説　118, 141
長期在住者たる第3国国民の地位に関す
　　る指令　146
調停委員　129
定住　58
定住外国人地方選挙権訴訟　215, 221
定住型（外国人の地方選挙権）　210
適正手続　279, 303
伝統型（外国人の地方選挙権）　213
電波法5条　116
ドイツ　31, 101, 155, 174, 240, 259
同化　30
　　——政策　43
東京国際学園事件　122
東京都管理職受験拒否事件　124
統合　30, 62
　　——法　63
当然の法理　124, 127, 128
特定技能
　　——1号　299
　　——2号　299
特別永住者　72, 123
どの子も置き去りにしない法（アメリカ）
　　181

●な行

内国民待遇　256
ナショナル・オリジン　109, 126, 151
ナショナル・マイノリティ　38

難民　304
　　——認定率　253
　　広義の——　251
難民議定書1条　251
難民条約　142
　　——1条　251
　　——16条1項　262
　　——16条2項　263
　　——33条1項　264
　　——34条　21
難民に関するグローバル・コンパクト
　　304
日系4世　300
日系人　299
二風谷ダム事件判決　22, 40, 62
日本語指導が必要な日本国籍の児童生徒
　　53
日本版高度外国人材グリーンカード
　　305
入院助産制度　158
人間の尊厳　98
ノン・ルフールマン原則　264

●は行

反対意見（東京都管理職受験拒否事件）
　　125, 127
庇護希望者　253
庇護認定率　253
非人道的な取扱い　277
非人道的な取扱いを受けない権利　268,
　　279
非正規滞在者　303
日立製作所就職差別事件　121, 122
被扶養者率　24
平等　11, 18, 22, 34

平等法2部1章9条（イギリス）　109
比例原則　272, 276, 278, 279, 282
品位を傷つける取扱い　277
フィリップス・ジャパン事件　122
フィンランド　32, 80, 154, 175
複合差別　110
複数国籍　306
フランス　31, 103, 175, 240, 283
文化多様性条約　18
文化的生活に参加する権利　17
文化の選択の自由　11, 17, 22, 34
文化の多様性に関する世界宣言　18
文化の仲介者　162
平行社会　45
ヘイトクライム法　100
ヘイトスピーチ　93
　　——解消法　90
　　——街頭宣伝差止等請求事件　100
ヘイトデモ禁止仮処分命令事件　101
ポイント制度　68
放送局　116
法の支配（法治主義）　137
法律上の無国籍者　269
法律の留保　60
補完的保護　251, 259, 286
母子健康手帳の交付　158
補足意見（東京都管理職受験拒否事件）
　　125
堀木訴訟　143, 145
本邦外出身者　53, 106

●ま行

マクリーン事件　60, 143
水先法6条　115
無国籍となる要因　270

無国籍防止原則　230
無料低額診療事業　158
モザイク　45

●や行

融合的保障　23
ユニスコープ事件　122, 123
ユネスコ　113
養育医療　158
ヨーロッパ人権条約
　　——3条　274, 282
　　——「3条と結びついた13条」　274
　　——3条の「品位を傷つける取扱い」
　　　274
　　——5条4項　274
　　——8条　282
　　——13条　274
　　——第1選択議定書2条　199
ヨーロッパ国籍条約
　　——7条　235
　　——7条1項　244
　　——14条　235
　　——14条1項　244
　　——15条　235
予防接種　158

●ら行

留学生　300
留保　94
労働の権利　115

【著者紹介】
近藤 敦（こんどう・あつし）
現職：名城大学法学部教授。博士（法学、九州大学）。ストックホルム大学・オックスフォード大学・ハーバード大学客員研究員。移民政策学会会長。名古屋多文化共生研究会会長。国際人権法学会理事。総務省・愛知県・名古屋市・可児市・安城市・春日井市・田原市・小牧市の多文化共生推進プランづくりに参加。

著　書：『「外国人」の参政権──デニズンシップの比較研究』（明石書店、1996年）
　　　　『政権交代と議院内閣制』（法律文化社、1997年）
　　　　『新版　外国人参政権と国籍』（明石書店、2001年）
　　　　『外国人の人権と市民権』（明石書店、2001年）
　　　　『Q&A 外国人参政権問題の基礎知識』（明石書店、2001年）
　　　　『人権法』（日本評論社、2016年）
　　　　『移民の人権──外国人から市民へ』（明石書店、2021年）

編　著：『Citizenship in a Global World: Comparing Citizenship Rights for Aliens』（Palgrave Macmillan, 2001年）
　　　　『外国人の法的地位と人権擁護』（明石書店、2002年）
　　　　『Migration and Globalization: Comparing Immigration Policy in Developed Countries』（明石書店、2008年）
　　　　『多文化共生政策へのアプローチ』（明石書店、2011年）
　　　　『外国人の人権へのアプローチ』（明石書店、2015年）

共編著：『New Concept of Citizenship: Residential / Reagional Citizenship and Dual Nationality / Identity』（CEIFO, Stockholm Univ., 2003年）
　　　　『移民政策へのアプローチ』（明石書店、2009年）
　　　　『非正規滞在者と在留特別許可──移住者たちの過去・現在・未来』（日本評論社、2010年）
　　　　『越境とアイデンティフィケーション──国籍・パスポート・ID』（新曜社、2012年）
　　　　『移民政策のフロンティア──日本の歩みと課題を問い直す』（明石書店、2018年）

訳　書：ヤン・ラト著、『ヨーロッパにおける外国人の地方参政権』（明石書店、1997年）

監訳書：トーマス・ハンマー著、『永住市民と国民国家──定住外国人の政治参加』（明石書店、1999年）

多文化共生と人権
──諸外国の「移民」と日本の「外国人」

2019 年 3 月 31 日　初版第 1 刷発行
2022 年 3 月 31 日　初版第 3 刷発行

　　　　　　　　　　著　者　　　近　藤　　敦
　　　　　　　　　　発行者　　　大　江　道　雅
　　　　　　　　　　発行所　　　株式会社　明石書店
　　　　　　〒 101-0021 東京都千代田区外神田 6-9-5
　　　　　　　　　　　　　電話 03（5818）1171
　　　　　　　　　　　　　FAX 03（5818）1174
　　　　　　　　　　　　　振替　00100-7-24505
　　　　　　　　　　　　　https://www.akashi.co.jp/
　　　　　　　装丁　　　明石書店デザイン室
　　　　　　　印刷／製本　モリモト印刷株式会社
（定価はカバーに表示してあります）　　ISBN978-4-7503-4805-6

JCOPY 〈出版者著作権管理機構　委託出版物〉
本書の無断複製は著作権法上での例外を除き禁じられています。複製される場合は、そのつど事前に、出版者著作権管理機構（電話　03-5244-5088、FAX　03-5244-5089、e-mail: info@jcopy.or.jp）の許諾を得てください。

移民政策のフロンティア
日本の歩みと課題を問い直す

移民政策学会設立10周年記念論集刊行委員会 編著
（井口泰、池上重弘、榎井縁、大曲由起子、児玉晃一、駒井洋、近藤敦、鈴木江理子、渡戸一郎）

四六判／並製／296頁　◎2500円

外国人居住者数、外国人労働者数が共に過去最高を更新し続けているなかでも、日本には移民に対する包括的な政策理念が存在していない。第一線の研究者らが日本における移民政策の展開、外国人との共生について多面的、網羅的に問い直す。

――内容構成――

I　日本の移民政策はなぜ定着しないのか

II　出入国政策
入国審査、退去強制、在留管理の政策／外国人受入れ政策――選別と排除／戦後日本の難民政策――受入れの多様化とその功罪

III　社会統合政策／多文化共生政策
歴史と展望／言語・教育政策／差別禁止法制

IV　多文化共生政策の展開と課題／日本の社会と政治・行政におけるエスノ・ナショナリズム／人口政策と移民

V　移民政策の確立に向けて
諸外国の移民政策に学ぶ／日本社会を変える

学会設立10周年記念座談会

移民の人権　外国人から市民へ
近藤敦著　◎2400円

アンダーコロナの移民たち
日本社会の脆弱性があらわれた場所
鈴木江理子編著　◎2500円

政治主体としての移民／難民
人の移動が織り成す社会とシティズンシップ
錦田愛子編　◎4200円

日本の移民統合　全国調査から見る現況と障壁
永吉希久子編　◎2800円

外国人の子ども白書【第2版】
権利・貧困・教育・文化・国籍と共生の視点から
荒牧重人、榎井縁、江原裕美、小島祥美、志水宏吉、南野奈津子、宮島喬、山野良一編　◎2500円

図表でみる移民統合　OECD／EUインディケータ(2018年版)
経済協力開発機構(OECD)、欧州連合(EU)編著
斎藤里美、三浦綾希子、藤浪海監訳　◎6800円

人口問題と移民
日本の人口階層構造はどう変わるのか
移民・ディアスポラ研究8
駒井洋監修　是川夕編著　◎2800円

移民政策研究
移民政策の研究・提言に取り組む研究誌
移民政策学会編　【年1回刊】

〈価格は本体価格です〉